D1687986

Daniel Odermatt • Lean Transformation

Ihr Plus – digitale Zusatzinhalte!

Auf unserem Download-Portal finden Sie zu diesem Titel kostenloses Zusatzmaterial. Geben Sie dazu einfach diesen Code ein:

plus-JDjhP-SMw7q

PLUS.HANSER-FACHBUCH.DE

Bleiben Sie auf dem Laufenden!

Hanser Newsletter informieren Sie regelmäßig über neue Bücher und Termine aus den verschiedenen Bereichen der Technik. Profitieren Sie auch von Gewinnspielen und exklusiven Leseproben. Gleich anmelden unter

WWW.HANSER-FACHBUCH.DE/NEWSLETTER

Daniel Odermatt

Lean Transformation

Das Praxisbuch für produzierende Unternehmen

2., überarbeitete Auflage

HANSER

Bibliografische Information der Deutschen Nationalbibliothek:
Die Deutsche Nationalbibliothek verzeichnet diese Publikation in der Deutschen Nationalbibliografie; detaillierte bibliografische Daten sind im Internet über *http://dnb.d-nb.de/* abrufbar.

Print-ISBN 978-3-446-47471-0
E-Book-ISBN 978-3-446-47476-5

Alle in diesem Buch enthaltenen Informationen wurden nach bestem Wissen zusammengestellt und mit Sorgfalt geprüft und getestet. Dennoch sind Fehler nicht ganz auszuschließen. Aus diesem Grund sind die im vorliegenden Buch enthaltenen Informationen mit keiner Verpflichtung oder Garantie irgendeiner Art verbunden. Autoren und Verlag übernehmen infolgedessen keine Verantwortung und werden keine daraus folgende oder sonstige Haftung übernehmen, die auf irgendeine Art aus der Benutzung dieser Informationen – oder Teilen davon – entsteht.

Ebenso wenig übernehmen Autoren und Verlag die Gewähr dafür, dass beschriebene Verfahren usw. frei von Schutzrechten Dritter sind. Die Wiedergabe von Gebrauchsnamen, Handelsnamen, Warenbezeichnungen usw. in diesem Werk berechtigt auch ohne besondere Kennzeichnung nicht zu der Annahme, dass solche Namen im Sinne der Warenzeichen- und Markenschutz-Gesetzgebung als frei zu betrachten wären und daher von jedermann benutzt werden dürften.

Dieses Werk ist urheberrechtlich geschützt.

Alle Rechte, auch die der Übersetzung, des Nachdruckes und der Vervielfältigung des Buches oder Teilen daraus, vorbehalten. Kein Teil des Werkes darf ohne schriftliche Einwilligung des Verlages in irgendeiner Form (Fotokopie, Mikrofilm oder einem anderen Verfahren), auch nicht für Zwecke der Unterrichtsgestaltung – mit Ausnahme der in den §§ 53, 54 URG genannten Sonderfälle –, reproduziert oder unter Verwendung elektronischer Systeme verarbeitet, vervielfältigt oder verbreitet werden.

© 2022 Carl Hanser Verlag München
www.hanser-fachbuch.de

Lektorat: Dipl.-Ing. Volker Herzberg
Herstellung: Melanie Zinsler
Satz: Eberl & Koesel Studio, Altusried-Krugzell
Coverrealisierung: Max Kostopoulos
Titelmotiv: © Daniel Odermatt / roeske + lazzari, Marcus Lazzari
Druck und Bindung: UAB BALTO print, Vilnius (Litauen)

Printed in Lithuania

Inhalt

Downloadübersicht XV

Vorworte XVI

Der Autor XXII

1 Einleitung 1
   1.1 Warum dieses Buch? 1
   1.2 Übersicht 4
   1.3 Der rote Faden 4
   1.4 Warum Sie dieses Buch lesen sollten 5
   1.5 Aufbau der Kapitel 6

TEIL I Die Grundlagen von Lean Management 9

2 Herkunft und Geschichte von Lean Management 10
   2.1 Die fünf Kernwerte des Toyota-Weges 15
   2.2 Die 14 Prinzipien des Toyota-Weges 16

3 Warum und wie die Lean-Reise starten? 20
   3.1 Typische Anstöße zur Veränderung 21
   3.2 Unternehmensphasen im Veränderungsprozess 22
   3.3 Wandel vom funktions- zum prozessorientierten Unternehmen ... 24
   3.4 Das goldene Dreieck und die Prioritäten der drei wichtigsten Erfolgsfaktoren 26

4 Die drei Verlustarten 30
   4.1 Muda – nicht werthaltig 32
      4.1.1 Überproduktion 32
      4.1.2 Bestände 35
      4.1.3 Bewegung 37
      4.1.4 Transport 38
      4.1.5 Ungeeignete Arbeitsprozesse und -organisation ... 39

	4.1.6	Wartezeit	41
	4.1.7	Fehler	42
	4.1.8	Um was geht es?	43
	4.1.9	See der Bestände	44
4.2		Muri – überlastet	47
4.3		Mura – unausgeglichen	48
4.4		Zusammenfassung der Grundlagen	50

TEIL II Die erfolgreiche Lean Transformation 55

5 Lean Vision 56

6 Lean-Strategie und Lean Roadmap ... 60
- 6.1 Umsetzung der Lean-Strategie ... 62
- 6.2 Die Entwicklung der Lean Roadmap 62
- 6.3 Die sechs Schritte zum Start 63
- 6.4 Lean-Basic-Schulung für das obere Kader 64
- 6.5 Best-Practice-Workshop 65
- 6.6 Potenzialanalysen 65
  - 6.6.1 Kreidekreis 67
  - 6.6.2 Multimomentaufnahmen.. 68
  - 6.6.3 Schnittstellenanalyse 71
- 6.7 Ziel-Workshop 72
- 6.8 Lean-Roadmap-Workshop 73
- 6.9 Tägliche Verbesserungen, kleine und große Transformationsprojekte 76
  - 6.9.1 12-Wochen-Verbesserungsprojekte 77
  - 6.9.2 1-Woche Kaizen-Workshop 88
  - 6.9.3 Zusammenfassung Lean Vision bis Lean Roadmap.. 88

7 Change Management 92
- 7.1 Veränderungsbedarf 93
- 7.2 Veränderungsbereitschaft 94
- 7.3 Veränderungsfähigkeit 94
- 7.4 Zu Beginn eines Veränderungsprozesses 95
- 7.5 Die vier Zimmer der Veränderung 97

	7.5.1	Mögliche Reaktionen der Betroffenen im ersten Zimmer	98
	7.5.2	Mögliche Reaktionen der Betroffenen im zweiten Zimmer	98
	7.5.3	Mögliche Reaktionen der Betroffenen im dritten Zimmer	98
	7.5.4	Mögliche Reaktionen der Betroffenen im vierten Zimmer	99
7.6		Die vier Grundsätze der Widerstände	101
7.7		Die zwölf Erfolgsfaktoren in Veränderungsprojekten	102
7.8		Die 14 häufigsten Fehler auf dem Weg der nachhaltigen Lean Transformation	106
7.9		Zusammenfassung Change Management	111

8	**Kaizen**		116
8.1	Grundlagen der kontinuierlichen Verbesserung		117
	8.1.1	Kaikaku und Kaizen	119
	8.1.2	Unterschied von Kaizen zu Alltagsaufgaben	120
8.2	Erfolgsfaktoren für eine Verbesserungskultur		121
	8.2.1	Die Führungskräfte müssen es vorleben	121
	8.2.2	Fester Verbesserungsrhythmus	121
	8.2.3	Transparenz der Vorschläge und Ergebnisse	124
	8.2.4	Schnelle, unbürokratische Umsetzung	125
	8.2.5	Miteinbezug der Mitarbeitenden	126
8.3	Yokoten – zur lernenden Organisation werden		127
8.4	Belohnung und Verbesserungskultur		129
8.5	Zusammenfassung von Kaizen		130

8.5.1 Entscheidend ist die Denkweise 130
8.5.2 Wer ernten will, muss zuerst säen 131

TEIL III Der Weg zur Lean Company .. 135

9 Just-in-time 136

10 Point-Kaizen und Stabilität 138

10.1 5S – mehr als nur aufräumen und sauber machen 140
    10.1.1 5S – die fünf Schritte zu höherer Produktivität 142
    10.1.2 Das 5S-Audit 149
    10.1.3 10 Gründe für 5S 151
    10.1.4 Vorher-Nachher-Dokumentation 151
    10.1.5 Die 10 häufigsten Fehler bei der Einführung von 5S 152
    10.1.6 Zusammenfassung 5S 154

10.2 SMED – kürzeste Rüstzeiten für mehr Flexibilität 156
    10.2.1 Wieso Rüstzeitoptimierung wichtig ist 156
    10.2.2 Gründe für große Fertigungsaufträge 157
    10.2.3 Vorgehen zur Rüstzeitreduktion 159
    10.2.4 Reihenfolge der Aufträge mithilfe der Rüstmatrix planen 167
    10.2.5 Losgrößenberechnung 170
    10.2.6 Zusammenfassung SMED .. 173

10.3 Poka-Yoke – erhöhte Qualität durch Fehlervermeidung 176

10.4 Jidoka – erhöhte Autonomation durch Früherkennung von Fehlern 178

10.5 Standardisierung – für stabile und effiziente Prozesse 178

10.6 Zusammenfassung Poka-Yoke, Jidoka und Standardisierung 180

11 Fluss-Kaizen 182

11.1 Wertstromanalyse/Wertstromdesign – ganzheitliches Verständnis für den Fluss 184

    11.1.1 Nutzen der Wertstromanalyse 185

    11.1.2 Die vier Schritte zum kundenorientierten Wertstrom 186

    11.1.3 Zusammenfassung Wertstromanalyse und Wertstromdesign 201

11.2 Verkettung von Produktionsprozessen – für die Beschleunigung des Flusses 205

    11.2.1 Fließfertigung 206

    11.2.2 Rhythmus – takten Sie die Prozessschritte aus 212

    11.2.3 Balance zwischen Mensch und Maschine 214

    11.2.4 Das Layout folgt dem Fluss 216

    11.2.5 Arbeitsteilung in der Fertigungszelle 217

    11.2.6 Chaku-Chaku-Zelle 219

    11.2.7 Maschinenlayouts 220

    11.2.8 Sorgen Sie für ununterbrochenen Fluss mit One-Piece-Flow 225

    11.2.9 Zusammenfassung Verkettung von Produktionsprozessen 230

12 Rhythmus- und Pull-Kaizen 234

12.1 Heijunka – Glättung und Nivellierung zur Effizienzsteigerung 237

12.2 Milkrun – die getaktete Logistik zur schnellen Versorgung 241

    12.2.1 Innerbetrieblicher Milkrun 241

    12.2.2 Außerbetrieblicher Milkrun 246

    12.2.3 Zusammenfassung Milkrun 247

12.3 Von Push zu Pull – die Implementierungsschritte zur ziehenden Fertigung 249

12.3.1	Supermarkt	250
12.3.2	Umsetzungsstufen	251
12.3.3	Steuerung	254
12.4	Kanban	255
12.4.1	Voraussetzungen für Implementierung von Kanban	257
12.4.2	Folgende Vorgehensweise hat sich bewährt	257
12.4.3	Untersuchung der Kanban-Eignung	257
12.4.4	Berechnung der Kanban-Größen	259
12.4.5	Auswahl der Kanban-Hilfsmitteln	260
12.4.6	Signalkanban-Tafel	261
12.4.7	Einführung von Kanban-Regeln	262
12.4.8	Anmerkung zum Thema Kanban	264
12.5	Zusammenfassung von Push zu Pull	266
12.6	Zusammenfassung Point-, Fluss-, Rhythmus- und Pull-Kaizen	268
13	**Kultur-Kaizen**	**272**
13.1	Befähigungskonzept	274
13.2	Qualifikationsmatrix	275
13.3	Verbesserungskultur	276
13.4	Rolle der Führungskraft in der Lean Company	280
13.4.1	Die vier Stufen des Lean-Leadership-Modells	282
13.4.2	Führungsverständnis	284
13.4.3	Qualifikation zur Führungskraft	284
13.4.4	Führungskräfte-Knigge von Toyota	285
13.4.5	Spitzenleistung durch Führungsleistung	286
13.4.6	Respect for People	286
13.4.7	Zusammenfassung Rolle der Führungskraft in der Lean Company	288

13.5 Shopfloor Management als Kommunikations-, Verbesserungs-, Führungsinstrument 290
    13.5.1 Shopfloor Management – mehr Transparenz und mehr Verbesserungen 291
    13.5.2 Inhalte und Teilnehmer der Regelkommunikation 296
    13.5.3 Shopfloor-Besprechung: Wer fragt, der führt 299
    13.5.4 Kurzzyklische Aktualisierung 300
    13.5.5 Mehrere Tage keine Abweichung 302
    13.5.6 Go&See 303
    13.5.7 Kaskadierung 304
    13.5.8 Entlastung der Führungskräfte 305
    13.5.9 Zusammenfassung Shopfloor Management ... 305
13.6 Problemverständnis 308
    13.6.1 Begriffsdefinition Probleme 308
    13.6.2 Problemlösungsprozess PDCA 312
    13.6.3 A3-Report 313
    13.6.4 5-W-Methode 316
    13.6.5 Ishikawa-Diagramm 317
    13.6.6 Möglichst keine Sofortmaßnahmen 318
    13.6.7 Denkanstoß 318
    13.6.8 Zusammenfassung Problemverständnis 318

14 Lean Administration 320
14.1 Die drei Ebenen im Büro 321
    14.1.1 Prozess- und Schnittstellenebene 321
    14.1.2 Bereichsebene 322
    14.1.3 Arbeitsplatzebene 323
14.2 Die sieben Verschwendungsarten im Office 325
    14.2.1 Überproduktion 326
    14.2.2 Bestände 327
    14.2.3 Bewegung 328

14.2.4	Transport	329	
14.2.5	Ungeeignete Arbeitsprozesse und -organisation	330	
14.2.6	Wartezeit	331	
14.2.7	Fehler	331	
14.2.8	Um was geht es?	332	

14.3 Digitale Ordnerstruktur 335
14.4 Besprechungsmanagement 336
14.5 Officefloor Management – mehr Transparenz und mehr Verbesserungen 339
14.6 Typische Analysemethoden im Office 344
14.7 5S im Office – mehr als nur schöne und aufgeräumte Büros 344
    14.7.1 Die fünf Schritte von 5S im Office 345
    14.7.2 5S-Audit im Office 347
    14.7.3 10 Gründe für 5S 348
    14.7.4 Die 10 häufigsten Fehler bei der Einführung von 5S 348

14.8 Tätigkeitsstrukturanalyse im Büro 350
    14.8.1 Kern- und Nebentätigkeiten und organisatorische Tätigkeiten 350
    14.8.2 Tätigkeiten in einem spezifischen Prozess 351
14.9 Informationsstrukturanalyse 352
14.10 Wertstromanalyse/Wertstromdesign in der Administration 354
    14.10.1 Wertstromanalyse in der Administration 355
    14.10.2 Wertstromdesign in der Administration 359
14.11 Zusammenfassung Lean Administration 365

15 Aufbau eines Wertschöpfungssystems 368

15.1 Lean-Reifegrad 370
15.2 Transformation vervollständigen 372
15.3 Zusammenfassung Wertschöpfungssystem 372

TEIL IV Resümee 375

16 Zusammenfassung und Ausblick 376
    16.1 Der Weg zur Lean Company 377
    16.2 Die Herausforderung 377
    16.3 Warum es sich lohnt 378
    16.4 Erfolgsfaktoren 378
    16.5 Top-down und Bottom-up 379
    16.6 Den Erfolg messen 380
    16.7 Die nächsten Schritte 380
    16.8 Schlusswort 381

Stichwortverzeichnis 384

Downloadübersicht

Bezeichnung	Seite	Kapitel
Die sieben Verschwendungsarten in der Produktion	32	4.1
Gruppenarbeit, sieben Verschwendungsarten in der Produktion	64	6.4
Gruppenarbeit, sieben Verschwendungsarten in der Administration	64	6.4
Vorlage für Multimomentaufnahmen Produktion	71	6.6.2
Vorlage für Multimomentaufnahmen Administration	71	6.6.2
Vorlage Kaizen-Liste	82	6.9.1
Übersicht der fünf Schritte des 5S in der Produktion	141	10.1
5S-Auditformular für die Produktion	149	10.1.2
Vorher-Nachher-Vorlage für MS Power-Point	152	10.1.4
Übersicht der acht Schritte zur Rüstzeitreduktion	159	10.2.3
Vorlage Tätigkeitsstrukturanalyse nach EKUV	160	10.2.3

Bezeichnung	Seite	Kapitel
Übersicht der Symbole für die Wertstromanalyse Produktion	189	11.1.2
Vorlage zur Erfassung der Flächenbilanz	210	11.2.1
Vorlage Transport-Matrix	244	12.2.1
Vorlage Qualifikations-Matrix	276	13.2
Vorlage A3-Report	318	13.6.6
Übersicht der sieben Verschwendungsarten in der Administration	326	14.2
Übersicht der fünf Schritte von 5S im Office	344	14.7
Vorlage 5S-Auditformular Office	347	14.7.2
Vorlage Tätigkeitsstrukturanalyse nach EKUV	351	14.8.2
Vorlage Informationsstrukturanalyse	352	14.9
Übersicht Symbole Wertstromanalyse in der Administration	356	14.10.1
Vorlage Lean Assessment	371	15.1

Vorworte

Danksagung

Mein besonderer Dank geht an die Menschen, die durch ihre Unterstützung dieses Buches überhaupt ermöglicht haben. Speziell bedanken möchte ich mich bei meinem Team, für die redaktionelle Unterstützung sowie für die umfassenden Korrekturen. Ich bedanke mich zudem bei meinen Senseis Kei Abe und Hitoshi Takeda, die mich über Jahre begleitet und dadurch meine persönliche Weiterentwicklung unterstützt haben. Ein großes Dankeschön geht ebenso an alle Kunden, bei denen ich sehr viele Erfahrungen sammeln durfte.

Vorwort des Autors

Als ich den Entschluss gefasst habe, ein Buch über Lean Management zu schreiben, war dies ein spannender, motivierender, ja schon fast euphorischer Moment. Und zugleich habe ich mich gefragt, ob die Welt auf meine Erfahrungen gewartet hat. Sie lesen gerade die zweite Auflage des Buches Lean Transformation, was zeigt, dass meine Zweifel unbegründet waren. Inzwischen habe ich zahlreiche großartige Feedbacks zum Buch erhalten. Herzlichen Dank! Ganz im Sinne der kontinuierlichen Verbesserung sind viele der Verbesserungsvorschläge und Erweiterungswünsche von den Lesern der ersten Auflage in dieses Buch eingeflossen. So wurde zum Beispiel das Kapitel Lean Administration erweitert und mit Officefloor Management ergänzt. Nebst allerhand kleinen Verbesserungen, sind auch zu den Themen Lean Roadmap, Lean Leadership, Verbesserungskultur und A3-Report Präzisierungen und Ergänzungen zu finden. Dieses Buch beinhaltet viele meiner langjährigen Erfahrungen aus der Praxis und ist mit persönlichen Lean Stories gespickt.

In meinem gesamten Berufsleben, in allen Stellen, die ich besetzt habe, war es meine Hauptaufgabe und mein Bestreben, den vorhandenen Zustand zu verbessern. Das ist mein innerer Antrieb und es erfüllt mein Berufsleben mit einem Sinn. Als ich 2003 meinen ersten Sensei, Kei Abe, kennenlernte, – damals war ich Engineering Manager bei einem großen Hersteller von Implantaten – war ich zwar von der kontinuierlichen Verbesserung aber nicht von der radikal anderen Vorgehensweise überzeugt. Mir schienen seine Weisheiten arrogant und außerhalb von Japan nicht anwendbar. Mit der Zeit, nachdem ich etliche Projekte umgesetzt hatte, begann ich, immer mehr zu begreifen. Nach jeder erfolgreich umgesetzten Verbesserung wuchsen meine Begeisterung und Überzeugung weiter. Während den Touren mit Sensei Kei Abe durch Japan und die USA, haben wir uns sehr intensiv mit Lean Management auseinandergesetzt. Ich bin meinem Sensei dankbar, dass er uns den tieferen Sinn von Lean Management, anstatt nur die Methoden, beibrachte. Es war ein wertvolles Geschenk. Nach einiger Zeit, in der ich viele Erfahrungen sammeln durfte, begann ich interne Lean-Management-Trainings zu geben und bald unterrichtete ich auch an höheren Fachschulen. Meine Motivation war, meinen Erfahrungsschatz an andere weiterzugeben. Das ist der Grund für dieses Buch. Ich möchte Sie an meinen Erfahrungen, Erfolgen und Misserfolgen teilhaben lassen und bin überzeugt, dass dies zum Nachdenken und Ausprobieren anregen wird. In den letzten zehn Jahren durfte ich dutzende Unternehmen in unterschiedlichsten Branchen und Unternehmensgrößen in der Lean Transformation begleiten. In dieser Zeit lernte ich meinen zweiten Sensei, Hitoshi Takeda, kennen, der mich mit seinen Weisheiten inspirierte. Von ihm habe ich gelernt, wie mit Witz und Charme kompromisslos harte, radikale Veränderungen eingefordert werden können. Hart zum Prozess, weich zum Menschen. Ich bin ihm dankbar für den Austausch, die Anregungen und für die hervorragende Zusammenarbeit.

Nun wünsche ich Ihnen viel Spaß beim Lesen dieses Buchs und viele neue Erkenntnisse sowie Erfolg bei der Umsetzung des Gelernten.

Vorwort von Hitoshi Takeda
Ich erinnere mich daran, dass ich es sehr aufregend fand zu hören, dass Herr Daniel Odermatt ein Buch verfasst. Bereits seit langer Zeit arbeite ich mit dem Autor zusammen, und ich hege große Sympathie und Bewunderung für ihn als Mensch von Charakter und Lean-Spezialist auf Top-Niveau. Ich kann bestätigen, dass er sich profunde Kenntnisse der Lean-Mechanismen angeeignet hat und eine achtbare Persönlichkeit ist, die in Unternehmen sichere Weiterentwicklung anstoßen und Themen wie Personaleinsatz und Unternehmenswachstum in der Praxis umsetzen und ausrollen kann.

Bei SPS Management Consultants gibt es fünf Grundregeln:

1. Im Zuge der Umsetzung muss die Unternehmensleitung (Geschäftsführer, Werksleiter) von sich aus den klaren Willen zur Umsetzung bekunden und den Idealzustand in 3 bis 5 Jahren (»Nordstern«) aufzeigen. Von

ihr wird erwartet, einen klaren Plan zur Umsetzung dieser neuen Wertvorstellungen, einen starken Willen und die Leidenschaft dafür zu formulieren und selbst tätig zu werden.

2. In den ersten drei Jahren nach der Einführung dieses Systems dürfen keine Ergebnisse erwartet werden. Die ersten 1 bis 2 Jahre werden Ressourcen für Veränderungen und Zeit für Verbesserungen und Reformen eingesetzt und es kann bisweilen den Anschein haben, dass das Niveau dabei sinkt. Wenn etwas leicht und in kurzer Zeit getan werden kann, dann kann es jeder tun. Vorgehens- und Denkweisen von Grund auf zu verändern, benötigt jedoch Zeit.

3. Um bessere Ergebnisse nach der Einführung zu erreichen, muss der Geschäftsführer öffentlich erklären, dass kein Mitarbeiter zur Profitsteigerung entlassen wird, wenn aufgrund externer Faktoren die Umsätze sinken. Es ist unverzichtbar, den Menschen (Mitarbeiter) wertzuschätzen. Man muss daran denken, in wirtschaftlich guten Zeiten die nächste Rezession im Blick zu haben und in Zeiten der Rezession sich wirtschaftlich bessere Zeiten vorzustellen und dafür Verbesserungen umzusetzen und Weiterentwicklung anzustoßen.

4. Ein starkes Team aus Lean-Fachexperten muss aufgestellt werden und in kürzester Zeit Pilotbereiche aufbauen, um anhand dieser allen Mitarbeitern die Vorteile aufzuzeigen und Akzeptanz zu schaffen. Es müssen nicht alle sofort im Boot sein. Wenn 30 % das Grundprinzip von Lean Management verstanden haben, gewinnt die Umsetzung an Fahrt. Dann geht man die nächsten Schritte an.

5. ① Verändern ② Ausbilden ③ zu Ende bringen ④ Spaß haben. Sofort umsetzen ➡ dann nachdenken. Die Welt verändert sich rasend schnell. Es ist notwendig, die momentane Firmenkultur schnell zu verändern. Haben Sie Spaß am Verbessern und Verändern und entwickeln Sie die Mitarbeiter ➡ Kennt man die Freude am Erreichen, so gewinnt man Spaß an der Anstrengung.

Es wäre mir eine Freude, wenn Sie dieses Buch bei der Lean-Einführung konsultieren würden.

Die Besonderheit dieses Buches besteht darin, dass es klar aufzeigt, wie es angesichts der vielen Unternehmen, die die verschiedensten Lean-Systeme und Lean Management einführen, gelingt, Lean effektiv und nachhaltig auszurollen. Es ist jedoch nicht unbedingt so, dass Lean nach der bloßen Einführung gut funktioniert. Dazu braucht es eine Philosophie, intelligente Lösungen, Leidenschaft und die Wertschätzung für den Menschen. Es verlangt eine Veränderung der Unternehmenskultur, der bisherigen Denkweisen und Haltungen. Zum Schluss möchte ich Ihnen, verehrte Leserinnen und Leser noch etwas mit auf den Weg geben ... »Streng dich nicht einfach an – begeistere dich für etwas!!«

Ich bin mir sicher, dass »Lean Transformation – Das Praxisbuch für produzierende Unternehmen« für Sie eine unverzichtbare Lean-Bibel werden wird.

Tokyo, im Juni 2020, Hitoshi Takeda

Vorwort von Christophe Makni
Lean Management bedeutet mir sehr viel im Leben. Wenn ich mich in einer Runde vorstelle, sage ich immer folgenden Satz: »Ich habe zwei Leidenschaften im Leben – Mein Sohn und der Toyota Way«. In jedem Unternehmen, für das ich in den letzten 15 Jahren arbeiten durfte, sei es als Lean Navigator, als Lean Programmleiter oder als Lean Leader zuständig für die Transformation, habe ich mich immer sehr für den Lean Spirit engagiert – kontinuierliche Verbesserung und Respekt für die Menschheit jeden Tag.

Obwohl ich schon viele Vorträge über Lean gehalten habe, Lean Management unterrichte und Mitarbeiter täglich coache, lerne ich immer noch jeden Tag, da Lean so vielfältig ist.

Das Buch »The Harada Method« habe ich 2017 entdeckt und gelesen. Den Buchautor Norman Bodek habe ich dann kontaktiert, um ihn zu fragen, ob er mich coachen würde, da mich die Harada Methode persönlich sehr interessierte. Er hat sofort akzeptiert und ich hatte das riesige Glück und die Ehre, mit Norman Bodek in den letzten Jahren seines Lebens eng zusammenarbeiten zu dürfen. Er war mehr als mein Coach, Mentor und Sensei, er ist für mich über die Zeit wie ein Vater geworden. Ich durfte von ihm viel über Lean lernen und habe sehr viele Geschichten über Taiichi Ohno, Shigeo Shingo, Ryuji Fukuda, Kazuo Inamori etc. gehört. Es war mir eine Ehre Norman in seinem letzten Buch zu unterstützen (The Leader's Guide for Social Responsibility). Dank ihm habe ich dann die »Big Names« in der Lean Community kennengelernt, wie zum Beispiel Ritsuo Shingo (den Sohn von Shigeo Shingo), Paul Akers, Nigel Thurlow etc. In Europa ist die Lean Community auch sehr aktiv und in der Schweiz ist Daniel Odermatt für mich die Referenz.

Daniel Odermatt (»Odi« für seine Freunde) habe ich 2015 bei seinem Vortrag »Mit kleinen Schritten besser werden« kennengelernt. Er hat mit so viel Power und Klarheit über das Thema »Kaizen« referiert wie noch kein Anderer und konnte mich damit sofort begeistern. Die folgenden Jahre durfte ich Odi besser kennenlernen und ihn auf weiteren Events und Veranstaltungen erleben – immer mit der gleichen starken Wirkung auf größere Gruppen von Lean-Interessent(inn)en. Er verfügt über eine sehr lange Praxiserfahrung in Lean Management in verschiedenen Branchen (Produktion, Dienstleistungsunternehmen, Gesundheitswesen etc.) als Berater, Coach, Trainer und Führungskraft. Durch seine enge Zusammenarbeit mit internationalen Coaches (u. a. mit Hitoshi Takeda) hat er sich als renommierter Lean Master entwickelt und etabliert. Umso mehr ist es eine Ehre für mich, dieses Vorwort für ihn schreiben zu dürfen.

Liebe Leserinnen und Leser, Ihr habt in euren Händen ein Lean-Meisterwerk aus der Schweiz von einem Autor, der in den letzten 20 Jahren seine volle Kraft, Energie und Leidenschaft in Lean reingesteckt hat. Sein Buch ist das Ergebnis von allen seinen Erfahrungen und Coaching-Sessions auf dem »Gemba« und beinhaltet sehr viele wertvolle Tipps für euch. Egal ob ihr das Thema Lean Management schon kennt oder noch nicht, lasst euch von diesem exzellenten und wunderschönen Buch begeistern, wo Theorie und Praxis sehr gut kombiniert sind, und wo die verschiedenen Aspekte von Lean auf den Punkt gebracht werden. Das Buch ist in meinen Augen für alle Branchen sehr relevant. Die Konzepte und Beispiele werden euch helfen, sowohl die Lean Prinzipien detailliert zu verstehen wie auch eure Lean Transformation zu gestalten. Hört nie auf zu lernen und dieses Buch wird euch auf den nächsten Lean Level bringen.

Die Welt ist im Wandel. Die Zukunft ist unsicher. Mehr denn je ist Leadership gefragt. Stellt euch mal vor, jeder von uns fängt jetzt an, in seinem lokalen Umfeld Schritt für Schritt Verbesserungen zu implementieren – mit Respekt für alle anderen Menschen. Das hängt nur von uns ab – und dieses Buch ist für euch, liebe Leserinnen und Leser, ein Schritt in diese Richtung. Ich wünsche euch viel Erfolg auf eurer Lean Reise!

Basel, Mai 2022, Christophe Makni

Der Autor

Der Autor

Als Lean Master Coach in einem der größten Schweizer Unternehmen schlägt das Herz von Daniel Odermatt für Lean Management. In dieser Funktion ist er für die interne Lean Academy sowie Lean Community verantwortlich. Zudem begleitet er Führungskräfte und Lean Verantwortliche in deren Weiterentwicklung. Zuvor war er Senior Lean Expert und Geschäftsführer in einem erfolgreichen Lean Management Beratungsunternehmen. Während dieser Zeit begleitete er Kunden in allen Branchen und Unternehmensgrößen bei der erfolgreichen Lean Transformation. Er hat sein Wissen und seine jahrelangen Erfahrungen unter der Begleitung von japanischen Lean Senseis aufgebaut. In seiner Karriere durfte er viele Führungsstufen durchlaufen und als Projektleiter, Trainer, Lean Experte und Productivity Manager wertvolle Erfahrungen sammeln. Die kontinuierliche Verbesserung treibt ihn an. Daniel Odermatt teilt sein Wissen und seine Erfahrungen als Dozent an verschiedenen Höheren Fachschulen, Fachhochschulen, Business Schools und Universitäten. Als ausgewiesener Lean Experte sind Daniel Odermatt die besonderen Herausforderungen in der Lean Transformation bestens vertraut. »Besser geht immer«, oder dramatischer ausgedrückt: »der denkbar schlechteste Zustand ist heute«, gehören zu der Grundeinstellung von Daniel Odermatt.

01 Einleitung

1.1 Warum dieses Buch?

Braucht die Welt noch ein weiteres Buch über Lean Management? Es gibt bereits unzählige Bücher zu diesem Thema. Viele davon beschreiben die Geschichte, die Herkunft, den Sinn und die Methoden von Lean Management ausführlich. Was ich bisher persönlich vermisst habe, ist eine praxisorientierte Beschreibung der notwendigen Schritte zu einer erfolgreichen Lean Transformation. In den letzten Jahren durfte ich zahlreiche Unternehmen im Wandel begleiten und dadurch viele wertvolle Erfahrungen sammeln. Dabei habe ich festgestellt, dass das Grundwissen über Lean Management stark angestiegen ist. Es wird auch viel breiter, in nahezu allen Branchen angewendet und die Akzeptanz hat sich erhöht. Und dennoch sind sehr große Unterschiede in der Anwendung und in der Höhe der Erfolge festzustellen. Die einen Unternehmen entwickeln sich zur Weltklasse, andere setzen durchschnittliche Verbesserungen um oder die Einführung von Lean Management scheitert komplett. Wie unterscheiden sich diese Unternehmen? Welche Vorgehensweisen haben sich für die Lean Transformation bewährt? Wie gelingt der Wandel? Was sind die Erfolgsfaktoren und die häufigsten Fehler auf dem Weg zur Lean Company? Wie überzeugt man das Kader und die gesamte Mannschaft? Wie erbarbeitet man eine Lean Roadmap? Wie kann eine Verbesserungskultur entwickelt werden? Welche Tools und Methoden sind für die jeweiligen Ziele sinn-

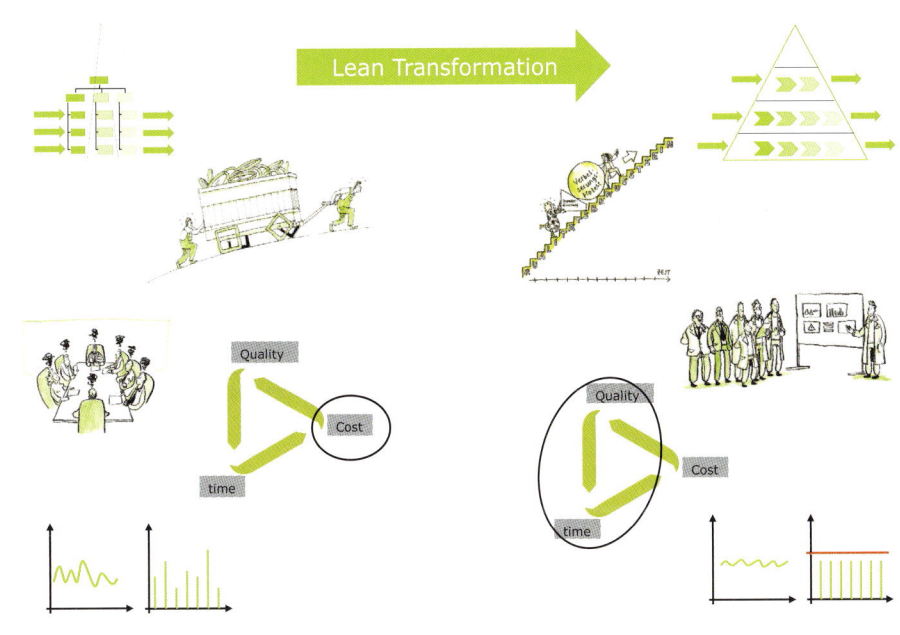

Bild 1.1 Die Lean Transformation

voll? Wie implementiert man diese gewinnbringend und nachhaltig? Wie kann Lean Management auch in der Administration umgesetzt werden? Was ist der Sinn eines Wertschöpfungssystems und wie wird es entwickelt? Wie kann der Lean-Reifegrad des Unternehmens gemessen werden? Diese sind nur einige Fragen, die in diesem Buch beantwortet werden.

Die Erfolge von Unternehmen, die Lean Management durchgängig und nachhaltig eingeführt haben, sind gut dokumentiert. Die Qualität in diesen Unternehmen ist höher sowie die Kosten signifikant tiefer als bei den Mitbewerbern und die Flexibilität in der Erfüllung von Kundenwünschen sucht in der Regel seinesgleichen. Kurze Durchlaufzeiten, tiefe Bestände, hohe Lieferperformance, erstklassige »time to market«, herausragende Veränderungsfähigkeit und hohe Kunden- sowie Mitarbeiterzufriedenheit sind weitere typische Merkmale. Lean Management geht weit über die reine Gewinnerzielung hinaus. Es ist eine Philosophie, die nach kontinuierlicher Verbesserung strebt, um den Kundennutzen und damit die Wettbewerbsfähigkeit zu erhöhen. Viele Menschen in ganz unterschiedlichen Organisationen sind davon überzeugt, sich und das Unternehmen mit Lean Management weiterentwickeln zu können. Ohne Zweifel haben bereits eine hohe Anzahl Unternehmen positive und negative Erfahrungen mit Lean Management gemacht. Bei einigen Unternehmen konnten die Anfangserfolge nicht ausgerollt und gefestigt werden, weshalb die Verbesserungen verpufften und die Organisation einen Rückschritt gemacht hat. Die Motivation und Durchhaltekraft schwinden und die Verbesserungspläne versanden. Wieso ist das so? Die Vorgehensweise und das Veränderungsmanagement unterscheiden sich in den betroffenen Unternehmen stark. Daraus resultieren beträchtliche Differenzen in den Ergebnissen sowie in der Umsetzungsgeschwindigkeit und Nachhaltigkeit der Verbesserungen. Was sind die Erfolgsfaktoren und wie ist das empfohlene Vorgehen für möglichst hohe Erfolgschancen? Dieses Buch zeigt Ihnen mit Beispielen und Praxisberichten die Erfolgsfaktoren und den Weg von lokalen Verbesserungen bis hin zur erfolgreichen Lean Transformation auf. Es werden die Methoden praxisnah erklärt und Beispiele dazu aufgezeigt sowie Tipps und Trick mitgegeben, sodass eine Lean Transformation und die notwendige Kulturveränderung erfolgreich gemeistert werden kann. Der Blick soll für wesentlich mehr geöffnet werden als nur die

Tools und Methoden von Lean Management. Es soll ein tiefes Verständnis entstehen sowie die Zusammenhänge und Abhängigkeiten verstanden werden.

Mit diesem Buch können Sie die Lean Tools zielgerichtet und erfolgreich anwenden. Durch das entstandene Verständnis für die Lean Transformation kann die Philosophie implementiert und die Kultur im Unternehmen entwickelt werden. Aber Achtung: Es ist kein Kochrezept, sie sollten das Beschriebene auf das eigene Unternehmen adaptieren. Werden Sie aktiv! Machen Sie sich Notizen und reflektieren Sie die einzelnen Etappen. Sie finden in jedem Kapitel Fragen, die Sie sich stellen sollten sowie Aufgaben und Zusammenfassungen. Überlegen Sie sich, welche Ideen und Anregungen Sie umsetzen möchten. Hierzu finden Sie Hinweise, Anleitungen und Beispiele für die häufigsten Herausforderungen in der Lean Transformation sowie Vorlagen zum Downloaden. Die Erfolgsfaktoren, Stolpersteine und häufigsten Fehler werden aufgezeigt. Die Handhabung in der Praxis steht im Fokus. Sie werden animiert, das Gelesene anzuwenden und zu lernen. Dieses Buch soll provozieren, aufrütteln, befähigen und begeistern. Die Lernkurve müssen Sie jedoch selber durchlaufen.

Bild 1.2 Das Gegenteil von Erfolg ist: nichts tun. Packen Sie es an und beginnen Sie, sich zu verändern!

Verwenden Sie dieses Buch als Anreiz und als Möglichkeit zu lernen. Einiges von dem Beschriebenen mag auf Ihre Situation nicht zutreffen oder Sie sind zum Teil anderer Meinung. Das ist völlig in Ordnung. Es gibt so viele verschiedene Ansätze und Lösungswege, wie es Menschen gibt. Sicherlich finden Sie in diesem Buch Anregungen, welche Sie auf Ihr Unternehmen adaptiert umsetzen und anwenden können. Wichtig ist zu lernen, zu reflektieren und kontinuierlich zu verbessern.

1.2 Übersicht

In diesem Buch finden Sie:
- 4 Buchteile, 16 Fachkapitel und rund 100 Unterkapitel
- 42 Tipps aus der Praxis
- 23 Vorlagen und Übersichten zum Downloaden
- 36 Lean Stories – Geschichten aus der Praxis

1.3 Der rote Faden

Der erste Teil dieses Buchs beschäftigt sich mit der Frage: Warum? Die Gründe für den notwendigen Wandel werden aufgezeigt und die Grundlagen von Lean Management vermittelt. Es werden sehr ausgewählte Themen vom Toyota-Weg dargelegt und die Unternehmensphasen während der Veränderung geschildert. Was bringt der Wandel vom funktions- zum prozessorientierten Unternehmen? Die drei Verlustarten und die sieben Verschwendungsarten bilden das Fundament für den weiteren Aufbau des Buchs.

Der zweite Teil beschäftigt sich mit der Frage: Was? Die Lean Vision, -Strategie, -Ziele und die Entwicklung einer Lean Roadmap sind wichtige Themen in diesem Kapitel. Was soll erreicht werden? Wie kann die Transformation geplant werden? Was hat das alles mit Change Management zu tun? Die 12 Erfolgsfaktoren in Veränderungsprojekten und die 14 häufigsten Fehler in der Lean Transformation werden transparent und schonungslos aufgezeigt. Diese Themen und der kontinuierliche Verbesserungsprozess (KVP/Kaizen) bilden die Grundlage für die weiterführenden Themen im Buch.

Der dritte Teil beschäftigt sich mit der Frage: Wie? Die wichtigsten Tools, Methoden und Vorgehensweisen mit Praxisbeispielen im Detail erklärt. Die vier Grundprinzipien von »just in time« bilden den Leitfaden und zeigen die empfohlene Implementierungsreihenfolge auf. Der Aufbau, die Hilfsmittel und die Zusammenhänge zwischen Point-, Fluss-, Rhythmus-, Pull- und Kultur-Kaizen sind detailliert beschrieben und erklärt. Die Vorgehensweise für die ersten Verbesserungen in den administrativen Prozessen sowie der Aufbau eines Wertschöpfungssystems und die Messung des Lean-Reifegrads schließen diesen Teil ab.

Im vierten Teil werden die wichtigsten Punkte reflektiert und zusammengefasst.

1.4 Warum Sie dieses Buch lesen sollten

Der Erfolg von der Lean Transformation hängt stark von den Führungskräften ab. Damit sind nicht nur die Geschäftsleitungsmitglieder gemeint, sondern alle Führungsstufen. Daher werden sie in diesem Buch speziell angesprochen. Dieses Fachbuch sollte die Grundliteratur für alle leitenden Mitarbeiter von produzierenden Unternehmen werden. Es ist zudem für Lean-Experten, Lean-Interessierte und Verantwortliche für die operative Umsetzung von Verbesserungen geeignet. Es zeigt mögliche Wege zur erfolg-

> Der Erfolg von der Lean Transformation hängt stark von den Führungskräften ab. Damit sind nicht nur die Geschäftsleitungsmitglieder gemeint, sondern alle Führungsstufen.

Bild 1.3 Führungskraft als Erfolgsfaktor der Lean Transformation

reichen Lean Transformation sowie die dafür notwendigen Denk- und Verhaltensmuster auf. Ohne diese wird keine Lean-Kultur entstehen. Die Theorie ist nur nützlich, wenn sie in die Praxis umgesetzt wird. Aus diesem Grund sind viele Praxisbeispiele und Geschichten aus dem Erfahrungsschatz des Autors beschrieben. Diese sollen helfen, die Herausforderungen und Lösungswege auf einfache Weise zu verstehen sowie Geschichten liefern, damit die Kollegen von Lean Management überzeugt werden können. Die Anwender und die Führungskräfte finden hier Hinweise und Informationen, um die Lean Transformation erfolgreich umzusetzen.

Dieses Buch ist für alle Unternehmensgrößen und Branchen von produzierenden Firmen geeignet. Einige sind überzeugt, dass sich Lean Management nur in der Massenfertigung umsetzen lässt, aber dies ist ein Irrtum. Es sind zwar nicht alle in diesem Buch beschriebenen Tools und Methoden für die Projektfertigung geeignet, aber viele lassen sich übertragen. Auch in Unternehmen, die Unikate herstellen, bestehen wiederkehrende Muster von Prozessen und Teilprodukten. Es kommt auf die Betrachtungsweise an. Selbst wenn nur eine geringe Anzahl von Tools erfolgreich angewendet werden können, ist die Entwicklung einer echten Verbesserungskultur für jedes Unternehmen dieser Welt ein großer Gewinn. Lean Management sollte nicht kopiert, sondern adaptiert werden. Wer dies verstanden hat, kann diese sehr wirtschaftliche Art zu produzieren, an alle unterschiedlichen Gegebenheiten anpassen. »Bei uns ist alles ganz anders«, ist eine sehr häufig geäußerte Aussage. Das ist in Ordnung, solange es nicht als Ausrede verwendet wird, nichts zu verändern. Dieses Buch zeigt den Weg auf, um in kleinen, mittleren und großen Unternehmen sowie in komplexen Umgebungen, die Lean Transformation zu starten und eine Verbesserungskultur zu entwickeln.

1.5 Aufbau der Kapitel

Nebst der notwendigen Theorie finden Sie jeweils Tipps und persönliche Geschichten aus der Praxis sowie Hilfsmittel zum Downloaden. Zudem erhalten Sie in den jeweiligen Kapiteln, Fragen und Aufgaben, mit denen Sie sich für die erfolgreiche Lean Transformation auseinandersetzen sollten.

1.5 Aufbau der Kapitel

Dieses Icon steht für Praxistipp

Bei diesem Icon bekommen Sie weiteren Stoff zum Nachdenken.

Dieses Icon steht für eine Lean Story.

Hier steht eine Handlungsempfehlung.

Hier können Sie sich etwas von *Plus.Hanser-Fachbuch.de* herunterladen.

Hier erhalten Sie Aufgaben oder Fragen zum Üben.

TEIL I

Die Grundlagen von Lean Management

02 Herkunft und Geschichte von Lean Management

2 Herkunft und Geschichte von Lean Management

> **Fragen, die in diesem Kapitel beantwortet werden:**
> - Woher stammt Lean Management und wieso macht es auch für Ihr Unternehmen Sinn?
> - Was ist Lean Management und was ist es nicht?
> - Welches sind die Kernwerte des Toyota-Weges?
> - Welche Prinzipien verfolgt Toyota?

Wer hat's erfunden? Nein, nicht die Schweizer. Die Herkunft von Lean Management liegt in Japan. Mitte des 20. Jahrhunderts hat der Automobilhersteller Toyota sein Produktionssystem entwickelt. Vermutlich war es damals vorerst eine reine Überlebensstrategie. Erst später hat sich herausgestellt, dass die Art und Weise wie Toyota die Organisation, Prozesse, Qualität und Mitarbeitenden entwickelt, zum wirtschaftlichsten Wertschöpfungssystem führt. Rohstoffknappheit, Isolationspolitik und Sparmaßnahmen leiteten zum Just-in-time-Gedanken und die fehlende Liquidität für die Neuanschaffung von Maschinen drängte zu einer Fokussierung auf die kontinuierliche Verbesserung. Eiji Toyoda übergab dem damals jungen Ingenieur Taiichi Ohno die Aufgabe, die Produktivität zu erhöhen. Dieser gilt als Gründungsvater von Lean Management. Die Geschichte von Toyota ist in diesem Buch bewusst sehr kompakt gehalten, da sie bereits in zahlreichen anderen Publikationen sehr ausführlich beschrieben wurde.

Den Begriff »lean« haben Womack und Jones geprägt, nachdem sie im Auftrag des MIT (Massachusetts Institute of Technology) fünf Jahre lang die Unterschiede der japanischen und amerikanischen Automobilindustrie untersucht und in Büchern beschrieben haben. Dabei haben sie das in Hinblick auf Qualität, Produktivität und Flexibilität überlegene Produktionssystem von Toyota erforscht und als »Lean Production« bezeichnet. Leider wurde die deutsche Übersetzung (»lean« heißt »schlank«) oft missverstanden. Lean Management bedeutet »Werte ohne Verschwendung schaffen«. Dafür werden alle notwendigen Aktivitäten aufeinander abgestimmt und nicht werterhöhende Tätigkeiten, also Verschwendungen vermieden. Toyota versetzt seine Mitarbeitenden in die Lage, die Qualität, Produktivität und Flexibilität durch ständige Verbesserung von Prozessen und Vermeidung von Verschwendungen zu optimieren. Ergebnis sind Prozesse mit einer hohen Kundenorientierung, hoher Prozessstabilität, kurzen Durchlaufzeiten und tiefen Kosten.

Lean Management wird inzwischen weltweit und in nahezu allen Branchen erfolgreich angewendet. Es lässt sich in allen Unternehmensgrößen, Komplexitäten und Marktanforderungen umsetzen. Die Vorgehensweisen, Erfolgsfaktoren, Herausforderungen und Hindernisse in der Lean Transformation werden in diesem Buch detailliert und doch pragmatisch beschrieben. Aber Achtung: Lean dient als Mittel zum Zweck, um die Wettbewerbsfähigkeit und den Kundennutzen zu erhöhen. Es sollte nicht zum Selbstzweck werden.

Bild 2.1 Wer ernten will, muss säen

Lean Story: Was ist Lean Management?

Da es vermeintlich einfach zu verstehen scheint, wird Lean Management allzu oft falsch verstanden. Typische Aussagen wie: »Wir sind bereits lean« oder »Wir verbessern uns auch ohne Lean Management ständig« zeigen mir immer wieder das fehlende Grundverständnis auf. Lean ist kein Zustand, daher kann man nicht lean sein. Es ist eine Denk- und Handlungsweise, die durch die kontinuierliche Verbesserung und unentwegtem Streben nach immer höheren Zielen zur Erhöhung des Kundennutzen und der Wettbewerbsfähigkeit führt.

Welche Firma hat sich in den letzten Jahren kein bisschen verändert? Vermutlich nur die allerwenigsten, daher könnte man die Aussage machen, dass sich alle Unternehmen kontinuierlich weiterentwickeln. Dies mag zutreffen, aber es ist nicht vergleichbar mit der Veränderungsgeschwindigkeit und der Nachhaltigkeit der Veränderungen, die mit Lean Management erreicht werden.

Erst kürzlich hat mir ein Manager am Telefon erklärt: »Wir haben Lean Management bereits implementiert«. Das freute mich sehr und ich gratulierte ihm von Herzen. Und dann fragte ich nach, was sie schon alles umgesetzt haben, welchen Herausforderungen ihnen auf dem Weg begegnet sind und was der nächste Zielzustand sei. Er antwortet: »Wir haben 5S umgesetzt.« »Schön zu hören, aber mit 5S ist man niemals fertig, diese Methode wird oft für die ersten Verbesserungen angewendet. Was haben Sie sonst noch gemacht?«, frage ich nach. »Wir haben viele Verschwendungen eliminiert und es läuft heute wirklich viel besser als noch vor zwei Jahren.« »Herzliche Gratulation«, gab ich zur Antwort und fuhr fort: »Sie haben die ersten Schritte getan und das freut mich. Sie scheinen jedoch noch nicht verstanden zu haben, um was es bei Lean Management geht. Einige Tools anwenden und kurzfristige Verbesserungen damit erzielen, das kann jeder. Lean Management in seiner Ganzheit verstehen und implementieren, schaffen nur die Unternehmen, die es wirklich ernsthaft anpacken. Vielleicht reicht es Ihnen, gut zu sein, aber wenn Sie herausragend sein möchten, dann steht Ihnen noch ein langer, steiniger Weg bevor.« Solche Gespräche sind keine Seltenheit. Eine Woche später hat mir ein Geschäftsleiter gesagt: »Ich stehe voll und ganz hinter Lean Management, aber einmal muss es ja auch gut sein.« Seine Einstellung hat sich auf dem anschließenden Rundgang bestätigt. Sein Unternehmen hatte immenses Potenzial und der Reifegrad war auf einem sehr tiefen Niveau.

Wieso erkennen wir die Dinge nicht, so wie sie sind? Zum einen hat dies mit Betriebsblindheit und zum anderen mit falschem Stolz zu tun. Jeder von uns läuft Gefahr mit der Zeit betriebsblind zu werden, dem kann man sich nur schwer entziehen. Ein Geschäftsführer hat dies mit seiner persönlichen Geschichte treffend erklärt: »Ich fahre seit fast 30 Jahren täglich von Zuhause zur Arbeit. Zweimal pro Tag fahre ich dieselbe Hauptstraße hoch und runter. An dieser Straße wurde ein Haus abgerissen. Ich weiß ganz genau, dass dort ein Haus gestanden hat. Aber ich könnte die Fenster und Türen nicht aufzeichnen.« Unser Gehirn entscheidet selber, was gespeichert und was gelöscht wird. Die schleichende Betriebsblindheit nennt man auch das Frosch-Prinzip: Wirft man den Frosch in ein Glas kochendes Wasser, wird er mit aller Kraft versuchen, wieder herauszuspringen, doch setzt man ihn in ein Glas mit kaltem Wasser und erhitzt es langsam, so wird er drinnen sitzen bleiben, bis er gekocht ist.

Wir nehmen es oft viel zu persönlich, wenn Verbesserungspotenziale im eigenen Verantwortungsbereich aufgedeckt werden. Dann tapsen wir in die Rechtfertigungsfalle und versuchen das Erreichte zu verteidigen. Wir nehmen an, dass das bisher erfolgreich Bewältigte damit ungenügend gewürdigt wird und dass wir die »Schuld« für die aktuelle Situation tragen. Es geht aber weder um Schuld noch um die Vergangenheit, denn diese können wir nicht mehr verändern. Es geht um Offenheit für die Gestaltung der Zukunft. Wenn Sie sich also das nächste Mal dabei erwischen, wie Sie bei Veränderungsvorschlägen mit »ja, aber …« antworten oder die aktuelle Situation in anderer Weise »verteidigen«, dann erinnern Sie sich an den Frosch und an die Worte über den falschen Stolz.

2.1 Die fünf Kernwerte des Toyota-Weges

Die fünf Kernwerte des Toyota-Weges werden von allen Mitarbeitenden auf jeder Ebene umgesetzt.
[Liker 2006] Liker, Jeffrey K.: Der Toyota Weg
- Herausforderung: eine langfristige Vision entwickeln und Herausforderungen mit Mut und Kreativität begegnen.
- Kaizen: kontinuierliche Verbesserung und Weiterentwicklung.
- Genchi Genbutsu: an den Ort des Geschehens gehen und sich selber ein Bild machen, um die Informationen für die richtige Entscheidung zu finden.
- Respekt: Wir respektieren andere, bemühen uns, einander zu verstehen, übernehmen Verantwortung und geben unser Bestes, um gegenseitiges Vertrauen aufzubauen.
- Teamwork: Wir fördern persönliche und berufliche Entfaltung, teilen die Möglichkeiten zur Entwicklung und maximieren die Leistung des Einzelnen und der Gruppe.

Bild 2.2 Das Frosch-Prinzip

Toyota-Weg

- Kontinuierliche Verbesserung
  - Herausforderung
  - Kaizen
  - Genchi Genbutsu
- Respekt für Menschen
  - Respekt
  - Teamwork

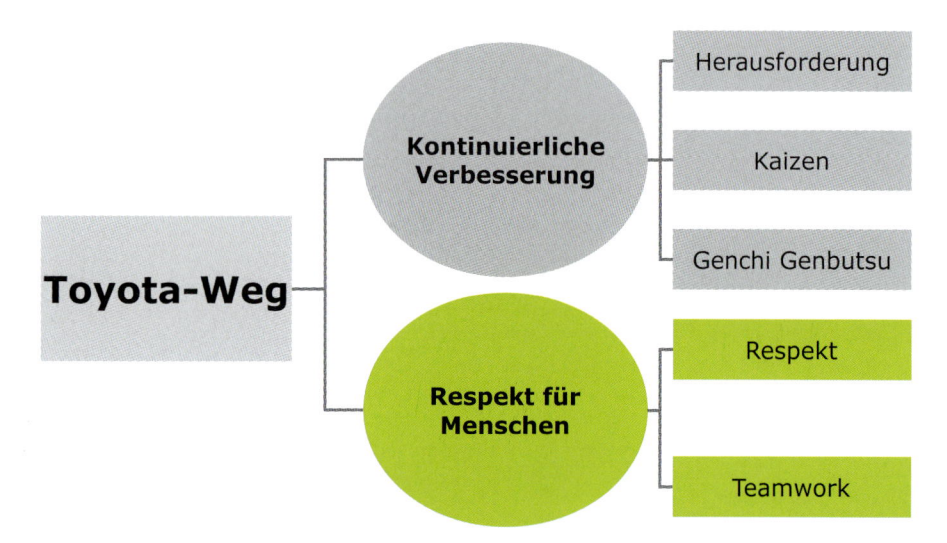

Bild 2.3 Die fünf Kernwerte des Toyota-Weges

entwickeln als Coach ihre Mannschaft, die Probleme zu lösen und den nächsten Zielzustand anzustreben. Wenn Sie Ihr Unternehmen mit Lean Management weiterentwickeln wollen, dann ist die Auseinandersetzung mit den Kernwerten von Toyota sehr empfehlenswert.

> ✓ Stellen Sie sich vor, was Sie in Ihrem Unternehmen mit diesen Grundwerten alles erreichen könnten. Was wäre, wenn die Kultur in Ihrem Unternehmen auf den gleichen Grundwerten beruhen würde? Was wäre anders?

In dieser Übersicht der Grundwerte zeigt sich die Kultur von Toyota. Es werden keine einzelnen Helden, jedoch Teams in mit hohem Respekt gegenüber jedem Individuum entwickelt. Die kontinuierliche Verbesserung hat einen enorm hohen Stellenwert. Das rastlose Streben nach immer höheren Herausforderungen zeichnet die Verbesserungskultur von Toyota aus. Die Manager gehen vor Ort, um sich selber ein Bild zu machen, anstatt sich berichten zu lassen. Und sie

2.2 Die 14 Prinzipien des Toyota-Weges

Die 14 Prinzipien geben einen ersten Einblick in die Denkweise von Toyota.

Angelehnt an [Liker 2006] Liker, Jeffrey K.: Der Toyota Weg

1. Entscheiden Sie aufgrund der langfristigen Philosophie, auch wenn dies zu Lasten kurzfristiger Gewinnziele geht.
2. Sorgen Sie für kontinuierlich fließende Prozesse, um Probleme ans Licht zu bringen. Fließende Prozesse sind der Schlüssel zur kontinuierlichen Verbesserung.
3. Wenden Sie Pull-Systeme an, um Überproduktion zu vermeiden.
4. Nivellieren Sie die Produktionsvolumen. Die Schaffung einer gewissen Gleichmäßigkeit der Arbeitsbelastung hilft kontinuierlich, fließende und standardisierte Prozesse zu erzeugen.
5. Schaffen Sie eine Kultur, die auf Anhieb Qualität erzeugt, anstatt ewig nachbessert.
6. Standardisierung ist die Grundlage für kontinuierliche Verbesserungen.
7. Nutzen Sie visuellen Kontrollen, damit keine Probleme verborgen bleiben. Abweichungen und Optimierungsmöglichkeiten lassen sich so schnell und einfach erkennen.
8. Setzen Sie nur sehr zuverlässige und gründlich getestete Technologien ein. Die Technologien sollen den Menschen dienen und nicht umgekehrt.
9. Entwickeln Sie Führungskräfte, welche die Philosophie vorleben und anderen vermitteln.
10. Entwickeln Sie herausragende Mitarbeiter und Teams, die der Unternehmensphilosophie folgen.
11. Respektieren Sie Ihr ausgedehntes Netz an Geschäftspartnern und Zulieferern, indem Sie sie fordern und unterstützen, sich stetig zu verbessern.
12. Machen Sie sich selbst ein Bild von der Situation, um sie umfassend zu verstehen. Versuchen Sie nicht Probleme aus der Ferne zu lösen.
13. Treffen Sie Entscheidungen mit Bedacht. Wägen Sie alle Alternativen sorgfältig ab, aber setzen Sie die getroffene Entscheidung zügig um.
14. Werden Sie durch unermüdliche Reflexion und kontinuierliche Verbesserung zu einer lernenden Organisation.

Diese Prinzipien klingen mehrheitlich logisch und einleuchtend. Man kann diese mannigfaltig interpretieren und in sehr unterschiedlicher Konsequenz umsetzen. Dies trägt zu den großen Unterschieden in den Ergebnissen bei.

> ✓ Wie lauten die Prinzipien von Ihrem Unternehmen?
>
> Welche der 14 Prinzipien von Toyota wären für Sie wünschenswert?
>
> Was wären dabei die größten Herausforderungen?

03 Warum und wie die Lean-Reise starten?

Fragen, die in diesem Kapitel beantwortet werden:
- Wieso muss sich das Unternehmen wandeln?
- Welche Phasen durchläuft ein Unternehmen während der Lean Transformation?
- Was bedeutet »das goldene Dreieck«?
- Welche Prioritäten bestehen bei den wichtigsten Erfolgsfaktoren?
- Was ist der Unterschied zwischen funktions- und prozessorientierter Organisation?

3.1 Typische Anstöße zur Veränderung

Es gibt unendlich viele Gründe weshalb sich ein Unternehmen verändern soll. Vielleicht besteht in Ihrem Unternehmen ein hoher Kostendruck durch internationalen Wettbewerb oder durch eine ungünstige Währungssituation. Oder die hohen Bestände verursachen einen erhöhten organisatorischen Aufwand und binden zu viel Kapital. Möglicherweise sind Sie Marktleader und möchten den Vorsprung noch weiter ausbauen oder diverse Qualitätsprobleme und Kundenreklamationen zwingen Sie zu einer Veränderung. In fast allen Unternehmen ist die steigende Variantenvielfalt eine große Herausforderung, der man sich mit neuen Prozessen und Organisationsformen stellen möchte. Vielleicht erfüllen Ihre Lieferzeiten die Erwartungen Ihrer Kunden nicht oder nur knapp. In der heutigen, schelllebigen Zeit ist es ein starkes Verkaufsargument, wenn Sie die Produkte schneller liefern können als Ihre Mitbewerber. Gut ist schon lange nicht mehr gut genug. Nur jene Unternehmen, die unermüdlich an der Weiterentwicklung von stabilen, verschwendungsarmen und flexiblen Prozessen arbeiten, haben eine Chance, sich auf dem Markt längerfristig zu behaupten. Die Geschwindigkeit und Agilität gewinnt hierbei immer mehr an Bedeutung. Zusammengefasst kann man sagen, dass die Kundenerwartungen stetig steigen und daher immer wieder große

Veränderungen und Anpassungen notwendig sind. Lean Management bietet eine Vielzahl von Tools und Methoden, um diese Veränderungen zielorientiert umzusetzen und die Veränderungsfähigkeit aktiv zu trainieren.

> ✓ Warum besteht bei Ihnen im Unternehmen aktuell großer Handlungsbedarf?
>
> Überlegen Sie sich die größten Potenziale aus Sicht des Unternehmens und des Kunden.

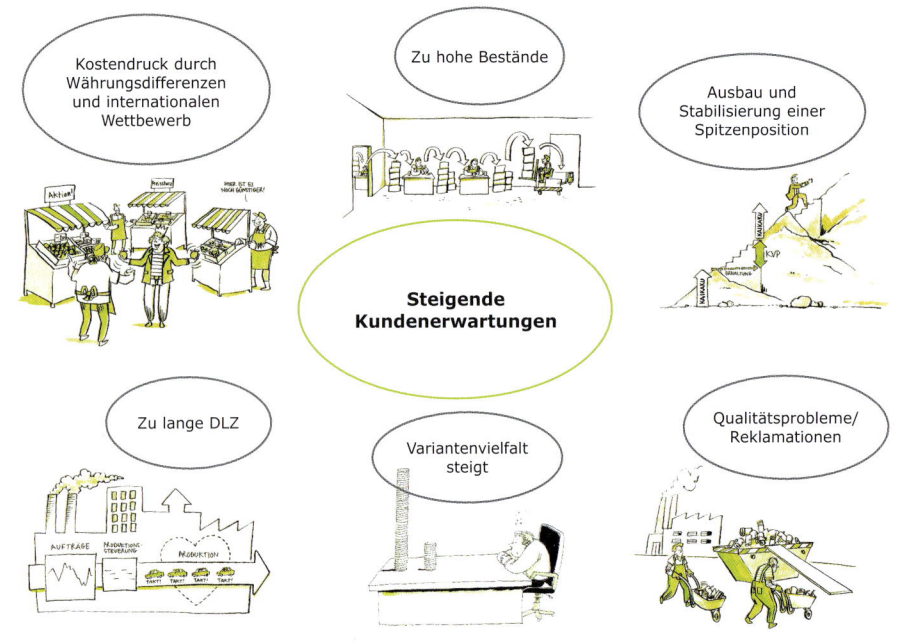

Bild 3.1 Steigende Kundenerwartungen sind typische Anstöße zur Veränderung

3.2 Unternehmensphasen im Veränderungsprozess

Die Lean Transformation wird oft unterschätzt, denn sie beinhaltet tiefgreifende Veränderungen in der Organisation, in den Prozessen und in der Unternehmenskultur. Selbstverständlich können Sie »nur ein bisschen lean« anwenden. Sie können auch nur »ein bisschen joggen«, was sicherlich empfehlenswert und gesund ist, aber Sie werden damit höchstwahrscheinlich keinen Marathon gewinnen. Die volle Kraft von Lean

Management entfaltet sich, wenn Sie es über alle Bereiche und Hierarchiestufen hinweg implementieren. Also hören Sie auf, nur die Rosinen zu picken. Es gibt viele gute, aber auch zahlreiche schlechte Beispiele, wie Unternehmen Lean Management eingeführt haben. Zusammengefasst kann folgende Aussage gemacht werden: Je ganzheitlicher, desto erfolgreicher. Die Einführung und Weiterentwicklung von Lean Management im gesamten Unternehmen muss eine hohe Priorität haben. Dies erfordert eine außerordentliche Aufmerksamkeit vom obersten Kader.

> 💡 Verwenden Sie die fehlende Aufmerksamkeit der Unternehmensleitung nicht als Ausrede, um nichts zu tun! Selbstverständlich können Sie auf Ihrer Stufe bereits viel mit der Einführung von Lean Management erreichen. Überzeugen Sie die Geschäftsleitung mit Taten und Ergebnissen. Setzen Sie um! Schlagen Sie zudem der Geschäftsleitung vor, andere Unternehmen, die sich schon seit einigen Jahre mit Lean Management weiterentwickelt haben, zu besuchen.

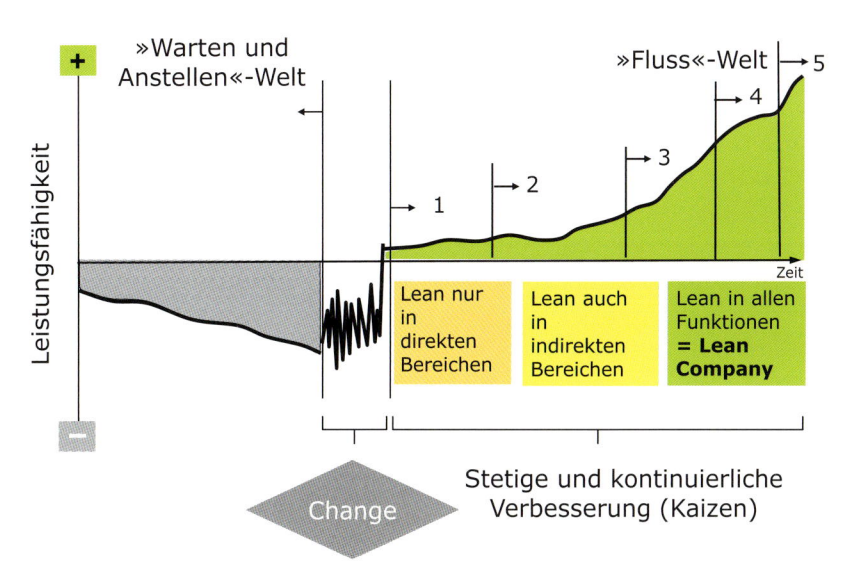

Bild 3.2 Unternehmensphasen im Veränderungsprozess

> Schenken Sie der Geschäftsleitung Literatur zu Lean Management (vielleicht dieses Buch?) und senden Sie ihnen Links zu Blogs und Erfolgsberichten aus dem Internet. Lassen Sie nicht locker, gehen Sie gleichwohl selber mit gutem Beispiel voran.

> **Lean Story: Veränderungsprozess**
>
> Bei einem großen Konzern mit dutzenden Produktionsstandorten war ein einzelner Werksleiter überzeugt von Lean Management und setzte unzählige Verbesserungen an seinem Standort um. Er bildete ein Team von Lean-Experten, welche die Mitarbeitenden befähigten und bei den Veränderungen begleiteten. Erst zwei Jahre später erkannte die Konzernleitung, dass die Performance von diesem Produktionswerk alle anderen Standorte bei Weitem übertraf. Sie wollten vom verantwortlichen Werksleiter erfahren, was er anders macht als die anderen. Er zeigte ihnen mit Stolz die Veränderungen und führte sie in einem kurzen Workshop in Lean Management ein. Erst als die Konzernleitung das Potenzial und die Tragweite erkannte, wurde Lean Management auf der obersten Kaderstufe priorisiert und anschließend als Produktionssystem an allen Standorten eingeführt. Also: Gehen Sie voran, setzen Sie um, schaffen Sie Leuchttürme, überzeugen Sie die anderen mit Ergebnissen – egal auf welcher Führungsstufe Sie sich befinden.

3.3 Wandel vom funktions- zum prozessorientierten Unternehmen

Die Welt hat sich in den letzten 100 Jahren sehr stark verändert. Sehen wir uns drei Faktoren genauer an: Markt, Technologie und Organisation.

1. Die heutigen Marktbedingungen sind unvergleichbar mit jenen vor 100 Jahren. Durch die Globalisierung reicht es nicht mehr, lokal konkurrenzfähig zu sein. Die Anzahl der Mitbewerber hat signifikant zugenommen.
2. Die Technologien haben sich in mehreren disruptiven Zyklen komplett gewandelt. Vor hundert Jahren hätten wir uns die heute zur Verfügung stehenden Technologien nicht vorstellen können.
3. Und wie hat sich die Organisation gewandelt? Welche Verschiedenheiten stellen Sie zwischen einem Organigramm von vor hundert Jahren und einem von heute fest? Oft sind kaum Unterschiede zu erkennen. Wir haben völlig andere Marktbedingungen und Techno-

Funktionsorientiere Unternehmen   Prozessorientierte Unternehmen

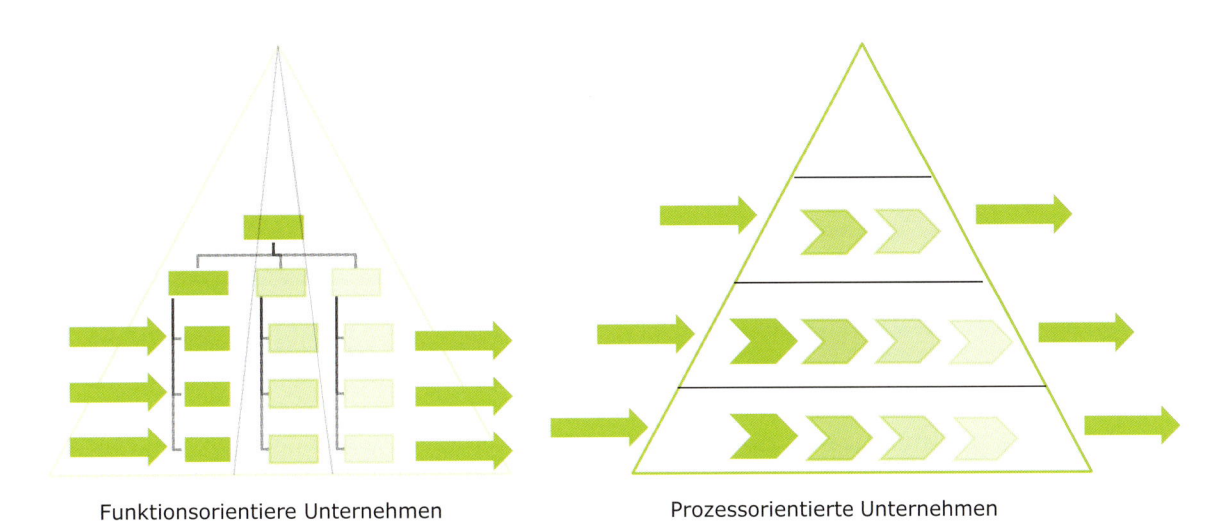

Bild 3.3 Transformation vom funktions- zum prozessorientierten Unternehmen

logien, dennoch halten wir an den alten Strukturen fest. Es wird Zeit, diese kritisch zu hinterfragen.

Eine große Anzahl Unternehmen sind noch vertikal (funktionsorientiert) organisiert, obwohl der Wertstrom horizontal verläuft. Dabei fließt der »Wert für den Kunden« durch alle Abteilungen und Schnittstellen. Zum Beispiel von der Warenannahme ins Rohmateriallager, zur Sägerei, Dreherei, Fräserei, Schleiferei, Montage und zum Schluss in die Spedition. Die Schnittstellen zwischen den Abteilungen sind eine Verschwendung, denn dort muss organisiert, abgestimmt, geplant, kommuniziert und übergeben werden – ohne Wertzuwachs für den Auftraggeber. Es ist an der Zeit neue Organisationsformen zu entwickeln und das Unternehmen, wo sinnvoll und möglich, prozessorientiert aufzustellen. Auch wenn dies in Ihrer Firma aktuell (noch) nicht durchgängig möglich ist, lohnt es sich, einzelne Schnittstellen zu eliminieren und die verbleibenden zu optimieren. Sie werden schneller, günstiger und die Qualität wird erhöht.

Das deutsche Wort »Abteilung« kommt von abteilen. Damit ich etwas abteilen kann, muss ich es schneiden, daher kommt der Begriff »Schnittstelle« zwischen den Abteilungen. Bei einer Schnittstelle am Finger läuft Blut aus der Wunde. Genauso verhält es sich in den Unternehmen. Die »Blutmengen«, die bei den Schnittstellen fließen, sind die Verschwendungen. Zudem besteht bei der funktionsorientierten Organisation die hohe Gefahr, dass sich Königreiche bilden. Dabei optimiert jeder die eigene Einheit, aber nicht den Gesamtprozess.

> ✓ Wie ist Ihre Firma gegenwärtig organisiert?
> Wo wären der Abbau von Schnittstellen und die Bildung einer horizontalen Organisation denkbar?
> Welche Gliederung wäre sinnvoll und wünschenswert?

3.4 Das goldene Dreieck und die Prioritäten der drei wichtigsten Erfolgsfaktoren

Es gibt viele verschiedene Erfolgsfaktoren in einem Unternehmen. Das goldene Dreieck – auch magisches Dreieck genannt – zeigt die drei wichtigsten davon auf.

Mit dem Begriff »Zeit« wird die Durchlaufzeit/Lieferzeit/time-to-market beschrieben. Kosten und Qualität verstehen sich von selbst. Die meisten Firmen streben nach einer gesunden Balance, aber ein Faktor hat dabei die erste Priorität. Verallgemeinernd gilt: Je klarer die Ausrichtung für alle Beteiligten, desto zielgerichteter und produktiver kann die Organisation arbeiten. Je unklarer die gemeinsame Ausrichtung, desto mehr Ressourcen werden infolge von internen Richtungskämpfen verschwendet.

Bei lean-orientierten Unternehmen hat sich folgende Priorisierung durchgesetzt:

1. Qualität

Hier ist aber nicht ausschließlich die Auslieferqualität gemeint, denn die ist in aller Regel sehr hoch. Vielmehr liegt hier der Fokus auf der Prozessqualität. Instabile Prozesse können Sie nicht beschleunigen, ohne in einem Chaos zu landen.

2. Zeit

Die Geschwindigkeit hat eine höhere Priorität als die Kosten, denn um kürzere Durchlaufzeiten realisieren zu können, müssen Schnittstellen eliminiert und optimiert sowie Verschwendungen reduziert werden. Mit der Fokussierung auf die Flusseffizienz werden daher die Kosten gleichzeitig reduziert.

3. Kosten

Tiefere Kosten sind ein Endergebnis von hoher Prozessqualität in hoher Geschwindigkeit. Wenn diese zwei Faktoren mit hoher Priorität verfolgt werden, sinken die Aufwände von alleine. Wenn aber der Fokus auf die Kosten gelegt wird, hat dies tendenziell einen negativen Einfluss auf die Durchlaufzeit. Denn wir würden uns auslastungsorientiert organisieren und versuchen, möglichst große Aufträge zu produzieren, damit sich die Rüstzeit auf eine große Menge verteilt.

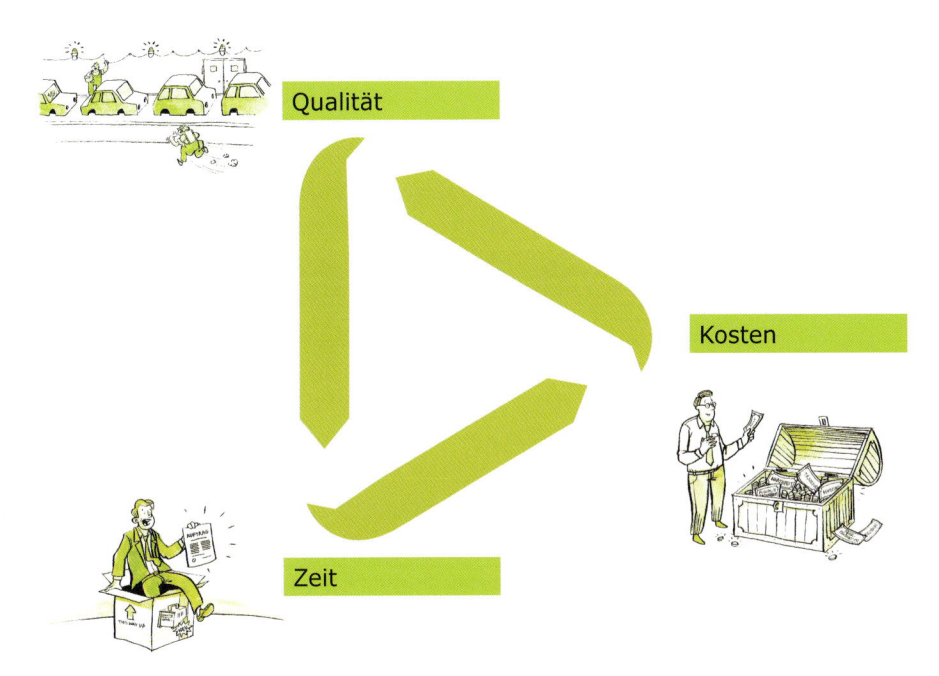

Bild 3.4 Das goldene Dreieck – die drei wichtigsten Erfolgsfaktoren

Vermutlich würden wir in beträchtlichen Reichweiten einkaufen, um einen möglichst hohen Mengenrabatt zu erhalten. Je größer aber die Mengen, in denen wir denken und handeln, desto länger sind die Liegezeiten und damit die Durchlaufzeiten. Somit hat der Kostenfokus tendenziell einen negativen Einfluss auf die Durchlaufzeiten.

Denkanstoß

In traditionellen Unternehmen steht die Ressourceneffizienz an erster Stelle. Es wird darauf geachtet, dass die vorhandenen Ressourcen möglichst voll ausgelastet sind. Das ist aus betrieblicher Sicht erstrebenswert, blendet aber die negativen Folgen für den Kunden aus. Durch den starken Fokus auf die Auslastung, rückt der Kunde in den Hintergrund. Je höher die Auslastung, desto länger die Durchlaufzeiten. Bei einem zu starken Fokus auf die Ausnutzung der Ressourcen werden zusätzliche Bedarfe generiert, indem mehr Produkte oder mehr Aufträge als vom Markt gefordert bearbeitet werden. (Diese Verschwendungsart nennt man Überproduktion, mehr dazu später im Kapitel 4.) Daraus werden zusätzliche, nicht wertschöpfende Handlungen erforderlich wie zum Beispiel: Lagerung, Transporte, Verschrottungen, Suchen, Zählen, Buchen, komplexere Planung und Steuerung usw. Damit steigt die Auslastung weiter an, jedoch ohne Mehrwert für den Kunden. Bei Lean Management hat die Flusseffizienz eine höhere Priorität als die Ressourceneffizienz. Flusseffizienz ist die Summe aller wertschöpfenden Tätigkeiten im Verhältnis zur Durchlaufzeit. Dabei stehen das Produkt und die schnelle Befriedigung des Kundenbedarfs im Fokus. Das heißt, dass die Auslastung der einzelnen Einheiten nicht mehr so relevant ist, sondern vielmehr die kurzen Durchlaufzeiten, um alle wertschöpfenden Tätigkeiten für den Kunden möglichst verschwendungsarm durchzuführen. Erstrebenswert ist eine Ressourcen- und eine Flusseffizienz. Diese beiden Effizienzfaktoren zu kombinieren ist aber äußerst schwierig.

Mit den Worten von Taiichi Ohno: »*Alles, was wir tun, ist, auf die Durchlaufzeit zu achten. Und zwar von dem Moment an, an dem wir einen Kundenauftrag erhalten, bis zu dem Moment wo wir das Geld in Empfang nehmen. Wir verkürzen die Durchlaufzeit, indem wir alle Bestandteile eliminieren, die keinen Mehrwert generieren.*«

Mit den Worten von Hitoshi Takeda: »*Bei der Verkürzung der Durchlaufzeit geht es darum, die Frische der Waren, Produkte und Informationen zu gewährleisten. Es bedarf der gleichen Umsicht wie beim Umgang mit Lebensmitteln, die bei zu langer Lagerung verderben. Je frischer die Ware, desto besser ist zum einen die Qualität, zum anderen aber auch das Management. Die Folge: Ergeb-*

nissteigerung. Mit anderen Worten: Anhand der Frische von Waren, Produkten und Informationen im Laden bzw. an der Linie im Werk lässt sich hervorragend die Managementqualität ablesen. Es bedeutet auch eine höhere Umschlagshäufigkeit von Waren und Produkten. Sie ist nicht nur ein Indiz dafür, dass Waren und Produkte umgesetzt werden, sondern misst auch den Faszinations- und Zufriedenheitsgrad der Kunden.«

> Welche Prioritäten bestehen aktuell in Ihrem Unternehmen bezüglich der drei wichtigsten Erfolgsfaktoren des goldenen Dreiecks?
>
> Welche wären erstrebenswert?
>
> Überlegen Sie sich, wie Sie das Kader davon überzeugen können. Setzen Sie kleine Verbesserungen schnell um, aber entwickeln Sie parallel einen Transformationsplan für das gesamte Unternehmen.

04 Die drei Verlustarten

4 Die drei Verlustarten

> **Fragen, die in diesem Kapitel beantwortet werden:**
> - Was sind die Inhalte der drei Verlustarten Muda, Mura und Muri?
> - Was sind die Folgen von Überproduktion?
> - Welche Auswirkungen haben stetige Überlast auf die Organisation?
> - Welche Nachteile entstehen durch Unausgeglichenheit?
> - Welche Verschwendungsarten gibt es gemäß Toyota?
> - Was sind mögliche Ursachen für die vorhandenen Verschwendungen?
> - Was ist die Bedeutung vom »See der Bestände«? Und was bedeutet dies für Ihre Produktion?

Muda, Mura und Muri beschreiben die drei im Fokus stehenden Verlustarten, welche sich gegenseitig beeinflussen. Der japanische Begriff Muda wurde in der englischsprachigen Literatur als »waste« beschrieben, was in der deutschen Interpretation als »Verschwendung« verstanden wird, obwohl in der Originalübersetzung eher »unnötiger Aufwand« treffender wäre. Muda beinhaltet die vielzitierten sieben Verschwendungsarten.

Der japanische Begriff Muri steht für stetige Überlast von Mensch oder Maschine. Schlechte Planung und nicht standardisierte Prozesse begünstigen die Überlast.

Mura beschreibt Unausgeglichenheit und Inkonsistenz. Schwankungen und ungleichmäßige

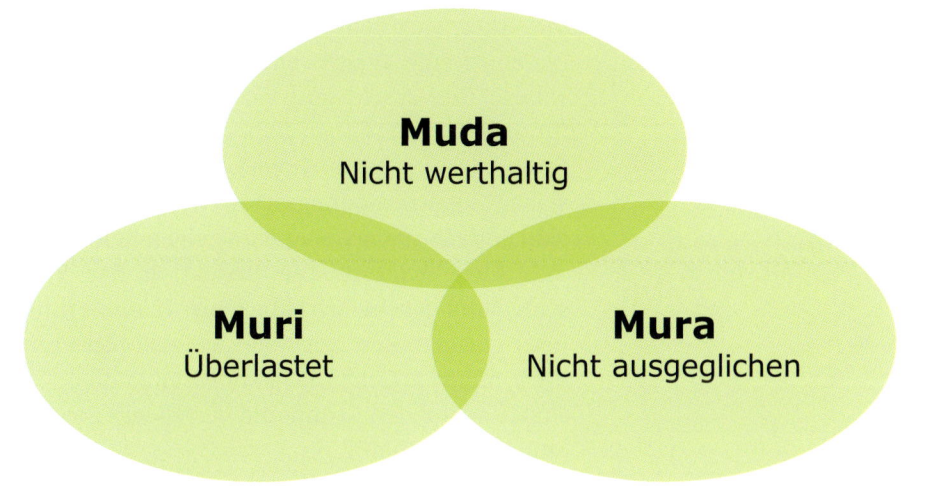

Bild 4.1 Die drei Verlustarten Muda, Mura, Muri

Prozesse führen zu Verlusten. Die Ursachen von Muda und Muri liegen sehr oft in unausgeglichenen und nicht standardisierten Prozessen (Mura).

4.1 Muda – nicht werthaltig

Die bekannteste der drei Verlustarten ist Muda und beinhaltet die sieben Verschwendungsarten. Alles, was dem Kunden keinen Mehrwert bietet, ist eine Verschwendung. Nur, was heißt »alles«? Dies ist schwierig verständlich und nicht für jedermann greifbar. Daher hat der damalige Produktionsleiter von Toyota, Taiichi Ohno, die sieben Verschwendungsarten definiert. Diese sind einfach zu verstehen und zeigen den Fokus auf. Aber Achtung: Die Reduktion der Verschwendungen erfolgt über die Eliminierung der Ursachen. Kümmern Sie sich also nicht um die Symptome. Gehen Sie stattdessen immer den Ursachen auf den Grund und verbessern Sie die Situation nachhaltig.

Es geht darum die Verschwendungen zu erkennen und energisch zu eliminieren. Ein dauerndes Krisenbewusstsein hilft dabei. Unabhängig davon, wie die aktuelle Wirtschaftslage aussieht, gut oder schlecht, ist es wichtig, darüber nachzudenken, wie man etwas verbessern könnte. Wenn die Lage gut aussieht, müssen wir uns dazu zwingen, dennoch zu verbessern, die Zukunft mit einer Art vorsichtigem Optimismus zu betrachten.

»Achten Sie auf die kleinen Dinge; ein kleines Leck kann ein großes Schiff zum Sinken bringen.« Benjamin Franklin

> Download: Die sieben Verschwendungsarten in der Produktion

4.1.1 Überproduktion

Die Produktion in höheren Mengen, früher oder schneller als der Kunde wünscht, ist Überproduktion. Auch die Produktion rein auf Prognosen beinhaltet keinen direkten Kundenbedarf und stellt eine Überproduktion dar. Es gibt unzählige Gründe für größere Auftragsmengen als

4.1 Muda – nicht werthaltig

Fehler (Ausschuss und Nacharbeit)

Bestände

Bewegung

Überproduktion

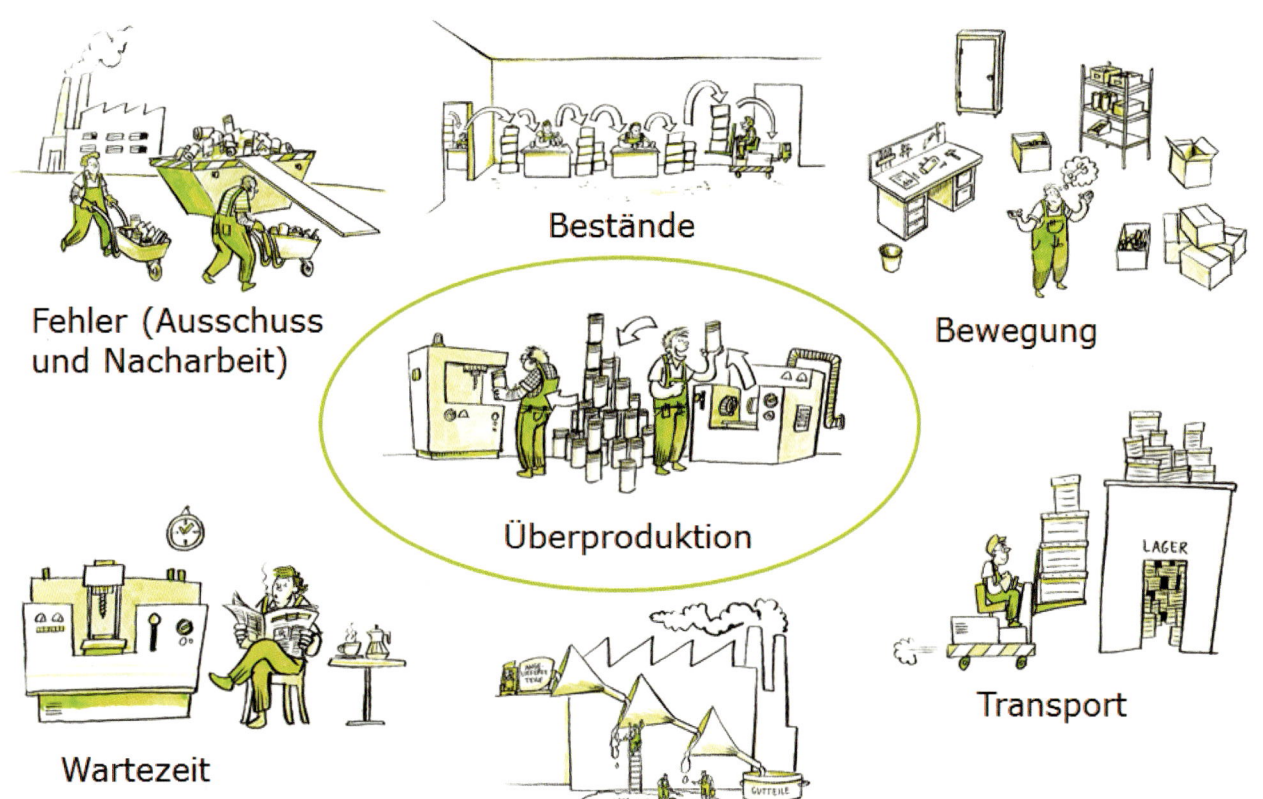

Wartezeit

Ungeeignete Arbeitsprozesse und -organisation

Transport

Bild 4.2
Die sieben Verschwendungsarten in der Produktion

vom Kunden bestellt oder für den zeitlichen Vorzug eines Auftrages. Dennoch ist genau dies ein großes Übel. Die Überproduktion ist die schlimmste Verschwendungsart. Man nennt sie auch die Mutter aller Verschwendungen, da aus dieser noch weitere Verschwendungsarten entstehen. Überproduktion führt zu Beständen, bindet also Kapital. Zudem sind die Mitarbeiter mit Prozessen beschäftigt, die der Kunde nicht oder noch nicht benötigt und dem Kunden (noch) keinen Mehrwert generieren. Die Maschinen und Mitarbeitenden sind damit beschäftigt, etwas ohne echten Bedarf zu produzieren. Dies führt zu längeren Durchlaufzeiten und reduziert die Flexibilität.

Ursachen können sein:
- geringe Flexibilität der Produktion
- nicht abgestimmte Produktionsverfahren
- Bedarfs- anstatt Verbrauchsplanung

Bild 4.3 Die Verschwendungsart Überproduktion

> **Lean Story: Überproduktion**
>
> Obwohl die Überproduktion als die schlimmste aller Verschwendungsarten gilt, wird dieser in der Praxis oft wenig Beachtung geschenkt. Bei einem Unternehmen, das in großen Mengen und ausschließlich auf Planbedarf produzierte, war so viel Ware in Arbeit vorhanden, dass die Firma eher einem Lager als einer Produktion glich. Der Geschäftsführer erklärte mir diese Situation folgendermaßen: »Wir hatten seit langer Zeit Mühe, die Liefertermine einzuhalten. Daher habe ich mich entschieden, die Liegezeiten zwischen den Arbeitsschritten in unserem ERP-System von einem halben auf einen ganzen Tag zu erhöhen. Ich habe mir erhofft, dass sich die Lieferperformance durch den höheren Spielraum und die frühere Auslösung von Aufträgen verbessert wird. Ich muss gestehen, wir sind daran gescheitert. Die Lieferperformance hat sich verschlechtert und die Ware in Arbeit hat inakzeptable Ausmaße angenommen. Wir mussten inzwischen sogar noch Lagerflächen extern mieten.« Die Überproduktion führte zu zusätzlichen Tätigkeiten und machte die Planung und Steuerung sehr komplex. In der Regel erreicht man damit das Gegenteil von dem, was man eigentlich wollte. Es kann durchaus Sinn machen, die eine Verschwendung zu erhöhen, um eine andere zu reduzieren. Zum Beispiel: Kurzzyklische Transporte durch Milkrun (dazu mehr im Kapitel 12), um den Fluss zu beschleunigen und damit die Bestände zu reduzieren.

4.1.2 Bestände

Selbstverständlich ist eine Produktion ohne Bestände nicht möglich, jedoch befinden sich in den meisten Unternehmen viel zu hohe Mengen. Alles, was über das Minimum hinausgeht, ist pure Verschwendung. Durch Bestände entstehen Kosten. Es werden Flächen, Infrastruktur, Transporte und Interaktionen von Menschen (einbuchen, ausbuchen, Inventur, suchen etc.)

benötigt, um das gebundene Kapital ohne Zinsen zu bevorraten. Suchen, inventarisieren, nacharbeiten und nach einigen Jahren ohne Verwendung verschrotten, sind mögliche Folgen davon. Das heißt im Klartext: Mit Beständen wird aktiv Geld vernichtet. Ausnahme: Wenn die Lagerung die eigentliche Wertschöpfung ist wie zum Beispiel bei Käse oder Whisky. Stellen Sie sich vor, dass Sie mit diesem Geld die Befähigung der Mitarbeitenden und die Umsetzung von Verbesserungen finanzieren würden. Diese Investition wäre lohnenswert und würde sich schlussendlich monetär auszahlen. Zur Verschwendung des Bestandes gehört das Paradox der Zwischenlager: In einem schlanken System kann unter Umständen ein Zwischenlager kurzfristig sinnvoll sein, wenn dadurch eine andere Verschwendungsart reduziert werden kann. Zum Beispiel,

Bild 4.4 Die Verschwendungsart Bestände

weil ein reibungsloser Fluss derzeit noch nicht möglich ist. Langfrist gilt aber: Bestände sind zu minimieren.

Ursachen können sein:
- große Losgrößen
- lange Rüstzeiten
- Maschinenausfälle
- störanfällige Prozesse
- Mengenrabatte im Einkauf
- schlechte Liefertreue von Lieferanten

4.1.3 Bewegung

Eigentlich eine gesunde Sache, wenn man sich viel bewegen muss im Unternehmen. Aus Sicht des Auftraggebers ist es eine Verschwendung. In der Zeit der Bewegung wird kein Mehrwert für den Kunden generiert. Sie können den Käufer bei der Preisverhandlung kaum darauf aufmerksam machen, dass jeder Mitarbeitende in Ihrer Firma rund 400 Kilometer pro Jahr zurücklegt und er dies doch im Preis mitberücksichtigen soll. Es sind aber nicht nur die langen Wege zwischen den Maschinen und Arbeitsplätzen im Fokus, sondern auch die kleinen unnötigen Be-

Lean Story: Bestände

Bei einigen produzierenden Unternehmen frage ich nach dem Rundgang jeweils: »Sind Sie ein Lager- oder Logistikunternehmen und betreiben nebenher noch ein bisschen Produktion?« Sicherlich provokativ, aber die Wahrheit ist nicht immer schön anzuhören. Warum haben die Unternehmen so hohe Bestände? Da gibt es mehrere Gründe. Eine klassische Rechtfertigung lautet: »Die Kunden wollen immer höhere Variantenvielfalt in noch kürzerer Zeit geliefert haben, da kommen wir um die Bestände nicht herum. Und zudem kosten die Bestände nicht so viel bei einem 0 % Zinsniveau.« Die versteckten Kosten werden komplett ausgeblendet und die Verschwendungen als unveränderbar hingenommen. Dieser Denkfehler kommt von unserem veralteten Kostenrechnungssystem, welches die Verschwendungen nicht aufdeckt. Im Gegenteil, die gängige Berechnungsmethode suggeriert, dass die Kosten durch große Losgrößen und hohe Mengen gesenkt werden und Bestände nichts kosten. »Sie sollten versuchen, die Lieferperformance zu steigern und die Bestände abzubauen«, gebe ich dann zu bedenken und fahre fort: »Ich möchte nicht mehr hören, weshalb es nicht geht, sondern was sich verändern muss, damit es klappt. Arbeiten Sie an der Flexibilität und reduzieren Sie die Durchlaufzeiten, dann sinken die Bestände sowie die Kosten von alleine.« Bestände können mit Salz verglichen werden. Wir benötigen ein bisschen Salz zum Überleben und es macht das Essen schmackhaft, aber zu viel davon schadet unserer Gesundheit.

wegungen. Mit einer optimalen Arbeitsplatzgestaltung wird die Ergonomie für die Mitarbeitenden verbessert und die unnötigen Bewegungen eliminiert, um die gewonnene Zeit für eine höhere Wertschöpfung einzusetzen. Mehr dazu im Abschnitt 10.1.

Ursachen können sein:
- lange Wege zwischen den Arbeitsplätzen
- fehlende Ergonomie
- funktionsorientiertes Fabriklayout
- nicht standardisierte Arbeitsabfolge

4.1.4 Transport

Beim Transport wird kein Wert hinzugefügt. Im Gegenteil, es besteht die Gefahr von Transportschäden. Selbstverständlich braucht es Transporte, aber alles, was über das Minimum hinausgeht, ist eine Verschwendung.

Ursachen können sein:
- funktionsorientiert in Organisation und Fabriklayout
- Zwischenlager
- optimierungsbedürftiger Fertigungsablauf
- fehlende Standards und Informationen

Bild 4.5 Die Verschwendungsart Bewegung

Bild 4.6 Die Verschwendungsart Transport

nuierliche Weiterentwicklungen in den Arbeitsprozessen essenziell. Um den Fluss zu beschleunigen und Verschwendungen zu reduzieren, ist eine prozessorientierte Organisation empfehlenswert. Ungeeignete Arbeitsprozesse entstehen zum Beispiel durch den Einsatz von zu teuren, überentwickelten und komplexen Maschinen oder überqualifizierten Mitarbeitenden. Eine un-

Bild 4.7 Die Verschwendungsart Ungeeignete Arbeitsprozesse und -organisation

4.1.5 Ungeeignete Arbeitsprozesse und -organisation

Bei dieser Verschwendungsart haben die meisten Unternehmen schon etliches verbessert. Es wurde rationalisiert, automatisiert und digitalisiert. Dennoch besteht hier oft noch hoher Handlungsbedarf. Zum Arbeitsprozess gehören: Mensch, Maschine, Vorrichtungen, Werkzeuge, Arbeitsplatz, Dokumente, Befähigung etc. Die Welt verändert sich stetig und daher sind konti-

geeignete Organisation entsteht zum Beispiel bei zu vielen Schnittstellen.

Ursachen können sein:
- hohe Automatisierung
- hohe Anlagenkomplexität
- mangelnde Mitarbeiterqualifikation
- unklare Aufträge
- ungenügende Arbeitsorganisation

> **Lean Story: Ungeeignete Arbeitsprozesse**
>
> In einem Unternehmen zeigten sich ungeeignete Arbeitsprozesse durch Maschinen, welche die Anforderungen der Kunden bei Weitem übertrafen. Beim Rundgang wurden mir mit Stolz die sechs komplexen Fräsmaschinen mit je fünf Achsen präsentiert – die neuste Errungenschaft des Unternehmens. Ich nahm mir die Zeit, um die Bearbeitung der Teile genauer zu beobachten. Überrascht stellte ich fest, dass fast ausschließlich einfache Teile bearbeitet wurden, die auf einer schlichten Fräsmaschine mit drei Achsen genauso gut hätten hergestellt werden können. Ich ließ mir die Stücklisten und einige Zeichnungen zeigen und uns fiel auf, dass nur rund zwei der sechs Maschinen mit so komplexen Werkstücken ausgelastet sind, welche eine Fünfachsenbearbeitung notwendig machten. Die Rechtfertigung des Geschäftsführers ließ nicht lange auf sich warten: »Wir sind ein Lohnfertiger und wir wissen nie, was der Kunde in sechs Monaten benötigt. Deshalb investieren wir in die maximale Flexibilität.« Diese Aussage war nicht ganz korrekt, denn das Unternehmen hatte seit vielen Jahren treue Kunden, die über 65 % der Auslastung mittels Rahmenverträgen abdeckten. Meine Antwort: »Das mag sein, aber hätte es nicht ausgereicht, vier komplexe und zwei einfache Fräsmaschinen zu kaufen? Die Flexibilität wird nicht nur in der Technologie bestimmt, sondern in der gesamten Organisation. Wie hoch sind eigentlich die Rüstzeiten auf den komplexen Maschinen? Als Zulieferer sind die Margen gering und der Kostendruck hoch. Aus diesem Grund sollten Sie bei den Investitionen den Kundenbedarf genau abklären. Vielleicht wäre es sinnvoller gewesen, das durch den

> Kauf von einfachen Maschinen eingesparte Geld in eine Automation zu investieren. Ich empfehle Ihnen die Investitionen in Zukunft kritisch zu hinterfragen.« Dies erlebe ich in der Praxis sehr oft. Es wird zuerst investiert und dann der Prozess entwickelt. So auch in einem anderen Unternehmen: Mitten in der Produktion stand ein halb montierter Roboter für die Entgratung der Werkstücke. Ich fragte den Geschäftsführer, für welche Anwendungen er diesen Roboter gekauft habe. Seine Antwort: »Das wissen wir selber noch nicht so genau. Da wird sich sicherlich etwas finden lassen. Für den Roboter erhielten wir einen unglaublichen Messerabatt. Bei diesem sehr verlockenden Angebot musste ich einfach zuschlagen.« Ein Jahr später war der besagte Roboter noch keine zehn Prozent ausgelastet. Was für eine Verschwendung!

Bild 4.8 Die Verschwendungsart Wartezeit

4.1.6 Wartezeit

Sie kennen es: Warten auf den Chef, den Anruf, die Freigabe, den letzten Teilnehmer im Meeting usw. In dieser Zeit generieren wir keinen Mehrwert für die Kundschaft. Betrachten Sie die Wartezeit nicht nur beim Menschen, sondern auch beim Material und bei den Maschinen. Wir sind oft anständig und höflich mit unseren Mitmenschen, aber unanständig mit dem Material, indem wir es sehr lange warten lassen.

Ursachen können sein:
- organisatorische Mängel
- hohe Rüstzeiten und Maschinenausfälle
- fehlende Prozesssicherheit
- nicht abgestimmte Kapazitäten

Bild 4.9 Die Verschwendungsart Fehler

4.1.7 Fehler

Ausschuss und Nacharbeit sind eindeutige Verschwendungen. Es gilt jegliche Fehler zu reduzieren, nicht nur Ausschuss und Nacharbeit. Die Prozesse sind so weiterzuentwickeln, dass keine Fehler entstehen können.

Ursachen können sein:
- falsche Instandhaltungsstrategie
- fehlende Prozessbeherrschung
- mangelnde Qualifikation
- falsche Fertigungs- und Prüfverfahren

Lean Story: Fehler

In einem Unternehmen wurden hochpräzise Teile hergestellt. Die Toleranzen waren so eng, dass diese mit den vorhandenen Maschinen kaum einhaltbar waren. Zu diesem Zeitpunkt mussten rund 50 % der Teile verschrottet werden. Was für eine unglaubliche Verschwendung an Ressourcen! Der Kunde des Hochpräzisionsunternehmens fand keinen besseren Lieferanten, weshalb er für einen Teil dieser Ausschusskosten aufkam. Und somit war der Leidensdruck zur Verbesserung reduziert. Während der Analyse konnte festgestellt werden, dass kaum Standards vorhanden waren. Das heißt, dass die Fachkräfte den Prozess so einrichten konnten, wie sie es für richtig hielten. Durch die Einführung von sehr präzisen Einrichtblättern, standardisierten Werkzeugwechselzeitpunkten und durch eine Sensibilisierung der Mitarbeiter konnte der Ausschuss innerhalb von wenigen Tagen auf 25 % halbiert werden.

Arbeitsverdichtung **Reduktion von Verschwendung**

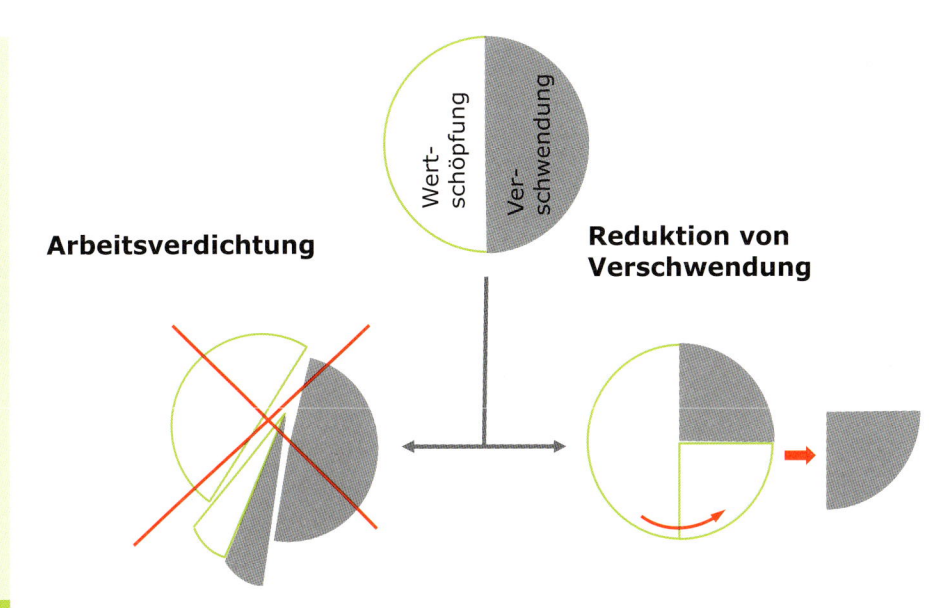

Bild 4.10 Keine Arbeitsverdichtung, sondern Reduktion von Verschwendung

4.1.8 Um was geht es?

Lean Management heißt nicht, schneller arbeiten und beinhaltet keine Arbeitsverdichtung, sondern die Erkennung, Eliminierung und Vermeidung von Verschwendungen, um die gewonnene Zeit für Wertschöpfung einzusetzen.

Damit kann mit gleichbleibender Arbeitsintensität mehr erreicht werden – oder anders ausgedrückt, mit gleichem Stresspegel können bessere Ergebnisse erzielt werden.

> ✓ Reflektieren Sie die sieben Verschwendungsarten und schreiben Sie Beispiele aus dem eigenen Unternehmen auf.
>
> Welche Beispiele sind offensichtlich?
>
> Was könnten die möglichen Ursachen sein?
>
> Wie könnten diese Ursachen eliminiert und die Verschwendungen reduziert werden?
>
> Machen Sie sich erste Gedanken dazu. Überlegen Sie sich den Handlungsbedarf. Welche Herausforderungen sind zu erwarten und wie begegnen Sie diesen? Setzen Sie sich mit Möglichkeiten und Chancen auseinander und lassen Sie die Rechtfertigungen, wieso es so bleiben muss, links liegen.

4.1.9 See der Bestände

Der Wasserpegel im See der Bestände symbolisiert die Summe der vorhandenen Lager im Unternehmen.

Jedes Unternehmen hat erhebliche Bestände. Und zwar mindestens so hohe, dass damit die Verschwendungsfelsen überdeckt sind und eine ungehinderte Fahrt mit dem Schiff möglich ist. Zum Beispiel werden bei störungsanfälligen Prozessen Bestände aufgebaut, um die Lieferfähigkeit hoch zu halten. Das Hauptziel der hohen Bestände ist, egal ob was Unvorhergesehenes passiert, möglichst immer schnell lieferfähig zu sein.

Wenn Sie nun Ihre Bestände und Auftragsgrößen reduzieren, werden Sie mit Garantie in einen der Verschwendungsfelsen fahren. Dort angelangt wird der herkömmliche Manager sagen: »Siehst Du, ich habe ja schon immer gesagt, dass das bei uns nicht funktioniert! Die Bestände müssen erhöht werden, damit wir immer lieferfähig bleiben.« Der Lean Manager würde genau umgekehrt reagieren: »Hurra, nun sehen wir, welche Verschwendungen uns von einem tieferen Wasserstand abhalten. Lass uns diesen Verschwendungsfelsen reduzieren.«

Wir Menschen benötigen oft Leidensdruck zur Veränderung. Kaum jemand springt in guten Zeiten vom Schiff ins Wasser, um im anschließenden Tauchgang herauszufinden, ob ein Fels im Weg sein könnte, falls man jemals das Wasser senken möchte. Und wenn doch, würde diese Person wohl kaum mit Hammer und Meißel tauchen, um den Felsen wegzupickeln – nur so prophylaktisch – falls man jemals in Zukunft eventuell, möglicherweise den Wasserpegel reduzieren möchte. Nein, wir benötigen Leidensdruck zur Veränderung. Also: Wasser (Bestände) behutsam ablassen, damit die Verschwendungen sichtbar werden. Anschließend sind diese zu eliminieren (Fels wegmeißeln), um mit weniger Beständen und höherer Wirtschaftlichkeit den Lieferbereitschaftsgrad hoch zu halten. Dann sollten Sie weiter Wasser ablassen und die zum Vorschein kommenden Verschwendungen eliminieren und immer so weiter.

Bild 4.11 Der See der Bestände überdeckt die Verschwendungen

Bild 4.12 Durch die Reduktion der Bestände werden die Verschwendungen sichtbar

> **Lean Story: See der Bestände**
>
> In einem Unternehmen wurden die Losgrößen (Auftragsgrößen) über die Jahre um den Faktor 20 reduziert. Die Maschinen und Anlagen mussten also zwanzig Mal schneller umgerüstet werden als vorher, um die Kosten nicht zu erhöhen. Mehr dazu im Abschnitt 10.2. Zu dieser Zeit arbeitete eine Mitarbeiterin in der Arbeitsvorbereitung, welche die jeweiligen Arbeitspapiere für die Produktion ausdruckte und vorbereitete. Ihr Vorgesetzter rief mich an und meinte: »Jetzt sind wir am Limit angelangt. Wir können die Losgrößen nicht weiter senken, denn sonst werden die Kosten steigen!« Er erklärte mir, dass der Aufwand für die Vorbereitung der Arbeitspapiere so hoch sei, dass bei kleineren Losgrößen zusätzliches Personal benötigt würde. Er stimmte mir zu, die Prozessschritte gemeinsam zu beobachten.
>
> Vereinfacht haben wir folgende Prozessschritte beobachtet:
>
> - Fertigungsauftrag im ERP-System drucken.
> - Zeichnung in einem anderen System aufrufen und drucken.
> - Qualitätsdokumente in einer anderen Software aufrufen und drucken.
> - Einrichtdokumente in einem anderen System aufrufen und drucken.
> - Alle gedruckten Dokumente pro Auftrag sammeln und in eine Plastikmappe ablegen.
> - Plastikmappen mit den Aufträgen und Begleitdokumenten in der Produktion verteilen.
>
> Was fällt auf? Mehrere Systeme, tiefer Grad der Digitalisierung, hoher Aufwand für das Aufrufen und Drucken der benötigten Dokumente. Was wäre, wenn beim Auslösen des Druckauftrages im ERP-System die weiteren Dokumente gleich mit ausgedruckt würden? Zu diesem Zeitpunkt waren bereits alle Dokumente im Arbeitsplan verknüpft, jedoch be-

stand keine automatisierte Erzeugung von Druckaufträgen in den anderen Systemen. Selbstverständlich war die Programmierung der benötigten Schnittstelle nicht gratis, aber es musste kein zusätzliches Personal beschäftigt werden, um mehr Fertigungsaufträge erstellen zu können. Die Vorbereitung der Auftragspapiere war also ein Verschwendungsfelsen, der reduziert werden musste. Akzeptieren Sie keine Ausreden und Rechtfertigungen. Gehen Sie vor Ort und finden Sie heraus, wie die Felsen der Verschwendungen reduziert werden können.

> ✓ Wo sind die Bestände in Ihrer Organisation derzeit am höchsten?
>
> Welche Verschwendungsarten sind die Ursachen dafür? Welche Maßnahmen eignen sich, um dort den See der Bestände zu senken und damit das Verbesserungspotenzial sichtbar zu machen?

4.2 Muri – überlastet

Die meisten von uns haben Erfahrungen gesammelt mit Überlast. Überstunden und zusätzliche Einsätze haben fast alle Mitarbeitenden schon einmal geleistet. Solange die Dauer der Überlast kurz bleibt, ist dies in einer volatilen Welt normal. Eine stetige, andauernde Überlast ist aber für Mensch und Maschine ungesund. Beim Menschen führt eine lang andauernde Überlast zur Schwächung des Immunsystems oder zu stressbedingten Krankheiten bis hin zum Totalausfall wie z. B. Nervenzusammenbruch, Burnout oder Tod. Auch bei der Maschine passiert ähnliches, wenn wir sie auf Volllast laufen lassen, ohne sie zu reinigen und zu pflegen. Die Störungen nehmen zu und irgendwann erfolgt der Totalausfall.

> ✓ Wie geht Ihr Unternehmen mit langfristiger Überlast um?
>
> Welche Priorität hat eine gesunde Work-Life-Balance in Ihrer Firma?
>
> Welche Umgestaltung wäre zu diesem Zweck folgerichtig?
>
> Was könnte noch weiter verbessert werden?

4.3 Mura – unausgeglichen

Schwankungen werden vom Markt und durch uns selber in den internen Prozessen verursacht. Viel zu oft wird der Markt als Hauptverursacher für die wechselhaften Auslastungen in der Produktion genannt. Intern werden aber die Marktschwankungen durch Überproduktion und nicht standardisierte Prozesse verstärkt. Hier wäre eine Glättung und Nivellierung (japanisch Heijunka) hilfreich. Mehr dazu finden Sie im Kapitel 12.

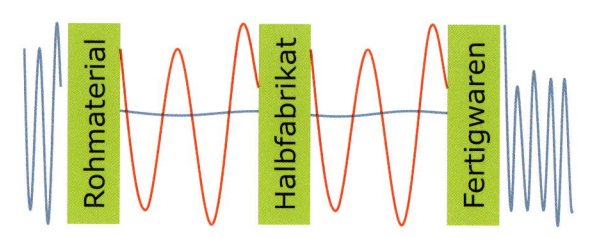

Bild 4.13 Mura - Unausgeglichenheiten führen zu Beständen und weiteren Verschwendungen

Warum haben die meisten Unternehmen ein Rohmaterial- und ein Fertigwarenlager? Um Schwankungen (Wellen) auf dem Beschaffungs- und Absatzmarkt abzufedern. Die Lager sind sozusagen die Wellenbrecher. Ohne diese würde jede Welle zu kurzfristiger Unter- oder Überlast in der Produktion führen. Wenn zum Beispiel ein Rohmateriallieferant einen Tag zu spät liefert, kann die Produktion aufgrund des Rohmaterialbestandes ohne Verzögerungen aufrechterhalten werden. Oder wenn die Kunden sehr unterschiedliche, nicht vorhersehbare Mengen bestellen, hilft das Fertigwarenlager, ohne Überlast, lieferfähig zu bleiben. Das Ziel der Wellenbrecher (Lager) ist das Segeln auf ruhigen Gewässern. Warum gibt es innerbetrieblich trotzdem so hohe Schwankungen? Die Wellen sind oft intern selber verursacht. Es wird aufgrund von hohen Umrüstzeiten in großen Losgrößen oder in gesammelten Aufträgen produziert. Durch die Kumulation von Wellen entsteht schließlich ein innerbetrieblicher Tsunami. In einer solchen Situation sind fast alle Aufträge express und in Teillieferungen aufgeteilt. Die Kunden sind aufgrund der tiefen Lieferperformance unzufrieden und die Prioritätenliste wird mehrmals täglich geändert. Sicherlich ist dies etwas überspitzt dargestellt, aber solche Erlebnisse führen dazu, dass weitere Wellenbrecher mit dem Namen Halbfabrikate-Lager installiert werden. Die Strecke in der sich mehrere Wellen zu einem Tsunami aufbauen können, ist somit verkürzt. Das führt zu weniger hohen Wellen und mehr Übersichtlichkeit. Aber ist es auch wirtschaftlicher? Nein, es wurde nur ein weiterer »See der Bestände« aufgebaut, welcher die vorhandenen Verschwendungen überdeckt! Die Ursachen liegen bei den langen Umrüstzeiten, tiefen Prozesssicherheiten und nicht standardisierten Abläufen. Daran sollte hart gearbeitet werden, anstatt den bequemen und unwirtschaftlichen Weg der erhöhten Bestände zu wählen.

Lean Story: Mura

Ich war mit meinem Sensei in Japan auf Tour. Bei einem Werkzeugmaschinenhersteller wollten wir 16 Werkzeugmaschinen auf einmal kaufen. Das war für unser Unternehmen eine sehr hohe Menge. Der Anbieter stellte damals über 300 Maschinen pro Monat her. Unsere Nachfrage war also gerade mal ein Tagesbedarf für den Hersteller. Nachdem wir die technischen Details geklärt hatten, stand der CEO auf und sagte: »Bevor wir mit den Verhandlungen beginnen, möchte ich Sie über unsere Preisgestaltung informieren. Wenn Sie 16 Werkzeugmaschinen gleichzeitig geliefert haben wollen, dann gibt es keinen Rabatt. Wenn ich Ihnen drei bis vier Maschinen pro Monat liefern darf, dann erhalten Sie eine hohe Ermäßigung!« Er begründete dies folgendermaßen: »Unsere Kunden bestellen massenhaft Maschinen im Frühling und im Spätherbst, um das Budget auszunutzen. Dazwischen liegt das Tal der Tränen. Wenn wir so produzieren müssten, wie unsere Kunden bestellen, dann bräuchten wir im Frühling doppelt so viele Produktionsmaschinen, also auch eine doppelt so große Fabrikationshalle. Dazu müssten wir 400 temporäre Mitarbeiter im Frühling einstellen, im Sommer entlassen und im Spätherbst wieder einstellen. Um all diese Kündigungen und Rekrutierungen durchzuführen bräuchten wir noch 50 Mitarbeiter im HR und weitere 50, welche die neuen Mitarbeiter entsprechend schulen. Wenn Sie von uns verlangen so zu arbeiten, dann müssen Sie den vollen Preis bezahlen. Falls Sie uns helfen den Bedarf zu glätten, dann erhalten Sie den maximalen Rabatt.« Welcher westliche Verkäufer stellt solche Anforderungen an den Kunden (Mengenrabatt ja, aber nur wenn …)? Er hat uns anschließend eine sehr wichtige Frage gestellt: »Können Sie 16 Maschinen am selben Tag in Betrieb nehmen?« Wir waren sicherlich gut aufgestellt, aber dies war für uns unmöglich. »Niemand verliert, wir möchten nicht so produzieren und Ihnen würde es keinen Vorteil bringen«, fügte er hinzu.

✓ Wie hoch ist der Anteil an intern verursachten Bedarfsschwankungen?

Achtung: Ursachen und keine Rechtfertigungen.

Wird die Glättung der Schwankungen gegenwärtig bereits im Verkauf beim Verhandlungsgespräch berücksichtigt?

Welche Veränderungen wären notwendig?

Welche Stolpersteine sind dabei zu beachten?

4.4 Zusammenfassung der Grundlagen

Der Wandel von der funktions- zur prozessorientierten Organisation ist kein Selbstzweck, sondern dient der Beschleunigung des Flusses und zur Reduktion der Verschwendungen. Auf dem Weg durchlaufen die Unternehmen mehrere herausfordernde Phasen der Veränderung und wachsen mit der Umsetzung im Reifegrad.

Lean Management ist das im Moment wirtschaftlichste Wertschöpfungssystem. Es beinhaltet verschiedenste Tools und Methoden, welche als Hauptziel die Erhöhung der Wettbewerbsfähigkeit haben. Dabei stehen die drei Verlustarten Muda, Muri und Mura im Fokus. Mit der Reduktion der sieben Verschwendungsarten sowie Glättung und Nivellierung der Bedarfsschwankungen wird die Wettbewerbsfähigkeit durch erhöhte Produktivität, Flexibilität und Qualität signifikant gesteigert. Es handelt sich bei Lean Management nicht um eine Arbeitsverdichtung, sondern um die Reduktion von Verschwendungen, bei gleichzeitiger Erhöhung der Wertschöpfung. Das Wasser im See der Bestände abzulassen macht die Verschwendungen sichtbar und erhöht den Leidensdruck zur Verbesserung.

Die fünf Lean-Management-Kernelemente von Toyota sind: Challenge, Kaizen, Genchi Genbutsu, Respekt und Teamwork. Sich also großen Herausforderungen für die Erreichung einer langfristigen Vision zu stellen, sich kontinuierlich weiterzuentwickeln und dafür immer wieder persönlich an den Ort des Geschehens zu gehen, Respekt gegenüber den Mitarbeitern zu haben und Teamarbeit zu fördern, bilden das Fundament von Lean Management.

Darüber sollten Sie nachdenken:
- Wie überzeugt ist die Geschäftsleitung von Lean Management? Wer ist aktiv, wer verhält sich passiv oder sogar als Verhinderer? Wie können Sie das oberste Kader noch besser für die Lean Transformation gewinnen und einbinden?
- Wurde Lean Management bereits in allen Bereichen und Führungsstufen durchgängig und nachhaltig implementiert? Haben alle ein einheitliches Verständnis von Lean Management?
- In welcher Phase der Veränderung befindet sich Ihr Unternehmen?
- Ist Ihr Betrieb bereits ganzheitlich prozessorientiert? In welchem Bereich würde die Weiterentwicklung der Organisation den höchsten Nutzen bringen?
- Welche Beispiele gibt es in Ihrer Firma zu den einzelnen Verschwendungsarten?
- Was sind die möglichen Ursachen und wie könnten diese reduziert oder sogar eliminiert werden?

Das sollten Sie tun:

- Setzen Sie sich vertieft mit Lean Management auseinander.
- Überlegen Sie sich die Vorteile und Herausforderungen durch eine signifikante Reduktion der Anzahl Schnittstellen in Ihrem Unternehmen.
- Reflektieren Sie die Prioritäten der drei Erfolgsfaktoren im goldenen Dreieck und überlegen Sie sich, wie Sie das Kader von einer Veränderung überzeugen können.
- Setzen Sie sich kritisch im eigenen Umfeld mit den sieben Verschwendungsarten auseinander und lernen Sie sie auswendig. Denn sie bilden die Grundlagen, welche Sie beherrschen sollten.

TEIL II

Die erfolgreiche Lean Transformation

05

Lean Vision

5 Lean Vision

> **Fragen, die in diesem Kapitel beantwortet werden:**
> - Was ist eine Lean Vision und was bringt diese Ihrem Unternehmen?
> - Wer sollte die Lean Vision ausarbeiten?
> - Was ist der Unterschied zwischen Lean Vision und Nordstern?
> - Welche Fehler werden bei der Entwicklung des Nordsterns häufig gemacht?

In der Lean Vision geht es darum, dem Unternehmen eine klare Ausrichtung zu geben. Meistens beschreibt die Vision die Ausrichtung, jedoch keine quantitativen Ziele. Sie ist sozusagen der Kompass für die Lean-Reise und gibt uns die Richtung vor. Abgeleitet aus der Vision, wird der langfristige Zielstand im Nordstern definiert. Dieser leitet uns bei der jährlichen Zielsetzung, Reiseplanung (Roadmap) sowie den Etappenzielen an. Die Lean Vision und der Nordstern sollten im Idealfall vom obersten Kader erarbeitet werden. Sollte die Geschäftsleitung den Bedarf noch nicht erkannt haben, können Sie durchaus diese wegweisenden Elemente für Ihren Bereich oder Ihre Abteilung erarbeiten. Die Lean Vision kann dieselbe sein, wie die Vision des Unternehmens, muss aber nicht. Je nach Größe und Komplexität der Firma ist eine spezifische Lean Vision sinnvoll. Im Gegensatz zur allgemeinen Unternehmensvision berücksichtigt diese zum Beispiel Marktanteile und -segmente nicht.

Beispiele Lean Vision:
- Wir sind kundenfokussiert und erarbeiten eine verschwendungsfreie Wertschöpfung mit höchster Prozessstabilität und kürzesten Durchlaufzeiten.
- Toyota: Sicherheit für Menschen, Null-Fehler, 100 % Wertschöpfung, One-Piece-Flow, ziehendes System.
- Durch unser Engagement für Qualität, ständige Innovation und Respekt für den Planeten wollen wir die Kundenerwartungen übertreffen. Wir werden unsere herausfordernden Ziele erreichen, indem wir das Talent und die Leidenschaft von Mitarbeitern fördern.

Aber Achtung: In der Praxis werden leider oft Umsetzungsschritte als Vision oder Nordstern beschrieben, wie zum Beispiel: Entwicklung ei-

5 Lean Vision

Bild 5.1 Die Lean Vision selber erarbeiten mit allen Hindernissen und Herausforderungen

ner Produktionslinie, Aufbau eines Managementsystems, Zusammenschluss von Standorten usw. Tappen Sie nicht in diese Falle. Beschreiben Sie die Vision als Ausrichtung des Unternehmens. Der Weg dahin ist zu diesem Zeitpunkt noch unklar.

> Eine Kopie der Lean Vision von anderen Unternehmen ist langweilig und leblos. Die Vision soll zur Firma passen und daher individuell erarbeitet werden. Laden Sie dazu die Kadermitglieder zu einem Workshop ein. Kreativität entsteht häufig in kleinen Gruppen, denn in größeren Gruppen besteht die Gefahr, dass sich einzelne Teilnehmer nicht im Plenum äußern möchten. Daher ist es ratsam, die Teilnehmer in kleine Teams mit zwei bis vier Mitgliedern zu unterteilen. Nach der ersten Phase präsentieren sich die Gruppen gegenseitig ihre bisherigen Ideen. Anschließend oder erst nach einer weiteren Kreativrunde halbieren Sie die Anzahl der Teams und lassen die entsprechenden Gruppen

> eine gemeinsame Lösung erarbeiten. Dies wiederholen Sie so oft, bis alle Teilnehmer in einem großen Team an der Endlösung zusammenarbeiten.

Nordstern

Aus dieser vielleicht nicht erreichbaren oder schwierig messbaren Vision werden der Nordstern und die nächsten Zielzustände (Etappenziele) abgeleitet.

Vom Nordstern, also dem langfristigen Zielzustand, wird der nächste Zielzustand (2) für die kommenden zwölf Monate abgeleitet. Nach einem Jahr wird wiederum der nächste Zielzustand (3) definiert. Alle Maßnahmen und Projekte werden auf die langfristigen Ziele ausgerichtet. Damit garantieren Sie den Fokus in der Lean Transformation.

Als Beispiel könnte der Nordstern folgenden Zielzustand beschreiben: −50 % Durchlaufzeit, −50 % time-to-market, −50 % Störungen, Fehler und Nacharbeit, 25 % Steigerung der Produktivität gegenüber heute. Innerhalb der nächsten zwölf Monate wird ein erster Schritt in diese Richtung angestrebt. Also zum Beispiel: −15 % Durchlaufzeit, −10 % time-to-market, −10 % Störungen, Fehler und Nacharbeit und eine Steigerung der Produktivität um 10 % gegenüber heute.

> ✓ Entwickeln Sie im Kader die eigene Lean Vision sowie den Nordstern. Leiten Sie den nächsten Zielzustand daraus ab. Setzen Sie herausfordernde Ziele. Was sind die größten Herausforderungen auf dem Weg?

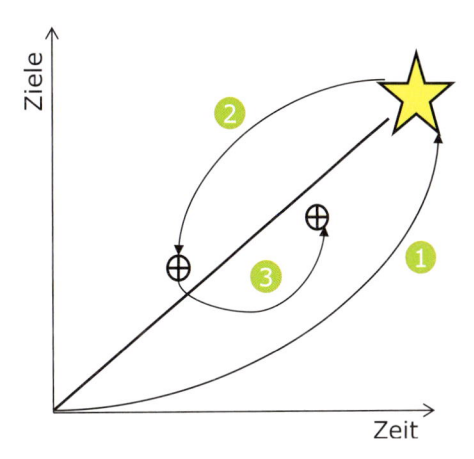

Bild 5.2 Nordstern und nächster Zielzustand

06 Lean-Strategie und Lean Roadmap

6 Lean-Strategie und Lean Roadmap

Fragen, die in diesem Kapitel beantwortet werden:

- Wieso benötigen Sie eine Lean-Strategie?
- Was ist eine Lean Roadmap und wie entwickeln Sie diese?
- Welche Analyse-Tools werden häufig für Potenzialanalysen verwendet und wie?
- Was sind die Inhalte des Ziel- und des Lean-Roadmap-Workshops?
- Welche unterschiedlichen Vorgehen sind für kleine, mittlere und große Veränderungen empfehlenswert?
- Was ist ein 12-Wochenprojekt? Welche Phasen und Meilensteine sind sinnvoll? Wie packen Sie es an? Wie setzt sich das Projektteam idealerweise zusammen?

Wieso sich eine Lean Transformation lohnt, wurde in der Einleitung bereits detailliert beschrieben. Es gibt genügend gute Beispiele von Unternehmen, die mit Lean Management ihre Wettbewerbsfähigkeit signifikant steigern konnten. Wie unterscheiden sich die Unternehmen bezüglich Geschwindigkeit und Nachhaltigkeit in der Lean Transformation? In der durchgängigen Strategie und der notwendigen Priorität in der Umsetzung! Viele Unternehmen wenden einige Lean-Methoden isoliert an. Andere verändern sich unstrukturiert und ohne langfristige Vision. Oder sie nehmen sich nicht die Zeit, für eine durchgängige Umsetzung und realisieren daher »nur« lokale Verbesserungen. Bei eini-

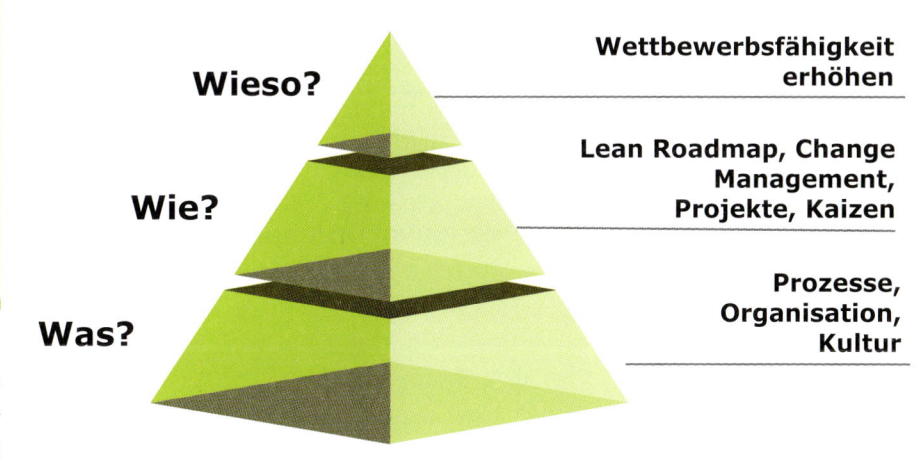

Bild 6.1 Pyramide der Lean Strategie

gen bleiben Führungsstil und Unternehmenskultur unverändert. Das Potenzial wird oft bei Weitem nicht ausgeschöpft. Erst mit einer unternehmensweiten, strategischen Transformation sowie einer langfristigen Vision besteht die Chance zu überdurchschnittlichem Erfolg.

> ✓ Leiten Sie die Lean-Strategie im Führungsteam aus der Lean Vision und dem Nordstern ab. Berücksichtigen Sie dabei den Reifegrad der Firma.

6.1 Umsetzung der Lean-Strategie

Mit einem ganzheitlichen Transformationsplan, oder auch Lean Roadmap genannt, können die Prozesse, Organisation und Kultur langfristig entwickelt werden. Dies geschieht zum Beispiel mittels großen, mittleren und kleinen Projekten, mit kontinuierlicher Verbesserung (Kaizen), einem Befähigungsplan und der Erarbeitung eines Wertschöpfungssystems, um nur einige wichtige Eckpunkte zu nennen. Berücksichtigen Sie in Ihren Überlegungen auch die möglichen Herausforderungen. Die Führungskräfte wissen in der Regel sehr genau, welche Hindernisse zu erwarten und zu bewältigen sind.

6.2 Die Entwicklung der Lean Roadmap

Der Transformationsplan über mehrere Jahre, angelehnt an die Lean Vision, ist eine strategische Aufgabe und sollte daher von der Geschäftsleitung/dem Kader/den Führungskräften erarbeitet werden. Veränderungen lösen bei uns Menschen Ängste, Verunsicherungen und Wiederstände aus – auch bei den Geschäftsleitungsmitgliedern. Daher macht es Sinn, mit den Teilnehmenden in einem Best-Practice-Workshop den Weg und ein mögliches Zukunftsbild zu erarbeiten.

6.3 Die sechs Schritte zum Start

1. Führungskräfte - Wissensvorsprung geben und Feuer entfachen
2. »Über den Zaun schauen« - Best Practice Workshop
3. Verbesserungspotenziale und Chancen identifizieren und erfahren
4. Handlungsbedarf und Veränderungsbedarf erkennen und erleben
5. Gemeinsame Entwicklung des Zielzustandes → Lean Roadmap
6. Start Verbesserungsaktivitäten und Befähigungsmaßnahmen

Bild 6.2 Die sechs Schritte zum Start der Lean Transformation

6.4 Lean-Basic-Schulung für das obere Kader

Um das gleiche Verständnis für Lean Management zu entwickeln, die gleiche Sprache und denselben Fokus zu erhalten, ist es empfehlenswert, mit der Geschäftsleitung und den Teilnehmenden der Lean-Roadmap-Workshops eine Grundschulung in Lean Management durchzuführen. Gruppenarbeiten und Simulationsspiele erhöhen dabei den Praxisbezug und den Lerntransfer.

Eine gute und beliebte Gruppenarbeit ist die Auseinandersetzung mit den sieben Verschwendungsarten im eigenen Unternehmen. Die Teilnehmenden sollen Beispiele aus dem eigenen Unternehmen besprechen, die möglichen Ursachen identifizieren und eine Leitlinie zur Vermeidung erarbeiten. Diese Auseinandersetzung mit den eigenen Potenzialen erhöht die Bereitschaft zur Veränderung, denn die Beteiligten sind sich spätestens nach dieser Übung einig, dass es noch viel zu verbessern gibt.

> Download: Gruppenarbeit, sieben Verschwendungsarten in der Produktion
>
> Download: Gruppenarbeit, sieben Verschwendungsarten in der Administration

Bild 6.3 Die sieben Verschwendungsarten in der Produktion 1/2

Verschwendung	Bild vor Ort	Verursacht durch	Leitlinie zur Vermeidung
Überproduktion 			
Bestände 			
Bewegung 			
Transport 			

6.5 Best-Practice-Workshop

Organisieren Sie für die Teilnehmenden einen Rundgang in einem Unternehmen, welches bereits einen hohen Reifegrad in der Lean-Umsetzung hat. Lassen Sie sich erklären, welche Erfolge die besuchte Firma bisher feiern konnte und wie deren Erfolgsweg aussieht. Auch die Hindernisse, Rückschläge und Herausforderungen sollen thematisiert werden.

> 💡 Machen Sie nicht nur einen Best-Practice-Besuch, sondern einen Workshop! Sonst bleibt es ein interessanter Ausflug ohne nennenswerten Nutzen. Die Teilnehmenden sollen das erlebte verarbeiten und den Transfer ins eigene Unternehmen erarbeiten. Was bedeutet das für uns? Was wollen wir erreichen? Wie können wir das schaffen? Welche Herausforderungen und Wiederstände sind zu erwarten? Was sind unsere nächsten Schritte? Usw.

Verschwendung	Bild vor Ort	Verursacht durch	Leitlinie zur Vermeidung
Ungeeignete Arbeitsprozesse 			
Wartezeit 			
Fehler 			

Bild 6.4 Die sieben Verschwendungsarten in der Produktion 2/2

6.6 Potenzialanalysen

Führen Sie mit den Teilnehmenden mehrere Potenzialanalysen im Unternehmen durch. Zum Beispiel in der Produktion, Montage, Logistik, Verkauf, Einkauf und Entwicklung. In kleinen Unternehmen dauert dies vielleicht zwei Arbeitstage, in größeren Unternehmen oder Unternehmensgruppen müssen Sie möglicherweise

20 Arbeitstage einplanen. In den Analysen geht es darum, dass die Teilnehmenden ein gleiches Problemverständnis erhalten. Ziehen Sie also die »Verschwendungsbrille« an und schauen Sie genau hin. Vor den Beobachtungen bestätigen wahrscheinlich alle, dass es reichlich Potenzial gibt, aber deren Beschreibungen im Detail wären sehr unterschiedlich. Erst durch die gemeinsame Untersuchung der Potenziale entsteht ein gemeinsames Bild bei den Beteiligten. Selbstverständlich sind die Analyseergebnisse wichtig, aber der Weg dahin ist wertvoller als nur die Resultate. Deshalb sollen die betroffenen Führungskräfte diese Phase selber durchlaufen und nicht delegieren.

Welche Analyse-Tools werden häufig bei der Potenzialanalyse angewendet?

- Kreidekreis (nachfolgend)
- Multimomentaufnahmen (nachfolgend)
- Schnittstellenanalyse (nachfolgend)
- 5S-Audit Produktion (Abschnitt 10.1)
- 5S-Audit Office (Kapitel 14)
- Tätigkeitsstrukturanalyse Produktion (Abschnitt 10.2)
- Tätigkeitsstrukturanalyse Administration (Kapitel 14)
- Rüstzeitanalyse (Abschnitt 10.2)
- Spaghetti-Diagramm (Abschnitt 10.2)
- Materialflussanalyse (Abschnitt 11.2)
- Flächenbilanz (Abschnitt 11.2)
- Informationsstrukturanalyse (Kapitel 14)
- Wertstromanalyse Produktion (Kapitel 11)
- Wertstromanalyse Administration (Kapitel 14)
- Lean Assessment (Abschnitt 15.1)
- etc.

Die Liste ist nicht vollständig, je nach Situation und Ausgangslage werden weitere Analysemethoden eingesetzt. Für den Einstieg sind möglichst einfache Analyse-Tools empfehlenswert, welche schnell und pragmatisch die Potenziale aufzeigen. Die Aufmerksamkeit für Verschwendungen wird dabei trainiert. Die Ergebnisse der Analysen sind sehr wichtig und die Grundlage für die nachfolgenden Verbesserungen, aber auch der Weg dahin ist wertvoll, denn die Anwender lernen die Potenziale zu erkennen.

6.6.1 Kreidekreis

Eine sehr einfache Methode ist der Kreidekreis oder auch Ohno-Kreis genannt (benannt nach Taiichi Ohno, dem Erfinder des Toyota-Produktionssystems). Dabei gehen die Teilnehmenden zum Gemba (an den Ort des Geschehens) und beobachten die Prozesse für mindestens eine Stunde an einem Ort. Man kann dafür einen Kreis mit Kreide auf den Boden zeichnen oder sich diesen im Kopf vorstellen. In dieser Analyse wird ausschließlich beobachtet. Es wird weder gefragt, noch etwas gesagt und es werden keine Lösungen erarbeitet, sondern ausschließlich die wahrgenommenen Verschwendungen erfasst. Denn wenn zu diesem Zeitpunkt bereits an Lösungen gearbeitet wird, reduziert sich die Konzentration auf das aktuelle Geschehen. Es geht um die Fokussierung und das Erkennen der Details. Nach der Beobachtungszeit können die erkannten Verschwendungen ausgewertet und priorisiert werden. Sie werden staunen, wie viele Verschwendungen sich in dieser kurzen Zeit identifizieren lassen.

> 💡 Machen Sie keine Rundgänge, sondern bleiben Sie an einem Ort stehen. Wenn Sie mehrere Minuten an einer Stelle verweilen, haben Sie die Chance, gewisse Auffälligkeiten zu erkennen. Zum Beispiel stellen Sie fest, dass der Gabelstapler in den letzten 15 Minuten bereits drei Mal leer an Ihnen vorbeigefahren ist. Oder, dass die Wartezeit beim Kran die Produktivität stark einschränkt. Solche Details hätten Sie auf einem Rundgang voraussichtlich nicht erkennen können. Achten Sie auch auf die Details. Sie sollten je nach persönlichen Erfahrungen und je nach Reifegrad der Firma, eine bis drei Verschwendungen pro Minute notieren können.

Bild 6.5 Die Potenziale und Handlungsbedarfe selber zu erkennen, ist ein wichtiger Schritt im Change Management

> **Lean Story: Kreidekreis**
>
> Bei einem Schmiedebetrieb war der Workshop mit der Geschäftsleitung bereits um 11.30 Uhr abgeschlossen. Um die Zeit bis zum Mittagessen zu nutzen, habe ich die Teilnehmer aufgefordert, mittels Kreidekreis die Prozesse zu beobachten. Sie haben sich zuerst geweigert und gesagt: »Wir sind die Mitglieder der Geschäftsleitung, wir können doch nicht einfach in dem Produktionsbereich stehen und nichts tun!« »Ihr werdet nicht nichts tun, sondern ihr werdet beobachten«, habe ich entgegnet. Nach einiger Überzeugungsarbeit gingen wir zum Gemba. Dort haben sich die Teilnehmer auf verschiedene Prozesse verteilt und angefangen die entdeckten Verschwendungen zu notieren. Bereits nach fünf Minuten hat mich der Geschäftsführer um den Abbruch der »Übung« gebeten. »Es ist äußerst peinlich, wie viele Verschwendungen man in nur fünf Minuten erkennen kann. Wir haben uns nie Zeit dafür genommen«, war seine Erkenntnis. Nehmen Sie sich die Zeit! Beobachten Sie! Es ist in der westlichen Kultur für Führungskräfte normal, sich berichten zu lassen. Dies mag bequem sein, aber die übertragenen Informationen sind, je nach Zielen und Einstellungen der Mitarbeitenden, bereits gefiltert. Als Folge davon werden Entscheidungen gefällt, die nicht auf Fakten beruhen.

6.6.2 Multimomentaufnahmen

Der Hauptnutzen der Multimomentaufnahme (MMA) ist die Sensibilisierung für wertschöpfende und nicht werterhöhende Tätigkeiten. Definieren Sie dafür eine Route durch den Betrieb, welche sie in vorgängig definierten, kleinen Zeitabständen (mind. 20 Mal pro Tag) durchschreiten. Halten Sie mit einer Strichliste die aktuellen Tätigkeiten der gesichteten Mitarbeitenden zum Zeitpunkt des Antreffens fest. Die Strichliste wird unterteilt in unterschiedliche Tätigkeitsfelder. Füllen Sie jedoch nicht nur blind die Strichliste aus, sondern beobachten Sie die Situation und identifizieren Sie die vorhandenen Verschwendungen. Werten Sie zum Abschluss die Ergebnisse in einem Kreisdiagramm aus.

Multimomentaufnahmen in der Produktion
- Wertschöpfung: Arbeiten am Produkt für den Kunden
- Transportieren: Transport von Produkten
- Warten an Maschinen: Wartezeit z. B. bei Maschine, Kran, PC etc.
- Rüsten, Reinigen, Vorbereiten: etwas für die Wertschöpfung vor- oder nachbereiten

- Schreibarbeit, EDV: Schreibarbeiten und zwar egal, ob manuell oder digital
- Gespräche, Gehen: Gespräche, sowohl geschäftliche als auch private

Multimomentaufnahmen in der Administration
- Wertschöpfung: Arbeiten an der wertschöpfenden Dienstleistung für den Kunden
- elektronische Nachrichten: Lesen, Schreiben und Bearbeiten von E-Mails

Multimomentaufnahme

Firma: Produktion AG   Bereich: Bereich A   Datum: 26.06.2020

Tätigkeit	Aufnahmezeit 10:00 MA	Aufnahmezeit 10:15 MA	Aufnahmezeit 10:30 MA	Aufnahmezeit 10:45 MA	Aufnahmezeit 11:00 MA	Aufnahmezeit 11:15 MA	Summe MA
Wertschöpfung (Arbeit am Produkt)	II	III	IIII	IIII	II	III	18
Transportieren	I		II	I		II	6
Warten an Maschinen	II	I	III	I	I		8
Rüsten, Reinigung, Vorbereiten	III	I	I	I	III	II	11
Schreibarbeit, EDV	I	II	I		I	II	7
Gespräche, Gehen	III	IIII	II	IIII	IIII I	III	23
Summe	12	12	13	11	13	12	

Bild 6.6 Beispiel Multimomentaufnahme Produktion

- Telefonat: Telefonieren, egal ob intern oder extern
- Vorbereiten, Abklären: Definieren und Vorbereiten für die Wertschöpfung
- Gespräche, Gehen: Gespräche, sowohl geschäftliche als auch private

In diesem Beispiel sind die Anteile von Gesprächen und Gehen höher, als die Anteile der Wertschöpfung. Dies lässt auf noch nicht standardisierte Arbeitsinhalte schließen. Scheinbar sind allerhand Sachen unklar, weshalb mündliche Absprachen und Rückfragen notwendig sind.

Sie werden voraussichtlich von der Auswertung überrascht sein. Meistens beträgt der Wertschöpfungsanteil nur 30 % bis 60 %. In dieser Zeit muss genügend Geld verdient werden, um die anderen, nicht werterhöhenden Tätigkeiten zu finanzieren!

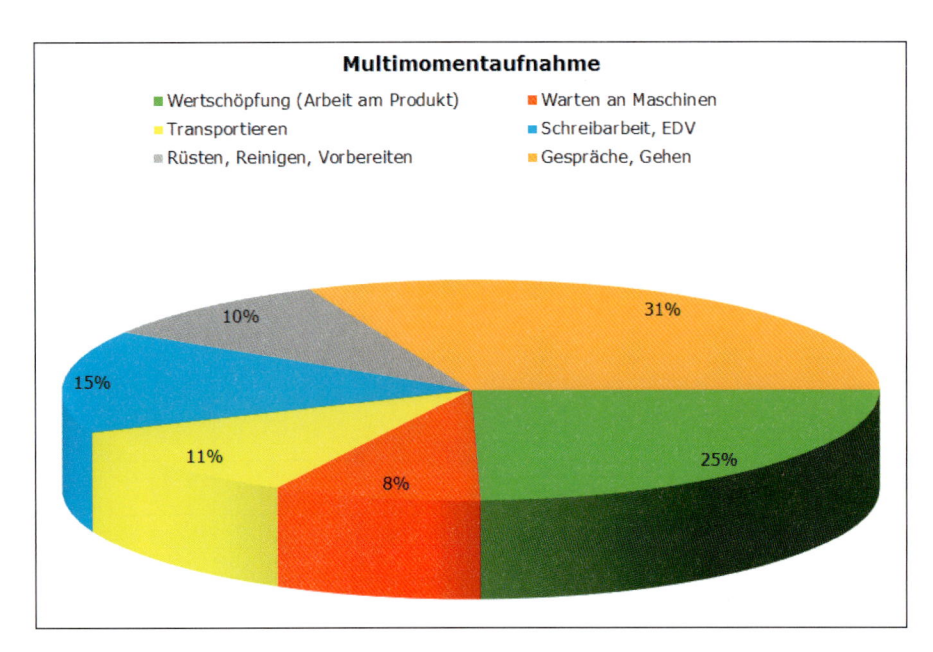

Bild 6.7 Beispiel Kuchendiagramm aus Multimomentaufnahme Produktion

6.6.3 Schnittstellenanalyse

In jedem Unternehmen bestehen unzählige Schnittstellen. Diese haben grundsätzlich hohes Potenzial für Verbesserung. Bei jeder Schnittstelle wird kommuniziert, koordiniert und geplant, ohne einen Mehrwert für den Kunden zu

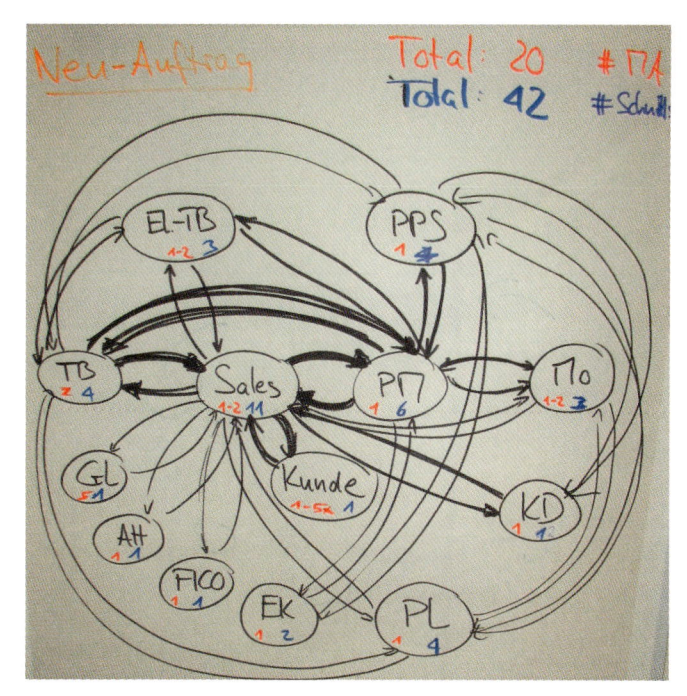

Bild 6.8 Beispiel Schnittstellenanalyse

> 💡 Nehmen Sie jeweils den aktuellen Moment auf – so, als würden Sie ein Foto machen. Eine Sekunde später ist die gesichtete Person vielleicht bereits mit einer anderen Tätigkeit beschäftigt. Erfassen Sie alle internen Mitarbeitenden, auch wenn diese nicht im beobachteten Bereich angestellt sind. Personen von externen Unternehmen sollten Sie nicht eintragen. Machen Sie es nach bestem Wissen und Gewissen, es soll nichts beschönigt oder schlechtgemacht werden. Führen Sie die Analyse seriös und mit Respekt gegenüber den Mitarbeitenden durch. Verrichten Sie die Multimomentaufnahme anonym und notieren Sie daher keine Namen.

> ⬇ Download: Vorlage für Multimomentaufnahmen Produktion
> Download: Vorlage für Multimomentaufnahmen Administration

generieren. Mit der Schnittstellenanalyse werden die betroffenen Abteilungen, entsprechend involvierte Mitarbeiter im Prozess und Anzahl der Schnittstellen visualisiert.

> ✓ Schulen Sie den Kader in Lean Management und führen Sie einen Best-Practice-Workshop durch. Die gemeinsamen Potenzialanalysen fördern das Problemverständnis und zeigen den Handlungsbedarf auf. Dies sind wichtige Grundlagen vor dem Lean-Roadmap-Workshop. Sind die Geschäftsleitungsmitglieder und das oberste Kader die treibende Kraft in der Lean Transformation? Wie könnte es noch besser sein? Reflektieren Sie den bisherigen Weg kritisch.

6.7 Ziel-Workshop

Der obere Kader ist geschult, sensibilisiert und hat erhebliche Potenziale im eigenen Unternehmen identifiziert. Damit ist die Ausgangslage transparent und die Veränderungsbereitschaft erhöht. Im Ziel-Workshop geht es darum, einen herausfordernden Zielzustand in drei bis fünf Jahren zu definieren. Orientieren Sie sich dabei an der Lean Vision und dem Nordstern.

> 💡 Achten Sie darauf, dass Sie Ziele und nicht Maßnahmen definieren. Das wird öfter verwechselt. Zum Beispiel: Wir wollen 15 Wertstromanalysen durchgeführt und die daraus abgeleiteten Verbesserungen umgesetzt haben. Das ist kein Ziel, sondern der Weg dahin. Wir wollen die Durchlaufzeit um 50 % reduzieren, das ist ein messbares und herausforderndes Ziel. Dabei könnte die Wertstromanalyse eine hilfreiche Methode sein.

Doch bevor der Zielzustand festgelegt wird, macht es Sinn, sich zu überlegen, wie sich die Kundenerwartungen in den nächsten Jahren voraussichtlich verändern werden.

Typische Fragen während dem Ziel-Workshop:
- Was sind die aktuellen Kundenerwartungen?
- Was erwarten die Kunden in der Zukunft? Ist ein Trend erkennbar?
- Wie sieht unser nächster Zielzustand (in drei bis fünf Jahren) aus?
- Wo besteht der größte Handlungsbedarf?
- Welche sind die größten Herausforderungen auf dem Weg?

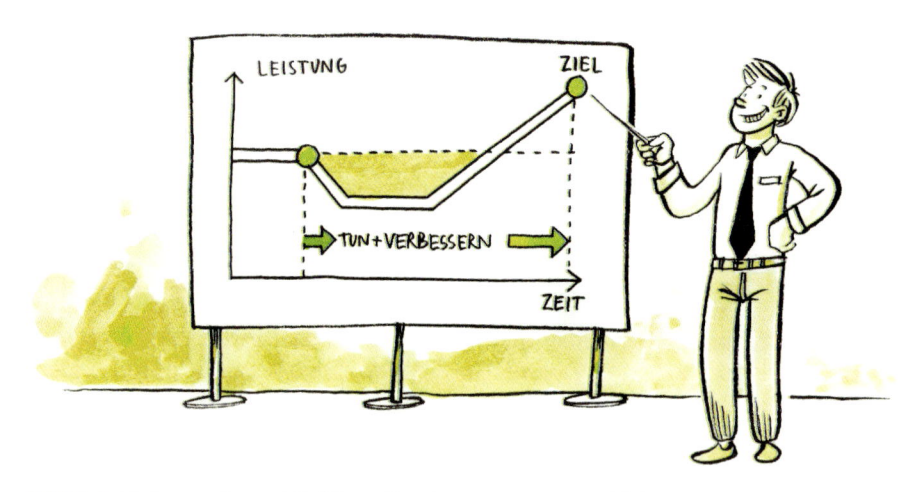

Bild 6.9 Ziele aus den zukünftigen Kundenerwartungen ableiten

✓ Definieren Sie die Ziele für die nächsten drei bis fünf Jahre und beschreiben Sie diese transparent. Das gesamte Unternehmen soll erfahren, wohin die Reise gehen soll und wieso sich die Mühen der Veränderungen lohnen.

6.8 Lean-Roadmap-Workshop

Die Differenz zwischen Ist- und Soll-Zustand macht den Handlungsbedarf sichtbar. Im Lean-Roadmap-Workshop geht es darum, die notwendigen Maßnahmen zur Erreichung des Zielzustandes zu definieren und zeitlich einzuplanen.

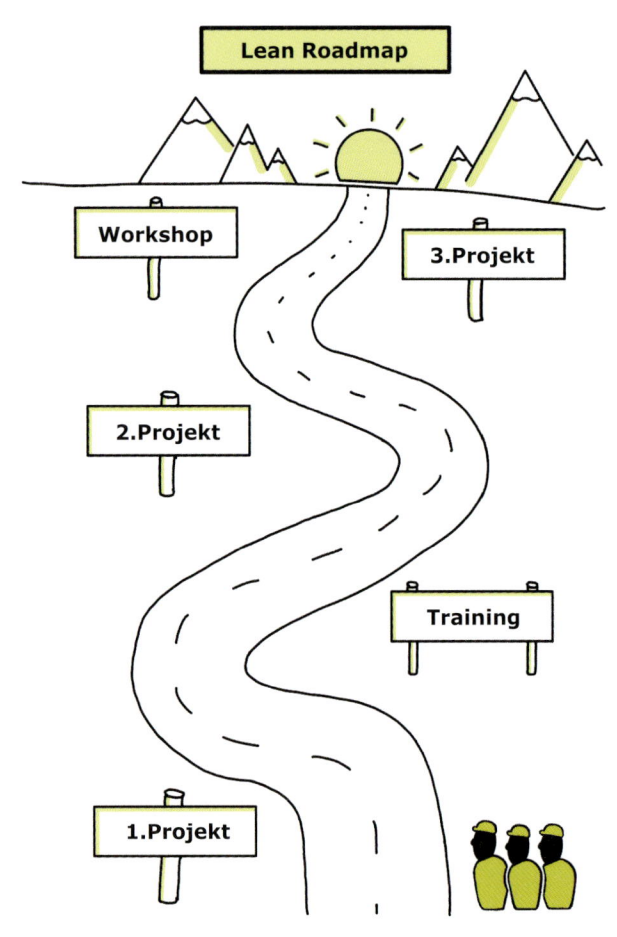

Bild 6.10 Meilensteine der Lean Roadmap

- Welche Projekte sind notwendig und sinnvoll?
- Welche Verbesserungsmaßnahmen sind erforderlich?
- Wie ist die optimale Reihenfolge der Projekte und Maßnahmen?
- Wie können wir die Veränderungen zeitlich sinnvoll gestalten und einplanen?
- Welche Überschneidungen und Abhängigkeiten gibt es zu bestehenden Projekten (z. B. Produktentwicklung, Neubau, Investitionen, Umzug, Unternehmenskauf, IT-Projekte etc.)?
- Wer wird Gesamt-Projektleiter/in und welche Mitarbeitenden werden die jeweiligen Projekte leiten?

> Nehmen Sie die Themen durch ein Brainstorming auf und clustern Sie diese anschließend. Bewerten Sie den Aufwand, Nutzen und die strategische Dringlichkeit von den einzelnen Projekten und Maßnahmen. Verlieren Sie sich nicht im Detail und lassen Sie keine Ausreden oder Rechtfertigungen zu. Gestalten Sie den Prozess möglichst kreativ und flexibel. Hierfür haben sich Post-its und Boards bewährt.

6.8 Lean-Roadmap-Workshop

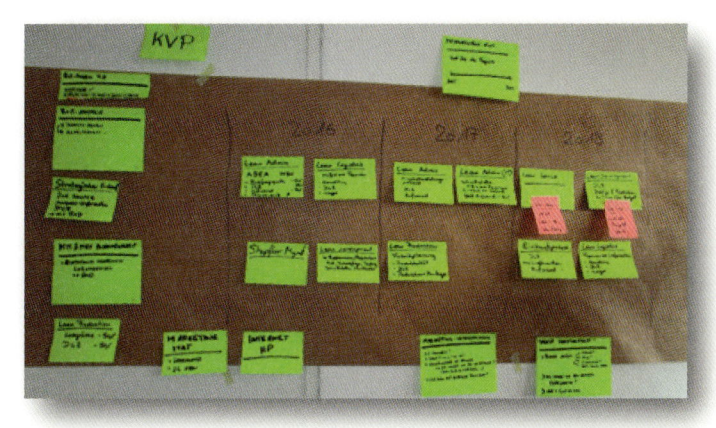

Bild 6.11
Beispiel einer Lean Roadmap

> 💡 Oft gehen die Befähigungsmaßnahmen neben all den strategisch wichtigen Projekten und Vorhaben unter. Empfehlenswert sind mindestens zwei Führungskräfte-Workshops pro Jahr einzuplanen, um die Führungsmannschaft und das gemeinsame Vorgehen weiterzuentwickeln. Des Weiteren sollte ein Befähigungskonzept ausgearbeitet werden. Welche Funktion benötigt welche Schulungen? Wie schaffen wir es, dass die Schulungsteilnehmer die Chance zur Umsetzung erhalten, um das Gelernte zu festigen? Um die Lean Roadmap übersichtlich zu gestalten, sollten nicht alle Einzelmaßnahmen darin abgebildet werden, sondern lediglich die großen und mittleren Projekte sowie die Führungskräfte-Workshops.

> ✓ Entwickeln Sie gemeinsam mit dem Kader eine Lean Roadmap. Achten Sie dabei auf die richtige Priorisierung und eine ausgewogene Verteilung der Projekte und Maßnahmen. Zudem ist es wichtig, bereits zu Beginn möglichst alle Bereiche des Unternehmens zu berücksichtigen. Stellen Sie sicher, dass die wichtigsten Projekte und Maßnahmen in der Lean Roadmap transparent und terminiert sind.

6.9 Tägliche Verbesserungen, kleine und große Transformationsprojekte

Es gibt sehr viele verschiedene Vorgehensweisen für die Lean Transformation. In der Regel ist es sinnvoll, radikale Veränderungen (Japanisch:

Kaikaku) in sogenannten 12-Wochenprojekten umzusetzen. Diese Leuchttürme sollen aufzeigen, dass Lean Management auch in der eigenen Firma erfolgreich umgesetzt werden kann. Die Strahlkraft gibt anderen Mut, dasselbe zu tun und von den guten Beispielen zu lernen. Mittelgroße Veränderungen können mit One-Week-Kaizen-Projekten und Mini-Projekten mit einzelnen oder mehreren Tages-Workshops realisiert werden. Einzelne Maßnahmen werden mit Kaizen, auf Deutsch oft KVP genannt (kontinuierlicher Verbesserungsprozess), möglichst täglich umgesetzt. Dazu später mehr im Buch.

6.9.1 12-Wochen-Verbesserungsprojekte

Wie bei allen Projekten ist es vorteilhaft, ein strukturiertes und wenn möglich standardisiertes Vorgehen zu wählen. Das 12-Wochendesign ist ein bewährtes Vorgehensmodell für größere, radikale Veränderungen (Japanisch: Kaikaku). Im Gegensatz zu den meisten Projekten ist dabei die Projektdauer auf zwölf Wochen fixiert und der Inhalt variabel. Das heißt konkret, die Projektabgrenzung wird so festgelegt, dass die Veränderung innerhalb von zwölf Wochen realisiert werden kann. Warum zwölf Wochen? Die Erfahrung zeigt, dass wir Menschen bei längeren Projektdauern die Aufgaben tendenziell vor uns herschieben und erst anpacken, wenn die Priorität aufgrund des Termindrucks stark angestiegen ist. Im Projektmanagement nennt man dies den Hockeystock-Effekt, da in den lange dauernden Projekten am Anfang oft sehr wenig und zum Projektabschluss am meisten umge-

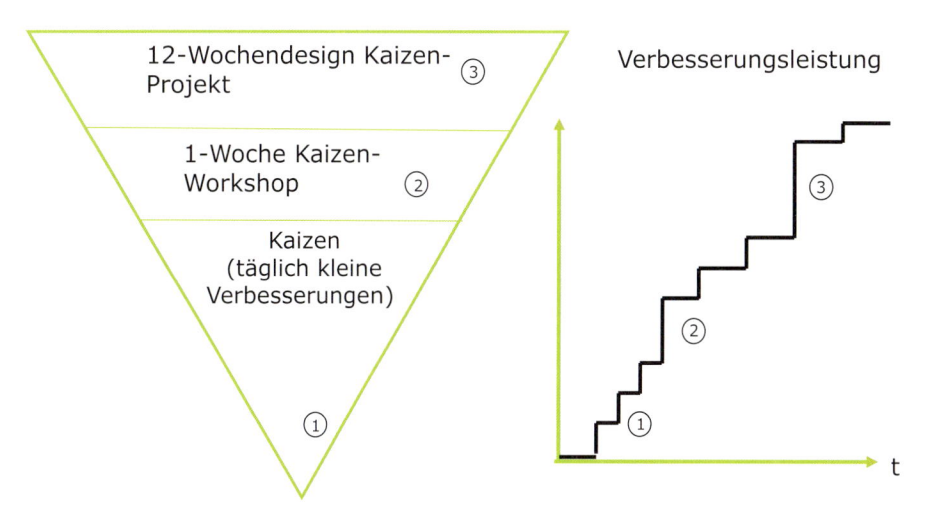

Bild 6.12 Verschiedene Kaizen-Vorgehen für kleine, mittlere und große Veränderungen

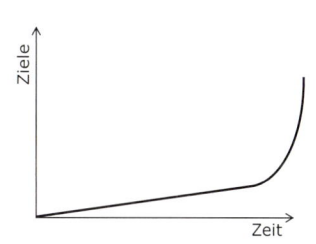

Bild 6.13 Hockeystock-Effekt im Projektmanagement

setzt wird. Auf einer Zeitlinie dargestellt erinnert die Umsetzungskurve an einen Hockeyschläger.

In der Praxis werden die Veränderungen oft euphorisch angegangen – aber ohne strukturiertes Vorgehen oder professionelles Change Management. Die Mitarbeitenden werden zu wenig begleitet und damit die Nachhaltigkeit reduziert.

Hier ein Beispiel von einem bewährten Vorgehen im 12-Wochendesign:

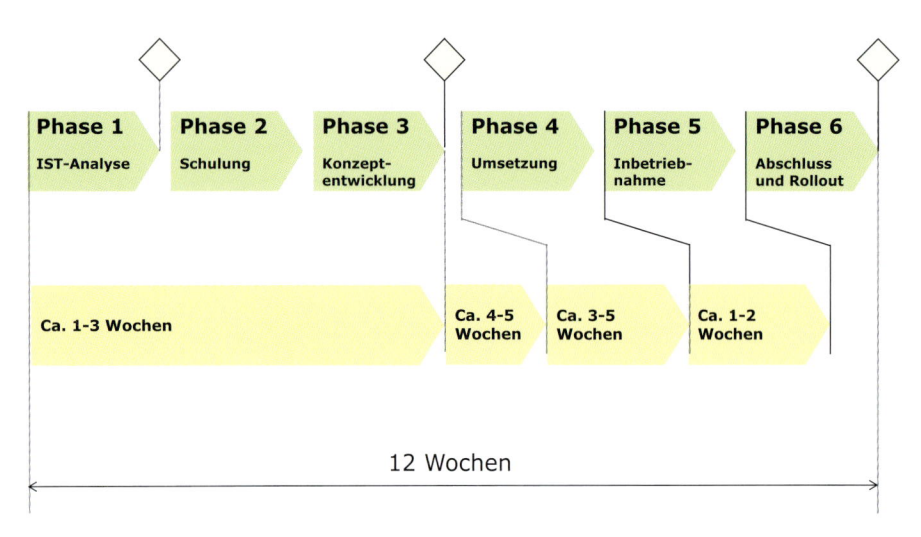

Phase 1	Phase 2	Phase 3	Phase 4	Phase 5	Phase 6
IST-Analyse	Schulung	Konzeptentwicklung	Umsetzung	Inbetriebnahme	Abschluss und Rollout
Ca. 1-3 Wochen			Ca. 4-5 Wochen	Ca. 3-5 Wochen	Ca. 1-2 Wochen

12 Wochen

Bild 6.14 Das 12-Wochendesign: in 3 Monaten zum Leuchtturm

Die einzelnen Phasen von diesem Beispiel werden nachfolgend detailliert beschrieben. Dies soll als Orientierung dienen und den roten Faden aufzeigen. Passen Sie das Vorgehen auf Ihr Unternehmen und Ihre Herausforderung an. Seien Sie sich bewusst, dass ein standardisiertes Projektvorgehen in immer den gleichen Phasen die Realisierung von weiteren Projekten einfacher und effizienter macht.

Vorbereitungsworkshop
Etwa zwei bis acht Wochen vor dem Projekt ist ein Vorbereitungsworkshop vorteilhaft, um die Inhalte, die grobe Projektabgrenzung, das Vorgehen und weitere Details mit dem Projektteam abzustimmen.

Phase 1: Analyse
In der Ist-Analyse (ca. 1 bis 5 Tage) werden Projekt-Kick-off und auf das Vorhaben abgestimmte Analysen durchgeführt sowie die definitive Projektabgrenzung und die Projektziele festgelegt. Selbstverständlich stehen bereits vor dem Projekt grobe Ziele von den Auftraggebern fest, welche als Erwartungen in das Projektteam getragen werden. Die definitiven Ziele legt jedoch das Projektteam fest. Diese sind zum einen durch die

Analysen fundiert und zum anderen entsteht dadurch ein hohes Commitment im Team. Die Selbstbestimmung ist ein wichtiger Schritt im Change Management. Durch die Analysen sehen und verstehen die Projektmitglieder den Handlungsbedarf sowie den Sinn der Veränderung. Dadurch, dass sie die definitiven Ziele selber festlegen können, erfolgt die Identifizierung mit den Aufgaben. Zum Abschluss der Analysephase werden die Ergebnisse, die Projektziele und -abgrenzung den Stakeholdern (Geschäftsleitung, Führungskräfte, betroffene Mitarbeitende etc.) präsentiert. Dadurch sind alle benötigten Stellen über den Fortschritt informiert und die Ziele sind beim Projektteam gefestigt, da sie diese vor einem Plenum präsentiert haben.

Bild 6.15 Die Analyse ist wichtig, um den Handlungsbedarf zu erkennen und die Ziele daraus abzuleiten

> Führen Sie die Analysen jeweils im Team durch. Das Projektteam soll durchaus je Analyse-Tool in kleinere Teams, mit zwei bis drei Mitgliedern aufgeteilt werden. Vermeiden Sie wenn möglich Einzelarbeiten. Das Team ist noch in der Findungsphase und die Zusammenarbeit fördert den Teamgeist. Im Projektmanagement gilt die Regel: 1 + 1 = 3. Mathematisch falsch, aber für Teamarbeit richtig. Wenn zwei Teammitglieder zusammen arbeiten, kann daraus durchaus die Leistung von drei einzelnen Kollegen entstehen.

Bild 6.16 Die Lean-Management-Schulung bildet die Basis der Veränderung

Phase 2: Schulung

In der Schulungsphase (ca. 1 bis 2 Tage) werden die Projektmitglieder und betroffene sowie interessierte Mitarbeitende in Lean Management ausgebildet und sensibilisiert. Warum nicht mit der Schulung das Projekt starten? Der Vorteil ist, dass die Projektmitglieder den Handlungsbedarf in der Analysephase erkannt haben und daher sehr interessiert sind an der Schulung. Es kann in einigen Fällen durchaus Sinn machen, mit einer Schulung zu starten. Die Reihenfolge von Phase eins und zwei ist unkritisch, die nachfolgenden Phasen sollten allerdings nicht vertauscht oder abgekürzt werden.

Phase 3: Konzept

Die Konzeptphase (ca. 2 bis 5 Tage) ist in der Regel die größte Herausforderung im 12-Wochenprojekt. Denn bisher mussten die Projektmitglieder noch nichts verändern. Die Analysephase und die Schulung sind im Vergleich einfach, denn die Teilnehmer zeigen die aktuelle Situation auf, erkennen den Handlungsbedarf und lernen neue Sachen. Die Veränderung aber macht uns Menschen oft Mühe. Jetzt werden einige Projektmitglieder in die Rechtfertigungsfalle tapsen und Aussagen machen wie »Ja, aber …« oder Sie erklären, weshalb eine Änderung unmöglich ist. Jetzt ist der Moderator gefordert, das Team zu den Veränderungen anzustoßen und das Ziel nicht aus den Augen zu verlieren. Es ist wichtig, Raum für Kritik, Ängste und Verunsicherungen zu lassen. Aber seien Sie in diesem Fall eher geizig mit der Zeit. Die Vergangenheit können wir nicht verändern, aber die Zukunft! Rechtfertigungen und Geschichten befassen sich mit der Vergangenheit und verhindern einen freien Geist für kreative, neue Wege. Um sich vom Bestehenden zu lösen und auf neue Ideen zu kommen ist es empfehlenswert, ein Idealbild zu zeichnen. Wir tendieren oft dazu, viele kleine Verbesserungen umsetzen zu wollen, was grundsätzlich gut ist. Dies sollte aber im Projekt nicht der Hauptfokus sein. Das 12-Wochenprojekt ist Kaikaku, also eine sprunghafte, große, eher radikale Verbesserung. Wenn wir ein losgelöstes, uneingeschränktes Idealbild zeichnen und anschließend ein bis zwei Schritte zurück machen zum Realbild, erreichen wir innerhalb des Projektes mehr als mit vielen kleinen aneinandergereihten Verbesserungen. Das Realbild 1 zeigt die maximale Verbesserung, welche wir uns in den nächsten zwölf Monaten und das Realbild 2 in den nächsten zwölf Wochen

Bild 6.17 Die nachhaltige Veränderung bedingt ein interdisziplinäres Team

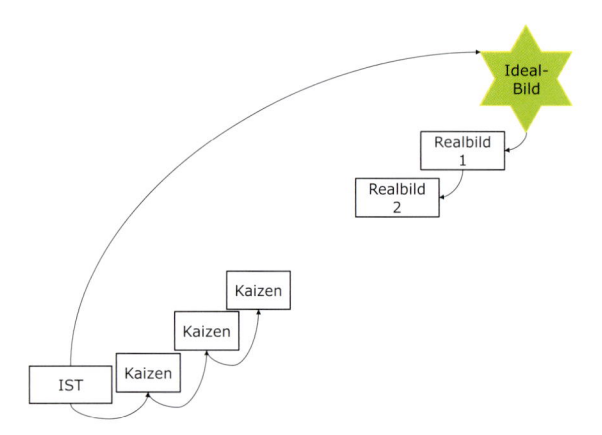

Bild 6.18 Vom Idealbild zum Realbild

vorstellen können. Der im Projekt realisierte neue Ist-Zustand soll dann mit Kaizen Schritt für Schritt in kleinen Verbesserungen bis zum nächsten Kaikaku weiterentwickelt werden.

Wie können wir das Realbild erreichen? Welche Maßnahmen sind notwendig? Welche Abhängigkeiten sind vorhanden? Welche Investitionen sind erforderlich? Das sind typische Fragen während der Ausarbeitung des Konzepts. Oft werden Arbeitsplatzsysteme zuerst in mehreren Iterationszyklen auf Papier entwickelt und gezeichnet (auch Paper Excellence genannt) und dann in Karton im realen Maßstab gebaut (Englisch: Cardboard Engineering). Wenn das Projekt zum Beispiel eine Fabrikplanung beinhaltet, können die Gebäude und Arbeitsplatzsysteme in einem kleineren Maßstab als Model mit Karton, Holz oder mit Lego gebaut werden. Die zwei Entwicklungsstufen (zuerst Paper Excellence und dann Modellbau) helfen uns Menschen sehr strukturiert und kreativ die beste Lösung auszuarbeiten und die Praxistauglichkeit zu testen. Bevor sich das Team zur Präsentation der Konzeptphase vorbereitet, ist es wichtig, alle notwendigen Maßnahmen in einer Kaizen-Liste festzuhalten (was, wer, mit wem, bis wann und Status). Diese Liste ist ein hilfreiches Arbeitsdokument für das Projektteam. Es dürfen auch Verbesserungspunkte erfasst werden, welche sich nicht während des Projektes umsetzen lassen.

> Download: Vorlage Kaizen-Liste

Für die Abschlusspräsentation der Konzeptphase werden wieder die Stakeholder, Führungskräfte und betroffene sowie interessierte Mitarbeitende eingeladen. Mit der Präsentation erfolgt auch gleich die Freigabe für das weitere Vorgehen. Ab diesem Zeitpunkt sollten die Projektmitglieder mindestens vier Stunden pro Woche an der Umsetzung der geplanten Maßnahmen arbeiten. Es ist zudem empfehlenswert, ein wöchentliches Statusmeeting (ca. 15 min) einzuplanen.

> 💡 Wenn die Ressourcen für die Umsetzung nicht zur Verfügung gestellt werden, können Sie die Zielerreichung und auch die Motivation der Projektmitglieder vergessen. Seien Sie sich dessen bereits vor dem Projektstart bewusst und treffen Sie entsprechende Vorbereitungen. Oft wird auch eine Unterstützung von internen Serviceabteilungen benötigt, wie zum Beispiel Betriebsmittelbau und Unterhalt. Klären Sie dies vorgängig mit der Geschäftsleitung und sorgen Sie für entsprechend hohe Priorität.

Bild 6.19 Beispiel Kaizen-Liste

Phase 4: Umsetzung

In der Umsetzungsphase (ca. 1 bis 3 Tage) wird die Realisierung der offenen Maßnahmen in kompakten Tagesworkshops im Team vorangetrieben. Meistens wird zudem das vorhandene

Bild 6.20 Jeder Einzelne im Projektteam ist gefragt für die erfolgreiche Umsetzung

Konzept weiterentwickelt. Zum Beispiel wurde in der Konzeptphase eine Montagelinie entwickelt. Aufgrund der knappen Zeit und der Fokussierung auf die Wertschöpfung wurden die Milkrun-Belieferungen noch nicht detailliert ausgearbeitet. Oder das Kanban-Konzept muss noch verfeinert werden. Am Ende der Umsetzungsphase sind zahlreiche Verbesserungen umgesetzt und neue der Kaizen-Liste hinzugefügt. Das Projektteam wird die drei bis fünf Wochen bis zur Inbetriebnahme nutzen, um die offenen Maßnahmen umzusetzen.

Phase 5: Inbetriebnahme

Das neue Arbeitssystem wird am Ende der Phase 5 (ca. 1 bis 3 Tage) in Betrieb genommen. Das heißt, ab diesem Tag wird scharf im neuen System, mit den neu entwickelten Arbeitsweisen und Prozessen gearbeitet. Dies passiert bewusst ca. ein bis zwei Wochen vor dem Projektabschluss, damit genügend Zeit verbleibt für Feinabstimmung, Schulungen der betroffenen Mitarbeitenden und Umsetzung von weiteren kleinen Verbesserungen. Zudem können die Ergebnisse der Verbesserungen mehrmals gemessen werden, um eine solide Zielkontrolle zu ermöglichen. Wenn die Zielerreichung erst bei

Bild 6.21 Zahlen, Daten und Fakten sind unerlässlich für die Zielkontrolle

Projektabschluss mit einer einmaligen Messung erfolgt, kann dies ein unrealistisches Bild ergeben, da diese Ergebnisse nur einmalig erreicht wurden.

> Die Projektmitglieder sollen täglich Beobachtungen im neuen Arbeitssystem durchführen. Zum Beispiel soll jeder 15 bis 30 Minuten pro Tag vor

Ort die Prozesse beobachten und Erkenntnisse sowie Verbesserungsvorschläge in die Status-Meetings mitbringen. Sorgen Sie für hohe Aufmerksamkeit im Endspurt. Man sagt, dass der Marathon in den letzten Kilometern entschieden wird. So ist es auch in einem 12-Wochenprojekt.

Typische Fragen in der Reflektion sind:
- Was lief gut?
- Was hat es uns Positives gebracht?
- Was lief nicht gut?
- Was wurde nicht erreicht?
- Welche Tipps möchte ich anderen Projektteams mitgeben?
- Was habe ich aus diesem Projekt gelernt?
- Was sind meine nächsten Schritte?

Phase 6: Abschluss

In der Abschlussphase (ca. 1 bis 2 Tage) erfolgen Zielkontrolle, Projekt-Review, Entwicklung eines Ausrollplans und die Abschlusspräsentation. Es ist wichtig, die Ziele zu überprüfen und die Ergebnisse transparent aufzuzeigen. Vielleicht haben Sie bereits genügend Daten seit der Inbetriebnahme gesammelt oder Sie müssen Sie aufgrund der umgesetzten Verbesserungen eine weitere Zielkontrolle durchführen. Das Vorgehen im 12-Wochenprojekt, die Erfolge und Rückschläge sowie das Gelernte werden im Projekt-Review besprochen. Diese Reflektion ist wichtig und wertvoll, um das Erreichte zu würdigen und aus den Fehlern für das nächste Projekt zu lernen.

Bild 6.22 Ganz wichtig: Erfolge gemeinsam feiern

Am Ende des Projektes sind typischerweise noch einige Maßnahmen offen in der Kaizen-Liste. Es ist wichtig zu definieren, wer bis wann diese Punkte noch umsetzen wird. Je nach Anzahl offener Punkte, kann es sinnvoll sein, noch weitere Status-Meetings einzuplanen, um die Umsetzung zu begleiten und zu kontrollieren. Ein 12-Wochendesign ist in der Regel ein Leuchtturmprojekt. Daher sollte in der Abschlussphase ein Rollout-Plan erarbeitet und das weitere Vorgehen definiert werden.

Bild 6.23 Tue Gutes und sprich darüber. Nutzen Sie die positive Stimmung für die nächsten Projekte!

In der Abschlusspräsentation werden die Ergebnisse, die Zielkontrolle, das Projekt-Review und der Rollout-Plan präsentiert. Möglichst alle Projektmitglieder sollen einen Teil davon aufzeigen. Es ist von Vorteil, wenn das neue Arbeitssystem »live« vor Ort gezeigt werden kann. Die Anerkennung ist für die Projektmitglieder sehr wichtig und erfüllt sie mit Stolz. Damit entsteht erhöhte Motivation, um die nächsten Herausforderungen anzupacken. Die Präsentation dient auch dazu, die Erfolge zu kommunizieren. Es soll dem Publikum bewusst werden, was alles in zwölf Wochen erreicht werden kann und welches Vorgehen zum Erfolg führt.

Im Anschluss an das Projekt soll das Erreichte bis zum nächsten Kaikaku mittels täglicher Verbesserungen weiterentwickelt werden.

> 💡 Je nach Komplexität und Reifegrad ist es sinnvoll, nach drei Monaten einen weiteren Kaizen-Tag einzuplanen. An diesem Workshop wird die erfolgreiche Umsetzung der offenen Maßnahmen überprüft. Dies dient der Nachhaltigkeit und erhöht den Umsetzungsdruck. Aus den weiteren Ver-

besserungen können neue Erkenntnisse gewonnen und in zukünftigen Projekten eingesetzt werden.

Teamzusammensetzung

Die Teamzusammensetzung ist für den Projekterfolg essenziell. Das Team sollte aus Operativen sowie Mitarbeitern der internen Lieferanten und internen Kunden zusammengesetzt sein. Es ist wichtig, mindestens eine Führungskraft im Team zu haben, damit Entscheidungen schnell gefällt oder eskaliert werden können. Wie jedes Projekt braucht es eine Projektleitung. Zudem ist es wertvoll, wenn jede Führungskraft im Unternehmen in einem von den in der Lean Roadmap geplanten Verbesserungsprojekten aktiv mitarbeitet. Dies muss nicht unbedingt als Projektleiter/in sein, aber als ständiges Projektmitglied. Viele Führungskräfte möchten nur Teilzeit, quasi auf Abruf, im Projektteam dabei sein und möglichst alles delegieren. Damit vergeben sie sich eine riesige Chance! Denn in jedem Projekt lernen die Mitglieder sehr viel dazu und wachsen zusammen. Nutzen Sie diese Chance! Teilzeitprojektmitglied ist dafür ungeeignet.

Bild 6.24 Entwickeln Sie das Erreichte bis zum nächsten Kaikaku mit Kaizen weiter

Bild 6.25 Das richtige Team ist der Schlüssel zum Erfolg

> 💡 Das erste Projekt muss ein Erfolg sein, um die Widerstände im Unternehmen zu senken. Daher ist es empfehlenswert, ein Projekt mit hohen Erfolgschancen sowie Projektmitglieder mit herausragender Motivation und Veränderungsfähigkeit auszuwählen. Erzeugen Sie einen WOW-Effekt! Kritische Mitarbeitende im Team sind ebenso wertvoll, um die Aufgaben nicht allzu euphorisch anzupacken – aber ein Team voller Kritiker führt zu verbrannter Erde. Dadurch würden weitere Projekte eine sehr schwierige Ausgangslage haben. Es ist zudem ratsam, das Projektteam fix zu definieren. Teilnehmer, die nur partiell mitarbeiten, sind oft Störfaktoren. Um den Anschluss zu finden, müssen sie jeweils auf den aktuellen Stand gebracht werden. Häufig liefern sie dem Projektteam bereits bearbeitete Fragen und Kritik. Das bremst das Team im Fortschritt aus und zerrt an der Motivation. Besser wäre punktuelle fachliche Unterstützung einzuholen – mit klaren und abgegrenzten Fragen an die erforderliche Person.

6.9.2 1-Woche Kaizen-Workshop

In diesen Workshops können mittelgroße Verbesserungen innerhalb einer Woche umgesetzt werden. Es geht dabei um eine fokussierte und strukturierte Vorgehensweise. Es ist empfehlenswert die Phasen Analyse, Konzept, Umsetzung, Inbetriebnahme und Abschluss von Montag bis Freitag einzuplanen. Im Vergleich zum 12-Wochendesign wird hier keine Schulung eingeplant und die Umsetzung erfolgt innerhalb einer Woche. Dabei hat es sich bewährt, pro Tag eine Phase zu durchlaufen. Also am Montag die Analyse und Zielsetzung, am Dienstag die Erarbeitung des Konzepts usw. Alternativ setzen Sie möglichst viele einzelne Verbesserungen fokussiert innerhalb einer Kaizen-Woche um. Probieren Sie es aus. Sie werden erstaunt sein, wie viel in einem solchen »Sprint« erreicht werden kann.

6.9.3 Zusammenfassung Lean Vision bis Lean Roadmap

Wenn Sie eine Lean Transformation und nicht nur einzelne Verbesserungsprojekte planen, dann ist es sinnvoll, mit dem Kader eine Lean Vision und Lean-Strategie zu erarbeiten. Nachdem die teilnehmenden Führungskräfte befähigt und begeistert wurden, ist es an der Zeit, mittels Potenzialanalysen das gleiche Problemverständnis zu erarbeiten. Die Differenz zwischen dem analysierten Ist-Zustand und dem Zielzustand in drei bis fünf Jahren ist die Grundlage für die Lean Roadmap. In dieser werden die notwendigen Projekte und Meilensteine geplant und visualisiert. In den meisten Fällen empfiehlt es sich, radikale Leuchtturmprojekte (Kaikaku) innerhalb von jeweils zwölf Wochen durchzuführen. Die Teamzusammensetzung ist dabei sehr wichtig. Gerade die ersten Projekte sollten hohe Erfolgschancen haben, damit anschließend die gesamte Mannschaft überzeugt und die Veränderungsängste reduziert werden können. Für mittlere Verbesserungsvorhaben eignen sich auch One-Week-Kaizen-Projekte und für kleine Maßnahmen die täglichen Verbesserungen (Kaizen). Die kleinen Maßnahmen werden nicht einzeln auf der Lean Roadmap aufgeführt.

Darüber sollten Sie nachdenken:
- Was ist der Sinn und Zweck Ihres Unternehmens?
- Was fordert der Markt gegenwärtig und zukünftig von Ihnen als Lieferanten?
- Besteht eine Lean Vision, Lean-Strategie und eine Lean Roadmap in Ihrem Unternehmen?
- Wo besteht der größte Handlungsbedarf? Besteht Einigkeit bezüglich dem vorhandenen Potenzial? Haben die Führungskräfte dasselbe Problemverständnis?
- Welches sind zukünftig die größten Herausforderungen Ihres Unternehmens?
- Welche Umsetzungsprioritäten ergeben sich daraus?
- Welche Drei- bis Fünfjahresziele verfolgen Sie mit der Lean Roadmap?
- Welche Projekte, Workshops und Maßnahmen sind für die Zielerreichung erforderlich?
- Wie kommunizieren Sie die gesamte Lean Transformation offen und effizient?

> **Das sollten Sie tun:**
> - Gewinnen Sie die Geschäftsleitung für eine langfristige Lean Transformation.
> - Schulen Sie Geschäftsleitungsmitglieder und den obersten Kader in Lean Management und führen Sie gemeinsam einen Best-Practice-Workshop durch.
> - Machen Sie mittels Potenzialanalysen den Handlungsbedarf transparent und erhöhen Sie damit das gemeinsame Problemverständnis.
> - Legen Sie ein erstes 12-Wochen-Leuchtturmprojekt fest und wählen Sie dafür ein erfolgsversprechendes Thema aus.
> - Überlegen Sie sich die Teamzusammensetzung gut.
> - Erarbeiten Sie zusammen mit der Geschäftsleitung eine Lean Vision, die Lean-Strategie und die Ziele für die nächsten drei bis fünf Jahre und leiten Sie daraus eine Lean Roadmap ab.
> - Kommunizieren Sie die Roadmap, den Sinn und die Ziele der gesamten Mannschaft möglichst einfach und transparent.
> - Lernen Sie aus den Projekten und entwickeln Sie das Projektvorgehen weiter.
> - Präsentieren Sie die Ergebnisse intern und zeigen Sie den Nutzen sowie die Herausforderungen und das weitere Vorgehen auf.

07 Change Management

Fragen, die in diesem Kapitel beantwortet werden:

- Was sind die Kernelemente von Change Management? Wieso ist dies für den Erfolg der Lean Transformation so wichtig?
- Mit wem startet die Veränderung?
- Was bedeuten die vier Zimmer der Veränderung?
- Was sind die vier Grundsätze der Veränderung?
- Welches sind die zwölf Erfolgsfaktoren in Veränderungsprojekten?
- Was sind die 14 häufigsten Fehler in der Lean Transformation?

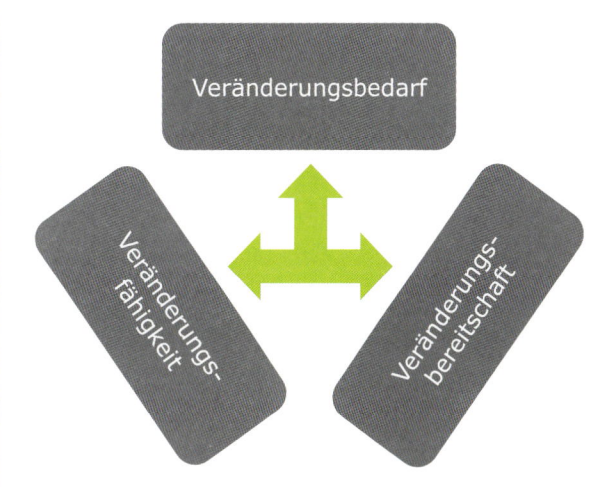

Bild 7.1 Die drei Veränderungsfaktoren

7.1 Veränderungsbedarf

Dieses Buch hat nicht den Anspruch, das Thema Change Management ganzheitlich zu beleuchten. Dazu gibt es genügend Literatur. Weil Change Management für den Erfolg aber sehr wichtig ist, werden einige wichtige Punkte aufgezeigt. Vor der Veränderung sind Auslöser, Absicht und Hintergründe zu klären. Das heißt konkret: Zuerst sollte ein klarer Auftrag erarbeitet werden.

Der Veränderungsbedarf beschreibt das Ausmaß der notwendigen Veränderungen im Unternehmen in den Bereichen und bei den Mitarbeitern. Der Veränderungsbedarf wird durch das Problembewusstsein der relevanten Personen bestimmt. »Wir müssen etwas verändern« bleibt ohne Zahlen, Daten und Fakten eine Behauptung. Ein gemeinsames, einheitliches, auf Fakten basierendes Problemverständnis fördert das Problembewusstsein und erhöht die Einsicht in die Notwendigkeit des Wandels. Falls der Markt Ihnen zu wenig Handlungsdruck gibt, dann ist es essenziell, diesen intern zu erzeugen. Generieren Sie eine interne Krise, damit eine Veränderung notwendig wird.

7.2 Veränderungsbereitschaft

Bei der Veränderungsbereitschaft geht es um die Einstellungen der am Wandlungsprozess beteiligten und von ihm betroffenen Personen gegenüber den Zielen und Maßnahmen der Veränderung. Eigenmotivation entsteht dann, wenn die Betroffenen sich mit den Zielen und dem Vorgehen identifizieren. Dies wird begünstigt, wenn sie den Veränderungsbedarf selber ermitteln dürfen. Wir Menschen streben in der Regel nach Sicherheit und nicht nach Veränderung, denn diese bedeutet Unsicherheit. Die Vermittlung von Arbeitsplatzsicherheit, Qualifikationsmaßnahmen sowie die kritische Selbstreflektion führen daher zu einer erhöhten Veränderungsbereitschaft. Diese Bedingungen können geschaffen und die Fähigkeiten dazu erlernt werden.

7.3 Veränderungsfähigkeit

Die erfolgreiche Umsetzung von Veränderungen durch einen einzelnen Mitarbeiter beschreibt dessen Veränderungsfähigkeit. Die Summe aller einzelnen Veränderungsfähigkeiten führt zu der Wandlungsfähigkeit des Unternehmens. Diese kann durch regelmäßige Veränderungen trainiert werden. Dazu benötigt es Vertrauen, dass die Veränderungen zu Verbesserungen führen.

Vereinfacht gesagt geht es um *Wollen*, *Können* und *Dürfen*.

7.4 Zu Beginn eines Veränderungsprozesses

20 % sind begeistert und wollen sofort umsetzen.
60 % sind unentschlossen.
20 % sind Gegner und Bremser der Veränderung.

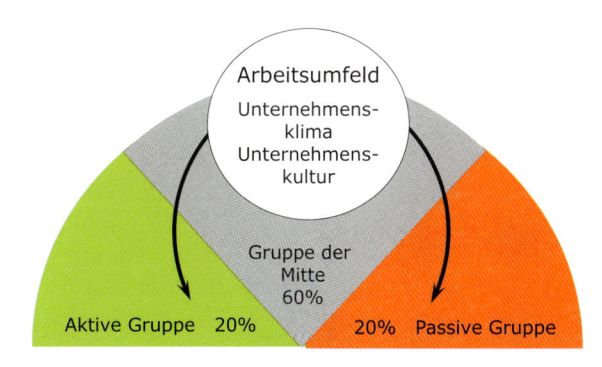

Bild 7.2 Typische Verteilung der Veränderungsbereitschaft von Mitarbeitern

Geben Sie der aktiven Gruppe Zeit und Kompetenzen, um schnelle Erfolge zu realisieren. Damit begeistern Sie die Unentschlossenen in der Mitte. Die restlichen 20 % werden vom Sog der Veränderung mitgezogen oder verlassen das Unternehmen. Sollten sie die Veränderungen sogar sabotieren, sind sie zu versetzen oder zu kündigen. Letzteres in der Regel erst, nachdem mehrere Chancen gegeben und Angebote unterbreitet wurden.

> **Lean Story: Veränderungen und zurück in die alte Welt**
>
> Eine der schlimmsten Szenen, die ich bei einem Kunden erlebt hatte: In der Analysephase hat das Projektteam den Projektbereich beobachtet und Potenziale aufgenommen. Dabei hat ein Projektmitglied einige Schubladen und Schränke geöffnet, um zu sehen, wie viele produktiv genutzte Dinge dort gelagert wurden. Ein betroffener Mitarbeiter war darüber derart erbost, dass er mit seinem Sicherheitsschuh mit voller Wucht in den Schrank kickte. Die Türe war danach so stark verbeult, dass sie mit einem Brecheisen geöffnet werden musste. Dieser sehr aggressive Mitarbeiter packte seinen Chef am Kragen, ballte die Faust und sagte energisch: »Halt dein Maul oder ich werde zuschlagen.« Das war ein echter Schock für mich. Bis zu diesem Zeitpunkt hatte ich zwar immer wieder Ablehnung erfahren, aber keine körperliche Gewalt. In den gesamten zwölf Wochen ging ich jeweils während den Workshops zu dieser Person und fragte ihn nach seinen Ideen und seiner Meinung. Seine Antwort war immer dieselbe: »Ich bin dumm, ihr seid gescheit, macht doch was ihr wollt.« Er blieb ein beharrlicher

Gegner von allen Veränderungen. Bei Projektabschluss ging ich abermals zu ihm, um sein Feedback einzuholen. Worauf er mir energisch vier Dinge nannte, die aus seiner Sicht sehr schlecht gelöst sind. Ich habe sein Feedback notiert und mich bei ihm für seine Ehrlichkeit bedankt. Dann sagte ich: »Ich spüre weiterhin eine Ablehnung gegenüber den umgesetzten Veränderungen, daher schlage ich vor, dass wir alles zurückbauen. Ich habe noch die Fotos, wie es vorher ausgesehen hat, daher können wir den Urzustand sicherlich wieder herstellen. Wäre dies in deinem Sinne?« »Nein, den alten Mist will ich nicht mehr«, konterte er sofort, »aber dies und das ist nicht gut.« In all den Jahren habe ich viele Kritiker und Gegner von Veränderungen erlebt. Aber bisher wollte noch nie jemand in die alte Welt zurück, selbst dieser bisher größte Kritiker nicht. Lassen Sie sich also vom Widerstand nicht negativ beeinflussen. Packen Sie die motivierten Kollegen und überzeugen sie die Gegner mit den Resultaten.

Lean Story: Veränderungen und loslassen

Bei einem anderen Kunden waren sechs gleiche Rundtaktautomaten in einer Reihe aufgestellt. Bei der hintersten Anlage wollte das Projektteam einen ersten Leuchtturm für 5S und kurze Rüstzeiten schaffen. Alle Beteiligten waren motiviert an der Umsetzung, als ein Kollege von der ersten Maschine genervt zum Team stieß: »Ich weiß genau, was ihr schlussendlich wollt. Ihr möchtet mir meinen persönlichen Einrichtwagen wegnehmen. Ich finde das inakzeptabel. An dem Tag, an dem ihr das umsetzt, werde ich kündigen.« Er hat mit weiteren Aussagen seine negative Einstellung zu den Veränderungen kundgetan, bis ich es schaffte, ihn auf die Seite zu ziehen. Ich versuchte die Situation zu klären: »Ich verstehe, dass Sie aufgebracht sind. Jedoch kennen Sie die Ergebnisse der Veränderungen noch nicht. Und Sie sind auch

nicht davon betroffen. Wenn Sie nicht dafür sind, dann sind Sie wenigstens nicht dagegen. Ihre Kollegen arbeiten hier mit hoher Motivation an Verbesserungen und es ist nicht leicht für sie, solchen Zorn zu ertragen. Machen Sie sich bitte erst am Ende des Projektes ein Bild von der neuen Welt. Sollten Sie dann Kritik haben, sind Sie herzlich dazu eingeladen, uns diese mitzuteilen. Bis dahin bitte ich Sie um Zurückhaltung. Vielen Dank für Ihr Verständnis. Und was Ihren persönlichen Einrichtwagen betrifft: Ich verspreche Ihnen, dass kein Projektmitglied diesen berühren wird. Sie brauchen sich keine Sorgen zu machen.«
Er ist meiner Aufforderung gefolgt und behielt seine Meinung für sich. Jedoch vertraute er uns nicht, denn er befestigte seinen persönlichen Einrichtwagen jeweils am Feierabend mit einem Fahrradschloss an seiner Maschine. Nach Projektende dauerte es nur noch ca. vier Wochen, bis der betroffene Mitarbeiter eingestand, dass die neue Arbeitsweise besser ist und er schließlich seinen Einrichtwagen freiwillig abgegeben hatte.

7.5 Die vier Zimmer der Veränderung

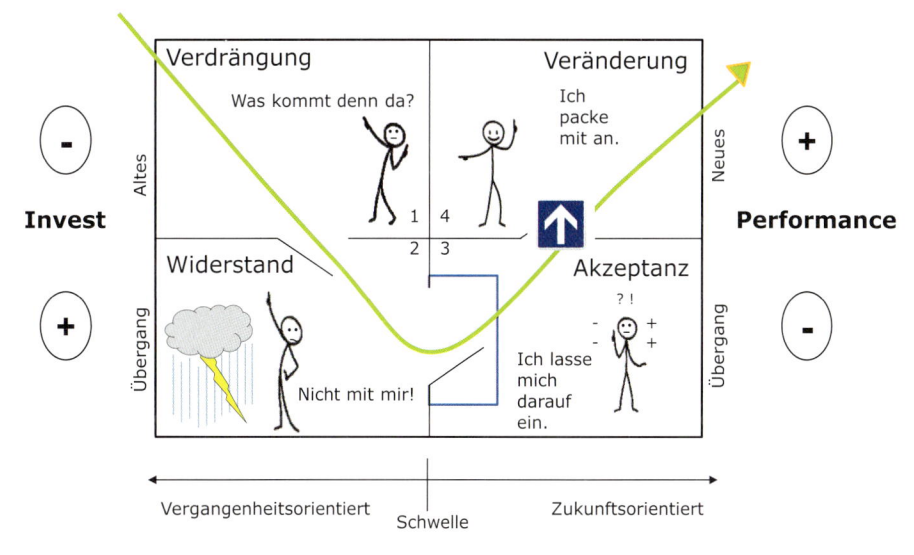

Bild 7.3 Die vier Zimmer der Veränderung

Veränderungen finden individuell statt. Jeder Mensch hat unterschiedliche Wahrnehmungen und Bedürfnisse. Die Veränderungsfähigkeit ist je nach Vorhaben unterschiedlich. Jeder durchläuft die vier Zimmer der Veränderung in unterschiedlichen Geschwindigkeiten und Intensitäten. Die Summe erfolgreich erlebter Veränderungen der Mitarbeitenden bestimmt das Ergebnis des nächsten Zielzustandes.

7.5.1 Mögliche Reaktionen der Betroffenen im ersten Zimmer

- Was ist das Ziel? Erscheint es mir sinnvoll und plausibel?
- Sagt uns die Leitung alles oder gibt es Ziele und Hintergründe, die uns verschwiegen werden?
- Ist die Sache wirklich wichtig oder gäbe es dringendere Probleme, um die sich das Management kümmern sollte?
- Was bedeutet das für mich?

7.5.2 Mögliche Reaktionen der Betroffenen im zweiten Zimmer

- Kann ich das?
- Kann ich die neuen Aufgaben, die da auf mich zukommen, erfüllen?
- Wie stehen meine Chancen für persönlichen Erfolg?
- Will ich das? Was bringt es mir?
- Besteht das Risiko, etwas zu verlieren: einen sicheren Arbeitsplatz, Einkommensanteile, einen guten Vorgesetzten, angenehme Kolleginnen und Kollegen, interessante Karriereperspektiven?

7.5.3 Mögliche Reaktionen der Betroffenen im dritten Zimmer

- Ich bin zwar noch unsicher, aber ich lasse mich darauf ein.
- Was sind die möglichen Vorteile und Chancen für mich?
- Wie könnte die verbesserte Zukunft aussehen?

7.5.4 Mögliche Reaktionen der Betroffenen im vierten Zimmer

- Ich bin bereit für die Veränderung und packe mit an.
- Ich möchte ein Teil dieser Verbesserung/Veränderung sein.
- Ich vertraue meinen Kollegen und Vorgesetzten.
- Ich löse mich von der Vergangenheit und gestalte die Zukunft.

> **Lean Story: Covid19-Pandemie**
>
> Das Jahr 2020 geht in die Geschichte des Coronavirus ein. Geschlossene Läden, abgesagte Veranstaltungen und menschenleere Straßen: Lockdowns waren die Reaktionen von vielen Nationen auf den hochansteckenden Virus. Die Auswirkungen für die Wirtschaft sind weltweit verheerend. Kaum jemand hat es kommen sehen und fast alle haben es unterschätzt. Die Arbeitslosigkeit schnellte in vielen Ländern in noch nie dagewesene Höhen. Dieser unerwartete Ausnahmezustand führte viele Menschen ungewollt durch das Tal der Tränen. Zuerst wurde es verdrängt: »Das ist ja weit weg in China.« Im darauffolgenden Schock wollte man die notwendigen Veränderungen nicht wahrhaben und Angst machte sich breit. Im Tal der Tränen angekommen, war ein Stillstand spürbar. Die Welt wurde entschleunigt. Viele Menschen waren wie gelähmt und sahen die Zukunft düster und unsicher. Es benötigte einige Zeit, bis die Situation wirklich akzeptiert und neue Wege ausprobiert wurden. Home-Office und virtuelle Meetings waren bis dahin eher verpönt. Nach einer Angewöhnungszeit wurden die Vorteile, die aus dieser Situation entstanden sind, erkannt und weiterentwickelt. Diese Geschichte beweist, dass wir als Individuum, aber auch als Gesellschaft, bei Veränderungen das Tal der Tränen durchlaufen. Veränderungen laufen individuell ab, einige Menschen konnten schneller als andere mit Zuversicht in die Zukunft blicken und haben sich an die veränderte Situation angepasst – mehr noch: Sie

sehen es als eine Chance! Andere verblieben sehr lange in der Angststarre (im Tal der Tränen), machten sich Sorgen und hatten schlaflose Nächte. Das besondere an der Corona-Situation war, dass es eine ungeplante, unumstößliche Veränderung für alle Menschen darstellte. Die Frage war also nicht ob, sondern wie wir darauf reagieren. Die Veränderung beginnt im Kopf. Je nach Perspektive wird die Herausforderung als Chance wahrgenommen. Selbstverständlich kann man die Zeit damit verbringen, die Schuldigen zu suchen und die Politiker für deren Entscheidungen zu kritisieren. Doch das bringt wenig, denn die Vergangenheit kann nicht verändert werden. Daher sollte die Energie in die Chancen geleitet werden. Werden Sie auch in solchen Situationen aktiv, dann gehört die Zukunft Ihnen!

Ein Kunde, der ausschließlich Großveranstaltungen organisiert, wurde von den Einschränkungen durch das Virus besonders hart getroffen. Der Umsatz im Jahr 2020 würde nur einen Bruchteil vom durchschnittlichen Umsatz der letzten Jahre ausmachen. Wie verhalten sich kurzfristig denkende Manager/innen in einer solchen Situation? Es wird alles auf ein Minimum reduziert, Mitarbeiter entlassen, Bestellungen storniert und Projekte sistiert. Das sind alles wichtige Schritte, um die Überschuldung zu verhindern, aber es wird damit gleichzeitig akzeptiert, dass keine Weiterentwicklung stattfindet. Unser Kunde hat selbstverständlich seine Hausaufgaben auf der Ausgabenseite gemacht, aber die Investitionen in die Verbesserungen nicht gestoppt. Im Gegenteil, wir durften das Unternehmen in dieser Zeit noch intensiver begleiten, denn sie wollten den Augenblick nutzen, um gestärkt aus der Krise zu gehen. Während die Mitbewerber stehen blieben, wollte sich das Unternehmen eine wesentlich höhere Wettbewerbsfähigkeit erarbeiten. Sodass – wenn die Wirtschaft wieder anzieht – sie einen großen Anteil der Aufträge gewinnen könnten. Kündigungen aussprechen und kurzfristig alles herunterfahren, das kann jeder. Die Entscheidungen aus einer langfristigen Perspektive fällen, haben viele Manager verlernt.

7.6 Die vier Grundsätze der Widerstände

1. Es gibt keine Veränderung ohne Widerstand!
2. Widerstand enthält immer eine »verschlüsselte Botschaft«!
3. Nichtbeachtung von Widerstand führt zu Blockaden!
4. Mit dem Widerstand mitgehen, nicht gegen ihn!

Chinesisches Sprichwort
Wenn sich ein Unternehmen ändern will, müssen sich die Mitarbeiter verändern!

Die Begleitung, Befähigung und Begeisterung der Mitarbeiter sind entscheidend für das Gelingen der Veränderung. Menschen am Veränderungsprozess zu beteiligen, gewährleistet den Erfolg. Sicherheit durch Transparenz und Kommunikation sind dabei essenziell.

Diese Darstellung des Veränderungsverlaufs zeigt die Schritte detaillierter als die vier Zimmer der Veränderung auf, jedoch mit gleichem Inhalt (Bild 7.4).

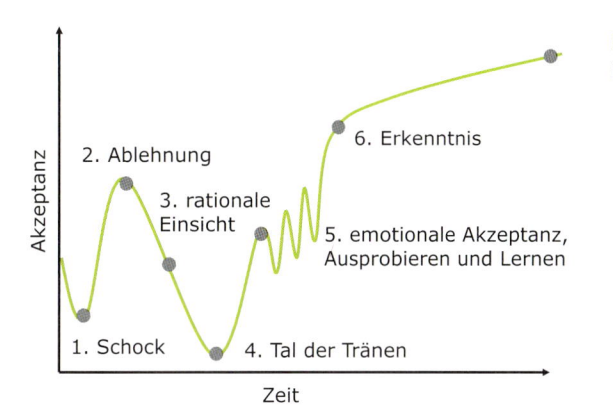

Bild 7.4 Das Tal der Tränen in Veränderungsprozessen

1. Schock
2. Ablehnung
3. rationale Einsicht
4. Tal der Tränen
5. emotionale Akzeptanz, Ausprobieren und Lernen
6. Erkenntnis

Bild 7.5 Chinesisches Sprichwort

Wenn der Wind der Veränderung weht, bauen die einen Mauern, die anderen Windmühlen

> ✓ Wie offen sind die Mitarbeiter in Ihrer Organisation gegenüber Veränderungen?
>
> Welche Ängste, Befürchtungen und Widerstände haben Sie persönlich?
>
> Wie transparent kommunizieren Sie Veränderungen?
>
> Begleiten Sie Ihre Mitarbeiter?

7.7 Die zwölf Erfolgsfaktoren in Veränderungsprojekten

1. Umfassende Analyse und Beschreibung der Ist-Situation

Die Ausgangslage muss erfasst und beschrieben werden, um den Handlungsbedarf zu erkennen und die Vorgehensweise zu bestätigen. Der Mensch mit seiner Veränderungsfähigkeit und Veränderungsbereitschaft ist der wesentliche Erfolgsfaktor.

2. Vision und Ziele definieren

Die Vision gibt die langfristige Ausrichtung vor und soll von allen gleich verstanden werden. Mit diesem Verständnis steigt die Veränderungsbereitschaft. Ziele auf dem Weg zur Erfüllung der Vision sind wichtige Meilensteine, denn ohne Ziel stimmt jede Richtung. Die konkreten Ziele sollten eine Herausforderung für alle Beteiligten darstellen, aber auch Betroffene motivieren diese Ziele zu verfolgen.

3. Gemeinsames Problembewusstsein

Ein gemeinsames Problemverständnis hilft effizient und zielorientiert in die gleiche Richtung zu gehen. Das Bewusstsein, um die notwendigen Veränderungen anzupacken, wird durch transparente Überwachungen der Ist- und Soll-Situationen gefördert.

4. Führungskoalition und Treiber entwickeln

Die Basis eines jeden Veränderungsprozesses ist eine breite Koalition von Treibern der Veränderung. Die Führungskräfte spielen dabei eine zentrale Rolle. Sie können die Veränderungen beschleunigen oder verlangsamen, im schlimmsten Fall sogar verhindern.

5. Offene und transparente Kommunikation
Oft werden die erreichten Verbesserungen ungenügend kommuniziert. Das ist sehr schade, denn dies sind die besten Chancen, um Vertrauen zu schaffen. Offen und transparent zu kommunizieren heißt aber auch die schlechten Nachrichten fair und wahrheitsgetreu zu vermitteln.

6. Zeitmanagement
Das Feingefühl der Führungskräfte ist gefragt, um den Veränderungen genügend Zeit zu geben, aber gleichzeitig genügend Druck aufrechtzuerhalten, um diese nicht versanden zu lassen.

7. Projektorganisation und Verantwortlichkeiten
Eine professionelle Projektorganisation mit geschulten Mitarbeitern in fachlicher, methodischer und psychologischer Hinsicht ist insbesondere bei größeren Projekten ein entscheidender Faktor für den Projekterfolg.

8. Hilfe zur Selbsthilfe, Qualifikation und Ressourcen
Entscheidend ist, die Betroffenen zu Beteiligten zu machen. Das klingt so einfach, dass es oft unterschätzt wird. Die Betroffenen müssen hohe Mitgestaltungsmöglichkeit erhalten. Sie sollen bei der Zieldefinition und Lösungserarbeitung aktiv mitarbeiten. Eine entsprechende Befähigung, Begleitung, aber auch Selbstorganisation ist essenziell.

9. Schnelle Erfolge und Motivation
Versuchen sie leicht zu realisierende Maßnahmen zu definieren. Schnelle Erfolge wirken positiv auf die Veränderungsbereitschaft. Erfolgsvermittlung und kontinuierliche Wertschätzung der erbrachten Leistungen sind entscheidende Motivationsfaktoren.

10. Flexibilität im Prozess
Unternehmens- oder Kundenperspektiven können sich im Laufe des Prozesses verändern, worauf dementsprechend schnell und flexibel reagiert werden muss.

11. Monitoring und Controlling des Prozesses
Das Monitoring und Controlling von Veränderungen zeigt die Fortschritte auf dem Weg zur Zielerreichung auf und helfen damit die Priorität der Veränderung entsprechend hochzuhalten.

12. Verankerung der Veränderung
Um den Erfolg der Veränderung zu sichern, ist es notwendig, die neuen Ansätze, Verfahrens- und Verhaltensweisen detailliert zu verankern. Dies erfolgt in der Regel über die Definition und Schulung von Standards.

> Die Elemente der 12 Erfolgsfaktoren haben Sie bereits in den Beschreibungen der Projektphasen des 12-Wochenprojekts kennengelernt. Seien Sie sich dem bewusst und nehmen Sie keine Abkürzungen!

Bild 7.6 Beharrlichkeit und Geduld ohne Abkürzungen führen zum Erfolg

> **Lean Story: Veränderungen und Abkürzungen**
>
> In einem Unternehmen wollte der COO beim zweiten 12-Wochenprojekt die Analysephase stark verkürzen. Die Ausgangslage sei beim zweiten Prozess sehr ähnlich wie beim ersten, also könnten die Analyseergebnisse vom ersten Projekt kurz angeschaut werden und schon sei allen Projektmitgliedern das Potenzial bewusst. Auch die Ziele könnten die betroffenen Fach- und Führungskräfte direkt aus ihren Erfahrungen ableiten. Das wäre ein fataler Fehler! Die eingesparte Zeit von der Analysephase würde im Anschluss mit weniger Verständnis, weniger Motivation, tieferer Veränderungsbereitschaft abgerechnet. Ich konnte ihn davon überzeugen, dass alle Projektphasen die Elemente der 12 Erfolgsfaktoren im Change Management beinhalten und eine Abkürzung keine gute Option ist. Nach der Analysephase hat er mir bestätigt,

dass die Erarbeitung der Analyseergebnisse bereits ein wichtiger Teil des Projektes ist. Das gemeinsame Problemverständnis habe bei den Beteiligten zu einer Veränderung im Denken und Verhalten geführt. Zudem sind sie als Team zu einer Einheit mit einem gemeinsamen selbstbestimmten Ziel zusammengewachsen. Daraus entstand eine unvergleichbare persönliche Identifikation mit dem Projekt. Er habe an diesem Beispiel viel gelernt und werde von zukünftigen Abkürzungen Abstand nehmen.

💡 In jedem Projekt verändert sich die Denkweise und Grundeinstellung der Projektmitglieder. Es wird am Schluss als neues Grundverständnis angesehen. Diese Mitarbeitenden zeigen dann leider oft wenig Geduld und Verständnis für Kollegen, die der Veränderung skeptisch entgegenstehen. Das ist aber unfair. Vor dem Projekt hatten die Projektmitglieder auch ein anderes Grundverständnis. Sie hatten nun zwölf Wochen Zeit die neue Denkweise zu entwickeln, aber erwarten von den Kollegen, dass diese die Veränderung sofort akzeptieren. »Ist doch logisch und sinnvoll«, sind typische Argumente. Vor zwölf Wochen war aber auch für die Projektmitglieder noch nicht alles so schlüssig. Zeigen Sie daher Geduld und Verständnis für die betroffenen Mitarbeiter. Befähigen und begleiten Sie diese in der gleichen Intensität, wie das erste Projektteam. Sollte es dennoch nicht klappen, dann versetzen oder entlassen Sie die Bremser. Diejenigen, die mit ihrem Verhalten den Erfolg verunmöglichen und eventuell sogar andere mit ihrer Einstellung infizieren, sind zu entlassen. Das ist schmerzhaft, aber manchmal nötig. Die Fluktuation ist während der Transformationsphase bei den Mitarbeitern in der Regel nicht erhöht, jedoch oft beim mittleren Kader. Seien Sie sich dessen bewusst. Unterstützen Sie die betroffenen Angestellten und geben Sie ihnen mehrere Chancen. Wenn es dennoch nicht geht, dann lieber ein Ende mit Schrecken, als ein Schrecken ohne Ende.

7.8 Die 14 häufigsten Fehler auf dem Weg der nachhaltigen Lean Transformation

1. Kopieren anstatt kapieren
Egal, wie toll und genial die Lösung in einem anderen Unternehmen aussieht, bitte kopieren Sie nicht, sondern lernen Sie von anderen und adaptieren Sie es auf die Ausgangslage, den Reifegrad und Bedürfnisse des eigenen Unternehmen. Dabei sollten Sie das Erreichte und den Weg immer wieder kritisch reflektieren und weiterentwickeln.

2. Handlungsbedarf nicht erkannt, unterschiedliches Problemverständnis
Selbst wenn sich alle einig sind, dass es so nicht mehr weitergehen kann, sind die Meinungen, was gemacht werden soll, meistens sehr unterschiedlich. Das führt zu Unsicherheiten, langen Diskussionen und zu unnötigen Spannungen. Schaffen Sie ein klares und gemeinsames Bild. Wenn der Handlungsbedarf von den Führungskräften und Mitarbeitern nicht erkannt wird, sind die Verbesserungsprojekte nur Alibi-Übungen. Machen Sie die Notwendigkeit transparent. Sollte der Markt keinen Leidensdruck erzeugen, dann schaffen Sie diesen durch eine interne Krise.

3. Fehlender Support der Geschäftsleitung
»Wir stehen voll dahinter«, sind typische Aussagen von Mitgliedern der Geschäftsleitung. Sie sollten aber als Fahnenträger vorangehen oder als Teammitglied Verbesserungen persönlich begleiten. Wenn die Geschäftsleitung Lean-Projekte nur unter gewissen Umständen unterstützt, kann keine nachhaltige Kultur aufgebaut werden.

4. Führungskräfte leben es nicht vor
Die Führungskräfte sind die Treiber der Veränderung. Die Mitarbeiter beobachten sehr genau die Verhaltensweisen der Vorgesetzten und richten sich an ihren Prioritäten aus. Daher ist die Führungskräfteentwicklung sehr wichtig. Begleiten, trainieren, sensibilisieren und coachen Sie die Manager/innen auf jeder Hierarchiestufe. Patrons waren früher gefragt und deren Führungsstil für die damaligen Verhältnisse sicher-

lich richtig. In der heutigen, schnelllebigen Zeit ist dieses Führungskonzept veraltet. Ein Mensch alleine kann gar nicht so viel Wissen und so verschiedenartige Fähigkeiten besitzen, um ein Unternehmen im Alleingang zum Erfolg zu führen. Die Summe der Kräfte ist entscheidend. Wenn die Führungskraft es schafft, die Veränderungen weder als Bedrohung noch als Anschuldigung an vergangene Entscheidungen zu akzeptieren, steigt das Veränderungsverständnis.

5. Keine Zeit für die Umsetzung
»Wir haben keine Zeit«, ist oft nur eine Ausrede. »Die Verbesserung hat bei uns keine hohe Priorität«, wäre eine ehrlichere Aussage. Wenn die Verbesserung keine hohe Priorität hat, gewinnt immer das Tagesgeschäft. 10 bis 15 % der Arbeitszeit für die Verbesserungen einzusetzen, ist empfehlenswert. Setzen Sie Prioritäten! Sie als Vorgesetzter oder Vorgesetzte sollten die Rahmenbedingungen schaffen, sodass die notwendige Zeit für die Umsetzung von Verbesserungsmaßnahmen vorhanden ist.

6. Unstrukturiertes Vorgehen
Losrennen und die Welt verbessern: Euphorie kann beflügeln und motivieren, aber wenn keine strukturierte und methodische Vorgehensweise gewählt wird, verpufft ein großer Teil der Energie. Es kann auch demotivierend sein, wenn der rote Faden nicht erkennbar ist. Es reduziert den Sinn der Transformation. Entwickeln Sie einen Transformationsplan, also eine Lean Roadmap und überprüfen Sie diese jährlich.

7. Permanente Richtungsänderung
Heute nach Norden, morgen nach Süden – wenn sich die Prioritäten alle paar Monate ändern, dann entsteht Stillstand. Denn die Mitarbeiter sind verunsichert, ob deren Engagement wertvoll und nachhaltig sein wird. Hier helfen langfristige Ziele und eine Lean Roadmap, um die Orientierung nicht zu verlieren.

8. Keine gesamtheitliche Betrachtungsweise
Lokale Verbesserungen sind gut, gesamtheitliche Verbesserungen viel besser. Wenn jeder in seinem eigenen Bereich, ohne ganzheitliche Betrachtungsweise, zahlreiche Verbesserungen umsetzt, dann wird enormes Potenzial verschenkt. Eine gemeinsame Entwicklung und Ausrichtung der Prozesse und Organisationseinheiten, mit Fokus auf den Kundennutzen, ermöglicht mit gleichen Ressourcen, wesentlich höhere Verbes-

serungen für das Unternehmen und den Kunden.

9. Überladene Projekte
Sie können nicht das gesamte Unternehmen in zwölf Wochen transformieren. Wir Menschen überschätzen uns häufig. Hohe Motivation und großes Potenzial führen zu überladenen Projekten. Zwar wird viel erreicht, aber der Erfolg kann nicht wirklich gefeiert werden. Entweder werden Teilziele nicht erreicht oder es dauert viel länger als geplant. Beides ist für die Motivation schädlich. Seien Sie realistisch mit den Projektabgrenzungen und mit der Anzahl von Verbesserungsprojekten pro Jahr.

10. Falsche Teamzusammensetzung
In den ersten 12-Wochenprojekten möchten die Vorgesetzten oft mit dabei sein. Schön und gut, aber es kommt nicht auf die Hierarchie, sondern auf den Beitrag zum Projekterfolg an. Nehmen Sie sich Zeit für die perfekte Teamzusammensetzung, denn diese ist für das Ergebnis essenziell. Das Team sollte aus Operativen sowie Mitarbeitern der internen Lieferanten und internen Kunden zusammengesetzt sein.

11. Ungenügender Miteinbezug
Wenn der Chef oder die Chefin alles besser weiß und die beste Lösung kennt: Herzliche Gratulation, dies führt kurzfristig zu einer respektablen, aber langfristig nicht nachhaltigen Verbesserung. Die zweitbeste Idee vom Mitarbeitenden ist immer besser als die beste der Vorgesetzten. Entwickeln Sie Ihre Mitarbeiter zu Problemlösern. Nehmen Sie diese wichtigste Ressource mit auf der Entwicklungsreise des Unternehmens.

12. Nach ersten Verbesserungen erfolgen Kündigungen
Wenn nach einem Projekt, aufgrund der erreichten Verbesserungen, Kündigungen ausgesprochen werden, dann wurde gleich drei Mal verbessert. Und zwar das erste, das einzige und das letzte Mal. Kein Mitarbeiter will sein eigenes berufliches Grab schaufeln. Damit kann keine Verbesserungskultur entstehen. Bei der Reduzierung von Personal an einer Linie beginnt man mit den Fähigsten. Diese sollen aber noch zwei bis vier Wochen an der Linie bleiben, um weitere Verbesserungen umzusetzen, bevor sie sich anschließend neuen Aufgaben widmen. Eine sofortige Versetzung in einen anderen Bereich kann negative psychologische Folgen haben.

13. Ungenügende Kommunikation
Verunsicherung ist eine häufige Ursache von Unzufriedenheit und Fluktuation. Daher ist eine transparente und stufengerechte Kommunikation über die Veränderungen, Erfolge, Rückschläge, Ergebnisse und das weitere Vorgehen wichtig. Die Entwicklung eines Kommunikationskonzepts für die Lean Transformation ist sinnvoll.

14. Kein Durchhaltevermögen
Tiefhängende Früchte zu ernten ist einfach. Lean Management ist kein Projekt, denn es hat kein Ende. Perfektion ist unendlich, daher ist die stetige Weiterentwicklung der Normalfall. Einige möchten sich nach den ersten Verbesserungen auf den Lorbeeren ausruhen. Selbstverständlich sollen Sie stolz sein auf das Erreichte, aber streben Sie trotzdem die nächste Herausforderung an. »Besser geht immer« wird oft gesagt, aber das ist zu wenig dramatisch, denn es sagt gleichzeitig aus, dass »es bereits gut« ist und die Verbesserungen irgendwann einmal in der Zukunft angepackt werden können. »Der heutige Zustand ist der denkbar schlechteste!« Dieser Satz transportiert den gleichen Inhalt weitaus dramatischer. Der Leidensdruck zur Veränderung ist jetzt! Erzeugen Sie eine »positive Unzufriedenheit«. Halten Sie an der generellen Strategie fest, setzen Sie immer höhere Ziele, streben Sie immer höhere Herausforderungen und kontinuierliche Verbesserung an.

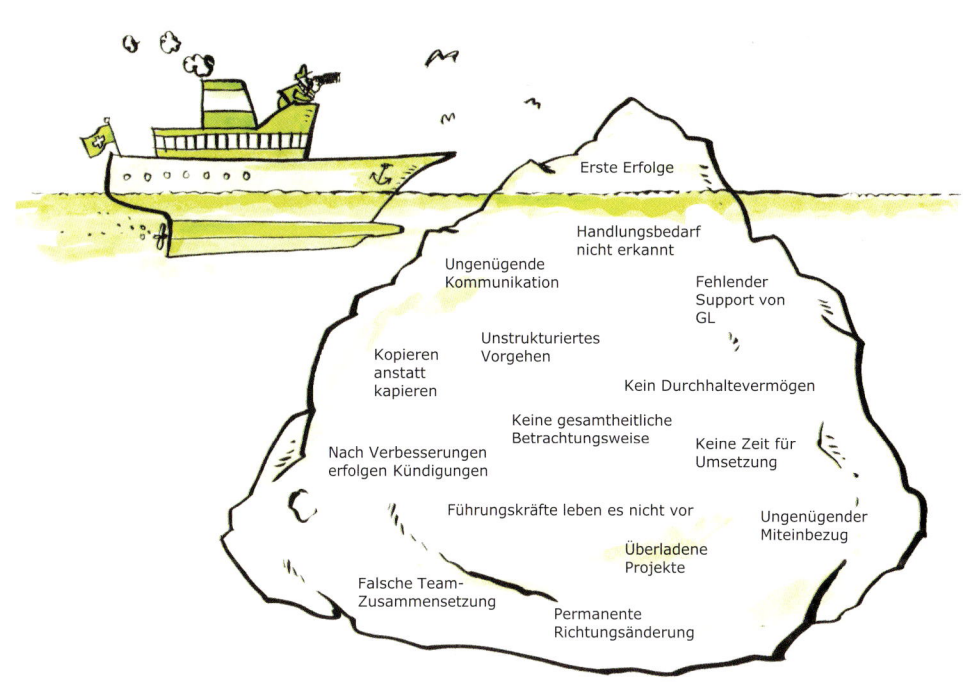

Bild 7.7 Die 14 häufigsten Fehler in der Lean Transformation

Ich werde oft gefragt: »Würden Sie uns empfehlen, einen Lean Manager anzustellen?« Während der Lean Transformation kann es durchaus hilfreich sein, eine Stelle zu schaffen, aber dies ist nie die beste Lösung. Idealerweise ist jede Führungskraft ein Lean Manager! Die zentrale Stelle birgt das Risiko, dass die Führungskräfte die Veränderungen an den Lean Manager delegieren und sich so aus der Verantwortung ziehen. Noch einmal: Die Führungskräfte sind die Treiber der Veränderung! Etliche Unternehmen stellen einen jungen, dynamischen, talentierten Menschen als Lean Manager ein. Und die ersten Erfolge sind vielversprechend, jedoch verändert sich die Verbesserungskultur nicht. Wieso nicht? Wenn der oder die Lean-Verantwortliche aufgrund fehlender Erfahrungen die Führungskräfte nicht trainiert, sensibilisiert und coacht, ist die Veränderungsgeschwindigkeit stark verlangsamt.

Lean Story: Kündigung

Ich durfte ein kleines Unternehmen mit rund 36 Mitarbeitenden in einem Verbesserungsprojekt begleiten. Nach zwölf Wochen wurde der Aufwand in der Produktion so stark reduziert, dass eine Person überflüssig war. Der Geschäftsführer freute sich über die raschen Ergebnisse und wollte sofort eine Kündigung aussprechen. »Mach das bloß nicht«, war meine vehemente Reaktion darauf. Worauf er entgegnete: »Sieh dir meine Erfolgsrechnung an. Jeden Monat schwanke ich zwischen roten und schwarzen Zahlen. In manchen Monaten weiß ich nicht, wie ich die Löhne bezahlen soll. Daher muss ich kündigen!« »Ich empfehle dir, dies nicht zu tun«, antworte ich. »Was soll ich sonst tun«, war seine anschließende Frage. »Wie viele Verkaufsmitarbeiter hast du in deinem Unternehmen?«, fragte ich. »Einen Verkäufer«, antwortete er rasch. »Herzliche Gratulation, jetzt hast du zwei. Vielleicht ist der Mitarbeiter aus der Produktion nicht geeignet als Verkäufer, aber als Teamleiter. Der bestehende Teamleiter wäre ein guter Abteilungsleiter und der bestehende Meister ein toller Verkäufer. Wenn du deinen Blick ein wenig erweiterst, wirst du weitere Möglichkeiten entdecken. Und stell dir vor, der neue Verkäufer würde nur einen einzigen Auftrag gewinnen. Dann hättest du mit derselben Lohnsumme mehr Umsatz und könntest Wachstum generieren.« Er hat auf meinen Rat gehört und das Unternehmen konnte wachsen. Behalten Sie die langfristigen Perspektiven im Blick, ohne die kurzfristigen auszublenden.

7.9 Zusammenfassung Change Management

Jede Veränderung führt zu Widerständen. Diese zu ignorieren, führt zu Unzufriedenheit und zur Erhöhung der Gegenwirkungen. Der Veränderungsbedarf und die Ziele müssen transparent sein, um eine Veränderungsbereitschaft bei den Betroffenen zu erreichen. Die Veränderungsfähigkeit kann mit täglichen Verbesserungen (Kaizen) trainiert werden. Je öfter dabei ein persönlicher Erfolg für die Betroffenen entsteht, umso höher steigen die Zufriedenheit und Veränderungsbereitschaft. Die zwölf Erfolgsfaktoren der Veränderung sind zu beherzigen und Abkürzungen zu vermeiden. Entwickeln Sie Ihren eigenen Lean-Weg. Ein gemeinsames Problemverständnis ist wichtig, damit der Handlungsbedarf von den Beteiligten gemeinsam erkannt werden kann. Nehmen Sie sich Zeit für die Umsetzung. Ohne entsprechende Priorität gewinnt immer das Tagesgeschäft und nach einer Weile wird der Veränderungswille sinken. Behalten Sie die Priorität für Verbesserungen auch in herausfordernden Situationen hoch. Sonst wird die Anzahl

»Ausnahmen« zu- und Ihre Glaubwürdigkeit abnehmen. Sorgen Sie dafür, dass die Führungskräfte es vorleben. Befähigen, begeistern und begleiten Sie diese entsprechend. Mit einer gemeinsam erarbeiteten Lean Roadmap und standardisierten Veränderungsprojekten erreichen Sie mehr und in höherer Nachhaltigkeit, als mit hohem Enthusiasmus. Passen Sie bei Ihrem Eifer auf und überladen Sie die Projekte nicht. Sprechen Sie keine Kündigungen aufgrund von Verbesserungen aus. Bei wirtschaftlichen, konjunkturellen Gründen sind Entlassungen unausweichlich, aber nicht aufgrund von umgesetzten Erleichterungen. Setzen Sie die gewonnenen Ressourcen für weitere Wertschöpfung oder für die Weiterentwicklung des Produktionssystems ein. Entwickeln Sie ein transparentes Kommunikationskonzept. Berichten Sie über Fortschritte, Erfolge, Misserfolge, Ziele und weiteres Vorgehen möglichst ehrlich und unmissverständlich. Dafür können auch Flyer, interne Newsletter, Intranet, ein Artikel in der Mitarbeiterzeitschrift, Präsentationen und Foren hilfreich sein. Das Tal der Tränen wartet bereits auf Sie und Ihre Kollegen, seien Sie sich dessen bewusst. Halten Sie durch, gehen Sie immer den nächsten Schritt, auch wenn die Herausforderungen stetig steigen. Bleiben Sie dran und setzen Sie die Lean Roadmap in die Realität um. Passen Sie diese jährlich den neuen Gegebenheiten und dem Lean-Reifegrad an.

Darüber sollten Sie nachdenken:
- Sind die Führungsverantwortlichen in Change Management befähigt?
- Wie hoch schätzen Sie Veränderungsbedarf, -fähigkeit und -bereitschaft in Ihrem Unternehmen?
- Welche Maßnahmen sind zur Erhöhung dieser drei Faktoren notwendig und sinnvoll?
- Welche Herausforderungen sind zu erwarten?
- Werden Veränderungen vorgängig umfassend analysiert und beschrieben?

7.9 Zusammenfassung Change Management

- Besteht eine hohe Transparenz bezüglich des Handlungsbedarfs?
- Werden Sinn und Ziele von Veränderungsprojekten jeweils klar und transparent kommuniziert?
- Sind die Führungskräfte in Ihrer Firma die treibende Kraft der Veränderungen?
- Wer sind die Zugpferde in Ihrem Unternehmen?
- Wer gehört zur aktiven Gruppe?
- Erhalten die Betroffenen genügend Zeit und Kompetenzen für die selbstständige Weiterentwicklung?
- Bei welchen Mitarbeitenden sind Ablehnung oder Zurückhaltung zu erwarten?
- Werden die betroffenen Mitarbeitenden immer genügend miteingebunden und begleitet?
- Sind die Projektinhalte angemessen und die Verantwortlichkeiten in den Veränderungsprojekten klar geregelt?
- Sind Sie angemessen wissenschaftlich, aber auch pragmatisch und schnell in der Umsetzung?
- Werden die Erfolge wertgeschätzt und die Ergebnisse offen kommuniziert?
- Welche der zehn häufigsten Fehler treffen in Ihrem Unternehmen zu?
- Was können und müssen Sie noch besser machen?

Das sollten Sie tun:

- Entwickeln Sie vorgängig ein Kommunikationskonzept.
- Schaffen Sie Transparenz bezüglich Sinn, Ziel, Fortschritt und Herausforderungen.
- Erteilen Sie klare, möglichst unmissverständliche Aufträge.
- Sorgen Sie für angemessene Inhalte der Projekte.
- Stellen Sie die notwendige Zeit für die Veränderung zur Verfügung.
- Vertrauen Sie den Projektmitgliedern.
- Vermitteln Sie Sicherheit und Zuversicht.
- Schulen Sie die Projektleitungen und Führungskräfte in Change Management.
- Setzen Sie die ersten Verbesserungen schnell und unkompliziert um.
- Feiern Sie die Erfolge. Zeigen Sie damit Wertschätzung gegenüber den Umsetzern und reduzieren Sie die Ängste von den anderen Mitarbeitenden.
- Leiten Sie aus erfolgreich umgesetzten Verbesserungen neue Standards ab.

08 Kaizen

Fragen, die in diesem Kapitel beantwortet werden:

- Was sind die Grundlagen der kontinuierlichen Verbesserung?
- Was ist der Unterschied zwischen Kaizen und Kaikaku?
- Was sind die Erfolgsfaktoren für eine Verbesserungskultur?
- Was bringt ein fester Verbesserungsrhythmus?
- Was heißt Yokoten und warum ist es wichtig?
- Welche Belohnung ist empfehlenswert für umgesetzte Verbesserungen?

8.1 Grundlagen der kontinuierlichen Verbesserung

Die japanischen Schriftzeichen Kai und Zen heißen übersetzt: Veränderung zum Besseren. Es geht um die kontinuierliche Veränderung und Verbesserung. Kaizen ist nicht nur eine Methode, sondern eine Denkweise.

改善

Bild 8.1 Japanische Schriftzeichen für Kaizen

In Europa kennt man Kaizen vor allem unter dem Begriff »kontinuierliche Verbesserung«. Durch das Buch »Kaizen: The Key to Japan's Competitive Success« von Masaaki Imai wurde Kaizen international bekannt.

Die Fähigkeit, sich an die Umgebung und ihre Bedingungen anzupassen, ist eine menschliche Eigenschaft, die für das Überleben wichtig ist. Dies erschwert aber die Veränderungen, denn sich an die Umgebung anpassen, heißt, sie als »normal« anzusehen. In vielen Fällen glauben wir sogar, dass wir die Sachen »so tun müssen«. Hierbei kann eine kritische Reflexion hilfreich sein. Der japanische Begriff Hansei bedeutet: Selbstkritik, Selbstprüfung, Nachdenken, über sich selbst oder Reflexion. Es geht nicht darum alles schlecht zu reden, aber sich selber Fehler einzugestehen und diese genauer zu analysieren, um sich zu verbessern und die Fehler nicht zu wiederholen. Dies erfordert viel Selbstdisziplin, denn in westlichen Kulturen beschäftigen wir uns viel lieber mit den erreichten Erfolgen. Hansei führt also zu einer persönlichen Entwicklung durch kritische Reflexion und individuellen Verbesserungen. Dabei werden Fehler und Schwächen analysiert, die Ursachen identifiziert und Strategien entwickelt, um zukünftig das daraus Gelernte anzuwenden. Dies führt zu Verbesserungen der persönlichen Arbeitsweise und der Prozesse.

Wie kann etwas im Unternehmen besser werden? Durch eine Veränderung. Was ist das Gegenteil von Erfolg? Nichts tun. Wenn Sie etwas verändern, erhalten Sie daraus zwei Chancen: Entweder es wird besser oder Sie lernen etwas dazu. Wenn Sie jedoch nichts tun, erhalten sie dadurch nichts. Im Zusammenhang mit Kaizen kann gesagt werden: Veränderung ist gut. Denken Sie daran: Der heutige Zustand ist der denkbar schlechteste. Oder wie es Henry Ford erklärt hat: »*Alles kann immer noch besser gemacht werden, als es gemacht wird.*« Haben Sie Mut! Verändern Sie etwas! Verbessern und lernen Sie täglich! Keine Ausreden mehr. »*Du bist schlau genug, um Ausreden zu finden. Benutze jetzt deine Schläue zum Handeln.*« Taiichi Ohno.

> ✓ Wann ist der beste Zeitpunkt? Jetzt! Schreiben Sie jetzt Ihre persönlichen Verbesserungsideen auf. Priorisieren Sie diese anschließend unter Berücksichtigung von Aufwand und Nutzen. Setzen Sie kleine Verbesserungen innerhalb der nächsten 72 Stunden um. Dokumentieren sie die Ergebnisse der Verbesserung und präsentieren Sie diese den Führungskräften mittels Vorher-/Nachher-Übersichten. Zeigen

Sie damit allen auf, was innerhalb von drei Tagen erreicht werden kann. Sie werden möglicherweise selber erstaunt sein, was alles innerhalb von sehr kurzer Zeit realisiert werden kann. Im Anschluss stellen Sie sich vor, was passieren würde, wenn alle Mitarbeitenden des Unternehmens eine gleichwertige Verbesserung innerhalb von 72 Stunden umsetzen würden. Die Summe würde eine unglaublich hohe Verbesserungsleistung erbringen! Begeistern Sie daher ihre Kollegen, ihrem guten Beispiel zu folgen und ebenfalls kleine Verbesserungen innerhalb von 72 Stunden umzusetzen sowie die Ergebnisse anschließend zu präsentieren. Sammeln Sie die Resultate und zeigen Sie diese der gesamten Mannschaft auf. In sehr kurzer Zeit kann sehr viel erreicht werden und das sollten alle erfahren.

8.1.1 Kaikaku und Kaizen

Zwischen den radikalen Veränderungsprojekten (Kaikaku) soll das Erreichte mit Kaizen weiterentwickelt werden. Neben den betriebswirtschaftlichen Aspekten führt Kaizen durch die kontinuierlichen Verbesserungen zur Erhöhung der Kunden- und Mitarbeiterzufriedenheit.

Kontinuierliche Verbesserung ist eine ungenügende Definition von Kaizen. Es beschreibt die

Bild 8.2 Kaikaku und Kaizen

notwendige Denkhaltung, Disziplin und das Commitment unzureichend. Masaaki Imai beschreibt Kaizen als: Everyday, everybody, everywhere improvement. Verbesserungen sollen also täglich auf allen Hierarchiestufen durch alle Mitarbeitenden in allen Bereichen umgesetzt werden. Es geht also um eine unternehmensweite Verbesserungskultur und nicht um einige wenige Verbesserungsvorschläge von einem Teil der Mitarbeitenden.

Mehr dazu im Youtube-Video von Masaaki Imai: https://www.youtube.com/watch?v=WqKMlRJUAJk

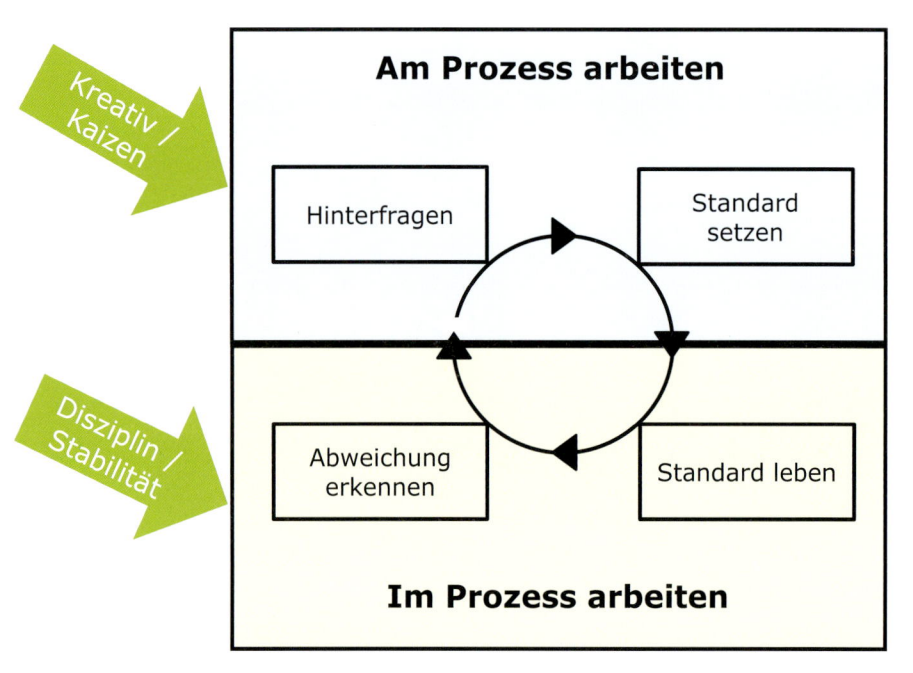

8.1.2 Unterschied von Kaizen zu Alltagsaufgaben

Mit Kaizen hinterfragen Sie die vorhandenen Standards, verbessern und entwickeln diese weiter. Danach halten Sie den Standard tagtäglich ein und erkennen Abweichungen, also Verbesserungspotenziale. Arbeiten Sie am oder im Prozess?

Bild 8.3 Arbeiten Sie am oder im Prozess?

8.2 Erfolgsfaktoren für eine Verbesserungskultur

Je nach Unternehmenskultur und Reifegrad gibt es zahlreiche unterschiedliche Erfolgsfaktoren. Hier einige der wichtigsten:

8.2.1 Die Führungskräfte müssen es vorleben

Gehen Sie selber als gutes Beispiel voran. Setzen Sie herausfordernde Ziele und stellen Sie die notwendigen Ressourcen für die Verbesserungen zur Verfügung. Befähigen und begleiten Sie Ihre Mitarbeitenden. Loben Sie die Angestellten für die realisierten Verbesserungen und fragen Sie nach den nächsten Schritten. Wenn die Ziele erreicht sind, setzen Sie neue.

Bild 8.4 Leadership – die Führungskräfte sind wichtige Erfolgsfaktoren

8.2.2 Fester Verbesserungsrhythmus

Trainieren Sie die Veränderungsfähigkeit in einem kurzzyklischen Rhythmus. In einem Büro kann es zum Beispiel sinnvoll sein, täglich eine Stunde Verbesserungen umzusetzen. Diese hohe Frequenz lässt Kaizen wortwörtlich zu etwas alltäglichen werden. Veränderungen sind dann normal und kein großes Jahresevent für einige Auserwählte.

Einige vorbildliche Unternehmen setzen an jedem zehnten Arbeitstag mit der gesamten Belegschaft Verbesserungen um. Verbesserungsvor-

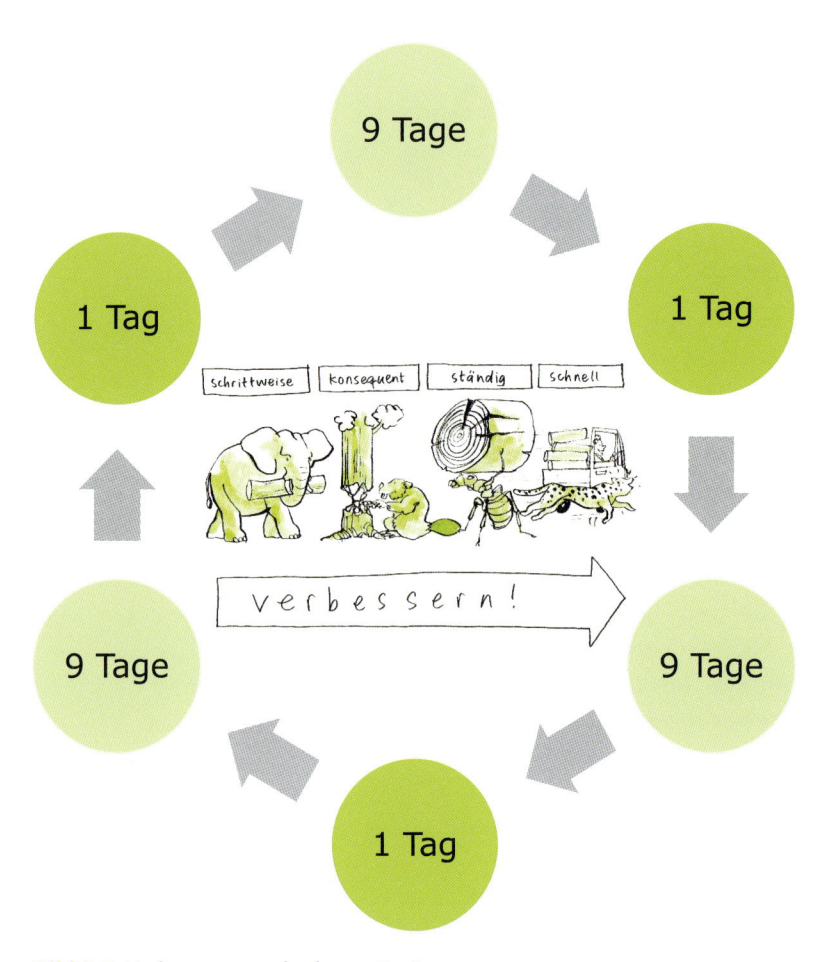

Bild 8.5 Verbesserungsrhythmus 9 + 1

schläge von Abweichungen, Problemen und Ideen werden gesammelt und priorisiert. Die Gewichtigsten werden am zehnten Arbeitstag realisiert. Das heißt, diese Firma hat einen Verbesserungsrhythmus von 9 + 1.

Dies mag zu herausfordernd sein für Ihre aktuelle Ausgangslage, aber einen Verbesserungsrhythmus festzulegen, bringt einige Vorteile, wie zum Beispiel:
- Die Ausrede: »Wir haben keine Zeit« wird verhindert.
- Die Ressourcen können eingeplant werden.
- Es entsteht ein Teamspirit.
- Verbesserungen werden zu einem fixen Bestandteil der Arbeit.

Es muss nicht unbedingt die gesamte Firma am selben Tag die Verbesserungen umsetzen. Die Frequenz darf durchaus je Bereich unterschiedlich sein. Vielleicht starten Sie mit vier Verbesserungstagen pro Jahr. Eine hohe Aufmerksamkeit des Managements ist dabei ratsam, denn die Verbesserungsaktivitäten sollen im gesamten Unternehmen eine hohe Priorität haben. Lassen Sie sich nicht täuschen, die Vorbereitung und Begleitung von den Kaizen-Workshops ist außerordentlich wichtig. Ansonsten besteht die Gefahr, dass der Kaffeekonsum steigt und die Verbesserungsleistung nur durchschnittlich ausfällt. Oder die Motivation fällt aufgrund der fehlenden Wertschätzung. Je nach Organisation, Kultur und Reifegrad kann die Priorisierung und Auswahl durch den Vorgesetzten oder direkt durch das betroffene Team erfolgen. Entweder die Auftragsübergabe erfolgt durch den Chef oder die Chefin in einem kurzen Meeting oder das Team startet selbstständig. Es ist sehr wichtig, dass die Ergebnisse der Verbesserungen zum Abschluss des Workshops präsentiert werden. Die Führungskräfte kennen dadurch die Fortschritte, können Lob aussprechen und die betroffenen Mitarbeitenden sind informiert. Wenn Sie den Kaizen-Workshops eine höhere Wertigkeit verleihen möchten, dann laden Sie jeweils die Geschäftsleitung oder zumindest mehrere Führungskräfte zu den Abschlusspräsentationen ein. Ja klar, Sie haben keine Zeit dafür. Sind Sie sicher oder ist es eine Ausrede und die Verbesserungen haben bei Ihnen zweite Priorität?

Bild 8.6 Keine Zeit als Ausrede

Lean Story: Kaizen

Ich war bei einem Kunden, der bereits vor über zwölf Jahren Kaizen im gesamten Unternehmen eingeführt hat. Kaizen war als fester Verbesserungsrhythmus mit klaren Prozessen und Verantwortlichkeiten implementiert. Zu Beginn der Einführung konnte die Firma einen umgesetzten Verbesserungsvorschlag pro Mitarbeiter und Jahr verzeichnen. Zwölf Jahre später waren es pro Mitarbeitenden bereits rund 20 umgesetzte Verbesserungsvorschläge pro Jahr. Bei einer Unternehmensgröße von rund 200 Mitarbeitenden waren dies also über 4000 realisierte Kaizen pro Jahr. Was für eine respektable Leistung! Die Hürde für einen Verbesserungsvorschlag war tief und der administrative Aufwand gering. Die Verbesserungskultur war spürbar im gesamten Unternehmen und die Ergebnisse wurden transparent intern veröffentlicht. Soweit alles vorbildlich. Durch den starken Fokus auf Kaizen wurde zu wenig auf Kaikaku geachtet. Das heißt, dass leider zu wenige, radikale Veränderungen umgesetzt wurden. Und wenn doch, waren dies meistens technologisch getriebene Projekte. Zum Beispiel blieben der Gesamtfluss und auch die Chancen durch die Führung mit Shopfloor Management unbeachtet. Damit wurden erhebliche Potenziale vergeben! Achten Sie auf viele umgesetzte Kaizen, aber führen Sie auch Kaikaku durch.

Besteht bereits ein Verbesserungsrhythmus in Ihrem Unternehmen?

Welche Chancen und Gefahren bestehen bei der Implementierung eines Kaizen-Rhythmus?

8.2.3 Transparenz der Vorschläge und Ergebnisse

Visualisieren Sie die Verbesserungsvorschläge, die Fortschritte und Ergebnisse zum Beispiel auf

Bild 8.7 Kaizen-Board

einem Kaizen-Board. Die hohe Transparenz fördert die Umsetzung und Wertschätzung.

8.2.4 Schnelle, unbürokratische Umsetzung

Wenn Sie einen komplexen oder bürokratischen Prozess entwickeln, werden Sie nur wenige Verbesserungsvorschläge erhalten. Zum Beispiel: Die Verbesserungsvorschläge werden zentral gesammelt und von einem Gremium bewertet. Anschließend erhalten die Ideengeber ein Feedback. Klingt doch sinnvoll, oder? In den meisten Fällen dauert dieser Prozess viel zu lange und ist durch formelle Hürden unattraktiv. Besser wäre, den Vorgesetzten und ihren Teams bis zu einem begrenzten Betrag die Entscheidungskompetenz vor Ort zu geben. Vertrauen Sie Ihren Angestellten! Empfehlenswert ist, wenn ca. 80 % der Verbesserungsvorschläge im eigenen Bereich umgesetzt werden können und nur ca. 20 % andere Bereiche betreffen.

Bild 8.8 Umgang mit Verbesserungen heute

> **Lean Story: Unbürokratische Umsetzung**
>
> Während eines Workshops in einem großen Konzern kam der CEO und Mehrheitsaktionär unangemeldet in das Sitzungszimmer. Er habe etwas Zeit zwischen zwei Meetings und gehört, dass wir an einem spannenden Verbesserungsprojekt arbeiten. Er sei interessiert und würde gerne mehr darüber erfahren. Nach einer kurzen Präsentation der bisherigen Erkenntnisse und Fortschritte, hat er mit der Faust auf den Tisch geschlagen und laut, mit einem ernsthaften Gesichtsausdruck verdeutlicht: »Wissen Sie eigentlich, dass Sie 20 % meines Geldes zum Fenster hinauswerfen?« Es wurde totenstill im Raum. Alle waren wie erstarrt und niemand traute sich noch etwas zu sagen. Dann begann er zu lächeln und verkündete mit einer zufriedenen Mimik: »Machen Sie weiter so, denn mit den anderen 80 % verdiene ich sehr viel Geld. Wenn ich Sie für jeden Bleistift um einen Investitionsantrag ersuche, dann hören Sie auf zu schreiben. Jede Führungskraft, auch die unterste, soll Ideen die bis maximal CHF 1000,– kosten, sofort umsetzen. Diese Mitarbeitenden sind bei uns Führungskräfte, weil wir ihnen vertrauen. Wenn Sie also von etwas überzeugt sind, dann vertraue ich Ihnen, dass es sinnvoll ist. Und wenn es nicht klappt, dann haben Sie etwas Wertvolles dabei gelernt!« Motivieren anstatt Beschneiden: Bei rund 10 % der Ideen erfolgt keine oder nur eine geringe Wertsteigerung für das Unternehmen. Aber werden diese unterdrückt, kommen keine weiteren Verbesserungsvorschläge mehr und die restlichen 90 % der Ideen, welche die Wertschöpfung gesteigert und Verschwendung minimiert hätten, fallen weg.

8.2.5 Miteinbezug der Mitarbeitenden

Problem: Der Vorschlag kommt fast nie zur Umsetzung oder die Betroffenen werden in der Lösungserarbeitung zu wenig miteinbezogen. Ergebnis: Frustrierte Arbeitnehmer, die keine Vorschläge mehr machen. Dabei sind die Mitarbeitenden vor Ort die Experten an ihrem Arbeitsplatz. Die Problemlösung am Ort des Geschehens ist schneller und realitätsbezogener. Nutzen Sie das vorhandene Potenzial. Nebst der erhöhten Motivation, lernen die betroffenen Angestellten dazu und können sich weiterentwickeln. Setzen Sie großen Wert auf Teamarbeit. Nicht der Einsatz der Lean Tools macht aus Ihrer Organisation eine Lean Company, sondern die Menschen, die diese Methoden anwenden. Vertrauen Sie Ihren Mitarbeitenden, geben Sie ihnen Zeit, Ressourcen und die Power für die Weiterentwicklung der Prozesse und Organisationseinheiten. Begleiten Sie die Veränderungen, geben Sie Ziele vor, überprüfen Sie den Fortschritt und loben Sie das Team für die erreichten Ergebnisse.

8.3 Yokoten – zur lernenden Organisation werden

Bei jeder Problemlösung können wir lernen, was funktioniert und was nicht. Bei Yokoten geht es um die Dokumentation und Verteilung des Gelernten. Man könnte also sagen, es handelt sich um das »Teilen von guten Ideen«. Aus erfolgreich umgesetzten Verbesserungen sollten Standards erfolgen, welche mit Yokoten im gesamten Unternehmen verbreitet werden. Dabei geht es nicht nur um das Kopieren von guten Ideen, sondern um das Nachdenken, Adaptieren und Verbessern von guten Lösungen im eigenen Bereich. Damit wird das Unternehmen zu einer lernenden Organisation. Eigentlich müsste es Yokotenkai heißen, aber die Kurzform hat sich allgemein verbreitet. Yoko heißt: Breite, horizontal und tenkai bedeutet: Entwicklung, Entfaltung, Ausbreitung.

Bild 8.9 Problemlösung vor Ort

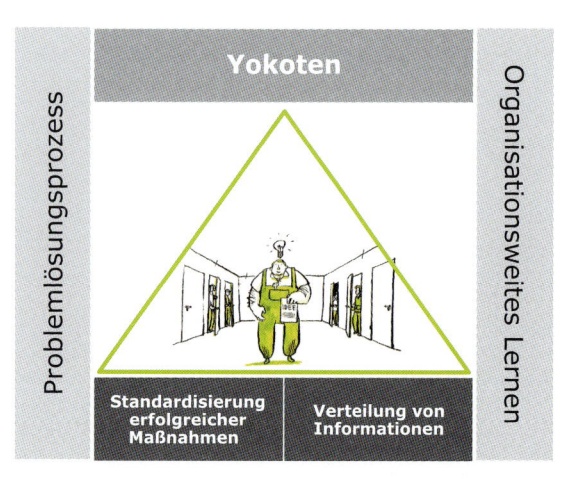

Bild 8.10 Mit Yokoten zur lernenden Organisation

anderen in Wirklichkeit nicht besser. In diesem Fall konnten sie von den Besuchern lernen. So oder so, der Austausch hat die besten Ideen in andere Standorte getragen. »Copy, but don't copy«, war eine seiner Weisheiten. Man soll kopieren, aber nicht kopieren. Nicht zu kopieren wäre arrogant und ignorant, aber eine hundertprozentige Kopie ist ungeeignet und einfallslos. Sie sollten die guten Ideen kopieren und verbessern.

Lean Story: Yokoten

Ich war in einem großen Konzern tätig mit Standorten in Europa, den USA und Asien. »Geht zum anderen Standort, die machen es weitaus besser«, hat uns der damalige japanische Mentor aufgefordert. Er hat uns scharf kritisiert und uns zum gegenseitigen Lernen forciert. Manchmal waren die

Werden aus den Verbesserungen jeweils neue Standards abgeleitet?

Was wäre notwendig, um diese Situation zu verbessern?

Erarbeiten Sie ein möglichst einfaches Konzept, probieren Sie es aus und entwickeln Sie es stetig weiter.

8.4 Belohnung und Verbesserungskultur

Wenn Sie bereits ein Belohnungssystem für Verbesserungsvorschläge eingeführt haben, wird es schwierig, dieses zu ändern. Falls Sie noch keine Prämien für Verbesserungsideen auszahlen, aber es vorhaben, dann nehmen Sie sich Zeit für die Entwicklung eines Incentivierungssystems. Es gibt massenhaft Argumente dafür und dagegen. Warum führen Unternehmen Belohnungen für Verbesserungsanregungen ein? In den meisten Fällen soll der Verbesserungsprozess attraktiver werden, damit mehr Vorschläge eingereicht werden. Passen Sie auf, dass Sie keine falschen Anreize setzen. Monetäre Anerkennungen haben meistens nur eine kurzfristige Wirkung und sind oft bei der Entwicklung einer Verbesserungskultur nicht hilfreich. Denn es besteht die Gefahr, dass der Bonus im Fokus steht und nicht die gemeinsame Weiterentwicklung. Gier, Neid und Eifersucht können weitere negative Folgen sein, vor allem wenn einzelne Personen belohnt werden. Wie können Sie also mehr Verbesserungsvorschläge erhalten, ohne Vergütungen zu bezahlen? Indem Sie eine Verbesserungskultur entwickeln. Wie das geht? Dazu später mehr in diesem Buch. Wenn Sie dennoch ein Prämiensystem einführen möchten, dann ist die Belohnung von Teams ratsamer als von Einzelpersonen. Durch Lob, Anerkennung und Würdigung werden Sie in der Regel mehr erreichen als mit anderen Anreizen.

> **Lean Story: Prämie**
>
> Zu Beginn meiner beruflichen Karriere habe ich in einem Unternehmen gearbeitet, wo 1% der realisierten Einsparungen an den Ideengeber ausbezahlt wurde. Eine tolle Sache, könnte man meinen. Wie sah die Realität aus? Ein CNC-Programmierer hat in seinem Verbesserungsvorschlag empfohlen, das Programm anzupassen, um die Bearbeitungszeit auf der Maschine zu senken. Sein Vorgesetzter hat die Prämie abgelehnt, denn es sei die tägliche Aufgabe des CNC-Programmierers, solche Verbesserungen umzusetzen. Er werde doch keinen Bonus dafür auszahlen, dass er seinen Job ausführe. Alles korrekt soweit. Was hat der CNC-Programmierer gemacht? Die nächste Idee hat er einem Arbeitskollegen gesteckt und sie haben sich die darauffolgende Belohnung geteilt. Was war das Ziel der Verbesserung? Die eigene Bereicherung. Im Fokus stand die monetäre Belohnung und nicht die Verbesserung für das Team oder für das Unternehmen. So entsteht keine Verbesserungskultur.

8.5 Zusammenfassung von Kaizen

Vergessen Sie die Briefkästen und die Gestaltung von tollen Kaizen-Karten. Das ist banal und zweitranging. Überlegen Sie sich stattdessen, wie Sie eine Verbesserungskultur entwickeln können. Machen Sie die Vorschläge und Ergebnisse transparent, informieren Sie über die Resultate, feiern Sie die Verbesserungen, loben und würdigen Sie die Ideengeber und Umsetzer. Schnelle Umsetzung, ein einfacher Prozess, tiefe Hürden, Zeit und Ressourcen zur Verfügung stellen und die Mitarbeitenden miteinbeziehen sind wichtige Erfolgsfaktoren. Dabei ist die Führungskraft gefragt! Die Vorgesetzten müssen es selber vorleben und die Prioritäten richtig setzen. Ein Verbesserungsrhythmus kann dabei hilfreich sein.

Die Umsetzung steht im Vordergrund! Erkannte Verbesserungspotenziale sollen möglichst zeitnah angegangen werden. Es ist besser 60 % sofort umzusetzen als 100 % nie. Seien Sie mutig und kreativ, machen Sie immer wieder den nächsten Schritt. »Learning by doing« – auf allen Ebenen, Entwicklung von Standards und unternehmensweites Lernen durch Yokoten sind wichtige Kernelemente. Fokussieren Sie sich auf die 20 % der Verbesserungspotenziale, die 80 % vom Nutzen ausmachen. Wenden Sie die 20/80-Regel bei kleineren, mittleren und großen Potenzialen an.

Betreiben Sie nicht nur Kaizen, sondern auch Kaikaku, also die sprunghafte, radikale Veränderungen, um große Innovations- und Verbesserungssprünge zu realisieren. Entwickeln Sie das Erreichte bis zum nächsten Kaikaku mit Kaizen weiter.

8.5.1 Entscheidend ist die Denkweise

- Wir können die Vergangenheit nicht verändern, aber die Zukunft.
- Seien Sie bereit, Ihr Denken und Handeln infrage zu stellen.
- Akzeptieren Sie den Ist-Zustand nicht als »gut«, sondern als stark verbesserbarer Zwischenstand auf dem Weg zu einem höheren Lean-Reifegrad.
- Seien Sie kreativ und überlegen Sie sich, wie es gehen könnte, anstatt warum es nicht geht.

- Keine Ausreden!
- Keine Schuldzuweisungen!
- Lächeln Sie! Erfreuen Sie sich an den Verbesserungen! Lächeln Sie nicht WEIL, sondern DAMIT Sie glücklich sind. Probieren Sie es aus! Es wird Ihre Einstellung verändern.

8.5.2 Wer ernten will, muss zuerst säen

Verbessern Sie, auch wenn dafür Überstunden anfallen (säen). Die umgesetzten Maßnahmen führen schlussendlich zu einem Abbau der Überstunden (ernten).

Bild 8.11 Wer ernten will, muss säen

Darüber sollten Sie nachdenken:

- Besteht ein unendlicher Drang nach Verbesserung in Ihrem Unternehmen?
- Setzen alle Mitarbeitenden in allen Bereichen und Hierarchiestufen täglich Verbesserungen um?
- Besteht eine Verbesserungskultur mit hohem Respekt für die Menschen?
- Leben die Führungskräfte Kaizen vor und unterstützen die Mitarbeitenden bei der Umsetzung davon?
- Besteht ein fester Verbesserungsrhythmus in Ihrer Firma? Was wären die Vor- und Nachteile sowie Herausforderungen? Welcher Rhythmus und welche Organisation wären sinnvoll?
- Besteht bei Ihnen eine schnelle und unbürokratische Umsetzung von Verbesserungen?
- Werden die betroffenen Mitarbeitenden in der Lösungsfindung und Umsetzung genügend miteinbezogen?
- Werden aus erfolgreich umgesetzten Verbesserungen, neue Standards für das Unternehmen entwickelt und ausgerollt?
- Besteht ein Prämierungssystem für umgesetzte Verbesserungen? Was wären die Vor- und Nachteile davon? Welche Honorierung ist in Ihrem Umfeld geeignet?
- Wird unendlich diskutiert oder viel umgesetzt? Wird mehr Energie in die Lösungsfindung oder in die Rechtfertigung investiert?

Das sollten Sie tun:

- Schulen Sie die Führungskräfte und Mitarbeitenden in Kaizen.
- Entwickeln Sie Führungskräfte, die es vorleben.
- Führen Sie einen festen Verbesserungsrhythmus ein. Erstellen Sie dafür eine Agenda, sammeln Sie die möglichen Themen und probieren Sie es aus. Verbessern Sie die Workshops und passen Sie die Agenda jeweils an.
- Sorgen Sie dafür, dass erfolgreich umgesetzte Verbesserungen zu neuen Unternehmensstandards werden.
- Überlegen Sie sich, wie Sie die maximale Wertschätzung gegenüber den Umsetzern zeigen können, möglichst ohne monetäre Belohnungen.
- Eliminieren Sie Ausreden, Rechtfertigungen und Schuldzuweisungen.
- Machen Sie die Erfolge transparent und streben Sie immer höhere Ziele an.

TEIL III

Der Weg zur Lean Company

09 Just-in-time

Eines der Hauptelemente im Toyota-Produktions-System (TPS) ist der Just-in-time-Ansatz. Just-in-time (JIT) heißt: Das richtige Teil, in der richtigen Qualität, zum richtigen Zeitpunkt, in der richtigen Menge, am richtigen Ort zu produzieren und zu liefern. Dies lässt sich in einer Massenfertigung sowie in einer Einzelstück-Manufaktur umsetzen. Auch in der Projektfertigung, in der jeweils Unikate hergestellt werden, gibt es wiederkehrende Muster von Prozessen und Teilprodukten. Es sind sicherlich andere Herausforderungen, aber die meisten Methoden lassen sich, leicht adaptiert, bei allen Volumen anwenden. Die Einführung erfolgt meistens über mehrere Jahre in stufenweisen Veränderungen.

Die vier Grundprinzipien von Just-in-time

Es führen viele Wege nach Rom, aber die Implementierungsreihenfolge der vier Grundprinzipien kann als Weg nach Süden bezeichnet werden. Es dient als Orientierung und roter Faden. Es kann zweifellos Sinn machen, die Reihenfolge dem Niveau und den aktuellen Herausforderungen im eigenen Unternehmen anzupassen. Im Zentrum und begleitend in allen Phasen ist die Kulturentwicklung. Es ist vorteilhaft mit den Grundprinzipien zu starten und daraus die Kultur zu entwickeln. Die umgekehrte Reihenfolge, also zuerst die Verhaltens- und Deckmuster entwickeln und erst dann die Grundprinzipien anzugehen, ist unpraktisch. Der Reifegrad Ihrer Organisation wächst mit jeder realisierten Verbesserung.

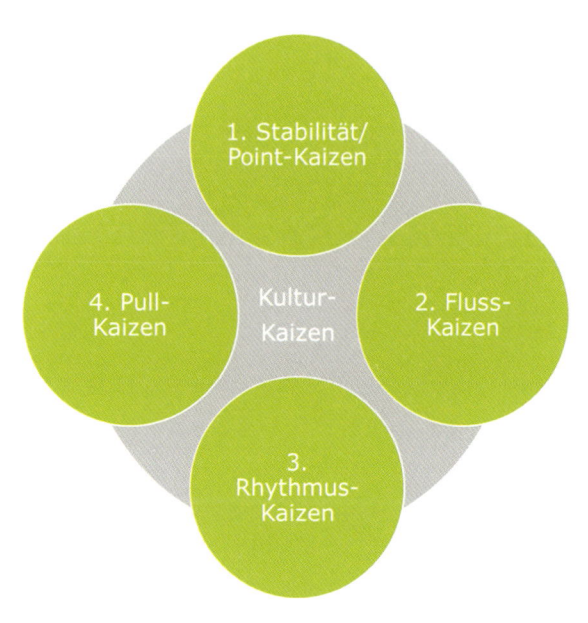

Bild 9.1 Die Grundprinzipien von Just-in-time

10 Point-Kaizen und Stabilität

10 Point-Kaizen und Stabilität

Fragen, die in diesem Kapitel beantwortet werden:

- Welche Tools und Methoden beinhaltet Point-Kaizen?
- Was ist 5S? Wie setze ich es um?
- Was sind die 10 Gründe für 5S und welches sind die 10 häufigsten Fehler bei der Umsetzung von Ordnung und Sauberkeit mit 5S?
- Welches Vorgehen hat sich zur Rüstzeitreduktion bewährt? Was sind die Inhalte der acht Schritte mit SMED zur Verkürzung der Rüstzeiten?
- Welche Gründe gibt es für große Fertigungsaufträge?
- Wie berechne ich die optimale Losgröße?
- Wieso sind kurze Rüstzeiten und kleine Losgrößen so wichtig?
- Was ist der Sinn von Poka-Yoke und Jidoka?
- Was beinhaltet Standardisierung und weshalb sollte ihr Unternehmen es umsetzen?

Wenn Sie nicht bereits Lean auf hohem Niveau eingeführt haben, dann werden Ihre einzelnen Prozesse höchstwahrscheinlich instabil sein. Instabilität ist das Ergebnis von variablen Prozessabläufen. Häufige Verwendung der Wörter: Üblicherweise, grundsätzlich, normalerweise, typischerweise, im Allgemeinen, meistens usw. sind Indizien für instabile, nicht standardisierte Prozesse. Wir können nicht verbessern, was nicht stabil ist. Möglichst störungsfreie Prozesse sind eine wichtige Grundlage für die weiterführenden Verbesserungen im Unternehmen. Sie bilden sozusagen das Fundament. Viele Methoden zur Erhöhung der Stabilität sind sogenannte Point-Kaizen, denn sie können lokal, unabhängig von anderen Bereichen im Unternehmen umgesetzt werden. Selbstverständlich führen auch Fluss-, Rhythmus-, Pull- und Kultur-Kaizen zu mehr Stabilität in den Prozessen und der Organisation. In diesem Abschnitt sind einige wichtige Tools und Methoden für Point-Kaizen beschrieben, welche alle einen hohen Einfluss auf die Prozesssicherheit haben. Die Aufzählung ist bei Weitem nicht komplett. Der Fokus ist bewusst auf den am häufigsten angewendeten Methoden gesetzt.

Aber Achtung: Mit Point-Kaizen setzen Sie Verbesserungen losgelöst vom Prozessfluss um. Die ganzheitliche Betrachtung fehlt, daher kann die Wirkung für das gesamte Unternehmen gering sein. Es ist ein wichtiges und wertvolles Fundament für weiterführende Verbesserungen. Bleiben Sie nach diesen Verbesserungen nicht stehen! Packen Sie immer die nächsthöhere Herausforderung an.

Häufige Methoden für Point-Kaizen und Stabilität sind:
- 5S
- SMED
- Poka-Yoke
- Jidoka
- Standardisierung.

10.1 5S – mehr als nur aufräumen und sauber machen

5S ist wohl eine der bekanntesten Lean-Methoden. Es handelt sich um eine systematische Vorgehensweise, die in fünf Schritten zu effizienten Prozessen durch Ordnung, Sauberkeit und Standardisierung führt. 5S bezeichnet Abkürzungen von fünf japanischen Begriffen, die mit dem Buchstaben »S« beginnen. Diese wurden so in die deutsche Sprache übersetzt, dass die Worte ebenfalls mit dem Buchstaben »S« beginnen und der gleiche Sinn des Begriffs umschrieben wird. Das methodische Vorangehen basiert auf einem sich stetig wiederholenden Kreislauf und ist nie abgeschlossen. Die Methode 5S wird sehr oft missinterpretiert und falsch oder oberflächlich angewendet. Es geht nicht um gut aussehende Arbeitsplätze (schöner Wohnen). Es handelt sich auch nicht um eine Aufräumaktion, sondern um eine systematische Erhöhung der Produktivität und Qualität durch verbesserte Arbeitsplätze und Bereiche.

10.1 5S – mehr als nur aufräumen und sauber machen

Download: Übersicht der fünf Schritte des 5S in der Produktion

💡 Setzen Sie die Verbesserungen immer gemeinsam mit den betroffenen Mitarbeitenden um. Wir erinnern uns: Die zweitbeste Lösung des Mitarbeitenden ist besser als die beste Lösung des Chefs, denn die eigene Lösung wird nachhaltig umgesetzt und mit Stolz weiterentwickelt. Erstellen Sie Leuchttürme und kein Flächenbrand. Setzen Sie 5S in einem abgegrenzten Bereich auf einem hohen Niveau um, damit alle anderen Bereiche von den guten Beispielen lernen können. Dies erhöht das Vertrauen (es geht auch bei uns!) und zeigt einen möglichen Weg auf.

Aber Achtung: Machen Sie aus 5S kein isoliertes Programm. 5S ist ein gutes Fundament, um weiterführende Verbesserungen umsetzen zu können. Verharren Sie zu lange an einem Ort, besteht das Risiko, dass Sie dort Wurzeln schlagen. Sehen Sie 5S als Türöffner und wichtigen Wegbegleiter, aber nicht als das einzige Erstrebenswerte.

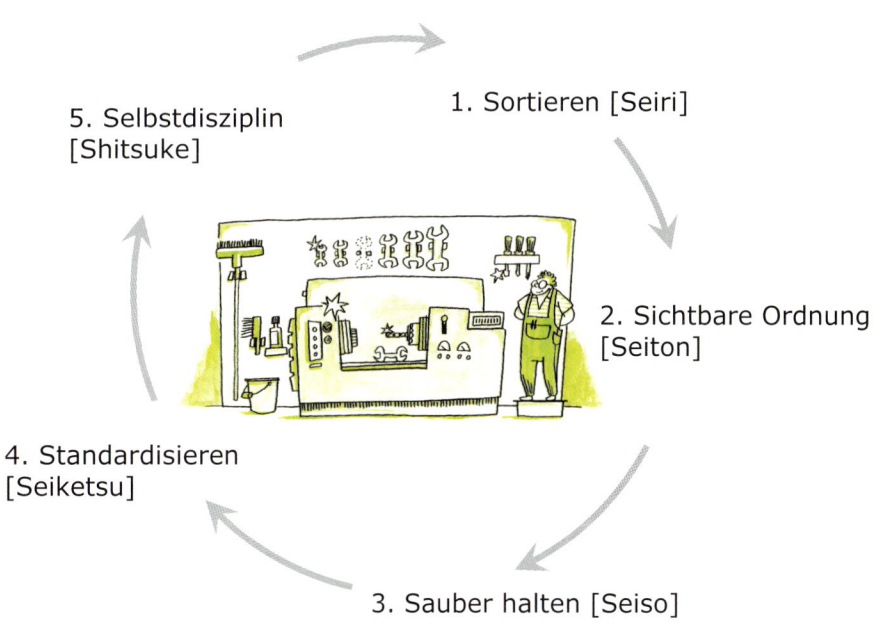

Bild 10.1 Die fünf Schritte zu höherer Produktivität durch Ordnung und Sauberkeit

1. Sortieren [Seiri]
2. Sichtbare Ordnung [Seiton]
3. Sauber halten [Seiso]
4. Standardisieren [Seiketsu]
5. Selbstdisziplin [Shitsuke]

10.1.1 5S – die fünf Schritte zu höherer Produktivität

1.S – Sortieren

In vielen Fachbüchern wird bei diesem Schritt aufgefordert, das Notwendige vom nicht Benötigten zu trennen. Dies umschreibt die Tätigkeiten im Sortieren nicht praxistauglich. Es ist besser, alle vorhandenen Werkzeuge, Vorrichtungen, Hilfs- und Betriebsmittel nach deren Häufigkeit zu sortieren. Sie sollten also nicht fragen: »Brauchst Du das?«, denn dann lautet in den meisten Fällen die Antwort: »Ja, ich brauche das.« Sie sollten fragen: »Wie oft verwendest Du dies?« Anhand der Häufigkeit werden die vorhandenen Dinge dann sortiert.

Dabei haben sich folgende Regeln in der Praxis bewährt:
- Täglich   am Arbeitsplatz
- Wöchentlich   in der Nähe des Arbeitsplatzes
- Monatlich   in der Abteilung/im Bereich/ gleiches Stockwerk
- Seltener   zentral im Werk oder entsorgen/verkaufen

Bild 10.2 Sortieren nach Häufigkeit der Verwendung

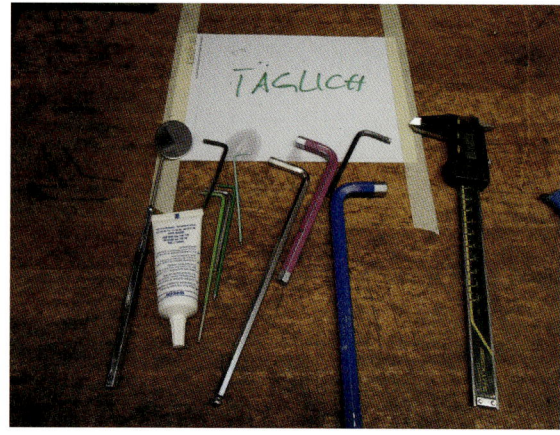

Bild 10.3 Täglich verwendet

Nach Abschluss des Sortierens befinden sich am Arbeitsplatz ausschließlich Materialien und Werkzeuge, die für die aktuelle Arbeit benötigt werden. Erst im zweiten Schritt (2.S) werden die Werkzeuge nach ihrer Häufigkeit neu angeordnet.

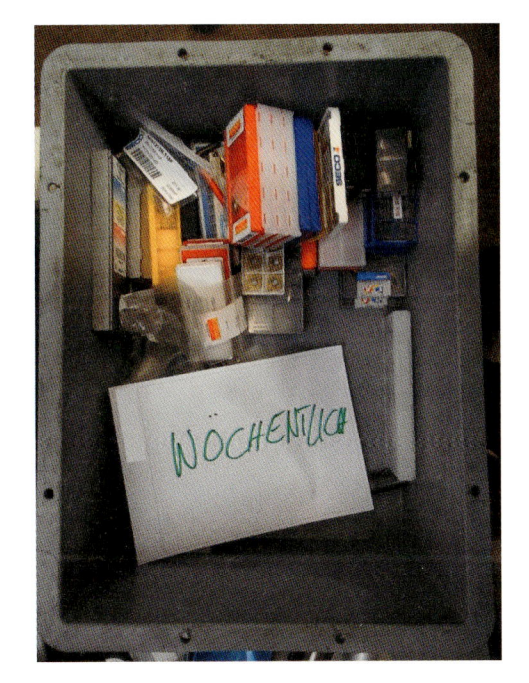

Bild 10.4 Wöchentlich verwendet

Bild 10.5 Monatlich verwendet

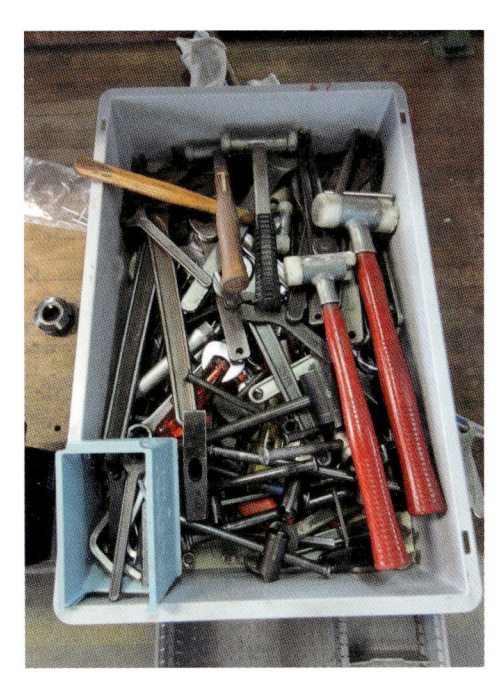

Bild 10.6 Überzähliges

> 💡 Es geht um eine radikale Veränderung des Arbeitssystems. Daher sollten Sie es herzhaft und gründlich angehen. Suchen Sie nicht gezielt nach selten Verwendetem, sondern leeren Sie alle Schubladen, Gestelle und Ablagen komplett aus und sortieren Sie alles neu nach Ihren internen Regeln. Sie werden voraussichtlich überzählige und überflüssige Werkzeuge auffinden, welche sich über die Zeit an einem Arbeitsplatz angesammelt haben. Zum Beispiel werden ganze Werkzeugsätze an den Arbeitsplätzen vorgefunden. Alle Größen von Schraubenziehern, Gabelschlüsseln, Inbus-Schlüsseln usw. sind vorhanden, obwohl nur wenige davon täglich im Einsatz sind. Seien Sie streng und hinterfragen Sie jedes einzelne Ding sehr kritisch.

2.S – Sichtbare Ordnung

Ordnung alleine genügt nicht. Mit der sichtbaren Ordnung ist gemeint, dass jedes Ding seinen Platz hat und dieser entsprechend beschriftet und gekennzeichnet ist. Durch die visuelle Kennzeichnung können fehlende Werkzeuge und Materialien sofort erkannt und ersetzt werden. Je häufiger etwas verwendet wird, desto höher die Priorität in der Umsetzung. Für das täglich verwendete Material gibt es keine Kompromisse. Diese Dinge müssen am »best point«, also am für den Einsatz besten Platz sein. Für den »best point« sind Schubladen, Tablare und Boards oft ungeeignet, da diese meistens ein Kompromiss in den Greifwegen beinhalten. Schubladen sind an den Arbeitsplätzen soweit als möglich zu eliminieren, denn sie führen zu zusätzlichen Bewegungen und reduzierter Transparenz. Wenn etwas entfernt wird, muss für jedermann ersichtlich sein, was fehlt. Dies ist bei Schubladen nicht gegeben. Aus Erfahrung füllen sie sich zudem mit der Zeit wieder. Also ist es empfehlenswert, die Schubladen sehr kritisch zu hinterfragen und an den Arbeitsplätzen soweit als möglich zu eliminieren.

Kennzeichnen Sie Arbeitsbereiche, beschildern und beschriften Sie alle Materialstellplätze,

Regale, Arbeitsplätze, Schränke und Ordner und setzen Sie Bodenmarkierungen für Wege, Stellplätze und Sperrflächen um. Vergeben Sie für sämtliche Lagerorte klare Bezeichnungen sowie Nummerierungen und kennzeichnen Sie diese unmissverständlich. Hier gilt das Motto: »Nenne mir Deine Adresse und ich werde Dich finden! Ohne Adresse wird die Suche lange dauern und der Erfolg ist ungewiss.« Verwenden Sie Farben, Formen, Grafiken, Abbildungen, Tabellen etc. für die Visualisierung. Mit einer guten bildlichen Darstellung lassen sich Abweichungen und Opti-

Bild 10.7 5S in der Produktion

Bild 10.8 Beispiel 1 Best-Point

Bild 10.9
Beispiel 2 Best-Point

Bild 10.10 Beispiel Werkzeuge beschriftet

Bild 10.11 Beispiel Schubladeninhalte beschriftet

Bild 10.12 Beispiel Werkzeuge an der Maschine

mierungsmöglichkeiten sehr schnell und einfach erkennen. Alle diese Maßnahmen führen zu weniger Suchzeiten und zu einer professionelleren Organisation. Auch die Einarbeitung von neuen Mitarbeitenden geht erheblich schneller und einfacher. Diese konsequente Visualisierung ist Teil von »Visual Management«. Dabei geht es darum, Ziele, Standards, Anleitungen, Abweichungen etc. nicht textbasiert, sondern möglichst visuell erkennbar darzustellen. Der Schwerpunkt liegt dabei in der visuellen Kommunikation, welche die Vermittlung und Aufnahme von Informationen signifikant beschleunigt. Daher sind Grafiken, Farben, Symbole, Ampelsysteme, Abbildungen usw. den textlichen Beschreibungen vorzuziehen.

3.S – Sauber halten

Es geht um viel mehr als eine Tiefenreinigung. Ein sauberer Arbeitsplatz unterstützt die hohe Qualität und Produktivität. Mit der Säuberung des Arbeitssystems und der Anlagen, werden Verschmutzungsquellen identifiziert. Diese sollen so gut als möglich eliminiert werden. Das kann durchaus bedingen, zusätzliche Dichtungen, Bleche oder Abstreifer an die Maschinen zu montieren, um die erneute Verschmutzung zu verhindern. Reinigen heißt auch überprüfen. Dabei werden Mängel sichtbar, welche anschließend behoben werden können. Für die Nachhaltigkeit ist es wichtig, geeignete Maßnahmen zu definieren, welche das erneute Auftreten dieser Mängel verhindern. Hierfür können zum Beispiel Reinigungs- und Wartungspläne hilfreich sein.

4.S – Standardisieren
Das Wort »Standard« klingt für viele Fachangestellte vorerst einmal negativ und langweilig. Aber welchen Vorteil hat das Unternehmen, wenn jeder Arbeitsplatz individuell anders aussieht? Keinen. Mit standardisierten Arbeitssyste-

Bild 10.13 Sauber halten

men hingegen wird die Produktivität – durch die reduzierten Such- und Einarbeitungszeiten – erhöht. Wir alle leben in einer Welt von Standards. Ein einfaches Beispiel: In Autos mit manuellem Schaltgetriebe sind es unten drei Pedale. Links ist das Kupplungs-, in der Mitte das Brems- und rechts das Gaspedal. In allen Autos identisch, egal ob der Fahrer rechts oder links sitzt. Auch die Reihenfolge der Gänge eins bis fünf ist stan-

Bild 10.14 Unsauberer Boden

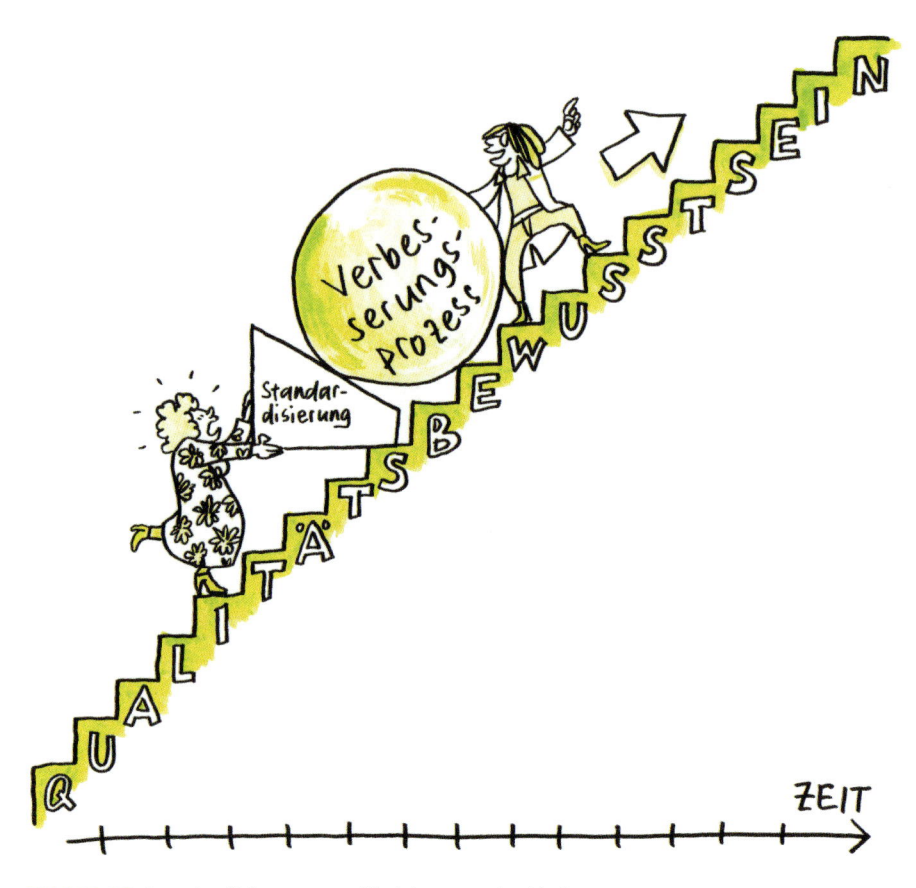

Bild 10.15 Standardisierung zur Absicherung der Verbesserungen

dardisiert. Nur beim Rückwärtsgang gibt es – noch – keinen durchgängigen Standard. Nun, was bringt das? Ich kann in jedes Auto einsteigen und in wenigen Sekunden losfahren. Stellen Sie sich vor, es wäre in jedem Auto anders oder noch schlimmer – jeden Tag anders. Per Zufallsprinzip wären die Funktionen der drei Pedale und die Reihenfolge der Gänge vertauscht. Ein sicheres Autofahren wäre kaum mehr möglich und wenn doch, würden wir unsere Fähigkeiten verschwenden für Dinge die eigentlich »automatisch« ablaufen könnten. Nur aufgrund der Standards können wir unsere Intelligenz für wichtigere Aufgaben einsetzen, als dafür, Pedale und Gänge zu suchen. Standards schaffen Sicherheit und Stabilität sowie Zeit für wichtigere Aufgaben. Zudem sichern Sie das bisher erreichte ab, indem Sie den Rückfall in alte Muster verhindern. Versuchen Sie also, einfache Standards zu schaffen für Arbeitssysteme, die ähnliche Aufgaben haben.

5.S – Selbstdisziplin

Alle Methoden sind nur so gut, wie man sie anwendet. Wenn die Erstellung eines effizienteren Arbeitsplatzes mithilfe von 5S ein einmaliges Projekt ist, dann wird sich dieser im Laufe der

Zeit wieder verschlechtern. Es muss also eine Systematik installiert werden, um das erreichte abzusichern und weiterzuentwickeln. Es gibt verschiedene Möglichkeiten, dies zu fördern. In der Praxis hat sich die regelmässige Auditierung (meistens monatlich) bewährt. Die Selbstdisziplin wird gefördert, der Fortschritt messbar, die Priorität für 5S erhöht.

> 💡 Die Audits möglichst immer im Team durchführen. Keine Audits im eigenen Bereich, da wir Menschen bei uns selber oft nicht so kritisch sind wie bei anderen. Zudem lernen wir bei der Auditierung von den Ideen der anderen Bereiche. Die Audits müssen nicht zwingend von Führungskräften, sondern können durchaus von Mitarbeitenden durchgeführt werden. Um eine gewisse Konstanz zu erreichen, ist es sinnvoll, diese Aufgabe für mehrere Monate durch die gleichen Mitarbeitenden auszuführen, bevor das Team durch Rotation ausgetauscht wird. Entwickeln Sie Ihre 5S-Organisation und halten Sie die Regeln sowie das Vorgehen schriftlich fest.

10.1.2 Das 5S-Audit

Entwickeln Sie Selbstdisziplin und machen Sie die 5S-Methode zur Gewohnheit durch Einhalten und Weiterentwickeln der festgelegten Standards. Im Audit werden in der Regel vor allem die ersten 3S überprüft und bewertet. In den ersten Durchführungen werden Sie sehr große Unterschiede in den Bewertungen durch die diversen Auditoren feststellen. Bleiben Sie gelassen, das ist absolut normal. Je häufiger die Audits gemeinsam durchgeführt werden, desto ähnlicher ist die Sichtweise und Bewertung. Oft wird die Bewertung mit der Zeit immer strenger. Daher kann es durchaus passieren, dass die Bewertung sinkt, obwohl haufenweise tolle Verbesserungen umgesetzt wurden. Auch hier ist Gelassenheit angesagt. Setzen Sie kontinuierlich weitere Verbesserungen um, dann werden Sie den Effekt von 5S in der Produktivität messen können.

> ⬇ Download: 5S-Auditformular für die Produktion

10 Point-Kaizen und Stabilität

Ort, Datum:	Nächstes Audit:	
Produktionsbereich:	Auditoren:	
Teilnehmende:		

	Punkte	Beobachtungen
1. Sortieren		
1. **Nur benutzte Arbeitsmittel vorhanden** (Werkzeuge, Messmittel, Spannhalter, Handwerkzeuge, ...)		
2. **Nur benutzte Maschinen und Betriebsmittel vorhanden** (Vorrichtungen, Formen, Anlagen, ...)		
3. **Nur nötiges Material und Transportbehälter vorhanden** (keine Bestände und nicht mehr verwendbare Teile, ...)		
4. **Nur nötige Schränke, Regale, Werkbänke, vorhanden** (auch keine defekten Stühle, Tische, ...)		
5. **Nur aktuelle Aushänge, Informationen und Arbeitspapiere vorhanden** (an Informationswänden, Arbeitsanweisungen, Maschinen und Kaizen-Tafeln)		
2. Sichtbare Ordnung		
1. **Beschilderungen für Materialstellplätze vorhanden** (für Paletten, Gitterboxen, Transportwagen, ...)		
2. **Markierungen auf dem Boden vorhanden** (Wege, Stellplätze, Sperrflächen, ...)		
3. **Beschilderungen an Regalen, Arbeitsplätzen, Schränken und Ordner vorhanden** (Arbeitsmittel, Werkzeuge, Ersatzteile, ...)		
4. **Alles ist leicht zugänglich, alles hat seinen festen Platz** (Besen, Werkzeuge, ...)		
5. **Kennzeichnen von Arbeitsbereichen** (z.B. Abteilung, Verantwortlicher)		
3. Sauber halten		
1. **Saubere Maschinen, Werkbänke und Werkzeuge vorhanden** (nicht verunreinigt durch Späne, Öl, Staub, Abfälle, ...)		
2. **Saubere Böden** (keine Späne, Flüssigkeiten, Material, Abfälle, ...)		
3. **Arbeitssicherheit** (pers. Schutzkleidung wird den Arbeitsinhalten entsprechend getragen)		
4. **Reinigungspläne vorhanden** (inkl. festgelegte Aufgaben und Intervalle)		
5. **Abfallbehälter vorhanden** (inkl. Kennzeichnung für Abfalltrennung)		
Durchschnitt (3S)		Punkte von 10 möglichen Punkten
4. Standardisieren und 5. Selbstdisziplin		
1. **Werden Standards eingeführt, eingehalten und stetig verbessert? Selbstdisziplin?**		

Bild 10.16 5S-Auditformular Produktion

10.1.3 10 Gründe für 5S

1. Erhöht die Effizienz.
2. Steigert die Produktivität.
3. Schafft ein ordentliches, sauberes und ansprechendes Arbeitsumfeld.
4. Erhöht die Zufriedenheit der Mitarbeitenden am Arbeitsplatz.
5. Ist Grundlage für hohe Qualität und Prozesssicherheit.
6. Hinterlässt einen nachhaltigen Eindruck bei den Kunden.
7. Fördert und erhöht die Arbeitssicherheit.
8. Fördert die Transparenz im Unternehmen.
9. Führt zu einem hohen Maß an Selbstdisziplin.
10. Führt zu einer guten Arbeitsmoral.

5S bildet die Grundlage für weitere Verbesserungen. Es ist ein Türöffner für größere Veränderungen im Unternehmen. Die Mitarbeitenden haben einen positiven Wandel an ihrem persönlichen Arbeitsplatz erlebt und damit Vertrauen in die Verbesserungen mit Lean Management aufgebaut. Jede Veränderung löst bei Mitarbeitenden Ängste und daher Widerstände aus. Nehmen Sie diese ernst und begleiten Sie die Mitarbeitenden im Wandel.

Lieferantensicht	Unternehmen	Kundensicht
• Vorbildfunktion (von uns lernen)	• Motivation durch angenehmeres Arbeitsumfeld • Reduzierung von Verschwendung • Arbeitssicherheit • Wettbewerb zwischen den Bereichen	• Hier wird Qualität produziert

Bild 10.17 Auswirkungen von 5S

10.1.4 Vorher-Nachher-Dokumentation

Tue Gutes und sprich darüber. Oder noch besser: Mach die Verbesserungen transparent. Hierfür eignet sich eine einfache Vorher-Nachher-Präsentation mit Fotos und möglichst wenig Worten. Hängen Sie diese dort auf, wo sich die Menschen treffen wie zum Beispiel beim Kaffeeautomaten.

Bild 10.18 Beispiel Vorher-/Nachher-Dokumentation

Download: Vorher-Nachher-Vorlage für MS Power-Point

10.1.5 Die 10 häufigsten Fehler bei der Einführung von 5S

1. Kopieren anstatt kapieren – es muss auf das eigene Unternehmen adaptiert werden.
2. Flächenbrand anstatt Leuchttürme bauen.
3. Keine Schulung der Mitarbeitenden – sie kennen den Sinn von 5S nicht.
4. Oberflächlich, meistens nebenbei eingeführt und Aufräumen anstatt nachhaltige Verbesserung.
5. Mitarbeitende werden nicht oder zu wenig in die Umsetzung miteinbezogen.
6. Widerstände und Ängste der Mitarbeitenden werden zu wenig beachtet.
7. Projekt anstatt Kreislauf.
8. Jedes Aufräumen und Säubern wird 5S-Aktion genannt.
9. Zu wenig Priorität in der Führungsmannschaft.
10. Die Erfolge werden nicht oder zu wenig gefeiert und publiziert.

> **Lean Story: 5S in der Produktion**
>
> Von meinem japanischen Sensei wurde ich aufgefordert, die Anzahl der Tische und Ablageflächen im Werk zu halbieren. Zudem sollte bei der verbleibenden Hälfte, die benötigte Fläche halbiert werden. Anders ausgedrückt: Die Flächen für Tische und sonstige Ablagen sind um 75 % zu reduzieren. Im ersten Moment fand ich diese Forderung arrogant und unrealistisch, dennoch wollte ich die Herausforderung annehmen. In den darauffolgenden zwei Wochen habe ich die bestehenden Tische und Ablagen immer wieder fotografiert. Danach wurden die Produktionsleiter ins Sitzungszimmer eingeladen, wo die Fotos eine ganze Wand bedeckten. Die Kollegen brausten auf und wiesen mich in einer abwehrenden Haltung darauf hin, dass kein einziger Tisch sowie keine Ablagefläche unbenutzt und daher eine Reduzierung unmöglich sei. Nun, das entsprach tatsächlich der Wahrheit. Ich habe die Produktionsleiter aufgefordert die Fotos genauer zu betrachten. Sie sollen mir doch bitte ein Foto zeigen, wo mindestens 50 % der Fläche produktiv genutzt werde und nicht zum Lagern von Zeichnungen, Auftragspapieren, Werkzeugen, Vorrichtungen, Messmitteln, Kisten, Behältern, Reinigungsmitteln, Trinkflaschen etc. Das Ergebnis: Kein einziger Tisch wurde mehr als 50 % produktiv genutzt. Damit war die Veränderung beschlossene Sache. In den darauffolgenden Monaten haben wir die Tischflächen halbiert und nach wenigen Jahren insgesamt um 80 % reduziert. Dadurch konnten Verbesserungen im Layout und Materialfluss realisiert werden, welche zu einem besseren Fluss, kürzeren Wegen, weniger Transporten, kürzeren Durchlaufzeiten und höherer Produktivität führten. Es lohnt sich die vorhandenen Arbeitsplätze sehr kritisch zu hinterfragen und individuelle, auf die spezifische Aufgabe angepasste (kleine) Arbeitsflächen zu erstellen. Klapptische und Zustellwagen können die sporadisch benötigten zusätzlichen Flächen zur Verfügung stellen.

10.1.6 Zusammenfassung 5S

5S ist eine einfache, aber sehr wirkungsvolle Methode, um die Effizienz, Mitarbeiterzufriedenheit und Sicherheit zu steigern. Es ist ein nie endender Kreislauf, denn die Welt verändert sich stetig und Perfektion ist unendlich. Die Veränderung bewirkt eine Verbesserung im Arbeitssystem, löst aber vorerst Widerstände und Ängste aus. Nehmen Sie die Widerstände ernst und begleiten, befähigen und begeistern Sie die verunsicherten Kollegen. Größte Erfolgschancen bestehen, wenn die Mitarbeitenden den Sinn verstanden haben und die Veränderungen selber mitgestalten dürfen. Zudem ist es ratsam, Leuchttürme zu erstellen, um die gesamte Mannschaft mit den guten Beispielen zu überzeugen. 5S ist ein gutes Fundament für weiterführende Veränderungen im Unternehmen. Die strukturierte, radikale und gründliche Vorgehensweise ist eine Voraussetzung für die nachhaltige Umsetzung und für einen hohen Erfolg. »Schöner wohnen« steht nicht im Vordergrund, sondern hohe Effizienz und Prozessstabilität. Weisen Sie Ihre Kollegen darauf hin, wenn jede Reinigungsaktion 5S genannt wird.

> **Darüber sollten Sie nachdenken:**
> - Welcher Bereich eignet sich am besten für ein erfolgreiches 5S-Leuchtturmprojekt?
> - Was wollen Sie mit 5S erreichen?
> - Wer muss im Projektteam dabei sein?
> - Wie viele Schubladen sind aktuell im ausgewählten Bereich vorhanden?
> - Wie hoch ist die Summe aller Ablageflächen (Tische, Schränke, Wagen etc.)?
> - Wer wird die Mitarbeitenden schulen? Wer moderiert die Workshops und begleitet die Umsetzungen?
> - Welche Maßnahmen sind in welcher Reihenfolge und Priorität anzugehen?
> - Welche Erkenntnisse haben Sie durch die Umsetzung der Verbesserungen gewonnen?

- Sind die Arbeitsplätze, Farben, Beschriftungen und Visualisierungen standardisiert und die Standards entsprechend geschult?
- Welche 5S-Organisation macht am meisten Sinn?
- In welcher Frequenz sollen durch wen die 5S-Audits durchgeführt werden?
- Wie werden die Erfolge (Vorher/Nachher) dokumentiert und kommuniziert?

Das sollten Sie tun:
- Schulen Sie die Führungskräfte in 5S und Lean Management.
- Führen Sie gemeinsam ein 5S-Audit durch und seien Sie sehr kritisch dabei.
- Fotografieren Sie den IST-Zustand, speziell auch die Tische und Ablageflächen.
- Beobachten Sie mehrere Mitarbeitende für je mindestens 30 Minuten bei der Arbeit und notieren Sie alle Beobachtungen und Verschwendungen.
- Schulen und sensibilisieren Sie die Mitarbeitenden.
- Setzen Sie gemeinsam mit den Mitarbeitenden die Verbesserungen um.
- Machen Sie den Fortschritt transparent. Lassen Sie die Leuchttürme leuchten.
- Zeigen Sie die Erfolge mit Vorher-Nachher-Fotos.
- Erarbeiten Sie einen Ausrollplan für das gesamte Unternehmen.
- Entwickeln Sie Ihre 5S-Organisation.
- Führen Sie 5S-Audits ein und entwickeln Sie sich stetig weiter.
- Gehen Sie als Führungskraft mit gutem Beispiel voran.
- Setzen Sie sich immer höhere und herausfordernde Ziele.

10.2 SMED – kürzeste Rüstzeiten für mehr Flexibilität

10.2.1 Wieso Rüstzeitoptimierung wichtig ist

Die Methode für Rüstzeitreduktion SMED wurde von Toyota entwickelt und ist die Abkürzung für: Single Minute Exchange of Die. Also umrüsten von Umformwerkzeugen im einstelligen Minutenbereich. Warum Umformwerkzeuge? Die großen Pressen hatten damals, mit mehreren Stunden, die längsten Umrüstzeiten. Das Ziel war, die Rüstzeiten bei sämtlichen Anlagen und Maschinen unter zehn Minuten zu bringen.

Als Rüstzeit gilt in der Regel die Zeit vom letzten Gutteil des aktuellen Auftrags bis zum ersten Gutteil des neuen Auftrags. Bei einer Losgröße eins, wird die Rüstzeit typischerweise, mit der Stillstandzeit der Maschine zwischen zwei Aufträgen gemessen. Da das Umrüsten dem Produkt keinen Wert hinzufügt, ist es eine Verschwendung!

Warum ist Rüstzeitreduktion so wichtig? Die Variantenvielfalt steigt jährlich, die Innovationszyklen verkürzen sich stetig und die Geduld der Kunden nimmt kontinuierlich ab. Die Kunden möchten am liebsten Just-in-time beliefert werden. Das bedingt kleinere Fertigungsaufträge und das wiederum kürzere Rüstzeiten.

Die Produkte (A + B) in regelmäßigen und kleinen Mengen herzustellen, bedeutet schnellere Auslieferung zum Verbraucher ohne große und teure Zwischenlager. Gleichzeitig werden die innerbetrieblich verursachten Wellen kleiner und damit sinkt der Planungs- und Steuerungsaufwand.

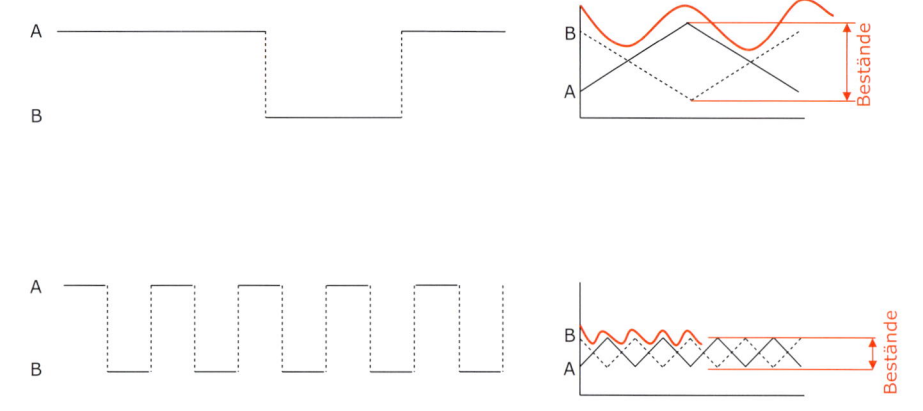

Bild 10.19 Zusammenhang zwischen Losgrößen, Beständen und Schwankungen

10.2.2 Gründe für große Fertigungsaufträge

Es gibt bestimmt über 1000 gute Argumente, warum große Losgrößen besser sind als kleine. Hier eine kleine Auswahl von oft genannten Argumenten:
- geringere Kapazitätseinbußen
- zunehmender Ausstoß mit zunehmender Stückzahl aufgrund des Lerneffektes
- weniger Qualitätsprobleme, da Prozesse sich mit höherer Stückzahl stabilisieren
- für die unmittelbare Produktion geringerer organisatorischer Aufwand
- keine teuren Vorrichtungen und Werkzeuge für schnelles Rüsten erforderlich
- Optimierungsanstrengungen können sich auf den Prozess konzentrieren
- etc.

Nur: Wen interessiert das? Die Kunden wollen die steigende Vielfalt immer schneller beliefert bekommen und das ohne bei Preis oder Qualität Kompromisse einzugehen. Im Gegenteil auch diese zwei Faktoren sollen sich stetig verbessern. In der Konsequenz aus diesen Kundenerwartungen müssen Sie sich auf kleine Losgrößen ausrichten. Damit dies wirtschaftlich funktioniert sind kurze Rüstzeiten und stabile Prozesse notwendig. In der Regel sind jene Firmen erfolgreich, die sich auf die Marktbedürfnisse ausrichten. Die Anderen – mit den guten (internen) Argumenten für große Losgrößen – werden langfristig an Wettbewerbsfähigkeit verlieren. Daher sind diese Argumente hinfällig.

Wir erinnern uns: Bestände senken (Wasser im See der Bestände ablassen) und Wellen reduzieren führen zu weiteren Verbesserungen und zu einem wirtschaftlicheren Produktionssystem.

10 Point-Kaizen und Stabilität

Beispiel: Entwicklung der Rüstzeiten bei Nissan bei über 5000 Maschinen nach mehreren Optimierungsphasen (Quelle: Buch »Kaizen für schnelles Umrüsten« von Kenichi Sekine und Keisuke Arai):

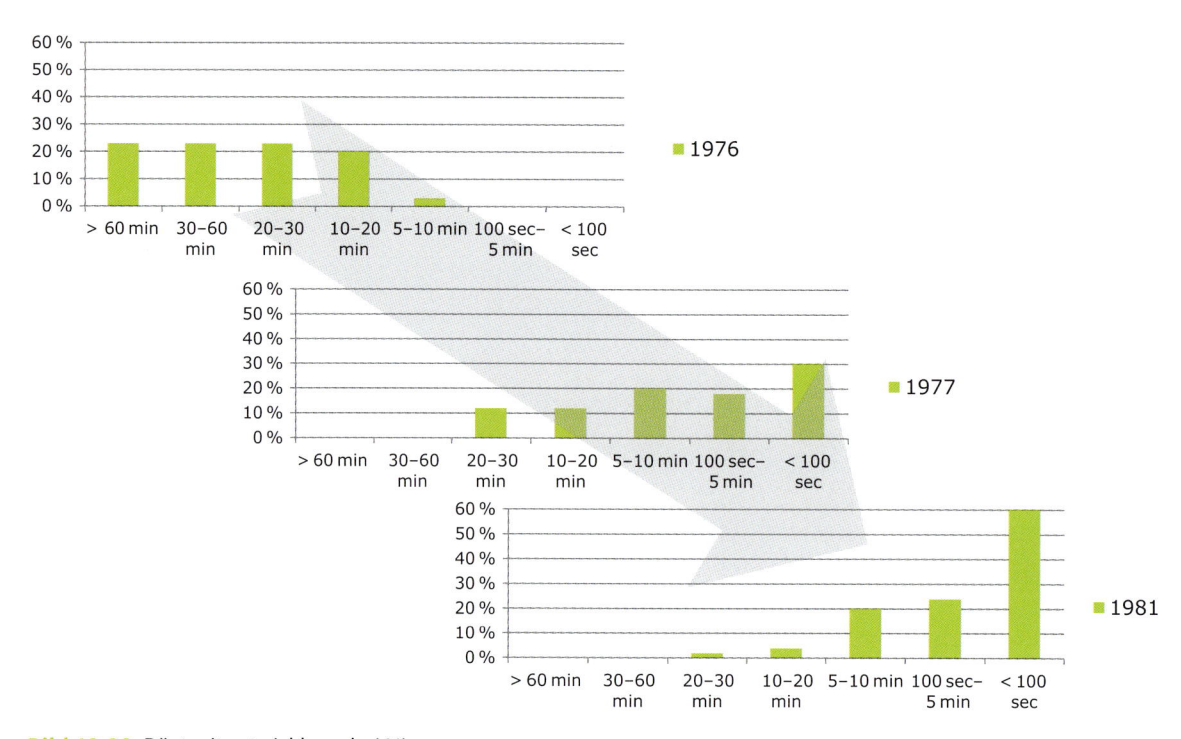

Bild 10.20 Rüstzeitentwicklung bei Nissan

10.2 SMED – kürzeste Rüstzeiten für mehr Flexibilität

Das können Sie auch! Aber wenn Sie es nur halbherzig angehen, werden die Bestände nie kleiner!

> ✓ Überlegen Sie sich den Nutzen und die Möglichkeiten. Akzeptieren Sie keine Ausreden. Geben Sie der Rüstzeitreduktion eine hohe Priorität und setzen Sie hohe Ziele. Bei welchen Anlagen macht ein Leuchtturmprojekt Sinn?

10.2.3 Vorgehen zur Rüstzeitreduktion

Eine systematische Analyse des Rüstvorganges ist die Basis für Rüstzeitverkürzungen. Für die Reduktion der Rüstzeiten sind nachfolgende acht Punkte empfehlenswert.

> ⬇ Download: Übersicht der acht Schritte zur Rüstzeitreduktion

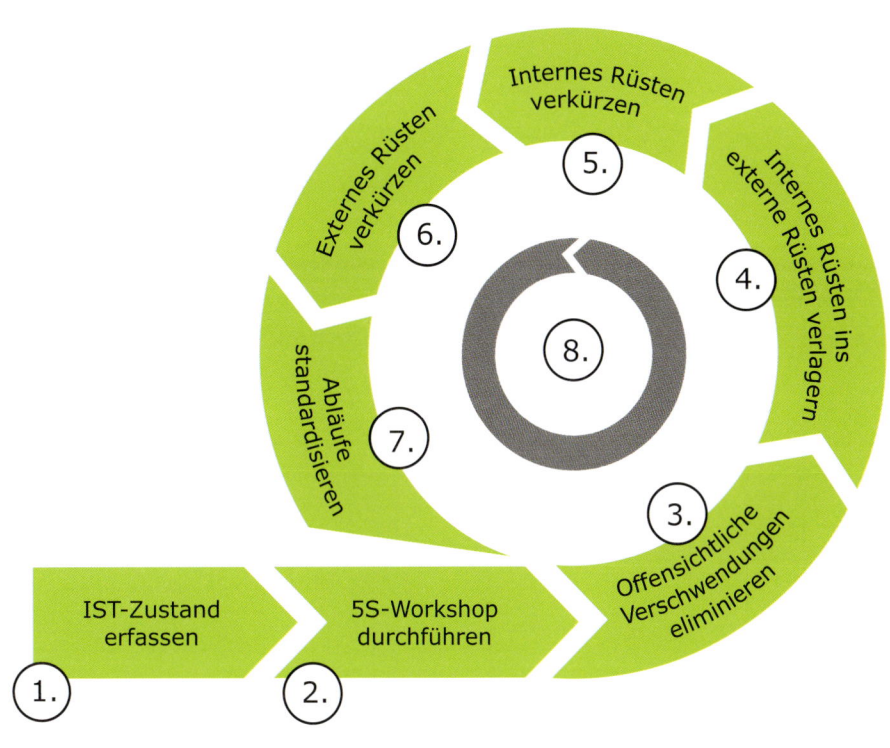

Bild 10.21 Acht Punkte zur Rüstzeitreduktion

1. IST-Zustand erfassen
2. 5S-Workshop durchführen
3. Offensichtliche Verschwendungen eliminieren
4. Internes Rüsten ins externe Rüsten verlagern
5. Internes Rüsten verkürzen
6. Externes Rüsten verkürzen
7. Abläufe standardisieren
8.

1. Erfassen Sie den Ist-Zustand

Es ist empfehlenswert die Analyse in einem Team mit zwei bis vier Beobachtern durchzuführen. Zwei führen die Tätigkeitsstrukturanalyse (TSA) gemeinsam durch, einer erstellt ein Spaghetti-Diagramm und die vierte Person beobachtet die generellen Verschwendungen im Prozess und der Organisation.

Tätigkeitsstrukturanalyse nach EKUV

Um einzelne manuelle Prozessschritte, die notwendigen Tätigkeiten und die Potenziale zu verstehen, hat sich eine detaillierte Tätigkeitstrukturanalyse (TSA) bewährt. Erfassen Sie sämtliche einzelne Verrichtungen des Einrichters minuziös in der Spalte »Arbeitsschritte« und halten Sie die Zwischenzeiten nach Abschluss jeder Tätigkeit fest. Notieren Sie allenfalls Auffälligkeiten. Um nichts zu verpassen, ist es hilfreich diese Analyse als Team durchzuführen. Eine Person schreibt, die andere misst die Zeit und unterstützt den Kollegen. Wählen Sie Ihren Standort so, dass Sie die Handbewegungen des Mitarbeiters sehen können. Folgen Sie ihm, falls er den Arbeitsort verlässt.

> Download: Vorlage Tätigkeitsstrukturanalyse nach EKUV

Im Anschluss können Sie die Potenziale identifizieren und auswerten. Hierfür eruieren Sie, welche Tätigkeiten eliminiert, kombiniert, umgestellt oder vereinfacht werden können (EKUV) und ob die jeweiligen Tätigkeiten intern oder extern durchgeführt werden sollen.

Tätigkeitsstrukturanalyse nach E K U V

Datum: 28.04.2015
Ersteller: Max Muster
Arbeitsprozess: Maschine umrüsten

Nr.	Arbeitsschritte	Dauer (ist) Zeiteinheit min	Eliminieren	Kombinieren	Umstellen	Vereinfachen	Intern	Extern	Dauer (soll) Zeiteinheit min	Bemerkung
1	Aufräumen v. Teilen	45s	x					x	1.45	
2	WZ-Wagen holen	1.10				x	x			Ort definieren
3	Kran holen	2.17				x	x		35s	
4	WZ abhängen	2.25					x			fixe Position
5	WZ in die Maschine	3.33					x	x	1 min	
6	Zentrieren von WZ	3.50					x			
7	Anbriden von WZ	5.35				x	x			Standardisieren
8	Schrauben suchen	6.02	x				x		1.15	
9	Anbriden Bedienergegens.	7.18				x	x		1 min	
10	Auswerfer montieren	9.00				x	x		1.20	
11	WZ suchen	9.29	x				x			
12	Zufahren des WZ	11.13					x			
13	Auswerferseite anbriden	13.32			x		x			
14	WZ-sicherung lösen	13.55			x		x		40s	
15	Kran wegfahren	14.44				x	x		35s	
16	Abdeckung	14.51					x			
17	Schläuche anbringen	15.00					x			
18	Programm einlesen	15.42			x	x	x		15s	Einscannen
19	WZ auf Auswerfer	16.49					x			
20	Nachfragen bei Heinz	17.16	x			x				
21	Suchen v. Schrauben	18.29				x				

Bild 10.22 Beispiel Tätigkeitsstrukturanalyse nach EKUV

Eliminieren: Was kann wegfallen?
z. B. suchen, lange Wege

Kombinieren: Was kann man gleichzeitig tun?
z. B. gleichzeitiges Rüsten mit zwei Mitarbeitern

Umstellen: Kann man die Reihenfolge ändern?
z. B. sinnvoller Ablauf intern oder extern

Vereinfachen: Wie erreicht man schneller den gleichen Effekt?
z. B. Ersetzen von Schrauben durch Schnellspannsystem

Internes Rüsten: Tätigkeiten, die aus gegenwärtiger Sicht nur bei Maschinenstillstand erfolgen können (z. B. Werkzeugaus- und -einbau)

Externes Rüsten: Tätigkeiten, die auch bei laufender Maschine durchgeführt werden können (z. B. Werkzeug- und Materialbereitstellung)

Wenn Sie nach der Analyse der Meinung sind, dass ein Schritt eliminiert, kombiniert, umgestellt oder vereinfacht werden kann, dann kreuzen Sie die entsprechende Spalte auf dem TSA-Formular an und tragen Sie die geschätzte Soll-Zeit ein. Zudem ist es ratsam zu entscheiden, ob dieser Schritt in Zukunft während der Maschinenstillstandzeit (intern) oder in der Vor- und Nachbereitungszeit (extern) erfolgen soll. Summieren Sie die Soll-Zeit, um damit das Potenzial zu quantifizieren.

Spaghetti-Diagramm
Ein Bild sagt mehr als tausend Worte. Daher zeichnet ein Beobachter alle Wege des Einrich-

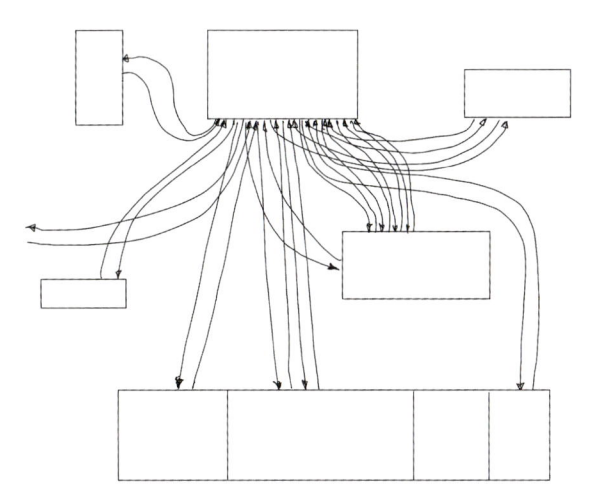

Bild 10.23 Beispiel Spaghetti-Diagramm

ters auf, um diese zu visualisieren. Zudem ist es empfehlenswert die totale Anzahl Schritte zu erfassen. Falls der Arbeitsplatz sehr klassisch mit einem Arbeitstisch gegenüber der Bearbeitungsmaschine gestaltet ist, dann sollten Sie auch die Anzahl der 180-Grad-Bewegungen mit einer Strichliste zusammenfassen. Die aussagekräftige, visuelle Darstellung wird mit den gesammelten Daten noch eindrücklicher. Ein späterer Vergleich lässt die Verbesserungen einfach auswerten und darstellen.

2. 5S-Workshop durchführen

In den meisten Fällen stellt man während den Beobachtungen fest, dass die Werkzeuge und Hilfsmittel nicht alle am »best point« und die Wege stark verbesserbar sind. Daher macht es sehr oft Sinn, als Erstes den Arbeitsplatz mit der 5S-Methode zu verbessern. Mehr dazu im Kapitel 5S.

3. Offensichtliche Verschwendungen eliminieren

- Pflücken Sie die tiefhängenden Früchte.
- Kein Suchen! (Nicht weniger suchen, sondern suchen eliminieren!)
- Keine Abklärungen!
- Keine Wartezeit!
- Möglichst kein justieren, prüfen, nachstellen!
- Kurze Wege!
- Keine Nacharbeit!

Sicherlich, die Anforderungen sind hoch und die Realisierung herausfordernd, aber diese Verbesserungen können Sie meistens ohne Investitionen in Betriebsmittel umsetzen.

Kein Suchen!

Keine Abklärungen!

Keine Wartezeiten!

Kein Justieren, Prüfen, Nachstellen!

Kurze Wege!

Bild 10.24 Offensichtliche Verschwendungen eliminieren

4. Internes Rüsten ins externe Rüsten verlagern

Alle möglichen Rüstarbeiten werden in die Maschinenlaufzeit verlagert. An dieser Stelle wird oft das Argument genannt, dass der Mitarbeitende aufgrund kurzer Zykluszeiten keine Chance hat, die Vor- und Nachbereitungen während der Maschinenlaufzeit durchzuführen. Das mag der Wahrheit entsprechen, aber es sind kaum alle Mitarbeitenden in einem Produktionsteam zu jedem Zeitpunkt 100 % voll ausgelastet. Also ist es eine organisatorische Aufgabe, diese Tätigkeiten von Kollegen durchführen zu lassen. Sie als Führungskraft wissen in der Regel mindestens 30 Minuten vor dem eigentlichen Rüstvorgang, wann der Wechsel bei der Maschine ansteht. Es ist also relativ gut planbar, daher können Sie die Vor- und Nachbereitungen frühzeitig organisieren. Sehr oft können diese Tätigkeiten sogar von Hilfspersonal erledigt werden, denn es benötigt größtenteils nicht die Fähigkeiten und Erfahrungen eines Einrichters für die Vor- und Nachbereitungsaufgaben. Dafür sind Checklisten und entsprechende Schulungen sinnvoll und hilfreich. Wenn das letzte Werkstück vom aktuellen Auftrag aus der Maschine entnommen wird, muss alles für den Umrüstvorgang benötigte,

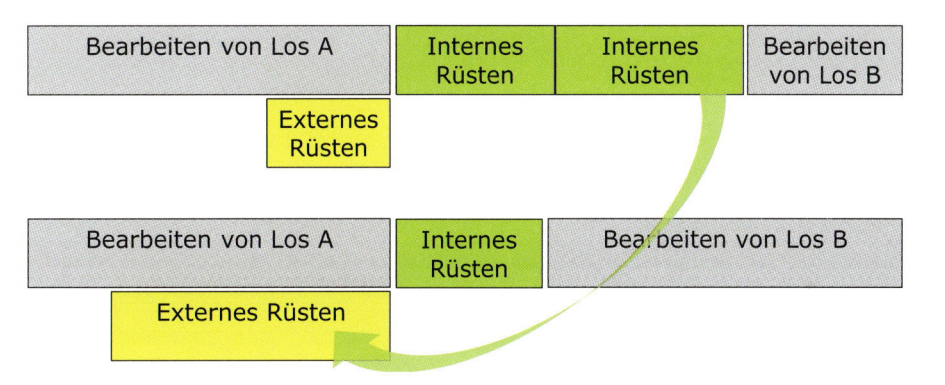

Bild 10.25 Internes Rüsten ins externe Rüsten verlagern

vorbereitet bei der Maschine stehen. Ansonsten sind Rüstzeiten im einstelligen Minutenbereich schwierig zu erreichen. Überlegen Sie sich, wie es gehen könnte, anstatt warum es nicht geht.

> 💡 Die ersten vier Schritte können Sie sehr schnell und mit geringem finanziellem Aufwand realisieren. Die Rüstzeit kann dadurch sehr oft innerhalb von wenigen Tagen halbiert werden. Es lohnt sich, setzen Sie es zügig um.

5. Internes Rüsten verkürzen

Um die interne Rüstzeit signifikant zu reduzieren, sind oft verbesserte Werkzeuge, Vorrichtungen oder Betriebsmittel notwendig. Nützlich sind:

- vormontierte, ausgemessene, standardisierte Werkzeuge
- Schnellspannsysteme anstatt Schrauben
- Kombi-Anschlüsse anstatt Einzelverbindungen
- Module ein- und ausbauen anstatt Einzelteile
- spezielle Rüstwagen anstatt Kräne und Hebewerkzeuge
- Fixierungen mit ausreichender Wiederholgenauigkeit anstatt justieren

Bei diesem Schritt sind oft technische Hilfsmittel notwendig. Orientieren Sie sich dabei am Boxenstopp der Formel 1. Kein Kran, kein justieren, nur eine Schraube pro Rad, mehrere Personen erledigten die Aufgaben parallel usw. Es ist in der Produktion durchaus häufig möglich, einige Arbeitsschritte durch mehrere Mitarbeitende gleichzeitig auszuführen. Es sind zudem massenhaft Schnellspannsysteme und Umrüsthilfsmittel auf dem Markt erhältlich.

6. Externes Rüsten verkürzen

Diese Tätigkeiten werden zwar parallel zur Maschinenlaufzeit ausgeführt, dennoch soll der Aufwand für das externe Rüsten reduziert werden. Nützlich sind:

- Standardisierung von Werkzeugen und Vorrichtungen

Bild 10.26 Umrüsten wie die Profis

- hervorragende Arbeitsplatzgestaltung für hohe Effizienz und Ergonomie
- schnelles Zugreifen auf benötigte Gegenstände
- verbesserte Abläufe und Organisation

7. Abläufe standardisieren

Der Umrüstprozess soll nach einem definierten Standard von allen Einrichtern genau gleich durchgeführt werden. Dies ermöglicht eine hohe Prozesssicherheit und kurze Umrüstzeiten. Dafür wird der Rüstablauf in eine optimale Reihenfolge gebracht, entsprechend beschrieben und visualisiert. Die betroffenen Mitarbeitenden werden auf den Standard geschult. Sobald jemand einen besseren Weg findet, wird der Standard angepasst und alle Mitarbeitenden entsprechend geschult.

Bild 10.27 Bewegung in der Produktion verringern

8. Die Schritte drei bis sieben regelmäßig wiederholen

Das Ziel ist die Reduzierung der Rüstzeiten von Stunden auf Minuten und von Minuten auf Sekunden. Denken Sie daran: Der heutige Zustand ist der denkbar schlechteste. Auch wenn Sie gestern die Rüstzeiten halbiert haben, ist dies heute der neue und weiter verbesserbare Ist-Zustand. Hätten Sie 1950 jemandem gesagt, dass der Boxenstopp in der Formel 1 innerhalb von 1,7 Sekunden erfolgen kann, hätte man Sie für geisteskrank erklärt. Damals dauerte dieser Vorgang zwischen 45 bis 90 Sekunden.

> Führen Sie die Rüst-Workshops immer im Team durch. Die sich ergänzenden Fähigkeiten führen zu höheren Ergebnissen. Beziehen Sie die betroffenen Mitarbeitenden bei der Lösungserarbeitung mit ein. Trainieren Sie das schnelle Rüsten durch kleinere Lose. Daher sollten Sie jeden Gewinn in der Rüstzeit soweit als möglich in die Losgrößenreduzierung investieren. Wenn Sie es schaffen, die Rüstzeit zu halbieren, sollten Sie im Anschluss die Losgrößen halbieren. Damit verdoppeln Sie Ihre Flexibilität, die Wellen werden kleiner, die Bestände und Durchlaufzeiten sinken und die Rüstzeiten fallen weiter aufgrund des Training-Effekts.

Bild 10.28 Umrüsten bei Laien

10.2.4 Reihenfolge der Aufträge mithilfe der Rüstmatrix planen

Durch eine geeignete Reihenfolge der Aufträge können die Rüstzeiten weiter reduziert werden. In Spritzgussunternehmen wird zum Beispiel oft am Montag mit den hellen Produkten begonnen und die Reihenfolge der Aufträge so gewählt, dass bis Ende der Woche immer dunklere Produkte produziert werden. So kann der Reinigungsaufwand und damit die Rüstzeit tief gehalten werden. Erstellen Sie hierfür eine Rüstmatrix.

von \ zu	A1	A2	A3	B1	B2	B3
A1	X	20	20	100	100	100
A2	20	X	20	100	100	100
A3	20	20	X	100	100	100
B1	100	100	100	X	20	20
B2	100	100	100	20	X	20
B3	100	100	100	20	20	X

Bild 10.29 Beispiel Rüstmatrix

> **Vier Lean Stories: Rüstzeitreduktion**
>
> Ich war von der Geschäftsleitung eines produzierenden Unternehmens an einem Sonntagvormittag zu einem Keynote-Referat eingeladen. Die gesamte Führungsmannschaft war für ein Wochenende in einem Kloster einquartiert, um gemeinsam die Strategie zur Rüstzeitreduktion auszuarbeiten. Dort habe ich erwähnt, dass die Rüstzeit sehr oft mit geringen Investitionen, innerhalb der ersten vier Schritte, halbiert werden kann. Dann war es ganz still im Raum. Einige Teilnehmer sahen sich verdutzt an, andere auf den Boden, keiner getraute sich etwas zu sagen. Doch dann stand ein Teilnehmer auf und sagte: »Wir haben den gesamten Samstag verschwendet! Denn wir haben gestern den ganzen Tag darüber debattiert, welche Investitionsanträge bewilligt werden sollen.« »Über die technischen Lösungen und die daraus folgenden Investitionen werden Sie noch entscheiden müssen, aber Sie sollten nicht unbedingt damit starten«, wendete ich ein.

Während meiner ersten Rüstzeitschulung stand ein Teilnehmer auf und sagte: »Du junger Kerl hast ja keine Ahnung! Ich muss für den Rüstprozess den Auftrag, die Werkzeuge, die Vorrichtung, das Material und die Prüfmittel holen. Anschließend wechsle ich im Durchschnitt 35 Werkzeuge aus, montiere die Vorrichtung, lade das Programm auf die Maschine, fahre das erste Teil ein und messe es anschließend aus, um die Erststückfreigabe zu machen. Und das soll ich nun in Zukunft in weniger als 10 Minuten erledigen? Das kannst du vergessen!« Sie erinnern sich: Zum Zeitpunkt des Wechsels muss bereits alles vorbereitet an der Maschine stehen. Das kann auch ein Kollege oder der Teamleiter erledigen. Ich habe darauf geantwortet: »Steht in deinem Arbeitsvertrag, dass Teamarbeit ausdrücklich verboten ist? Mit einer guten Organisation kann man beachtliches bewirken. Und nun zu den durchschnittlich 35 Werkzeugen: Das sollten wir gemeinsam analysieren, denn ich habe den Verdacht, dass wir noch zu wenig standardisiert haben.« Im Anschluss haben wir festgestellt, dass zehn verschiedene Fräser mit Durchmesser 8 mm im Einsatz waren. Für jeden Fräser gab es gute Argumente. Die verantwortlichen Mitarbeitenden möchten ja bei jedem Produkt die kürzesten Bearbeitungszeiten realisieren. Schön und gut, aber zu welchem Preis? Bei einer Einsparung von 20 Sekunden pro Produkt, aber einem Jahresbedarf von nur 10 Stück, rechtfertigen die 200 gewonnenen Sekunden pro Jahr keinen zusätzlichen Fräser. Dann lieber 20 Sekunden langsamer und eine Fräser-Variante weniger bewirtschaftet und gerüstet.

Ich frage bei Rüst-Workshops immer nach den Einrichtdokumenten. Meistens ist etwas vorhanden, aber leider oft auf sehr tiefem Niveau. Nicht selten wird mir eine Werkzeugliste überreicht, auf welcher nur die Werkzeugbezeichnungen und Dimensionen darauf zu lesen sind. Also zum Beispiel: Fräser Durchmesser 12 mm. Ja, aber was für ein Fräser? Kurz, lang, mit zwei oder sechs Schneiden, aus welchem Material, beschichtet oder unbeschichtet etc.? Und falls der Fräser eindeutig identifizierbar ist, wie wird dieser eingespannt? In eine lange oder kurze Aufnahme? In einer Spannzange oder in einem Schrumpffutter? Diese Details sind sehr wichtig, wenn Sie immer die gleichen Ergebnisse haben möchten. Es ist töricht, eine hohe Prozesssicherheit zu erwarten, wenn alle Einflussparameter frei wählbar und daher immer anders sind. Das Erstellen von Top-Einrichtdokumenten sollte im Zeitalter der Digitalisierung der Normalfall sein.

Ich war zwei Mal, je zwei Wochen, mit meinem Sensei in Japan, um von den guten Beispielen zu lernen. Dabei haben wir keinen Automobilhersteller besucht, denn die Massenproduktion sei nichts für uns. Wir würden nur auf komische Ideen kommen. Dennoch habe ich aufgrund des in Japan Erlebten, ein Bild in meinem Kopf, wie so ein Umrüstvorgang von einer 2000-Tonnen-Presse in wenigen Sekunden ablaufen könnte. Ich stelle mir vor, dass ein Drehlicht ca. 60 Sekunden vor dem anstehenden Wechsel aufleuchtet. Dieses könnte eventuell in den letzten 10 Sekunden durch ein akustisches Signal, wie zum Beispiel einem Horn, verstärkt werden. Zum Rüstzeitpunkt sind möglicherweise vier Einrichter vor Ort und führen ihre standardisierten und trainierten Tätigkeiten aus. Nach 100 Sekunden gehen Sie an ihren Arbeitsplatz zurück.

✓ Führen Sie in einem fortgeschrittenen Unternehmen einen Best-Practice-Workshop durch.

Lernen Sie von den anderen. Fokussieren Sie auf die Frage: Wie können wir das auch schaffen?

Beginnen Sie mit den ersten vier Schritten, bevor Sie in teure Hilfsmittel investieren.

10.2.5 Losgrößenberechnung

Die Berechnung der optimalen Losgröße kann auf verschiedene Arten erfolgen. Die wohl bekannteste ist die Andler-Formel. Sie ist sehr beliebt, weil sie einfach und leicht verständlich ist. Durch die Berücksichtigung der Lager- und Rüstkosten, soll eine optimale Losgröße berechnet werden. Das ist eine starke Vereinfachung und berücksichtigt daher diverse Faktoren nicht. Es stellt sich zudem die Frage, ob diese Formel heute noch relevant ist. Der Markt diktiert die Geschwindigkeit und daher ist eine Berechnung der optimalen Losgröße interessant, aber nicht immer zielführend.

$$Q = \sqrt{\frac{200 \times F \times S}{C \times P}} \qquad \text{Formel 10.1}$$

Q = Optimale Bestellmenge in Stück je Bestellung
F = Jahresbedarf in Stück
S = Bestellkosten pro Bestellung
C = Lagerhaltungskostensatz
P = Kaufpreis pro Stück

Warum die Andler-Formel anwenden? Sie ist einfach und bringt mit wenig Aufwand ein brauchbares Ergebnis.

Kritik an der Andler-Formel

Nebst Rüst- und Lagerkosten fallen bei größeren Losgrößen zudem erhöhter Planungs- und Steuerungsaufwand, höherer Flächenverbrauch, zusätzliche Bewegung und Transporte, lange Durchlaufzeiten, verzögerte Erkennung von Fehlern und reduzierte Flexibilität an. Für diese Faktoren gibt es kaum verlässliche Daten, um sie in einer allgemeinen Formel zu berücksichtigen. Zudem geht die Andler-Formel davon aus, dass jedes Umrüsten zusätzliche Kosten auslöst. Dies stimmt nur bedingt. Wenn Sie zum Beispiel einmal mehr umrüsten pro Tag, aber aufgrund der verbesserten Organisation, kein zusätzliches Personal, Maschinen, Vorrichtungen, Werkzeuge oder sonstige Betriebsmittel benötigen, dann entstehen keine »echten« Rüstkosten, denn Sie haben die vorhandenen Ressourcen einfach besser eingesetzt. In Ihrem Kalkulationssystem werden zwar Rüstkosten ausgewiesen, aber diese sind rein theoretisch.

10.2 SMED – kürzeste Rüstzeiten für mehr Flexibilität

Alternative Losgrößenberechnung

Die Losgröße kann auch nach der zur Verfügung stehenden Zeit auf den Engpassmaschinen berechnet werden. Diese Berechnungsmethode wird oft verwendet, wenn die Variantenvielfalt überschaubar ist und immer ähnliche Produkte/Produktfamilien produziert werden – zum Beispiel in einer Produktionslinie.

Folgende Berechnungen sind dafür notwendig:
1. Freie Zeit für Rüstvorgänge auf der Engpassmaschine = Täglich vorhandene Netto-Kapazität minus tägliche Auslastung
2. Anzahl mögliche Rüstvorgänge pro Tag = Freie Zeit für Rüstvorgänge auf der Engpassmaschine dividiert durch die Dauer eines Rüstvorganges (Rüstzeit)
3. Tagesbedarf dividiert durch Anzahl mögliche Rüstvorgänge pro Tag

Berechnung Anzahl mögliche Rüstvorgänge:

Netto-Maschinenkapazität pro Tag: 816 Minuten
Maschinenbelegte Zeit pro Tag: 745 Minuten
Daher frei verwendbar für Rüsten: 71 Minuten
Dauer eines Rüstvorganges: 10 Minuten
Tagesbedarf: 289 Stück
Daher Anzahl mögliche Rüstvorgänge: 7

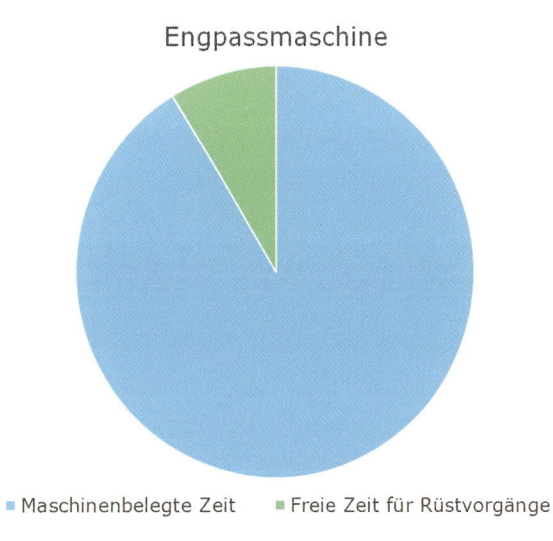

Bild 10.30 Rüstzeitberechnung bei einer Engpassmaschine

Berechnung der Losgröße:

Tagesbedarf/Anzahl möglich Rüstvorgänge

z. B. Losgröße theoretisch: 289 Stück/7 = 41,28 Stück

Runden Sie das Ergebnis anschließend auf die nächste Nicht-Primzahl auf. In unserem Beispiel also Losgröße 42

Falls sinnvoller, kann die Woche anstelle des Tages als Basis der Berechnung verwendet werden.

Stellen Sie sich während der Entscheidungsfindung nachfolgende Fragen:
- Welche Menge macht Sinn?
- Welche Menge lässt sich leicht durch die Anzahl der Teile teilen, die in der Vorrichtung fixiert werden?
- Welche Menge passt am besten zum repetitiven, wöchentlichen Planungsverfahren?

Selbstverständlich können die Losgrößen mit dieser Formel für jeden Artikel einzeln gerechnet werden. Das macht aber für ein einfaches Planungs- und Steuerungsverfahren wenig Sinn. Besser wäre, Sie würden zwei bis drei unterschiedliche Losgrößen festlegen. Zum Beispiel eine für High-Volume-Artikel (20/80), eine für mittlere Stückzahlen und eine für Exoten. Im Idealfall stünden diese Losgrößen in einem Verhältnis zueinander. Zum Beispiel: Losgröße für hochvolumige Artikel 48 Stück, für mittlere Bedarfe 24 Stück und für Exoten 12 Stück. Die Losgrößen in Dutzend haben sich in vielen lean-orientierten Unternehmen etabliert. Zwölf ist eine relativ kleine Losgröße, welche eine Ein-, Zwei-, Drei-, Vier-, Sech- und Zwölfstückspannung ermöglicht und damit eine große Flexibilität bei den Aufspannmitteln zulässt.

> **Lean Story: Losgrößenberechnung**
>
> Ich wurde vom Einkaufsleiter express zu einem Zulieferer gesandt. Dies weil sich die bereits sehr hohen Lieferzeiten von 12 bis 16 Wochen auf 16 bis 20 Wochen weiter erhöht haben, was im eigenen Unternehmen große Herausforderungen in der Lieferfähigkeit auslöste. Beim Lieferanten angekommen, hat mir der Verkaufsleiter die Situation folgendermaßen geschildert: »Herr Odermatt, das sind positive Probleme! Wir sind ausgelastet bis unters Dach. Wir haben bereits zusätzliche Fertigungsmaschinen bestellt und eine dritte Schicht, mit Einsatz von entsprechenden temporären Mitarbeitenden, implementiert. Wir tun was wir können, aber jetzt müssen Sie einfach Geduld zeigen.« Ich wusste, dass bei diesem Lieferanten Vereinbarungen mit Rahmenverträgen bestehen und fragte

ihn: »Nehmen wir an, dass ein Rahmenvertrag über 1200 Stück besteht. Das heißt also, dass der Kunde sich dazu verpflichtet, diese Menge innerhalb von 12 Monaten zu kaufen. Was wäre dann Ihre interne Losgröße?« »Ha, ich weiß genau, auf was Sie hinaus wollen. Sie möchten mich überreden, kleinere Losgrößen zu produzieren. Aber das können Sie vergessen! Wir haben in unserem Angebot nur ein Umrüstvorgang eingerechnet. Mit kleineren Losgrößen würde sich unsere Marge reduzieren und ich würde in der Nachkalkulation vom Chef eins aufs Dach bekommen«, erwiderte er schnell. »Ach ja, die Nachkalkulation. Können Sie mir sagen, welchen Betrag Sie darin für den Verlust von Kunden berücksichtigt haben? Denn das wird passieren! Kaum ein Kunde kann 16 bis 20 Wochen auf seine Produkte warten, denn damit riskiert er den Verlust seiner eigenen Kunden. Dementsprechend sind nun alle Ihre Abnehmer auf der Suche nach einem alternativen Hersteller. Vielleicht wäre es für Ihr Unternehmen am wirtschaftlichsten, wenn Sie in den nächsten drei Monaten auf einen großen Teil der Marge verzichten würden, dafür jedoch alle Kunden behalten könnten. Aber leider kommt diese Einsparung in Ihrer Nachkalkulation nicht vor. Sie können zwar korrekt kalkulieren, dabei die Firma trotzdem an die Wand fahren«, gab ich zu bedenken.

10.2.6 Zusammenfassung SMED

Die Rüstzeitreduktion ist sehr wichtig und hat auf etliche Faktoren einen positiven Einfluss. Die Bestände und Durchlaufzeiten können gesenkt, die Flexibilität erhöht und somit die steigende Variantenvielfalt beherrscht werden. Es gibt tonnenweise Argumente für große Losgrößen, diese sind aber irrelevant, denn der Markt möchte schneller beliefert werden. In den nächsten Jahren wird die Geduld der Kunden weiter abnehmen. Gehen Sie systematisch in den acht beschriebenen Schritten vor. Die Rüstzeitreduktion ist keine Einzelarbeit. Lassen Sie die betroffenen

Einrichter aktiv mitwirken. Erstellen Sie Leuchttürme, also maximale Rüstzeitreduktion bei ein bis drei Anlagen, um der Mannschaft die Vorzüge und Potenziale aufzuzeigen. Die Rüstzeitreduktion soll nicht primär zur Kostenreduktion, sondern zur Losgrößenreduktion führen. Die Kosten werden dadurch langfristig fallen. Für die Losgrößenberechnung gibt es verschiedene Formeln und Betrachtungsweisen. Finden Sie die passende Kalkulation und fordern Sie sich immer wieder mit noch höheren Erwartungen heraus.

> **Darüber sollten Sie nachdenken:**
> - Bei welchen Produkten und Prozessen besteht der größte Handlungsbedarf bezüglich der Rüstzeiten? Wo stehen die Chancen auf Erfolg am höchsten?
> - Wie hoch sind die durch große Losgrößen intern verursachte Wellen gegenwärtig bei Ihnen im Unternehmen?
> - Wie oft gibt es Express-Aufträge?
> - Wie häufig spedieren Sie in Teillieferungen?
> - Wie lange sind die Auftragslaufzeiten auf den Engpassmaschinen? Wie könnten diese reduziert werden?
> - Wer muss beim ersten Pilotprojekt mitwirken? Sind die betroffenen Mitarbeitenden genügend involviert?
> - Welche Erkenntnisse haben Sie durch die Rüstzeitanalyse gewonnen?
> - Welche Maßnahmen sind in welcher Reihenfolge und Priorität umzusetzen?
> - Wie setzen Sie die gewonnene Zeit ein? Losgrößenreduktion oder Erhöhung der Kapazität?

- Sind die Einrichtdokumente aktuell, detailliert, standardisiert, unmissverständlich und auf einem hohen Niveau visualisiert?
- Werden heute bereits Maschinen im Team umgerüstet? Und wenn ja, sind die Tätigkeiten klar aufgeteilt und visualisiert?
- Sind die Rüstprozesse standardisiert und entsprechend geschult?
- Wie werden bei Ihnen die Losgrößen festgelegt? Welche Losgrößenberechnung entspricht Ihren Anforderungen?
- Wie oft werden die Auftragsmengen angepasst bzw. reduziert?
- Wird die Reihenfolge der Aufträge mithilfe einer Rüstmatrix geplant?
- Gibt es derzeit Standard-Losgrößen in Ihrer Firma?

Das sollten Sie tun:

- Schulen Sie die Führungskräfte und Einrichter in SMED und Lean Management.
- Führen Sie in einem Team von Facharbeiter die Rüstzeitreduktion durch.
- Diskutieren Sie die Ausgangslage mit Ihren Kollegen und Vorgesetzten kritisch.
- Benutzen Sie Rüstanweisungen und Rüstchecklisten.
- Bereiten Sie alle benötigten Hilfsmittel optimal vor.
- Führen Sie Standards ein.
- Eliminieren Sie Kräne und Schrauben.
- Eliminieren Sie jegliche Justierarbeiten.

- Probieren Sie die Produktion in kleineren Auftragsmengen aus und trainieren Sie die kurzen Rüstzeiten durch kleine Losgrößen.
- Rollen Sie anschließend die Verbesserungen auf alle wichtigen Anlagen aus.
- Machen Sie den Fortschritt transparent.
- Setzen Sie sich immer höhere und herausfordernde Ziele.

10.3 Poka-Yoke – erhöhte Qualität durch Fehlervermeidung

Bei Poka-Yoke handelt es sich um die Erhöhung der Produktqualität durch Fehlervermeidung. Es kommt von den zwei japanischen Worten: Poka heißt Unachtsamkeitsfehler und Yokeru kann als »vermeiden« übersetzt werden. Es geht als darum, Unachtsamkeitsfehler zu vermeiden. Im deutschsprachigen Raum wird dies oft narren- oder idiotensicher genannt, aber dies ist diskriminierend für die Mitarbeitenden. Es geht dabei nicht um eine Herabsetzung der Qualifikation oder Verantwortung, sondern es wird anerkannt, dass Menschen Fehler machen. Bei Lean Management geht es darum, die Ursachen von Fehlern unermüdlich zu identifizieren und dauerhaft zu eliminieren. Mit Poka-Yoke unter-

Bild 10.31 Poka-Yoke

stützen Sie eine Kultur, die Nachbesserungen unnötig macht.

Es werden clevere Elemente an den Vorrichtungen oder Betriebsmitteln hinzugefügt, welche die falsche Handhabung oder Unachtsamkeitsfehler verhindern.

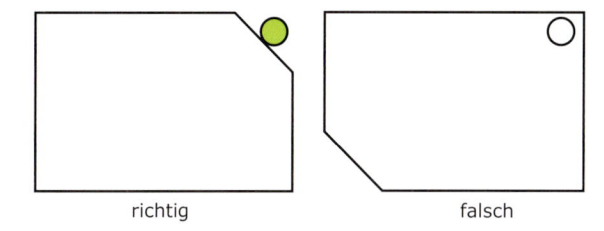

Bild 10.32 Beispiel Poka-Yoke

Weitere Beispiele aus dem Alltag sind der USB-Anschluss oder der Überlaufschutz bei Waschbecken. Verwenden Sie die vorhandene Geometrie oder passen Sie das Design bei der nächsten Änderung entsprechend an. Es kann durchaus Sinn machen, ein zusätzliches, für das Produkt nicht funktionales Feature hinzuzufügen (z. B. eine Bohrung), damit keine Verwechslungen und Unachtsamkeitsfehler gemacht werden können. Sehr oft wird Poka-Yoke bei Produkten mit linken und rechten Ausführungen angewendet, vor allem wenn diese visuell schwierig zu unterscheiden sind.

Ein weiteres Beispiel sind Montageplätze mit Einsatz von »pick-by-light«. Dabei wird dem Montagemitarbeitenden mit einem Licht der Behälter der nächsten Komponenten angezeigt. Damit werden Verwechslungen von visuell ähnlichen Teilen verhindert. Auch Werkzeuge, die das Drehmoment und die Anzahl durchgeführter Tätigkeiten automatisch prüfen, sind für die Fehlervermeidung sehr hilfreich.

> Bei welchen Prozessen und Produkten wäre die Anwendung von Poka-Yoke sinnvoll?

10.4 Jidoka – erhöhte Autonomation durch Früherkennung von Fehlern

Autonomation (autonome Automation) ist die deutsche Übersetzung vom japanische Begriff Jidoka. Das Prinzip entstand durch die Entwicklung einer selbständig reagierenden Webmaschine. Sakichi Toyoda (1867 bis 1930) baute einen Mechanismus, sodass die Maschine sofort stoppte, wenn einer der Fäden riss. Jidoka beschreibt die Fähigkeit einer Maschine bzw. eines Systems, sich bei Fehlern und Problemen selbstständig abzuschalten. Dadurch können Maschinen ohne ständige Überwachung durch Menschen produzieren. Dies entlastet die Mitarbeitenden und ermöglicht ihnen somit, ihre Talente für wertschöpfende Tätigkeiten einzusetzen. Heute steht eine Vielzahl an Sensoren für die Früherkennung von Fehlern zur Verfügung. Damit stoppt der Prozess, bevor weitere nichtkonforme Teile hergestellt werden. Diese automatische Qualitätssicherung verhindert Ausschuss und Nacharbeit und bildet damit einen wichtigen Bestandteil der Störungsfreiheit.

> ✓ Nutzen Sie die vorhandenen Sensoren an den Anlagen. Überlegen Sie sich, welche zusätzlichen Schalter und Sensoren für eine hohe Autonomation sinnvoll wären.

10.5 Standardisierung – für stabile und effiziente Prozesse

Die Standardisierung wurde bereits in mehreren Kapiteln erwähnt. Standardisierte Methoden und Prozesse geben klare Vorgaben, erhöhen die Prozesssicherheit, sind Teil der Firmenkultur und einfach zu erlernen und einzuhalten. Das einheitliche Prozessniveau und die stabile Ausgangslage lassen Sie die Potenziale erkennen und ermöglichen Ihnen kontinuierliche Verbesserung.

Aufgrund der reduzierten Prozessschwankungen sind weniger Probleme, Korrekturen und Nacharbeiten zu erwarten. Die gewonnene Zeit können Sie in weitere Optimierungen investieren.

Aber Achtung: Die Standardisierung ist kein Satz an schönen Dokumenten, sondern ein Mittel zur Erzeugung höchstmögliche Prozessstabilität. Es wird in der Praxis oft hingenommen, dass zwar Arbeitsvorschriften existieren, diese aber nicht eingehalten werden. Das wichtigste bei der Standardisierung ist, ein System zu entwickeln, welches die standardisierte Arbeit zuverlässig sichert. Ohne die konsequente Einhaltung der Standards werden die Prozesse instabil und die Potenziale unklar sein. Bei Abweichungen muss gehandelt und Verbesserungen umgesetzt werden. Die Standards sind nicht statisch, auch sie unterliegen der kontinuierlichen Verbesserung. Die Standardisierung soll nicht der Kostenkalkulation dienen. Wenn es Zweck ist, Zielvorgaben für die Prozesszeiten zu geben und Arbeiter die es nicht erreichen, zu bestrafen oder die Übertreffenden zu feiern, dann verlieren die beschriebenen Tätigkeiten den tieferen Sinn. Es geht darum, eine hohe Prozessstabilität zu erschaffen und den aktuellen »best practice« aufzuzeigen.

Wie entsteht ein Standard? Meistens entsteht der neue Standard als Resultat einer Kaizen-Maßnahme oder des PDCA-Zyklus (dazu mehr im Kapitel 13). Es kann aber auch einfach eine Einigung auf den »best practice« von aktuell unterschiedlicher Vorgehensweise sein. Dabei werden zum Beispiel die Vorgangsreihenfolge und Taktzeiten sowie die qualitativen Vorgaben beschrieben.

> 💡 Finden Sie die richtige Balance im Detaillierungsgrad. Zum einen möchten Sie alle Details beschreiben, aber verlieren damit an Übersichtlichkeit und Praxistauglichkeit. Wer liest schon 20 Seiten einer Dokumentation durch? Es geht vielmehr um eine grundsätzliche Aufführung der Arbeitsbestandteile, möglichst in einem One-Pager, also auf einer einzigen A4-Seite beschrieben und visualisiert. Überprüfen Sie die Einhaltung der Standards regelmäßig. Suchen Sie die Abweichungen und setzen Sie hartnäckig die notwendigen Verbesserungen um.

> ✓ Erstellen Sie eine One-Page-Vorlage für die Beschreibung der Standards. Testen und verbessern Sie diese intensiv, bevor Sie es auf den gesamten Bereich oder Unternehmen ausrollen. Standards entstehen aus »best practice«. Gehen Sie also hin und beobachten Sie die unterschiedlichen Vorgehensweisen und entwickeln Sie mit dem zuständigen Team den sichersten Standard mit der höchsten Leistungsfähigkeit. Trainieren Sie diesen Standard im Team, bis ihn alle beherrschen. Teilen Sie Ihre Erfahrungen mit den anderen Bereichen.

10.6 Zusammenfassung Poka-Yoke, Jidoka und Standardisierung

Das erste Grundprinzip von Just-in-time ist Stabilität. Die generelle Implementierungsreihenfolge von Lean Management geht von innen nach außen, also von Point-, über Fluss-, Rhythmus- bis Kultur-Kaizen. Eine hohe Prozesssicherheit und Störungsfreiheit sind wichtig für die nächsten Stufen in der Implementierung von Lean Management. Instabilität ist das Ergebnis von nicht standardisierten Prozessen. Die Methoden Poka-Yoke und Jidoka sind Fehlervermeidungstechniken und daher wichtig für hohe Qualität. Die Standardisierung führt zu hoher Prozessstabilität und lässt die Potenziale erkennen. Eine kontinuierliche Weiterentwicklung aller genannten Methoden ist essenziell. Streben Sie immer höhere Herausforderungen an und verbessern Sie die Stabilität kontinuierlich.

10.6 Zusammenfassung Poka-Yoke, Jidoka und Standardisierung

Darüber sollten Sie nachdenken:

- Bei welchen Produkten und Prozessen treten Unachtsamkeitsfehler häufig auf?
- Wo besteht das höchste Risiko für Verwechslungen?
- Bei welchen Produkten und Prozessen macht die Erhöhung der Produktqualität durch Fehlervermeidung am meisten Sinn?
- Bei welchen Anlagen sollte die Autonomation durch Jidoka erhöht werden?
- Bei welchen Prozessen bringt die Standardisierung den höchsten Nutzen?

Das sollten Sie tun:

- Schulen Sie die Führungskräfte und die betroffenen Mitarbeitenden in Poka-Yoke, Jidoka und Standardisierung.
- Entscheiden Sie sich für Produkte und Prozesse, wo Sie diese Methoden anwenden und weiterentwickeln wollen.
- Definieren Sie Leuchtturmprojekte und setzen Sie diese zügig um.
- Stellen Sie erste Prototypen her und lernen Sie.
- Sprechen Sie mit dem Betriebsmittelbau, dass Poka-Yoke in zukünftigen Vorrichtungen mitberücksichtigt werden muss.
- Zeigen Sie der Konstruktionsabteilung den Nutzen auf, damit entsprechende Features in zukünftige Produktgestaltungen einfließen.
- Gehen Sie vor Ort und entwickeln Sie die Verbesserungen im Team.
- Teilen Sie die Erfahrungen im gesamten Unternehmen.
- Machen Sie den Fortschritt transparent.

11 Fluss-Kaizen

11 Fluss-Kaizen

Fragen, die in diesem Kapitel beantwortet werden:
- Welche Tools und Methoden beinhaltet Fluss-Kaizen?
- Was sind die Inhalte und der Nutzen von Wertstromanalyse und Wertstromdesign?
- Welche Schritte sind in der Analyse sinnvoll?
- Wie wähle ich die geeignete Prozessfamilie aus?
- Wie berechne ich den Kundentakt?
- Wie bewerte ich die Verbesserungspotenziale?
- Welche Schritte haben sich für die Erstellung des Wertstromdesigns bewährt?
- Wo im Wertstrom starte ich mit der Umsetzung?
- Wie sieht eine Fließfertigung aus und was bringt sie dem Unternehmen?
- Welche Analysemethoden unterstützen mich in der Erarbeitung der Fließfertigung?
- Auf was ist beim Austakten von Prozessschritten zu achten?
- Wie plane ich eine Balance zwischen Mensch und Maschine?
- Welche Grundregeln sind für das Layout zu beachten?
- Welche typischen Layouts und Organisationsformen haben sich bei Fertigungszellen durchgesetzt?
- Was bedeutet »One-Piece-Flow«? Warum ist dies so wichtig?

Steigende Variantenvielfalt, schwankende Bedarfe und der hohe Konkurrenzdruck machen herkömmliche Produktionssysteme unwirtschaftlich. Diese sind ungenügend flexibel und binden in einem hohen Maße Ressourcen. Die Anforderungen an Flexibilität, Qualität und Produktivität können mit konventionellen Organisationsformen oft nicht erfüllt werden. Ein kontinuierlicher, ununterbrochener Fluss ist in allen Prozessen anzustreben. In der Realität sind es eher unzählige Bäche, die sich in Stauseen sammeln, bevor sie wieder für eine kurze Strecke fließen. Umwege und Wasserfälle sind oft der Normalfall. Dies führt zu längeren Durchlaufzeiten, zu Beständen und erhöhten administrativen Aufwänden. Je länger die Durchlaufzeiten, umso höher die Wahrscheinlichkeiten, dass der Kunde noch einige Teile der Bestellung (z. B. Art, Menge, Termin) ändern wird. Falls zu diesem Zeitpunkt die Fertigungsaufträge bereits freigegeben sind, löst dies eine Welle an nicht werterhöhenden Tätigkeiten aus. Die Planung muss angepasst und Kundenaufträge verschoben werden. Diese Terminänderungen lösen häufig auch Kapazitätsverluste durch Stillstände und zusätzliche Umrüstungen aus. Je mehr Änderungen, desto mehr Störungen im Produktionsablauf. Bei Volllast bedingt dies möglicherweise, dass die Kunden Ihre Bedarfe in Teillieferungen erhalten. Dies erhöht die Komplexität und den administrativen Aufwand zusätzlich. Eine hohe Flusseffizienz reduziert die Problemstellungen in der Planung und Steuerung. Dadurch können Koordinationssitzungen zwischen den Bereichen eliminiert oder zumindest signifikant reduziert werden. Die Senkung der Durchlaufzeiten reduziert also nicht nur gebundenes Kapital, Platz, Handling und Transporte, sondern auch administrativen Aufwand.

In diesem Abschnitt sind einige wichtige Tools und Methoden für Fluss-Kaizen beschrieben:
- Wertstrom
- Verkettung von Produktionsprozessen
- One-Piece-Flow.

11.1 Wertstromanalyse/ Wertstromdesign – ganzheitliches Verständnis für den Fluss

Die Wertstrom-Methode (Englisch Value-Stream-Mapping genannt) bezeichnet alle Aktivitäten (wertschöpfend und nicht wertschöpfend), die notwendig sind, um ein Produkt oder eine Dienstleistung zu erstellen. Der Wertstrom macht das Zusammenspiel zwischen Informationsfluss, Materialfluss und den beteiligten Prozessen deutlich. Es ist eine Visualisierungsmethode und zeigt mithilfe von festgelegten Symbolen den Weg des Produktes/der Dienstleistung durch das Unternehmen. Es enthüllt die Komplexität und hilft, den Wertstrom ganzheitlich zu verstehen. Das Ergebnis der Wertstromanalyse ist die Grundlage für die Entwicklung eines kundenorientierten Wertstroms.

Der Wertstrom startet beim Rohstoff und endet beim Endkunden. Sie sollten sich zum Start vorerst auf Ihre eigene Firma »von Rampe zu Rampe« konzentrieren. Mit zunehmender Erfahrung erweitert man die Aktivitäten auf den eigenen Werksverbund und die Zulieferer aus.

11.1.1 Nutzen der Wertstromanalyse

- Erkennen von Suboptimierung in den Bereichen
- Erkennen des gesamten Flusses (Rampe-Rampe)
- Erkennen von Verschwendungen

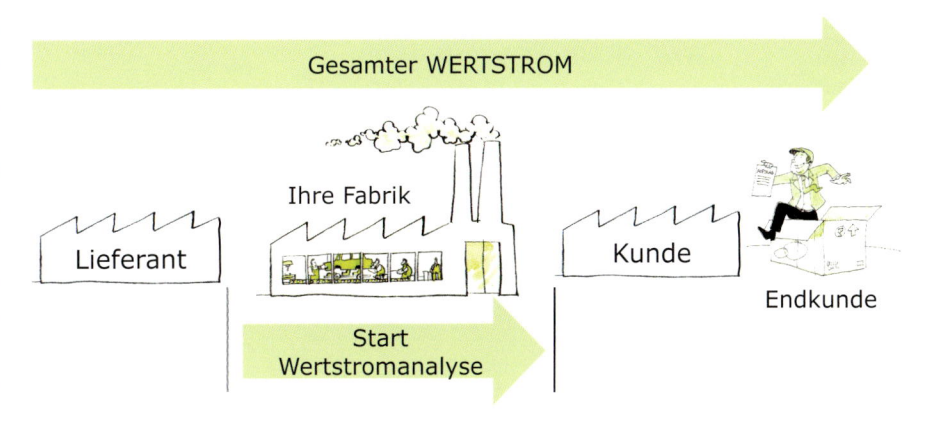

Bild 11.1 Wertstromanalyse »von Rampe zu Rampe« im eigenen Unternehmen

- Zusammenhang zwischen Material- und Informationsfluss wird transparent
- ideales Werkzeug zur Darstellung der Gesamtlogik einer Fabrik
- transparente Vorher-/Nachher-Vergleiche sind darstellbar

Die Prozessschritte werden in rechteckigen Prozesskästen und die Bestände dazwischen mit Dreiecken visualisiert. In der Datenbox werden jeweils unter den Prozessschritten die wichtigsten Kennzahlen aufgeführt. Sehr typisch sind Zykluszeit (Bearbeitungszeit/Wertschöpfungs-

11 Fluss-Kaizen

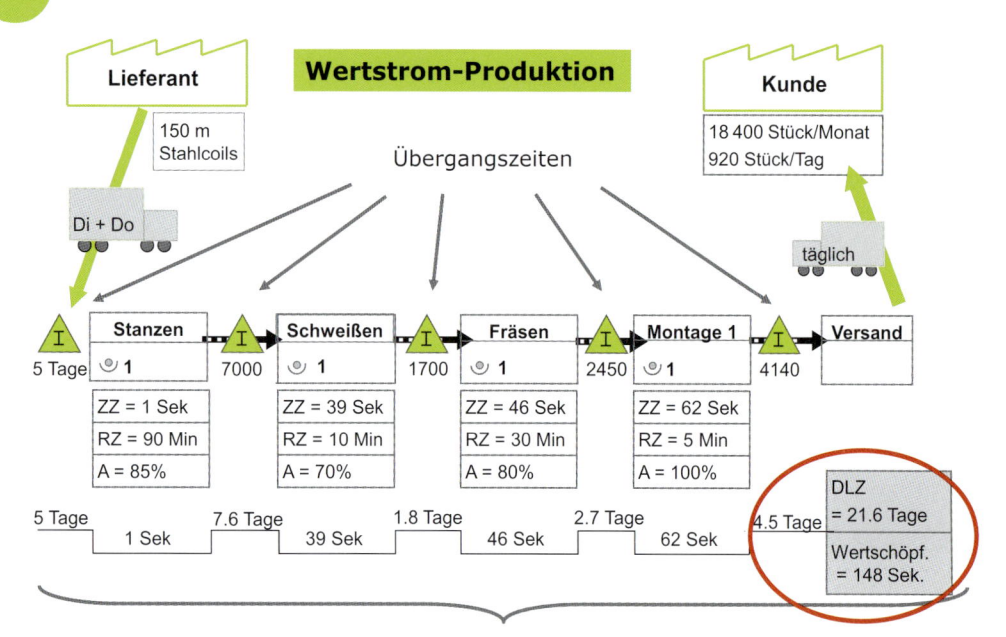

Bild 11.2 Beispiel Wertstromanalyse

zeit), die Rüstzeit sowie die Anlagenauslastung. Sie können weitere Prozesskennzahlen hinzufügen, beachten Sie dabei aber die Übersichtlichkeit. In diesem Beispiel ergibt die Summe aller Liegezeiten eine Durchlaufzeit von 21,6 Tagen und die Wertschöpfungszeit für ein Teil beträgt gerade mal 148 Sekunden. So oder so ähnlich kann es wirklich auch in Ihrem Unternehmen aussehen. Nicht selten ist der Anteil der Wertschöpfung unter 1 % von der gesamten Durchlaufzeit. Die anderen 99 % sind Liegezeiten. Wenn Sie also in Ihrem Unternehmen die Durchlaufzeiten reduzieren möchten, müssen Sie nicht schneller arbeiten, sondern die Liegezeiten verringern, indem Sie den Fluss beschleunigen.

11.1.2 Die vier Schritte zum kundenorientierten Wertstrom

Auswahl einer Prozessfamilie → Wertstromanalyse → Wertstromdesign → Umsetzungsplan

1. Auswahl der Prozessfamilie

Verwechseln Sie die Produktfamilie nicht mit der Prozessfamilie. Die Erstgenannte widerspiegelt den Produktkatalog, die zweite Familie umfasst die Produkte mit den gleichen Prozessschritten, egal ob diese im Angebotsverzeichnis zusammenpassen.

		Fertigungsschritte							
		1	2	3	4	5	6	7	8
Produkt	A			X	X		X	X	X
	B			X	X	X	X	X	X
	C		X	X	X		X	X	X
	D	X	X				X	X	
	E	X	X			X	X	X	
	F		X	X		X	X		
	G	X	X			X	X		

Rohmaterial ⟶ Wertstrom (Fluss) ⟶ Kunde

Bild 11.3 Beispiel Prozessmatrix

Alle Produktflüsse auf einmal zu erfassen, ist zu komplex und gefährdet die Verbesserung. Die Konzentration auf eine Prozessfamilie mit möglichst hohen Mengen sowie gleichen Verarbeitungsschritten, Maschinen und Arbeitsplätzen ist sinnvoll.

> 💡 Von Anfängern wird gerne eine Wertstromanalyse für einen einzelnen Artikel erstellt. Dies ist in den meisten Fällen sinnlos, denn die Wahrscheinlichkeit, dass sich zwischen allen Prozessschritten Ware in Arbeit befindet, ist gering. Sie werden damit ein verzerrtes Bild erhalten. Erst mit der Zusammenfassung von mehreren Artikeln zu einer Prozessfamilie, erhalten Sie eine realistische aussagekräftige Wertstromanalyse.

> ✓ Entscheiden Sie sich für eine Prozessfamilie und erstellen Sie eine Tabelle mit den Jahresbedarfen sowie den Zyklus- und Rüstzeiten von den betroffenen Artikeln.

2. Erstellung der Wertstromanalyse

Generelle Vorgehensweise zur Wertstromanalyse:

- Zu Beginn wird ein »Schnelldurchgang« durch den vollständigen Wertstrom, von Rampe zu Rampe durchgeführt, um einen Überblick zu gewinnen.
- Startpunkt für die Erfassung des Ist-Zustandes ist der Versand. Die Aufnahme erfolgt flussaufwärts.
- Informationen zum Ist-Zustand werden auf dem Weg entlang des Material- und Informationsflusses aufgenommen.
- Der Wertstrom wird von Hand mit Bleistift unter Verwendung der Wertstromsymbole gezeichnet.
- Alle Informationen (Zykluszeiten, Bestände, Rüstzeiten …) werden persönlich vor Ort aufgenommen.

> 💡 Es gibt immer wieder Workshop-Teilnehmer, die den Wertstrom mithilfe einer Software erfassen möchten. Diese macht weder den Inhalt der Analyse wertvoller, noch reduziert sie die benötigte Zeit für die Analyse. Die Methode wird also weder effektiver, noch effizienter angewendet. Im besten Fall werden die Ergebnisse schöner dargestellt. In vielen Fällen wird mit der Software, aufgrund der vielen Möglichkeiten, mehr Zeit für das visuelle Erscheinungsbild investiert. Für alle Ästhetiker mag dies wichtig sein, aber wertvoller für das Unternehmen ist es in der Regel nicht. Zudem ist die aktive Mitarbeit des gesamten Teams häufig eingeschränkt, weil nicht alle gleichzeitig an dieser Aufgabe arbeiten können. Damit sind die Kreativität und schlussendlich auch die Produktivität eingeschränkt. Daher: Wiederstehen Sie dem Reiz einer Software und investieren Sie Ihre Zeit in die Beobachtung anstatt in hübsche Darstellungen und Nice-to-have-Tools.

Standardisierte Symbole für die Wertstromanalyse

> ⬇ Download: Übersicht der Symbole für die Wertstromanalyse Produktion

Die Wertstromanalyse erfolgt in sechs Schritten

Siehe Abbildung Wertstromanalyse Produktion.

A) Kundensymbol und -anforderungen einzeichnen.
B) Prozessschritte und Bestands-Dreiecke zeichnen und Daten eintragen.
C) Externen Materialfluss darstellen.
D) Informationsfluss skizzieren.
E) Zeitverlauf mit den Wertschöpfungs- und Durchlaufzeiten eintragen.
F) Verbesserungspotenziale identifizieren und Kaizen-Blitze einzeichnen.

A) Kundensymbol und -anforderungen einzeichnen

Unter das Kundensymbol wird der Periodenbedarf (meistens Monats oder Jahresbedarf) von allen in der Prozessfamilie berücksichtigten Artikeln summiert eingetragen. Anschließend wird

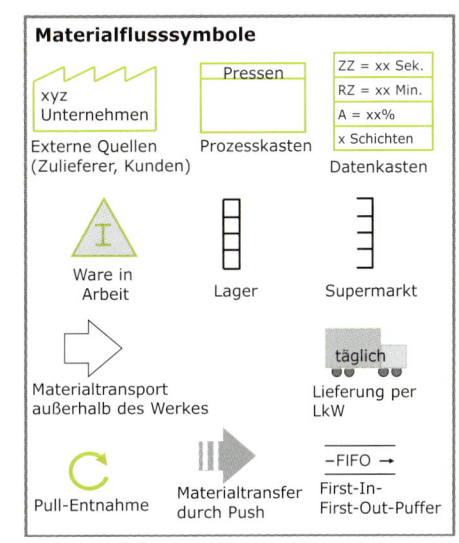

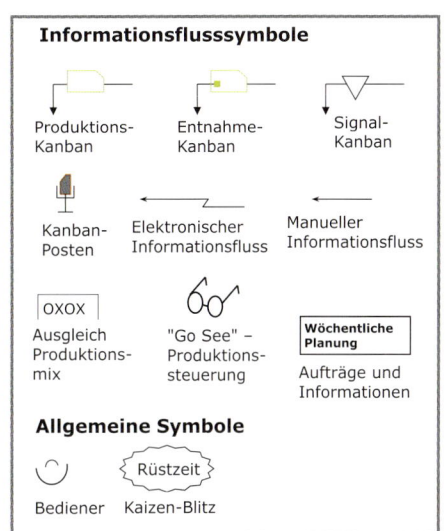

Bild 11.4 Symbole Wertstromanalyse Produktion

der Tagesbedarf daraus abgeleitet und ergänzt. Als letztes wird noch der Kundentakt berechnet und unter dem Kundensymbol notiert.

$$Kundentakt = \frac{Tägliche\ Nettoarbeitszeit}{\varnothing\ Täglicher\ Kundenbedarf}$$

zum Beispiel:

$$= \frac{55\,200\ Sek.}{920\ Stk.} = 60\,\frac{Sek.}{Stk.}$$

Formel 11.1

11 Fluss-Kaizen

- Auslastung (A)
- Maschinenverfügbarkeit (MV)
- Arbeitszeit (AZ)
- Losgröße-Reichweite (LG)
- Ausschuss-/Nacharbeit

Bei sehr unterschiedlichen Zykluszeiten, sollten Sie die durchschnittlich gewichtete Zykluszeit berechnen.

Tabelle 11.1 Berechnungsbeispiel Zykluszeit ungewichtet

Artikel	Zykluszeit
A	10 Sek.
B	20 Sek.
C	30 Sek.
Mathematischer Durchschnitt	20 Sek.

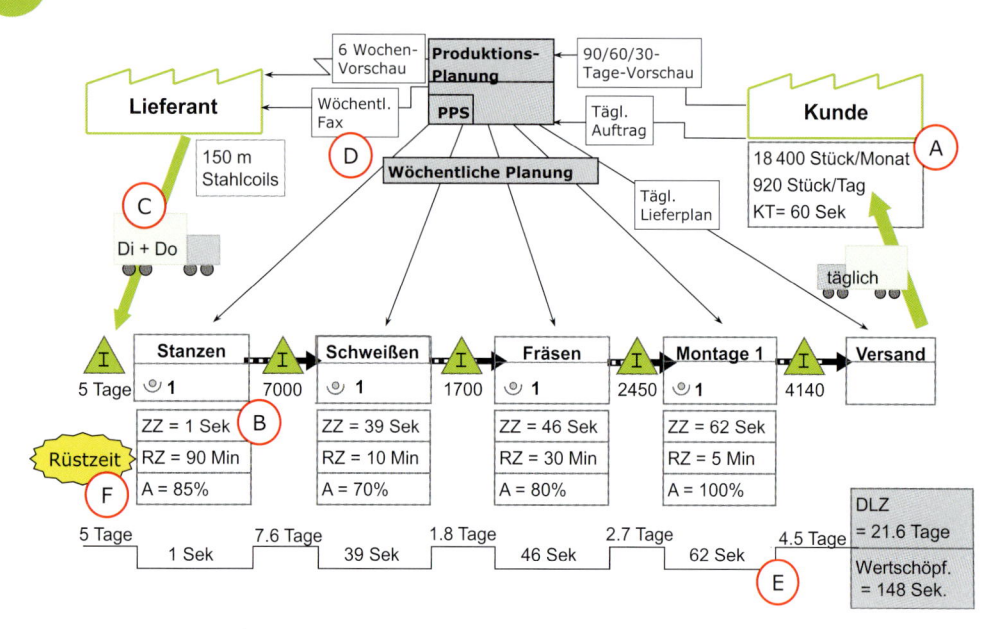

Bild 11.5 Die sechs Schritte zur Wertstromanalyse der Produktion

B) Prozessschritte und Bestands-Dreiecke zeichnen und Daten eintragen

Typische und je nach Situation sinnvolle Prozessdaten je Prozessschritt können sein:
- Anzahl Mitarbeitende
- Zykluszeit (ZZ)
- Rüstzeit (RZ)

Tabelle 11.2 Berechnungsbeispiel Zykluszeit gewichtet

Artikel	Zyklus-zeit	Menge	Fertigungs-zeit je Artikel
A	10	1000 Stk.	10 000 Sek.
B	20	60 Stk.	1200 Sek.
C	30	10 Stk.	300 Sek.
TOTAL		1070 Stk.	11 500 Sek.
Gewichtet (Total Fertigungszeit/Total Menge)	10.75 Sek.		

Bei der Verwendung der durchschnittlichen, gewichteten Zykluszeit muss beachtet werden, dass diese für die Bestimmung des langfristigen Kapazitätsbedarfes und für die Prozessentwicklung – aber nicht für die Tagesplanung – verwendet werden kann. Für letzteres müssen die Fertigungszeiten der einzelnen Artikel angewandt werden.

Berechnen Sie ebenfalls die gewichtete Rüstzeit, sofern diese sehr stark unterschiedlich ausfällt. Setzen Sie dafür anstatt Zykluszeit die Rüstzeit und anstatt Menge in Stück die Menge an Rüstvorgängen in die Formel ein.

Tragen Sie die Bestände zwischen den Prozessschritten unter den Bestands-Dreiecken ein. Wenn die vorhandene Menge eine mehrfache Verwendung hat (z. B. Rohmaterial), ist nur die anteilige Menge für die gewählte Prozessfamilie zu erfassen. Die einzelnen Liegezeiten werden anschließend unter jedem Bestands-Dreieck berechnet und auf der Zeitlinie eingetragen.

$$Liegezeit = \frac{Bestandsmenge\ (zwischen\ den\ Prozessschritten)}{Täglicher\ Kundenbedarf}$$

$Zum\ Beispiel$ $7000/920 = 7.6$ Tage

Formel 11.2

> Machen Sie eine Momentaufnahme. Summieren Sie die aktuell zwischen den Prozessen liegenden Ansammlungen für jedes einzelne Bestands-Dreieck. Selbstverständlich können sich die Mengen innerhalb von wenigen Stunden stark verändern, aber die Gesamtsumme aller Liegezeiten im Wertstrom variiert in der Regel nur gering. Denn diese spiegelt Ihre Organisation, Planung und Losgrößen wider.

C) Externen Materialfluss darstellen

Von und nach Extern wird die Ware am häufigsten per Lastwagen transportiert. Sollte dies anders sein, dann Zeichnen Sie z. B. die Bahn, das Schiff oder Flugzeug als Symbol ein. Visualisieren Sie das Haupttransportmittel und tragen Sie die Lieferfrequenz ein.

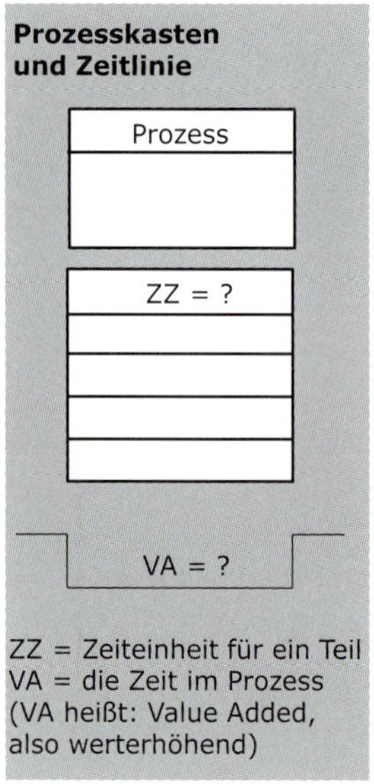

D) Informationsfluss und den internen Materialfluss skizzieren

Die Produktionsplanung wird im oberen Teil der Wertstromanalyse als Prozesskasten dargestellt. Es werden nur jene Informationsflüsse eingezeichnet, die einen Materiafluss bewirken. Bei der Darstellung wird zwischen elektronischem und manuellem Informationsfluss unterschieden. Die unterschiedlichen Informationsflüsse (Bedarfsvorausschau, Bestellungen...) werden mit einem Informationskasten gekennzeichnet.

E) Zeitverlauf mit den Wertschöpfungs- und Durchlaufzeiten eintragen

Zeigen Sie am rechten Ende der Zeitlinie die Summen der Liege- und Wertschöpfungszeiten an.

In den Senken der Zeitlinie wird die Wertschöpfungszeit (Value added time) eingetragen. Es wird nicht die Wertschöpfungszeit pro Auftrag, sondern pro Werkstück erfasst. In den meisten Fällen entspricht die Zykluszeit der Wertschöpfungszeit. Bild 11.6 zeigt einige wichtige Ausnahmen.

Prozesskasten und Zeitlinie	Maschinen-/ Anlagenkonzept	Kenngrößen	Berechnung ZZ und VA
Prozess / ZZ = ? / VA = ?	**kontinuierlicher Durchlauf** Bsp.: Bandofen	DLZ = Durchlaufzeit WIP = Anzahl Teile im System	ZZ = DLZ / WIP VA = DLZ
ZZ = Zeiteinheit für ein Teil VA = die Zeit im Prozess (VA heißt: Value Added, also werterhöhend)	**getaktet** Bsp.: Rundtakttisch mit 8 Bearbeitungsstationen	t_T = Taktzeit n = Anzahl Stationen	ZZ = t_T VA = n × ZZ
	Batchfertigung Bsp.: Waschanlage	t_L = Bearbeitungszeit für ein Los LG = Losgrösse	ZZ = t_L / LG VA = t_L

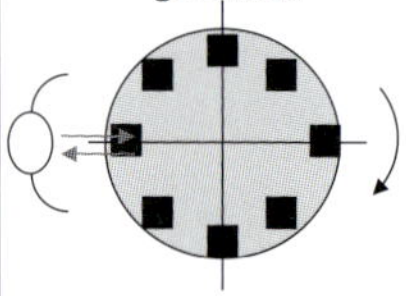

Bild 11.6 Spezielle Berechnung der Wertschöpfungszeiten

F) Verbesserungspotenziale identifizieren und Kaizen-Blitze einzeichnen

Um es übersichtlicher zu gestalten, ist es häufig sinnvoll, die einzelnen Kaizen-Blitze zu nummerieren. Dann können Sie anschließend ein Nutzen-Aufwand-Diagramm erstellen.

> 💡 Erstellen Sie die Wertstromanalyse auf Papier vor Ort in der Fertigung. Nehmen Sie sich genügend Zeit, die Prozessschritte zu verstehen und die Verschwendungen zu erkennen. Identifizieren Sie die Engpässe, um diese anschließend im Wertstromdesign zu entschärfen. Für die Visualisierung und Besprechung der Erkenntnisse im Team, empfiehlt es sich den Wertstrom anschließend auf Packpapier und Post-its zu visualisieren.
>
> Achtung: Sie haben enorme Potenziale entdeckt und möchten sicherlich sofort mit der Umsetzung beginnen. Es ist weise, zuerst ein Wertstromdesign zu erstellen und erst daraus den Umsetzungsplan abzuleiten. Warum? Damit Sie nicht nur Kaizen, sondern Kaikaku, also eine große Veränderung bzw. einen hohen Nutzen realisieren. Einige Verbesserungen, welche Sie jetzt sofort anpacken möchten, sind vielleicht im neuen Wertstromdesign hinfällig. Wenn Sie zuerst den Soll-Zustand aufzeichnen, werden Sie genau die Verbesserungen angehen, welche Sie dem mittelfristigen Ziel näherbringen.

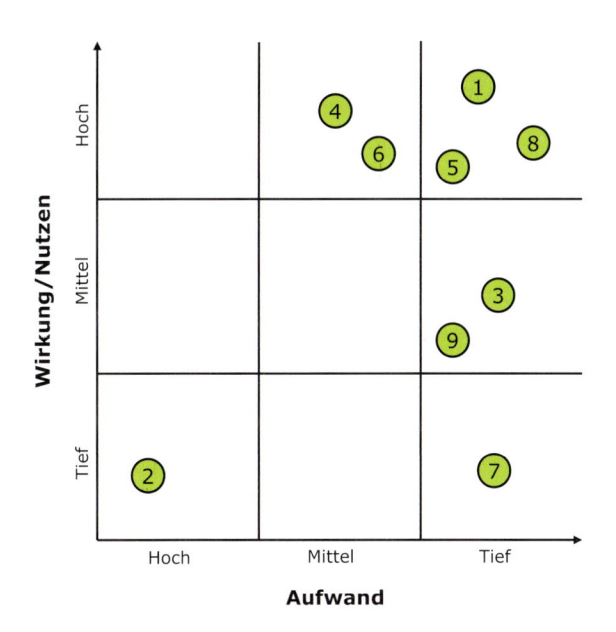

Bild 11.7 Nutzen-Aufwand-Diagramm

> **Lean Story: Wertstromanalyse**
>
> Die Methode Wertstromanalyse ist aussagekräftig und daher sehr wertvoll. Die Workshop-Teilnehmer erhalten einen tiefen Einblick in die Gesamtlogik und die Prozessflüsse im Unternehmen. Ein Geschäftsführer war davon so angetan, dass er von allen vorhandenen Wertströmen eine entsprechende Analyse verlangte. Die jeweiligen Workshop-Teilnehmer wurden geschult und begleitet. Am Schluss der jeweiligen Analyse war immer ein großer Aha-Effekt vorhanden. Die Betroffenen wollten den Wertstrom unbedingt optimieren. Die zur Abschlusspräsentation eingeladenen Stakeholder waren begeistert von der Transparenz und von der Veränderung der Sichtweise bei den Beteiligten. So wurde eine Wertstromanalyse nach der anderen durchgeführt. Ein Jahr später war ich vor Ort und habe festgestellt, dass sich, mit Ausnahmen von einigen wenigen kurzfristigen Verbesserungen, nicht viel verändert hat. Die Euphorie versandete rasch im Tagesgeschäft. Nicht die Anzahl Analysen machen den Unterschied, sondern die Anzahl umgesetzten Verbesserungen! Machen Sie weniger Analysen, setzen aber die anschließenden Wertstromdesigns zeitnah um.

> Fassen Sie die Erkenntnisse der Wertstromanalyse zusammen. Präsentieren Sie als Team die Ergebnisse und Feststellungen den Stakeholdern bzw. den Führungskräften und den betroffenen Mitarbeitenden. Damit erhält das Analyseteam eine Wertschätzung und der Handlungsbedarf wird von den Teilnehmenden erkannt.

3. Erstellung des Wertstromdesigns

Das Wertstromdesign beschreibt den zukünftigen Wertstrom. Es macht die Auswirkungen von Entscheidungen transparent und es sind Vorher-Nachher-Vergleiche möglich. Das Wertstromdesign ist Basis für die Erstellung eines Umsetzungsplans. Es kann grundsätzlich auch zur Visualisierung einer langfristigen Vision dienen, wird aber in der Praxis meistens so gestaltet, dass die Umsetzung innerhalb von 3 bis 18 Monaten realistisch ist.

> 💡 Wenn Sie das erste Mal ein Wertstromdesign entwickeln, sollten Sie Produktdesign, Prozesstechnologien und Standortfragen als gegeben betrachten und versuchen, alle Ursachen von Verschwendung zu beseitigen, die nicht von diesen Faktoren herrühren. Außer bei kleinen Anschaffungen sollten Sie beim ersten Soll-Zustand nach dem Motto handeln: »Was können wir erreichen, mit dem was wir haben?« Bei weiteren Iterationszyklen von Wertstromdesigns können Sie Ihre Aufmerksamkeit dann auch auf Produktdesign, Technologie und Standortfragen richten.

Leitlinien zur Erstellung eines Wertstromdesigns in sechs Schritten

1. Entwickeln Sie eine kontinuierliche Fließfertigung.
2. Synchronisieren Sie den Produktionsrhythmus mit dem Verkaufsrhythmus.
3. Setzen Sie die Produktionsplanung nur an einer einzelnen Stelle im Wertstrom an.
4. Nivellieren Sie die Herstellung des Produktmixes am Hauptprozess.
5. Schaffen Sie in Ihrem Wertstrom einen »Anfangs-Pull«.
6. Verwenden Sie Supermarktsysteme.

1. Entwickeln Sie eine kontinuierliche Fließfertigung

Damit sind nicht nur nah zusammenstehende Maschinen gemeint, sondern verkettete Maschinen und wirklich fließende Prozesse, im Idealfall im One-Piece-Flow (Einzelstückfluss). Die Anlagen müssen nicht zwingend mit einem Automationssystem verbunden sein, im Gegenteil, sehr oft erfolgt je nach Stückzahlen und Komplexität die Weitergabe durch die Operateure.

Isolierte Inseln werden in der Wertstromanalyse mit jeweils einem Prozesskasten gekennzeichnet.

11 Fluss-Kaizen

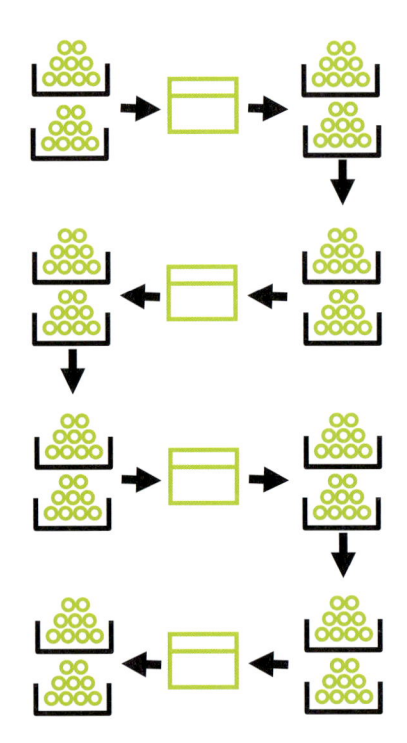

Bild 11.8 Isolierte Prozesse

Bild 11.9 Fließfertigung

Bild 11.10 Prozesskasten Fließfertigung

2. Synchronisieren Sie den Produktionsrhythmus mit dem Verkaufsrhythmus

Produzieren Sie innerhalb des Kundentakts. Dieser gibt an, wie viel Zeit für eine bestimmte Tätigkeit idealerweise in Anspruch genommen werden darf, um die Kundennachfrage genau zum richtigen Zeitpunkt – just in time – zu befriedigen. Er hilft bei der Synchronisierung von Produktion und Verkauf.

$$Kundentakt = \frac{Tägliche\ Nettoarbeitszeit}{\varnothing\ Täglicher\ Kundenbedarf}$$
$$= \frac{55\,200\,\text{Sek.}}{920\,\text{Stk.}} = 60\,\frac{\text{Sek.}}{\text{Stk.}}$$

Formel 11.3

3. Setzen Sie die Produktionsplanung nur an einer einzelnen Stelle im Wertstrom an

Oft werden die meisten oder alle Prozessschritte durch ein zentrales ERP-System gesteuert. Dies ist für einen kontinuierlichen Fluss mit möglichst geringen Beständen ungeeignet. Deshalb sollten Sie versuchen, nur den Hauptprozess zu steuern und die anderen mittels Pull (ziehende Fertigung, Kanban) oder FIFO (First-In-First-Out) selbststeuernd zu gestalten.

Versuchen Sie, die Produktionsplanung nur an einer einzelnen Stelle im Wertstrom anzusetzen.

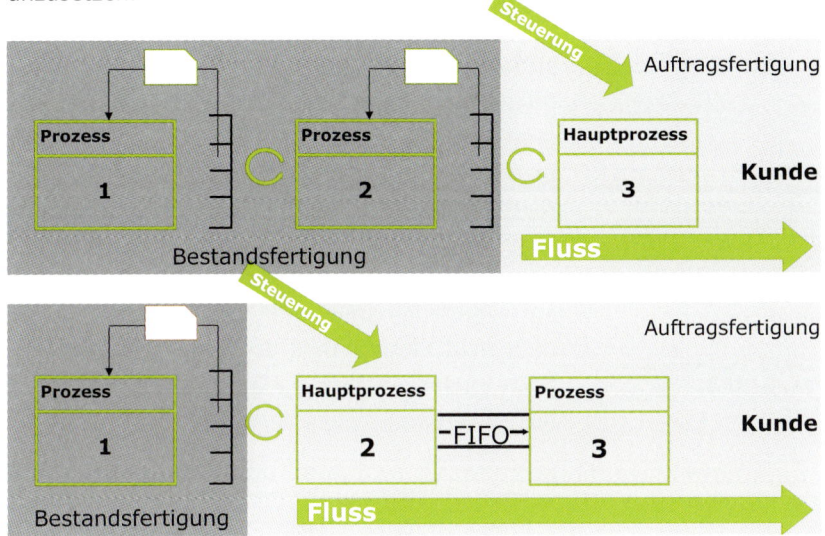

Bild 11.11
Steuerung im Idealfall an einem Ort: am Hauptprozess

4. Nivellieren Sie die Herstellung des Produktmix am Hauptprozess

Versuchen Sie in einem ersten Schritt die monatlich benötigte Menge auf Tagesmengen zu nivellieren. Vielleicht sind Sie davon noch so weit entfernt, das sie vorgängig zuerst Jahresmengen auf Monatsmengen nivellieren müssen. Um eine Glättung zu erhalten, sollten Sie anschließend die Tagesmengen in mehreren Zyklen produzieren. Dann können Sie eine für längere Zeit gleichbleibende Produktionsform anstreben, wie in der Abbildung unter Produktionsmix dargestellt.

1. Nivellierung

Produkt	Monatlich benötigte Stückzahl	Nivellierung auf Tagesmengen
A	1000	täglich 50
B	800	täglich 40
C	200	täglich 10

2. Glättung

Produkt	Tagesmenge	5 Produktionszyklen
A	50	10 / Zyklus
B	40	8 / Zyklus
C	10	2 / Zyklus

3. Glättung verstärken

Produkt	Tagesmenge	10 Produktionszyklen
A	50	5 / Zyklus
B	40	4 / Zyklus
C	10	1 / Zyklus

4. Produktmix

Anzustrebende Produktionsform

A B A B A B A B A C

Bild 11.12 Beispiel Nivellierung und Glättung

5. Schaffen Sie in Ihrem Wertstrom einen »Anfangs-Pull«

Die Steuerung mittels Kanban führt zu einer ziehenden (Pull) Fertigung. Damit die Fertigung möglichst geglättet und nivelliert (Heijunka) erfolgt, können die Kanbans in der Heijunka-Box in sogenannte »Pitch«, also Zeiteinheiten, verteilt werden. Das sind fixe Abschnitte, in denen immer konstante Inhalte gefertigt werden. So können zum Beispiel in einem 10-Minuten-Pitch entweder vier Stück von A, sechs Stück von B oder acht Stück von C produziert werden. Bedarfsspitzen werden geglättet und Über-/Unterlast soweit als möglich vermieden.

6. Verwenden Sie Supermarktsysteme

Ein Supermarkt ist ein mit Kanban gesteuertes Pufferlager. FIFO wird in der Regel mittels Durchlaufregalen sichergestellt. In diesen Regalen hat jede Artikelnummer einen fest zugeordneten Lagerplatz.

Bestände zu haben ist grundsätzlich eine Verschwendung, also sind auch Supermärkte nur die zweitbeste Variante und sollten daher nur bei folgenden Ausgangslagen zur Anwendung kommen:

11.1 Wertstromanalyse/Wertstromdesign – ganzheitliches Verständnis für den Fluss

- Verkettung ist noch nicht möglich.
- Die Lieferprozesse bedienen mehrere Produktfamilien.
- Die Prozesse sind räumlich weit voneinander entfernt.
- Die Prozesse sind noch instabil.

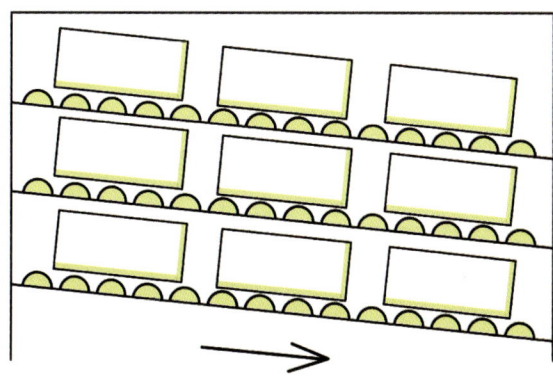

Bild 11.14 Supermarkt mit einem Durchlaufregal

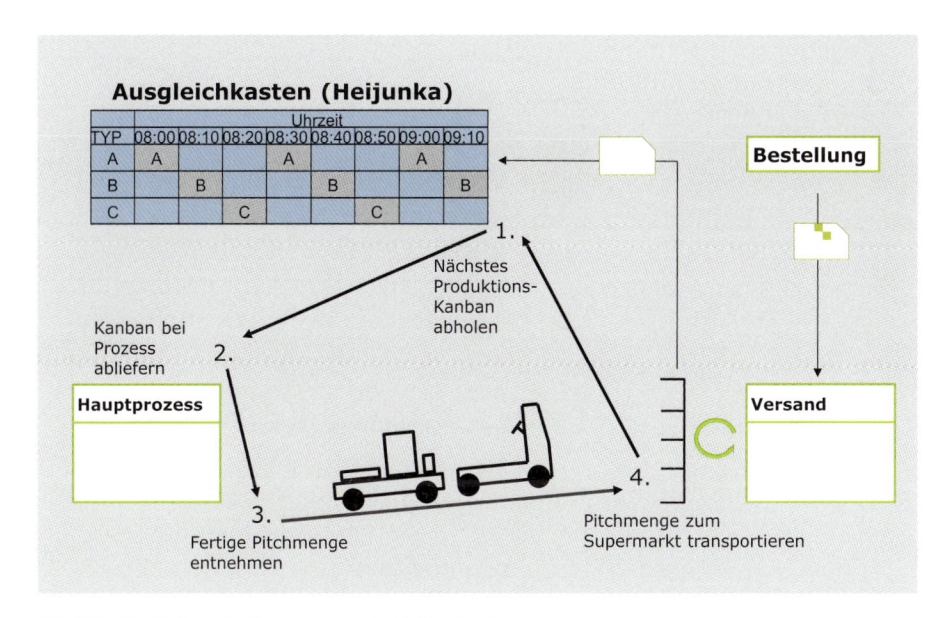

Bild 11.13 Ziehende Fertigung mit Heijunka-Box

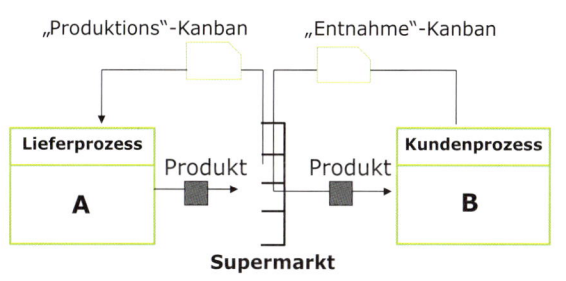

Bild 11.15 Supermarkt

4. Erstellen und realisieren Sie den Umsetzungsplan

Nachdem Sie die Kaizen-Blitze priorisiert und das Wertstromdesign entwickelt haben, geht es endlich an die Umsetzung. Möglicherweise sind so viele Veränderungen notwendig, dass Sie nicht das gesamte Wertstromdesign auf einmal verwirklichen können. Dann ist es sinnvoll, mit den Verbesserungen möglichst nahe beim Kunden zu beginnen. Dort sind die Produkte, aufgrund der erbrachten Wertschöpfung, am teuersten und der Kunde profitiert schnell von Ihren umgesetzten Verbesserungen. Zudem ist das Rohmaterial in der Regel noch sehr flexibel für verschiedene Produkte und Varianten einsetzbar. Flussabwärts nimmt die Flexibilität typischerweise ab, weil die Werkstücke mit jedem weiteren Prozessschritt immer wie kundenspezifischer werden.

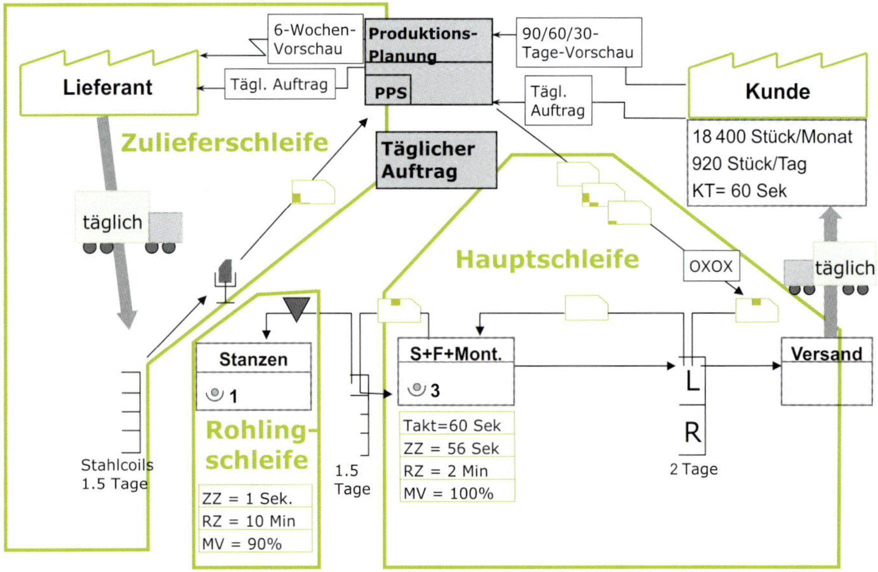

> ✓ Erstellen Sie einen Projektplan mit Meilensteinen und terminieren Sie diesen. Fassen Sie die notwendigen Schritte zusammen. Präsentieren Sie als Team das Wertstromdesign und den Umsetzungsplan den Stakeholdern bzw. den Führungskräften und den betroffenen Mitarbeitenden. Damit erhält das Workshop-Team eine Wertschätzung und es erleichtert die anschließende Umsetzung des Wertstromdesigns

Bild 11.16 Umsetzungsreihenfolge vom Wertstromdesign

> 💡 Entwickeln Sie den verbesserten Wertstrom weiter. Bevor Sie diesen erneut analysieren und wiederum ein neues Design gestalten, sollten Sie mit kontinuierlichen Verbesserungen den bestehenden Wertstrom weiterentwickeln, sodass Sie jede Variante jeden Tag produzieren können, später jede Schicht. Spätestens dann, wenn Produktdesign, Technologien und Standortfragen aktuell werden, sollten Wertstromanalyse und -Design erneut durchgeführt werden.

11.1.3 Zusammenfassung Wertstromanalyse und Wertstromdesign

Die Wertstrom-Methode visualisiert alle Aktivitäten, die notwendig sind, um ein Produkt oder eine Dienstleistung zu erstellen. Es zeigt mithilfe von festgelegten Symbolen den Weg des Produktes durch das Unternehmen ganzheitlich auf. Damit ist es ein ideales Werkzeug, um die Gesamtlogik der Fabrik vereinfacht darzustellen. Das Ergebnis der Wertstromanalyse ist die Grundlage für die Entwicklung eines kundenorientierten Wertstroms. Bei der Analyse werden Suboptimierungen und Verschwendungen transparent gemacht. Die vier Schritte zu einem kundenorientierten Wertstrom sind: Auswahl einer Prozessfamilie, Wertstromanalyse durchführen und auswerten, Wertstromdesign entwickeln sowie einen Umsetzungsplan erstellen und realisieren. Bei der Auswahl der zu analysierenden Artikel ist es wichtig, keine einzelnen Produkte auszuwählen, sondern eine Prozessfamilie, also alle Artikel mit möglichst gleichen Prozessschritten. Gehen Sie persönlich vor Ort und führen Sie die Analyse mit Papier und Bleistift durch. Nehmen Sie dabei nicht nur die für die Wertstromanalyse benötigten Zahlen, Daten und Fakten auf, sondern versuchen Sie zudem möglichst viele Verschwendungen zu identifizieren. Führen Sie die Wertstromanalyse in den sechs beschriebenen Schritten durch und verwenden Sie für die Visualisierung die standardisierten Symbole. Ein Nutzen-Aufwand-Diagramm kann dienlich sein als Vorbereitung auf das Wertstromdesign. Aber Achtung: Es wäre besser, Sie würden ein Wertstromdesign entwickeln, anstatt sofort haufenweise kleine Verbesserungen umzusetzen. Das ist zwar lobenswert, aber oft ist man im Anschluss mit den erreichten Verbesserungen zufrieden und bewirkt nur einen Bruchteil dessen, was mit einem radikal neuen Design möglich wäre. Folgen Sie den sechs beschriebenen Schritten zum Wertstromdesign und realisieren Sie anschließend den Umsetzungsplan. Das Soll-Design kann für die Visualisierung einer langfristigen Vision verwendet werden, jedoch ist der Umsetzungshorizont in der Praxis eher drei bis achtzehn Monate. Streben Sie einen kontinuierlichen, nivellierten und synchronen Fluss in einem Pull-System an. Außer bei kleinen Anschaffungen sollten Sie beim ersten Soll-Zustand nach dem Motto handeln: »Was können wir erreichen, mit dem was wir haben?« Bei weiteren Iterationszyklen von Wertstromdesigns können Sie Ihre Aufmerksamkeit dann auch auf Produktdesign, Technologie und Standortfragen richten. Für die Weiterentwicklung macht es Sinn die Wertstromanalyse und das Wertstromdesign regelmäßig (z. B. jährlich) zu wiederholen.

Darüber sollten Sie nachdenken:

- Welcher Wertstrom eignet sich am besten für einen ersten Leuchtturm? Welche Artikel bilden eine geeignete Prozessfamilie?
- Wer sollte in den Workshops mitmachen?
- Wer schult die Teilnehmenden vorgängig und wer moderiert die Workshops?
- Wie hoch ist der Kundentakt?
- Welche Prozessdaten sind für die Wertstromanalyse in Ihrem Unternehmen wertvoll?
- Welches Verhältnis von Durchlaufzeit zu Wertschöpfungszeit ist derzeit vorhanden?
- Welche Maßnahmen sind angebracht und in welcher Priorität?
- In welcher Zeitspanne soll das Wertstromdesign realisiert werden?
- Wo und wie könnte ein ununterbrochener Fluss verwirklicht werden?
- Wie können die Losgrößen weiter reduziert werden?
- Welche Produktionsreihenfolgen (Modelmix) sind zweckmäßig und herausfordernd zugleich?
- Wie kann eine ziehende Fertigung realisiert werden? Wo sind Supermärkte für die Verkettung von Prozessen notwendig?
- Besteht ein Umsetzungsplan mit Meilensteinen und Prioritäten?

Das sollten Sie tun:

- Entscheiden Sie sich für einen wichtigen Wertstrom bzw. für eine geeignete Prozessfamilie.
- Setzen Sie ein Team aus betroffenen Fach- und Führungskräften zusammen.
- Schulen Sie das Team in den Wertstrom-Methoden.
- Gehen Sie vor Ort und nehmen Sie im Team die Daten persönlich auf.
- Achten Sie auf Verschwendungen und Potenziale.
- Berechnen Sie den Kundentakt.
- Zeichnen Sie den Wertstrom auf.
- Klassifizieren Sie die identifizierten Potenziale in einem Aufwand-Nutzen-Diagramm.
- Präsentieren Sie die Ergebnisse der Wertstromanalyse den Stakeholdern und Führungskräften.
- Entwickeln Sie im Team das Wertstromdesign.
- Erstellen Sie einen Umsetzungsplan.
- Präsentieren Sie das Wertstromdesign und den Umsetzungsplan den Stakeholdern und Führungskräften.
- Setzen Sie um und kommunizieren Sie die Fortschritte offen.
- Verbessern Sie den Wertstrom kontinuierlich.

11.2 Verkettung von Produktionsprozessen – für die Beschleunigung des Flusses

Bild 11.17 Technologieorientierte, traditionelle Fertigung in Losen

Bild 11.18 Fließfertigung, im Idealfall im One-Piece-Flow

Eliminieren Sie Schnittstellen sowie Pufferbestände und beschleunigen Sie den Fluss, indem Sie die Prozesse verbinden. Linien-, Zellen- oder Inselfertigung sind gebräuchliche Ausdrücke für die Fließfertigung. In der Montage ist diese Art, die Prozesse zu arrangieren, schon weit verbreitet, in der Fertigung weniger. Die Fließfertigung dient als Basis für die Qualitätssicherung, da Fehler und Abweichungen sofort erkannt werden. Die Reduzierung der Zwischenbestände zwischen den Arbeitsschritten führt bei Störungen unweigerlich zu Unterbrüchen. Dies ist aus kurzfristiger Betrachtung ein Nachteil. Jedoch werden dadurch die Probleme und Verschwendungen, die den Fluss behindern, ans Tageslicht gebracht, welche mit Kaizen umgehend verbessert werden müssen. Dadurch resultiert eine kontinuierliche Produktivitätssteigerung.

Typische Charakteristik von isolierten Fertigungsprozessen:
- Prozesse mit nicht abgestimmten, eigenen »Rhythmen«
- unterbrochener Materialfluss
- aufwendige Fertigungssteuerung
- große Losgrößen
- hohe Bestände
- lange Durchlaufzeiten
- zeitaufwendiges Rüsten

Die erwartete Lieferfähigkeit wird oft durch den Aufbau von Halbfabrikate- oder Fertigwarenlager erkauft.

11.2.1 Fließfertigung

Die Zellenfertigung lässt sich gut mit der Küche zuhause erklären. Ausgangslage: Wir haben tendenziell wenig Zeit, also möchten wir unsere Küche optimieren. Wenn wir nun die bestehende Denkweise von vielen Produktionsbetrieben übernehmen würden, nämlich die technologieorientierte Fertigung, dann ergäbe sich folgendes Bild: In einem Sechsfamilienhaus würden in einer Küche sechs Kühlschränke stehen, in der nächsten sechs Kochherde, in der Küche nebenan stünden sechs Spülmaschinen und so weiter. In den Produktionsunternehmen sind viele überzeugt, dass die Bündelung von Technologien große Vorteile ergeben. Dann wollen wir doch das Experiment mal gedanklich durchspielen. Stellen wir uns vor, dass sich vier Personen zum Mittagessen angemeldet haben, zwei kommen um 11.45 Uhr, die anderen um 12.15 Uhr. Wie groß ist die Wahrscheinlichkeit, dass in einer technologieorientierten Organisation die vier unterschiedlichen Menüs rechtzeitig fertig sind? Nahezu bei null. Was müssten wir tun, damit es trotzdem möglichst gut funktioniert? Nun, wir bräuchten Fertigungspapiere, mit den Informationen darauf, was zu tun ist. Dieser Auftrag geht dann ins Rohmateriallager in der Wohnung Nummer vier. Dort werden die Zutaten abgewogen, abgepackt, eventuell mit einer Etikette beschriftet und der Prozessschritt im System zurückgemeldet, bevor der Auftrag mit den Zutaten, der Logistik für den Transport zum nächsten Prozessschritt übergeben wird. Dort angekommen wird der zuständige Mitarbeiter wiederum den Auftrag lesen und sich ein Bild von seinen Aufgaben machen, die Aufgaben ausführen, den Auftrag im System rückmelden, dann verpacken und der Logistik übergeben. So geht der Auftrag von Wohnung zu Wohnung, um hoffentlich pünktlich, zur bestellten Zeit, abgeschlossen zu sein. Wenn die Planung, die Vorgabezeiten, die Ausführungen und die Logistik perfekt funktionieren, dann wird es klappen. Wie so oft in der Realität gibt es jetzt, in unserem Gedankenspiel, Auftragsverschiebungen. Zwei möchten 15 Minuten früher zum Essen kommen, die anderen 15 Minuten später. Was tun? Zuerst müssen wir uns ein Bild der aktuellen Lage verschaffen und die Aufträge suchen, um dort die Prioritäten zu ändern und entsprechende Anweisungen zu geben. Vielleicht braucht es eine kurze Koordinationsbesprechung mit den betroffenen Abteilungen. Dann könnte es klappen … Erkennen Sie in diesem Beispiel die Denkweise in Ihrem Unternehmen?

Die technologieorientierte Fertigung führt sehr oft zu weiteren, ungünstigen Betrachtungsweisen. Beispiel: In der Wohnung Nummer fünf befinden sich die sechs Spülmaschinen, welche aufgrund ihres hohen Alters oft ausfallen. Die täglichen Reparaturen sind nervig und teuer. Der Investitionsantrag für den Ersatz der sechs Maschinen wurde bewilligt. Was wird nun tendenziell gekauft? Eine einzige Maschine, die schnellste und beste, die angeboten wird. Die eierlegende Wollmilchsau. Selbstverständlich ist dies hier plakativ dargestellt, aber die Realität hat gezeigt, dass die Komplexität innerhalb eines Prozessschrittes zunimmt, wenn Menschen für nur eine Technologie verantwortlich sind, und abnimmt bei der Verantwortung für den gesamten Wertstrom. Durch Suboptimierung von Teilbereichen entstehen komplexe Betriebsmittel, deren Auslastung im Mittelpunkt steht. Brechen Sie die Zäune (Schnittstellen) ab und erstellen Sie eine fließende Fertigung, soweit wie es aktuell möglich und sinnvoll ist. Berücksichtigen Sie bei zukünftigen Investitionen den Kundentakt und prüfen Sie die Flexibilität der gewünschten Anlagen.

Jetzt gehen wir gedanklich zurück zu unserer »normalen« Küche. Wenn sich hier vier Personen zu unterschiedlichen Zeiten anmelden, wie groß ist die Wahrscheinlichkeit, dass es klappt? Sehr hoch. Benötige ich dafür Auftragspapiere, Etiketten, ein System und eine innerbetriebliche Logistik? Nein. Wenn Terminverschiebungen eintreffen, wie viele Koordinationssitzungen benötige ich? Keine.

In den Küchendesigns haben sich L- und U-förmige Layouts bewährt. Der Materialfluss wird dabei beachtet, damit die Wege möglichst kurz sind. In unserem Beispiel beginnt die Küche mit dem Rohstofflager im Schrank und Kühlschrank. Anschließend folgt eine Arbeitsfläche, um das Rohmaterial vorzubereiten. Da bei dieser Tätigkeit oft gewaschen wird, befindet sich das Waschbecken direkt nebenan. Die weitere Ablagefläche neben der Spüle wird vielleicht nicht im Kochprozess verwendet, aber dort steht typischerweise die Kaffeemaschine, nahe beim Wasseranschluss. Danach folgen die Kochplatten, wo die vorbereiteten Zutaten zum fertigen Produkt verarbeitet werden. Auf der Ablage nebenan werden die Speisen (Produkte) auf den Tellern angerichtet (verpackt), um diese anschließend am Esstisch zu servieren (liefern). Entwickeln Sie, soweit möglich und sinnvoll, kleine Küchen (Fertigungszellen) anstelle von funktionsorientierten Abteilungen.

In vielen Unternehmen wird plangesteuert produziert. Man hofft, dass der Plan und die Realität möglichst nah beieinander liegen. Wenn nicht, versucht man mit komplexen Algorithmen, die Prognostizierbarkeit und Planungsgenauigkeit zu erhöhen. Es ist allgemein akzeptiert, dass daraus unzählige Verschwendungen resultieren. »Wir können es halt nicht noch genauer vorhersagen, wir tun was wir können« wird von den zuständigen Planern kundgetan. Stattdessen sollte die Flexibilität so stark erhöht werden, dass die komplexe Planung vereinfacht oder schon fast eliminiert werden kann. Dafür gibt es noch keine Software. Das ist hartnäckige und konsequente Umsetzung der Fließfertigung, mit kleinsten Losgrößen.

Vorteile von Fertigungszellen
- Hohe Produktivität
- ausgezeichnete Qualität und schnelle Erkennung von Fehlern
- kurze Durchlaufzeiten
- minimale Ware in Arbeit
- beachtliche Flexibilität
- geringe Komplexität für Planung und Steuerung
- wenig Schnittstellen
- FIFO gewährleistet
- geringfügige Bewegungen und Transporte
- hervorragende Transparenz.

Vorgehen
Es braucht viel mehr als ein neues Layout und den Umzug der Maschinen, um eine effiziente Zelle zu erhalten. Ansonsten erhalten Sie nur nahe zusammenstehende Maschinen. Das ist

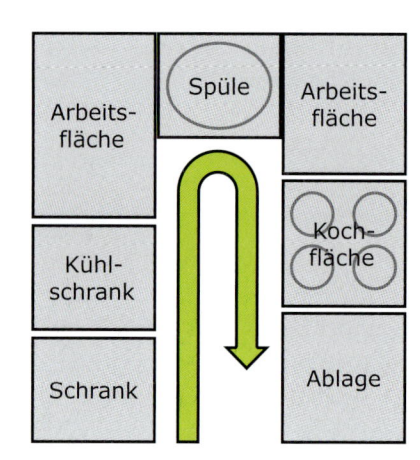

Bild 11.19 Die Küche als Vorbild für das Layout einer Fertigungsinsel

wahrlich schon eine große Verbesserung, aber das Potenzial wird damit bei Weitem nicht ausgeschöpft. Setzen Sie nur sehr zuverlässige und gründlich getestete Technologien ein. Die Technologien sollen den Menschen dienen und nicht umgekehrt. Und denken Sie an die Grundregel: Der Prozess hat immer Vorrang vor der Technologie, dies gilt auch bei administrativen Prozessen.

Unterstützende Analysemethoden
Nebst Wertstrom- und Tätigkeitsstrukturanalyse sind die Flächenbilanz, Materialflussanalyse und die Volumenströme nützlich auf dem Weg zu verketteten Prozessen.

Materialflussanalyse
Nehmen Sie einen bis fünf Artikel mit hohem Volumen und zeichnen Sie den Weg des Materials in das Layout ein. Wenn das Layout nicht als CAD-Zeichnung vorhanden ist, dann zeichnen Sie ein Layout auf einem Stück Papier auf. Es muss nicht unbedingt sehr exakt sein, aber in etwa den tatsächlichen Proportionen entsprechen. Veranschaulichen Sie die verschiedenen Artikel oder Artikelfamilien in unterschiedlichen Farben. Führen Sie die Analyse direkt vor Ort durch und zählen Sie auf dem Weg die zurückgelegten Schritte. Mit der Erfassung der Anzahl Handlings (Materialbewegungen von einem Ort an einen anderen) lässt Sie weiteres Potenzial feststellen.

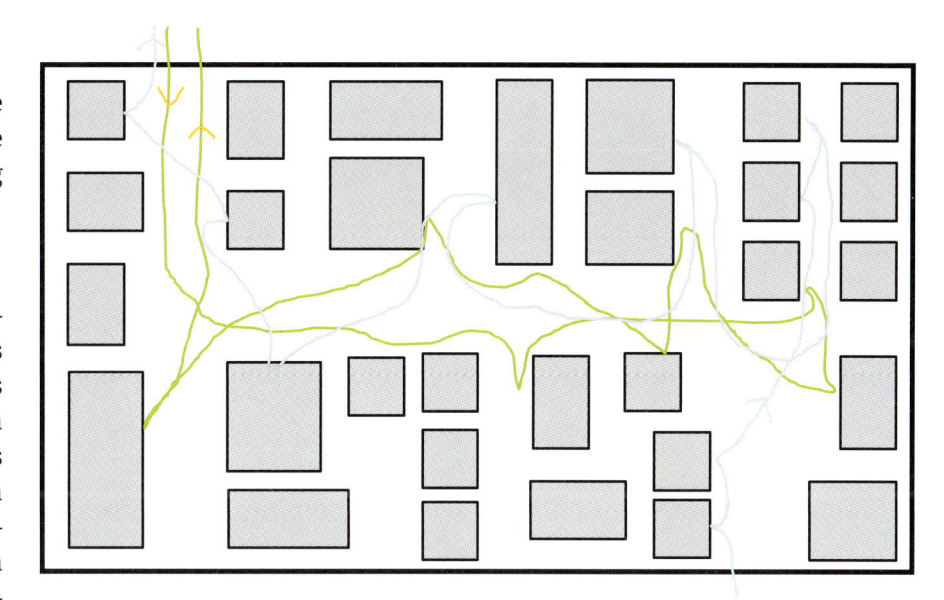

Bild 11.20 Beispiel Materialflussanalyse

Flächenbilanz

Bei dieser Analysemethode geht es darum, sich intensiv mit der Nutzung der vorhandenen Fläche auseinanderzusetzen. Es werden dabei fünf Kategorien unterschieden und mit unterschiedlichen Farben im Layout visualisiert. Die Kategorien sind Produktions-, Lager-, Transport-, Büro- und Prüffläche. Bei den Produktionsflächen sollten Sie die Fläche für die Bediener mit berücksichtigen, in nachfolgendem Beispiel als schraffierte Fläche dargestellt.

Wie bei der Materialflussanalyse kann das Layout manuell auf einem Stück Papier aufgezeichnet werden, sofern die ungefähren Proportionen berücksichtigt werden. Gehen Sie vor Ort und nehmen Sie die tatsächliche Situation auf. Das Ausmessen mit Schrittmaß reicht aus. Es geht nicht um höchste Präzision, sondern um die Erfassung der Größenordnung und um das Sehenlernen. Seien Sie durchaus kritisch. Wenn zum Beispiel ein Arbeitstisch zu 50 % als Lagerfläche verwendet wird, dann erfassen Sie dies so.

Sie werden voraussichtlich von der Auswertung überrascht sein. Meistens beträgt der Anteil der Produktionsfläche nur zwischen 20 % bis 40 %. Auf dieser Fläche müssen Sie genügend Geld verdienen, um die anderen Flächen zu finanzieren! Es kann durchaus sein, dass die Lagerflächen so groß sind, dass Sie sich überlegen müssen, ob Sie ein Produktions- oder ein Lagerunternehmen sind. Nehmen Sie diese Herausforderung an und hinterfragen Sie Ihr Layout kritisch.

Bild 11.21 Beispiel Flächenbilanz

Download: Vorlage zur Erfassung der Flächenbilanz

Lean Story: Flächenbilanz

Ein Unternehmen hat ein zusätzliches Produktionsgebäude gebaut. Die Erhöhung der verfügbaren Fläche führte zu einer großzügigen Anordnung der Maschinen und Arbeitsplätze. Der Geschäftsführer hat mich um ein Feedback zum Layout-Entwurf gebeten. »Inakzeptabel«, war meine scharf kritisierende Antwort. »Die Maschinen und Arbeitsplätze sind viel zu weit auseinander, sie werden dies mit einer sinkenden Produktivität teuer bezahlen«, fuhr ich fort. Er erwiderte: »Aber wir haben so viel Platz zur Verfügung. Wir werden trotzdem Heiz- und Stromkosten bezahlen, auch wenn wir die Fläche nicht ausnutzen, also was soll das bringen?« »Minimieren Sie die benötigte Fläche durch Komprimierung, damit Sie Bewegung und Transport reduzieren und den Anteil der Mehrmaschinenbedienung erhöhen können. Die frei werdende Fläche umzäunen Sie anschließend mit einem Absperrband, damit sich dort nicht irgendwelche Bestände und Ablageflächen bilden«, war mein Aufforderung. Es ist immer wieder erstaunlich, wie ineffizient die vorhandenen Flächen genutzt werden. Wie sieht es in Ihrem Unternehmen aus?

Flächenbilanz

- Produktionsfläche (Montage, Fertigung, Bearbeitung, Labor, …)
- Lagerfläche (Halbfabrikate, Zwischenprodukte, Fertigwaren, Komponeten)
- Transportfläche (Wege, Bahnen, Hebebühnen, ungenutzt,…)
- Bürofläche (Sitzungszimmer, Besprechungsplätze, Büros, …)
- Prüffläche (Testanlagen, Prüfvorrichtungen, …)

Bild 11.22 Beispiel Auswertung der Flächenbilanz

First process, then machine!

Entwickeln Sie zuerst den Prozess, bevor Sie für den Aufbau einer Fertigungszelle neue Produktionsmittel kaufen. Die Betriebsmittel helfen, den für diese Prozessfamilie besten Prozess umzusetzen.

Stellen Sie sich folgende Fragen:
- Welche Methoden sind die einfachsten für diese Prozessfamilie?
- Wie können wir den bestmöglichen Fluss der Produkte durch die Prozesse erreichen?
- Passen die gewählten Prozesse und Maschinen zum Kundetakt?
- Welcher Grad von Automatisierung ist erforderlich?
- Können die Anlagen flexibel umgerüstet werden?
- Wie werden die Teile zwischen den Prozessen bewegt?

> ✓ Überlegen Sie sich, welche Prozesse Sie verketten können. Jede Schnittstelle, die Sie eliminieren, ist ein Gewinn für das Unternehmen. Beginnen Sie nicht mit dem Layout, sondern mit dem Prozess und schaffen Sie einen möglichst ununterbrochenen Fluss. Wenden Sie die einfachen Analysemethoden an, um die Potenziale aufzudecken und einen Überblick zu erhalten.

11.2.2 Rhythmus – takten Sie die Prozessschritte aus

Der Kundentakt gibt den Rhythmus vor. Richten Sie die Prozessschritte innerhalb der Fließfertigung daran aus. Dies kann dazu führen, dass Sie einzelne Bearbeitungsschritte auf die vor- oder nachgelagerte Maschine verschieben, um die Zykluszeiten auszugleichen. Oder Sie stellen fest, dass für die betroffene Prozessfamilie eine günstige Einzweckmaschine wirtschaftlicher wäre.

Idealerweise sind die Prozesse ausgetaktet. Das heißt, dass alle Bearbeitungsprozesse möglichst ähnliche Zykluszeiten aufweisen.

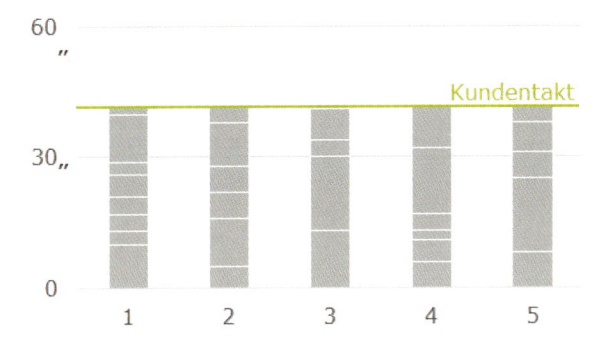

Bild 11.23 Prozesse am Kundentakt ausrichten (austakten)

Auch bei den manuellen Tätigkeiten ist das Austakten sehr wichtig, jedoch würden Sie, im Gegensatz zu den Maschinen und Anlagen, keine gleichmäßigen Arbeitsinhalte anstreben. Sie würden einzelne Mitarbeitende möglichst voll auslasten, um die Probleme und Verschwendungen sofort sichtbar zu machen (angelehnt an »Kontinuierliche Fließfertigung organisieren« M. Rother, R. Harris).

Klassische Verteilung der manuellen Arbeitsinhalte:

- gleichmäßige Verteilung der Arbeitsinhalte
- »gerechte« Arbeitsverteilung
- keine vollkommene Auslastung der Mitarbeitenden
- Mitarbeitende gewöhnen sich an Unterlast
- Verschwendungen werden versteckt.

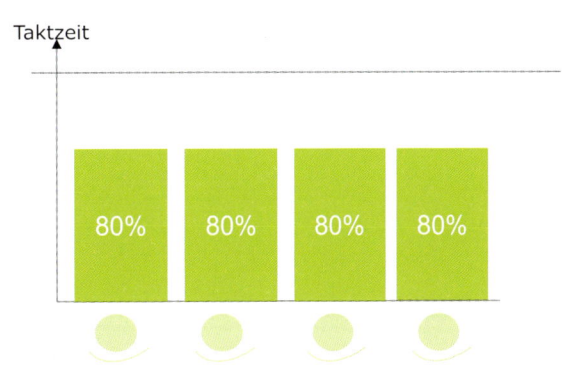

Bild 11.24 Falsches Austakten der manuellen Tätigkeiten

Verteilung der manuellen Arbeitsinhalte mit der Lean-Sicht:
- drei von vier Mitarbeitende voll ausgelastet
- Verschwendung wird offensichtlich

Die vierte, nicht ausgelastete Person wird zusätzliche Aufgaben übernehmen, wie zum Beispiel:

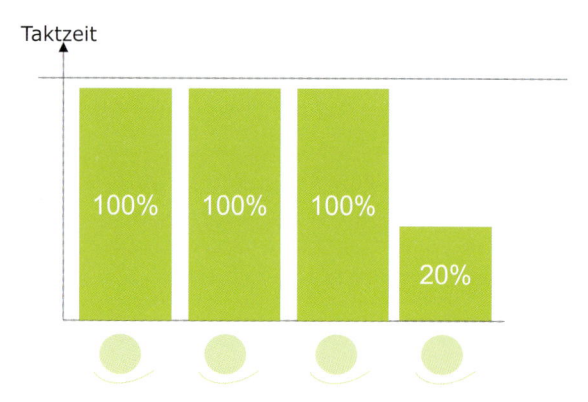

Bild 11.25 Richtiges Austakten der manuellen Tätigkeiten

Führung, Logistik, Springer, Mitarbeit in zweiter Linie, Umsetzung von Verbesserungen usw.

11.2.3 Balance zwischen Mensch und Maschine

Es ist wichtig, die Tätigkeiten der Mitarbeitenden genauso exakt zu planen wie die Bearbeitungsprozesse der Maschinen. Hierfür müssen alle Arbeitsinhalte der Operateure erfasst werden. Während der Beobachtungen lernen Sie den Prozess noch besser kennen und identifizieren weiteres Verbesserungspotenzial. Da die Mitarbeitenden fleißig sind, neigen sie dazu, immer irgendetwas zu tun, auch wenn es nicht wertschöpfend ist oder nicht ihren Fähigkeiten entspricht. Es ist Ihre Aufgabe als Beobachter, dies zu erkennen und für den zukünftigen Prozess zu eliminieren. Nach den Verbesserungen kann die Anzahl der benötigten Mitarbeiter mit folgender Formel berechnet werden:

$$\text{Anzahl benötigte Mitarbeitende} = \frac{\textit{Arbeitsinhalt (nach Optimierung)}}{\textit{Kundentakt}} = \frac{182\,\text{Sek.}}{57\,\text{Sek.}} = 3{,}2 \text{ Mitarbeitende}$$

Formel 11.4

Die Arbeit, die der Operateur während der Maschinenlaufzeit ausführt, ist ein wichtiger Bestandteil des Prozesses. Durch paralleles Arbeiten werden die Stillstands- und Durchlaufzeiten gesenkt. Die Arbeitsinhalte der Operateure werden so ausbalanciert, dass ein natürlicher Fluss entsteht.

Mit einer sogenannten »Man-Machine-Balance« können die Tätigkeiten und Reihenfolgen so eingeplant werden, dass ein effizienter Fluss ohne unnötigen Stress entsteht. Die Man-Machine-Balance zeigt, wie die Prozessschritte, der notwendige Zeitbedarf, die Arbeiten des Operateurs mit der Maschine zusammenpassen werden. Die Visualisierung in Balkendiagrammen hilft die Arbeitsschritte und das Potenzial schneller zu erkennen. Zudem senkt sich die Einarbeitungszeit von neuen Mitarbeitenden, da die Inhalte und Reihenfolgen standardisiert und visualisiert sind.

Begriffe

Manual »In« Time	Operateur/in arbeitet in der Maschine, die Maschine steht.
Manual »Out« Time	Bediener/in arbeitet außerhalb der Maschine, die Maschine läuft.
Machine Cycle Time	Die Zeit in der die Maschine automatisch läuft.

				Verteilung der Zeiten [min]			Visuelle Darstellung [min]					
Nr.	**Beschreibung**	**Frequenz**	**Man/ Machine**	**„Manual In"**	**„Manual Out"**	**„Machine Time"**	**5**	**10**	**15**	**20**	**25**	**30**
10	Teile vorbereiten	1 / 250	Operator 1		5							
20	Maschine vorbereiten	1 / 250	Operator 1	15								
30	Bearbeiten	250 / 250	Maschine 1102			155						
40	Stichprobe	20 / 250	Operator 1		35							
50	Werkzeug schleifen	1 / 250	Operator 1		15							
60	Prozesskontrolle	10 / 250	Operator 1		15							

Bild 11.26 Beispiel Man-Machine-Balance

> 💡 Wenn das Ergebnis, nach der Berechnung der benötigten Anzahl Mitarbeiter, unter x.5 (z. B. 2.3 oder 4.5) liegt, dann runden Sie die Anzahl einzusetzender Mitarbeiter ab. Damit werden die verbliebenen Verschwendungen deutlich sichtbar. Reduzieren Sie die Nebentätigkeiten und Verschwendungen in den nächsten 2 Wochen, bis die Balance zwischen Mensch und Maschine hergestellt ist. Bei einem Ergebnis über x.5, versuchen Sie mit Teilzeit oder anderen Aufgaben aufzufüllen. Beobachten Sie die Prozesse, setzen Sie Verbesserungen um, um langfristig einen Bediener zu reduzieren.

> ✓ Messen Sie die Arbeitsinhalte, egal ob es sich um einen Maschinenbediener oder einen Mitarbeiter der Montage handelt. Verteilen Sie die Tätigkeiten so, dass die Summe der Arbeitsinhalte knapp unter dem Kundentakt liegt. So werden die Störungen und Abweichungen sichtbar. Bereiten Sie sich darauf vor und stellen Sie Kapazität für die Umsetzung von Verbesserungen zur Verfügung.

11.2.4 Das Layout folgt dem Fluss

Endlich dürfen Sie mit dem Layout der Zelle beginnen. Hierfür sind einige Grundregeln zu beachten:

- Die Maschinen sind in der Logik der Prozessfolgen angeordnet, sodass ein sinnvoller Fluss entsteht.
- Die Maschinen sollten möglichst nah zusammenstehen und deren Bedienelemente auf der zugewandten Seite des Operateurs sein.
- Minimaler Flächenverbrauch ist wichtig für eine hohe Effizienz.
- Jede Zelle hat im Idealfall nur einen Eingang und einen Ausgang (Ausnahme: Zuführteile an einem Prozessschritt).
- Rotation der Teile nur in eine Richtung, keine Rückschlaufen.
- Der Bewegungsraum des Operateurs ist frei von Hindernissen, also möglichst keine Tische, Schränke, Spänewagen etc.
- Gewartet werden die Maschinen im Idealfall von außerhalb der Zellen.
- Eine hohe Transparenz über Fortschritte, Störungen, Fehler etc. fördert die Verbesserungen.
- PULL – ziehende Fertigung sowie Materialversorgung.

11.2.5 Arbeitsteilung in der Fertigungszelle

Die Arbeitsplätze sind getrennt und jeder Mitarbeitende arbeitet einen Arbeitsinhalt selber ab. Dabei rotiert er/sie zwischen den »eigenen« Arbeitsplätzen. Die Ausführung des ersten und letzten Arbeitsschrittes durch denselben Mitarbeiter stabilisiert die Zelle, da nur so viele Produkte in die Zelle einfließen, wie beim letzten Arbeitsschritt abfließen.

Hasenjagd

Dabei werden sämtliche Arbeitsschritte von allen Mitarbeitern durchgeführt. Die Mitarbeiter »verfolgen sich« in der Zelle. Die Rotation erfolgt idealerweise im Abstand von einigen Arbeitsplätzen, damit kleine zeitliche Schwankungen zu keinem Stau führen. Die Vorteile dieser Organisation sind, dass die einzelnen Arbeitsinhalte nicht exakt ausgetaktet werden müssen und eine hohe Flexibilität entsteht, wenn alle Mitarbeitenden sämtliche Arbeitsschritte beherrschen.

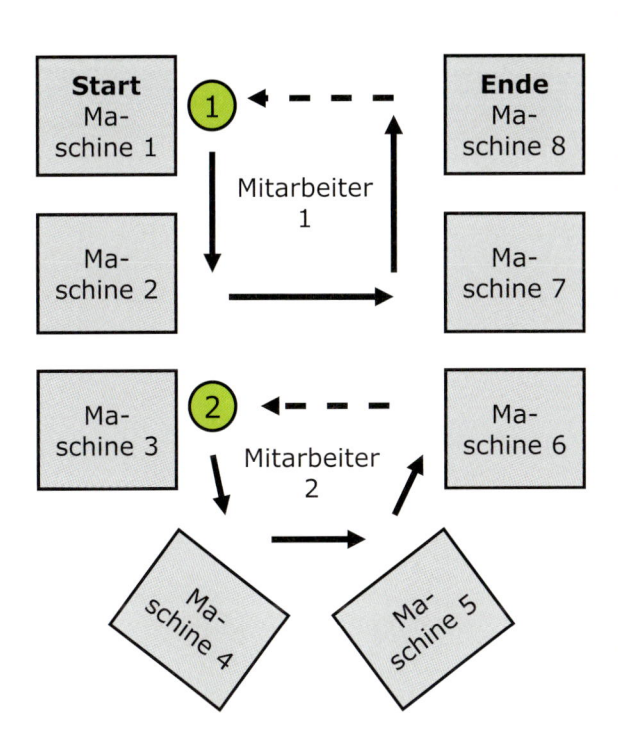

Bild 11.27 Aufteilung der Zelle, Variante 1

11 Fluss-Kaizen

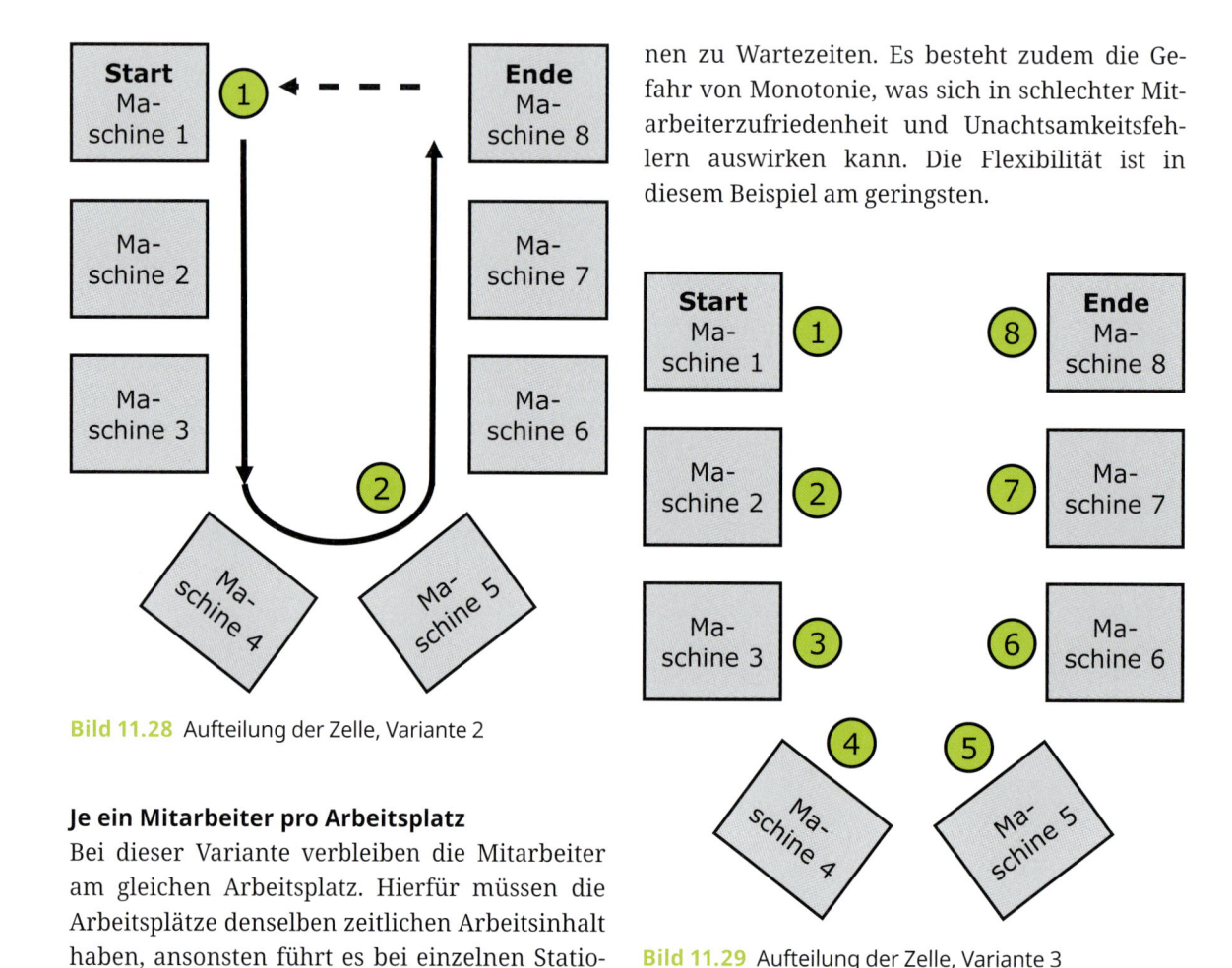

Bild 11.28 Aufteilung der Zelle, Variante 2

Je ein Mitarbeiter pro Arbeitsplatz
Bei dieser Variante verbleiben die Mitarbeiter am gleichen Arbeitsplatz. Hierfür müssen die Arbeitsplätze denselben zeitlichen Arbeitsinhalt haben, ansonsten führt es bei einzelnen Statio-nen zu Wartezeiten. Es besteht zudem die Gefahr von Monotonie, was sich in schlechter Mitarbeiterzufriedenheit und Unachtsamkeitsfehlern auswirken kann. Die Flexibilität ist in diesem Beispiel am geringsten.

Bild 11.29 Aufteilung der Zelle, Variante 3

> ✓ Entwickeln Sie im Team das Konzept für die Arbeitsteilung in der Fertigungs- bzw. Montageinsel. Berücksichtigen Sie in Ihren Überlegungen den Kundentakt sowie den anzustrebenden Fluss und die Polyvalenz der Mitarbeitenden.

11.2.6 Chaku-Chaku-Zelle

Viele Unternehmen in Hochlohnländern versuchen den Preisdruck mit einem hohen Automationsgrad zu bewältigen. Für die Automation einer hohen Produktvielfalt sind in der Regel erhebliche Investitionen notwendig, welche zu beträchtlichen Fixkosten führen. Aufgrund der immer kürzer werdenden Produktlebenszyklen sind die vollautomatisierten Fertigungslinien oft ungenügend flexibel. Das heißt konkret, dass die Anlagen bereits nach kurzer Zeit, aufgrund der sich veränderten Bedingungen, für teures Geld umgebaut werden müssen. Auf Automation zu verzichten und möglichst viel manuell zu verrichten, ist zwar flexibler, aber unwirtschaftlich. Die Chaku-Chaku-Zelle vereint das Beste beider Welten. Die einzelnen Stationen und deren Bearbeitungsschritte werden automatisiert, jedoch wird auf eine vollautomatische Linie verzichtet.

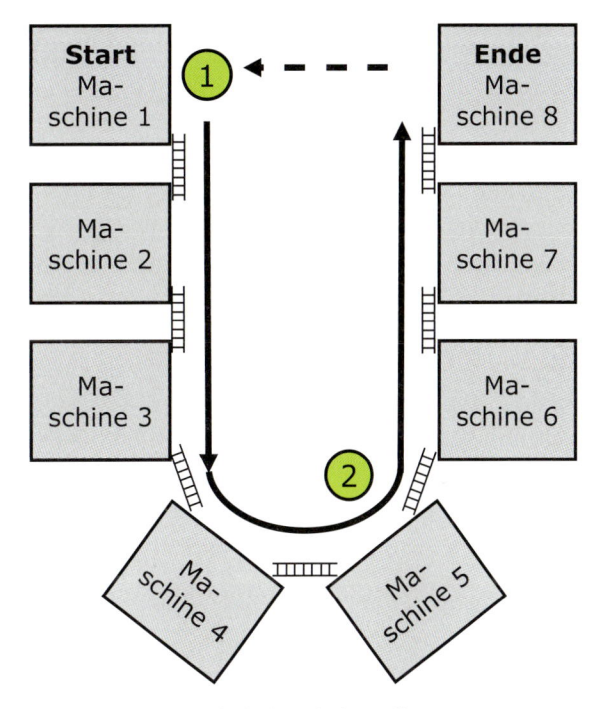

Bild 11.30 Beispiel Chaku-Chaku-Zelle

Das mechanisierte Beladen der Anlagen stellt häufig eine hohe Herausforderung dar, weil das Werkstück oft exakt auf der Vorrichtung positioniert werden muss. Das Entladen ist im Vergleich einfach und günstig. Oftmals kann das Teil ohne genaue Ausrichtung über eine Rutsche aus der Station transportiert werden. Dies spiegelt sich im Anlagenpreis der Automation wider. Der Mensch übernimmt mit seinen flexiblen Fähigkeiten das Beladen der Stationen, das Umrüsten der Anlagen, die Qualitätschecks und die kontinuierliche Verbesserung. Das heißt, die einfachen Prozesse werden automatisiert und die komplexen Aufgaben durch den Menschen ausgeführt. Damit werden die Risiken von hohen Investitionen für den maschinellen Beladevorgang reduziert, bei gleichzeitiger Erhöhung der Flexibilität. Aber Achtung: Chaku-Chaku kann, je nach Anwendung, zu einer hohen Monotonie für die Mitarbeitenden führen. Häufige Produktwechsel oder Rotation der Mitarbeitenden zwischen mehreren Fertigungszellen können hier Abhilfe schaffen.

11.2.7 Maschinenlayouts

Die Maschinen, Anlagen und Hilfsmittel sind so kompakt anzuordnen, dass die Bewegungen der Operateure minimiert werden. Dafür werden Bedienelemente an den für den Bediener besten Platz verschoben, Aggregate in die Höhe gebaut, möglichst schmale Maschinen beschafft, die Anlagen ausgerichtet sowie der Be- und Entladevorgang optimiert.

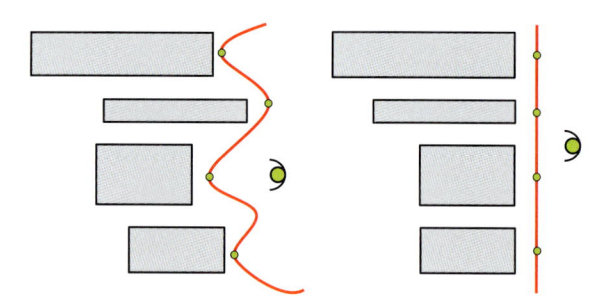

Bild 11.31 Maschinen ausrichten

Hindernisse werden beseitigt, Wege verkürzt und die Maschinen sind überblickbar.

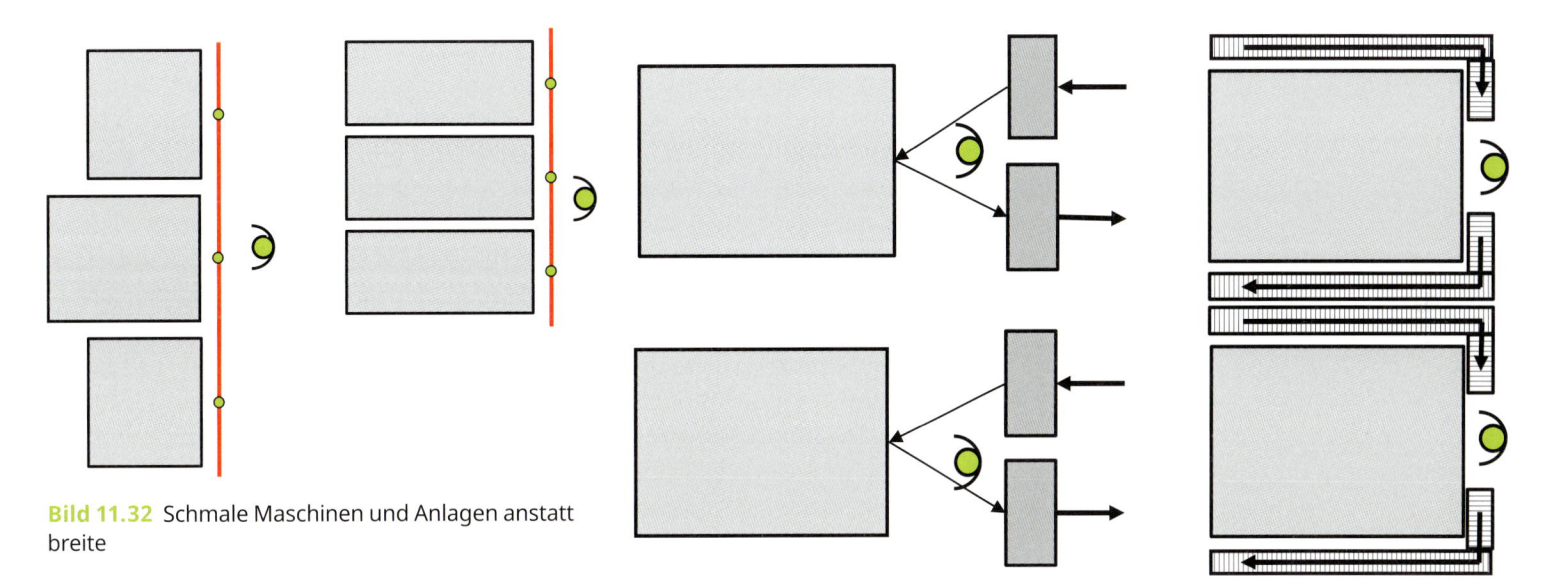

11.2 Verkettung von Produktionsprozessen – für die Beschleunigung des Flusses

Bild 11.32 Schmale Maschinen und Anlagen anstatt breite

Bild 11.33 Links klassisch, rechts Teilefluss zum »point of use«

Kürzere Wege erhöhen die Produktivität. Daher wenn möglich schmale, dafür tiefe Anlagen beschaffen/bauen.

Der Teilefluss direkt zum »point of use« reduziert Bewegungen und Handling (rechtes Bild). Die Wertschöpfung und Logistik soll getrennt werden. Die spätere Automatisierung des Transports durch führerlose Transportsysteme (FTS) wird ermöglicht.

Welche Wahl auch immer Sie treffen. Lassen Sie Kreativität zu und lösen Sie sich vom Bestehenden. Wie in der Konzeptphase eines 12-Wochenprojekts bereits aufgezeigt, sollte das Team ein Idealbild (grüne Wiese) entwickeln, bevor das Konzept aus dem Realbild (realistisch in absehbarer Zeit umsetzbar) verfeinert wird. Dies machen Sie am besten noch auf Papier. Lassen Sie die Teammitglieder in Gruppenarbeiten mehrere Grobkonzepte erarbeiten und anschließend gegenseitig präsentieren. Führen Sie die Konzepte zusammen und verfeinern sie diese im Team. Versuchen Sie, möglichst alle benötigten Details für Arbeitsflächen, Maschinen, Materialzuführungen, Vorrichtungen und Werkzeuge im Konzept zu berücksichtigen. Achten Sie dabei auf die Anzahl erforderliche Schritte von den Mitarbeitenden. Daher ist das Layout möglichst kompakt zu gestalten. Bauen Sie wenn nötig die Maschinen und Anlagen geringfügig um, damit die Fläche sowie die Anzahl der Schritte minimiert werden kann. In den Wegstrecken der Operateure sollen sich keine Hindernisse befinden und die Ablageflächen, wo sich Bestände ansammeln könnten, sind zu minimieren. Wenn möglich sollte die Versorgung mit Strom, Druckluft etc. von der Decke erfolgen, damit Sie beim Layout flexibel bleiben. Wenn sich alle Teammitglieder einig sind, dass das skizzierte Konzept die Erwartungen erfüllt und daher umgesetzt werden soll, beginnen Sie mit dem Bau von einem Kartonmodell (Cardboard Engineering). Das Modell wird sehr oft im Maßstab 1:1 gebaut, um anschließend Detailverbesserungen zu erkennen und zu realisieren. Es ist relativ einfach mit dem Messer noch etwas zu kürzen oder mit Klebestreifen zu befestigen. Oft sind die Kartonmodelle genügend stabil, um einzelne Prozessschritte unter fast schon realistischen Bedingungen testen zu können. Erst jetzt bauen Sie die Arbeitsplätze im definitiven Material.

> 💡 Nehmen Sie keine Abkürzungen, auch nicht bei einfachen Arbeitsplätzen. Entwickeln Sie ein Konzept auf Papier, bauen Sie ein Modell davon und setzen Sie Verbesserungen um, bevor Sie die definitive Version anschließend verwirklichen. Es lohnt sich.

Lean Story: Fließfertigung

An einem Produktionsstandort wurden auf einem Stockwerk verschiedenste Präzisionsschrauben massenhaft produziert. Es existierte ein Wareneingang für Rohmaterial und am anderen Ende der Halle ein Warenausgang für die mechanisch fertig bearbeiteten Produkte. Der Materialfluss der Ware war durch die gesamte Halle ohne Rückschleifen organisiert. Der vollständige Bereich unterstand dem Fertigungsleiter der Schraubenfertigung. Alle waren der Meinung, dass diese Art zu produzieren bereits auf höchstem Niveau sei (Bild 11.34).

Rechts in der Halle waren Langdrehautomaten für die Herstellung von Rohlingen, in der Mitte der Halle Rundtaktautomaten für die Bearbeitung des Innensechskant und links die Bearbeitungsmaschinen für die Gewinde. Zwar waren die Transportwege kurz und alle Prozesse auf dem gleichen Stockwerk, aber durch das technologieorientierte Layout verliefen unsichtbare Grenzen (wie unsichtbare Mauern) zwischen den Teams.

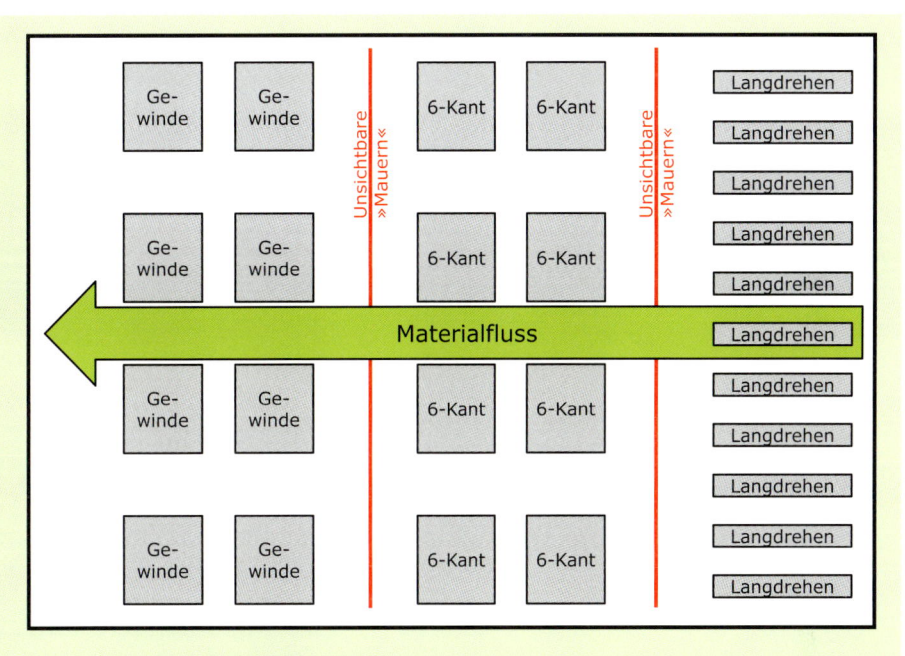

Bild 11.34 Schraubenfertigung vorher

11 Fluss-Kaizen

Aufgrund der zahlreichen Schnittstellen waren Planung, Steuerung und Koordination komplex. Fehler wurden oft erst spät im Prozess erkannt und die typische Konzentration auf Schuldzuweisungen war bei der Problemlösung nicht hilfreich.

Als Weiterentwicklung wurden einzelne Fertigungszellen aufgestellt und die Prozesse aufeinander abgestimmt (Bild 11.35). Die Produktivität konnte signifikant erhöht, die Durchlaufzeit massiv gesenkt und die Ausschuss- sowie Nacharbeitsraten bedeutsam reduziert werden.

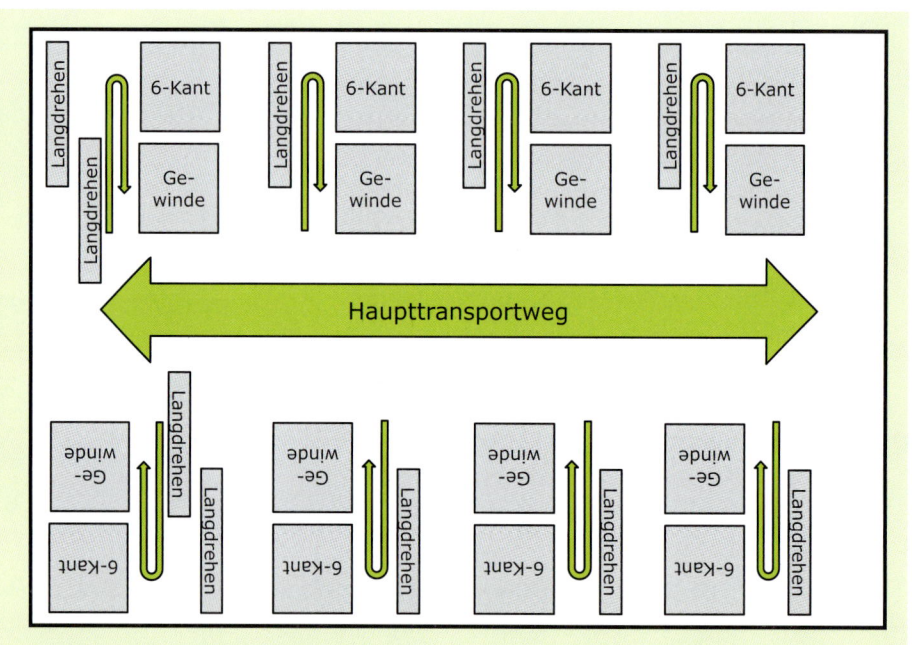

Bild 11.35 Schraubenfertigung nachher

Bei der Entwicklung von Layout-Varianten hat sich die Papiermethode bewährt. Sofern Zeichnungen von den Maschinen, Anlagen und Arbeitsplätzen vorhanden sind, drucken und schneiden Sie diese aus. Wenn keine Zeichnungen vorhanden sind, dann bereiten Sie Papierschnipsel vor, die das Größenverhältnis (z. B. 1:100) der Maschinen und Anlagen repräsentieren. Mit diesen Papierstücken können Sie innerhalb von wenigen Minuten mehrere Layout-Versionen entwickeln. Fotografieren Sie jede Variante und entwickeln Sie im Team die nächste. Im Anschluss drucken Sie alle Fotos von den verschiedenen Ausführungen aus und beurteilen diese gemeinsam. Die besten zwei bis drei Versionen sollen anschließend, für den finalen Entscheid, detailliert aufgezeichnet und bewertet werden.

Entwickeln Sie im Team das Konzept für das Layout, die Arbeitsplatzgestaltung sowie den gesamten Materialfluss inklusive Zu- und Abführung der Werkstücke an den Arbeitsplätzen.

11.2.8 Sorgen Sie für ununterbrochenen Fluss mit One-Piece-Flow

Im Idealfall realisieren Sie einen One-Piece-Flow (OPF). Das heißt konkret, dass jeweils immer ein Stück an den nächsten Prozessschritt weitergegeben wird, anstatt eine größere Menge vor der Weitergabe zu sammeln. Dadurch werden sämtliche Zwischenpuffer vermieden. Klassisch begleitet der Mitarbeiter das Produkt im Einzelstückfluss von einem Prozessschritt zum nächsten vom Rohling bis zum fertig verarbeiteten Erzeugnis. Aber auch die Weitergabe von einzelnen Werkstücken, anstelle von ganzen Fertigungslosen, nennt man One-Piece-Flow. Hier ein Beispiel: Nehmen wie eine Fertigungszelle mit den drei Prozessschritten Drehen, Fräsen, Schleifen an. Die Losgröße beträgt in unserem Beispiel sechs Stück. Wenn das erste Teil von der Drehmaschine fällt, wird dieses sofort in die Fräsmaschine eingelegt und die Drehmaschine mit einem neuen Rohling bestückt. Im nächsten Takt wird das gedrehte Halbfabrikat von der Drehmaschine entnommen und in die Fräsmaschine eingelegt sowie das bearbeitete Werkstück von der Fräsmaschine herausgeholt und in der Schleifmaschine eingespannt usw. In der traditionellen Fertigung würden zuerst alle sechs Werkstücke gedreht, dann weitergegeben und anschließend alle sechs gefräst usw. Diese herkömmliche Art zu fertigen führt jedoch zu verlängerten Durchlaufzeiten und höheren Beständen. Daher ist ein One-Piece-Flow zu bevorzugen. Sorgen Sie dafür, dass nur fehlerfreie Produkte an die nächste Station gelangen. Dabei können Poka-Yoke, Jidoka, aber auch Prüfen und Messen notwendig sein. Zwar generieren Prüfen und Messen keinen Wert, aber es verhindert, dass noch größere Verschwendungen entstehen. Die hohen Abhängigkeiten der einzelnen Anlagen erhöhen den Druck, die Prozessstabilität und Maschinenverfügbarkeit stetig hochzuhalten. Die Vorteile liegen auf der Hand: Drastische Reduzierung der Ware in Arbeit und der Durchlaufzeiten sowie die frühe Erkennung von Fehlern. Aber Achtung: Wenn die Prozesse noch weitgehend instabil, nicht standardisiert und nicht ausgetaktet sind, mag es verfrüht sein, den One-Piece-Flow zu implementieren. Dieser wird erst durch eine stabile Grundlage ermöglicht. Die Grundregeln sind bei Fertigungszellen und Montageinseln dieselben.

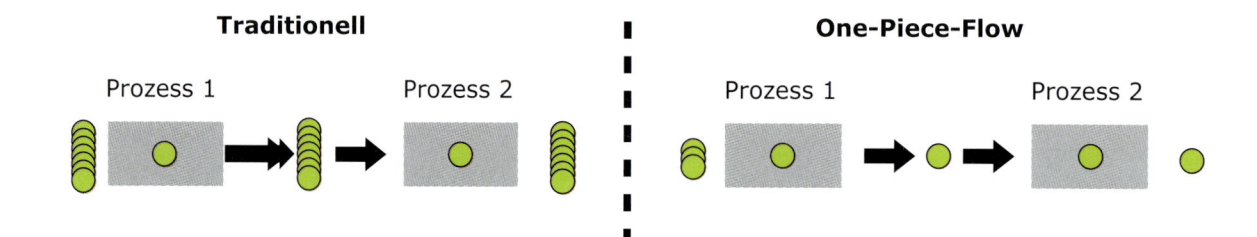

Bild 11.36 Traditionelle Fertigung gegenüber One-Piece-Flow

One-Piece-Flow in der Montageinsel

Bei Montageinseln erfolgt die Materialversorgung im Idealfall von außen durch die innerbetriebliche Logistik in einem Milkrun-System (dazu mehr im Kapitel 12). One-Piece-Flow ist etwas anderes als Losgröße eins – dies wird oft verwechselt. Bei OPF kann die Losgröße größer als eins sein, die Weitergabemenge ist jedoch ein Stück. Bei der Losgröße eins wird für jedes einzelne Stück ein Fertigungsauftrag erstellt. Selbstverständlich wird auch beim One-Piece-Flow eine möglichst kleine Losgröße angestrebt. Das grundlegende, einfache Prinzip wird zwar von den meisten verstanden, aber von den wenigsten umgesetzt. Der ununterbrochene Einzelstückfluss vom Rohmaterial bis zum Fertigprodukt ist die anzustrebende Form. Dies ist kaum in einem Schritt zu schaffen, weshalb vorerst einzelne Prozessketten (Linien, Zellen, Inseln) aufgebaut werden.

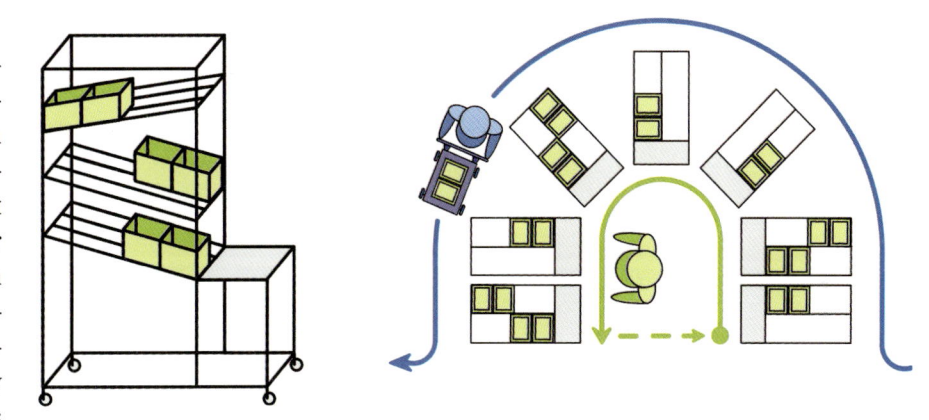

Bild 11.37 Beispiel Montageinsel mit Materiallogistik von außen

> **Lean Story: Montageinsel**
>
> Bei einem Auftragsfertiger von elektronischen Baugruppen, Geräten und Systemen sollte die Effizienz in der Montage von einer Produktfamilie gesteigert werden. In der Analysephase hat sich gezeigt, dass die aktuelle Fertigung in großen Losen (100 bis 500 Stück), verteilt in verschiedenen Departementen, bearbeitet wurden. Die Vormontage, das Löten, die Endmontage, das Vergießen, das Prüfen und Messen, das Verpacken sowie die Logistik wurden in verschiedenen Abteilungen durchgeführt. Dabei legte das Material intern einen Weg von über 500 Meter zurück. Die Materialbereitstellung wurde durch die Montagemitarbeiter persönlich durchgeführt. Für die Vorbereitung und Kommissionierung waren die Mitarbeitenden rund 300 Meter pro Auftrag unterwegs und etwa 30 Minuten damit beschäftigt. Kein einziger Mitarbeitender beherrschte alle Prozessschritte, sondern jeder nur einen Teil davon. Die durchschnittliche Durchlaufzeit betrug zum Projektstart 55 Tage. Bei einer Auftragsgröße von 300 Stück wurde in den Beobachtungen festgestellt, dass eine Mitarbeiterin die Bearbeitungsschritte jeweils für die gesamte Auftragsmenge durchführte. Also 300 Mal die erste Lötoperation, dann 300 Mal die zweite usw. Dafür benötigte die Mitarbeiterin mehrere Tage. Ich fragte den Montageleiter, weshalb er dies so eingeplant hat. »Es ist besser für die Qualität, wenn die Mitarbeiterin den ganzen Tag die gleiche Aufgabe hat, dann ist sie darauf fokussiert«, war seine Antwort. Ich habe die Mitarbeiterin nach ihrer ehrlichen Meinung gefragt, wie lange es dauert, bis sie mit den Gedanken woanders ist (z. B. bei den Kindern, bei der Einkaufsliste etc.). »Das ist ganz einfach zu beantworten«, sagte sie, »nach 20 Teilen.« Erst da wurde dem Montageleiter bewusst, dass hoch repetitive Arbeit zu Konzentrationsmangel führen kann.
>
> Das Team hat mit »Cardboard Engineering« das vorher auf Papier ausgearbeitete Konzept physisch umgesetzt. Sie haben entschieden, eine Montageinsel mit Steh-Geh-Arbeitsplätzen und Hasenjagd zu realisieren. Die Bearbeitungszeit pro Arbeitsschritt lag zwischen

ein bis zwei Minuten. Ein gesamter Durchgang über alle Prozessschritte dauerte rund 18 Minuten. Nicht alle betroffenen Mitarbeitenden waren begeistert davon, in Zukunft an Steh-Geh-Arbeitsplätzen ihre Tätigkeiten auszuführen. Die Löterinnen waren sogar vehement dagegen. Ihre Lötstelle sei so klein und fein, dass sie jeweils zwischen zwei Pulsschlägen löten würden. Ich konnte dies nicht glauben, versprach den Mitarbeitenden aber, dass wir Anlehnstühle beschaffen würden, sofern sie die geforderte Qualität wirklich nicht im Stehen erfüllen könnten. Damit waren sie vorerst beruhigt und sagten: »Wir werden die Stühle ganz sicher benötigen, es geht nicht ohne.« Die Montageinsel wurde umgesetzt und bei der Inbetriebnahme hat sich gezeigt, dass das Löten im Stehen keine große Herausforderung darstellt. Es wurden Armauflagen an die Tische montiert, um ruhige Hände beim Löten zu garantieren. Nach den Schulungen konnten alle betroffenen Mitarbeitenden sämtliche Prozesse selbstständig und im geforderten Takt durchführen. Neu durften die zwei Löterinnen die Teile auch prüfen, montieren, endprüfen und verpacken. Nur das Vergießen wurde aufgrund der Emissionen außerhalb der Insel in einem separaten Raum durchgeführt. Nach einer Weile im neuen Arbeitssystem haben wir die Mitarbeitenden gefragt, wie es ist, in dieser Montageinsel zu arbeiten. »Das ist wie ein neues Leben! Ich habe alle zwei Minuten eine andere Aufgabe und nach 18 Minuten ein fertiges Produkt. Die Zeit vergeht schnell, ich habe viel Abwechslung und bin für alle Prozesse bis zum versandbereiten Produkt zuständig, das macht mich stolz«, war die Antwort. Zudem wurde die Insel drei Mal pro Tag auf ein anderes Produkt umgerüstet, so entstanden ein verbesserter Fluss und genügend Abwechslung für die Mitarbeitenden. Dabei konnten die Durchlaufzeiten um 75 % und die Wege um 97 % reduziert werden. Die Rüstzeiten und Losgrößen wurden halbiert und die Produktivität im ersten Schritt um 10 % erhöht. Zudem konnte die Polyvalenz signifikant erhöht werden, was die Flexibilität für zukünftige Herausforderungen steigerte.

11.2.9 Zusammenfassung Verkettung von Produktionsprozessen

Die Lieferfähigkeit wird bei herkömmlichen Fertigungskonzepten oft über Bestände am Halb- und Fertigwarenlager erkauft. Mit Fließfertigung gelingt es Ihnen, Schnittstellen zu eliminieren und Bestände signifikant zu reduzieren. Verbinden Sie die Prozesse und beschleunigen Sie den Fluss – nicht nur in der Montage, sondern auch in der Fertigung. Sie werden mit erhöhter Produktivität, Flexibilität und Qualität bei kurzen Durchlaufzeiten, geringen Beständen sowie vereinfachter Planung und Steuerung belohnt. Entwickeln Sie immer zuerst den Prozess, bevor Sie Produktionsmittel beschaffen. Takten Sie die Prozesse aus und sorgen Sie für einen ununterbrochenen Fluss. Beachten Sie dabei die Balance zwischen Mensch und Maschine. Die Erstellung des Layouts erfolgt erst am Schluss, als logisches Ergebnis der Prozessentwicklung. Achten Sie dabei auf kürzeste Wege für die Operateure und binden Sie die innerbetriebliche Logistik an die Zelle an. Im Idealfall fließt das Material in einem One-Piece-Flow. Begleiten Sie die neu erstellte Linie für mindestens zwei Wochen, um sie weiterzuentwickeln und zu stabilisieren sowie um die Mitarbeitenden zu trainieren. Schließen Sie das Projekt erst ab, wenn die neue Fertigungsinsel reibungslos funktioniert.

Darüber sollten Sie nachdenken:

- Welche Schnittstellen lassen sich mit überschaubarem Aufwand eliminieren?
- Welche Produktionszelle möchten Sie als Pilotprojekt als erstes anpacken?
- Was möchten Sie damit erreichen? Wie lange sind die Durchlaufzeiten bei den auserwählten Produkten heute? Welche Produktivität ist gegenwärtig zu verzeichnen? Wie hoch sind derzeit die Bestände (Rohmaterial-, Halbfabrikat-, Fertigwarenlager)?
- Auf welchen Kundentakt sind die Prozesse in der Zelle auszurichten?
- Wie viel Personal benötigen Sie dafür? Was ist notwendig, um den Kundenbedarf mit weniger Mitarbeitenden zu schaffen?
- Folgt das aktuelle Layout dem Fluss?
- Besteht eine ziehende Fertigung?
- Welche Arbeitsteilung ist am effizientesten für Ihre Produkte und Prozesse?
- Mit welchem Layout und mit welcher Arbeitsplatzgestaltung können Sie eine möglichst hohe Produktivitätssteigerung realisieren?
- Wer sollte im Projektteam mitwirken? Wer übernimmt die Projektleitung?
- Wo und wie kann ein One-Piece-Flow realisiert werden?

Das sollten Sie tun:

- Entscheiden Sie sich für einen wichtigen Wertstrom und verketten Sie die Prozesse so weit wie möglich und sinnvoll.
- Nehmen Sie sich genügend Zeit für ein 12-Wochenprojekt.
- Führen Sie einfache Analysemethoden durch, um den Handlungsbedarf und das Potenzial aufzudecken.
- Kreieren Sie zuerst eine Ideal-Lösung, bevor Sie nach und nach die Real-Lösung entwickeln.
- Geben Sie dem Prozess die höchste Priorität. Das Layout ist eigentlich nur ein logisches Endergebnis von der Prozessentwicklung.
- Entwickeln Sie einen ununterbrochenen Fluss und berücksichtigen Sie dabei den One-Piece-Flow sowie FIFO.
- Richten Sie die Arbeitsinhalte am Kundentakt aus.
- Achten Sie auf einen minimalen Flächenverbrauch und kürzeste Wege für die Mitarbeitenden.
- Nicht nur der Arbeitsplatz und das Layout sollen gestaltet werden, sondern der gesamte Materialfluss.
- Bauen Sie das beste Konzept in einem Modell auf, wenn möglich im Verhältnis 1:1.
- Nehmen Sie keine Abkürzungen, denn die verlängern den Gesamtweg.
- Machen Sie Abweichungen schonungslos sichtbar.
- Sorgen Sie für eine hohe Polyvalenz der Mitarbeitenden.
- Begleiten Sie das System intensiv, bis es stabil läuft.
- Planen Sie das nächste Projekt.

12

Rhythmus- und Pull-Kaizen

12 Rhythmus- und Pull-Kaizen

Fragen, die in diesem Kapitel beantwortet werden:
- Was ist ein Standard-Rhythmus und wie wende ich diesen an?
- Was bedeutet Heijunka? Wieso ist dies so wichtig für das Unternehmen?
- Was ist ein Milkrun? Was bringt es dem Unternehmen? Wie geht man vor?
- Was sind die wesentlichen Unterschiede von einem Push- zu einem Pull-System?
- Welche Schritte zu einer synchronen Produktion sind empfehlenswert?
- Wie verändert sich die Steuerung?
- Was heißt Kanban? Was sind die Voraussetzungen und welches Vorgehen hat sich in der Implementierung bewährt? Welche Kanban-Regeln sind empfehlenswert?
- Welche Produkte eignen sich für Kanban?
- Wie berechne ich das Kanban-System?
- Wie sehen Kanban-Tafeln typischerweise aus?
- Was ist eine Signalkanban-Tafel und wie steuere ich unterschiedliche Losgrößen zwischen den Prozessen?
- Was ist ein Supermarkt?

Der Kundentakt gibt den Rhythmus vor. Doch was ist, wenn die Kundenbedarfe schwanken? In einer volatilen Welt verändert sich der Kundentakt immer wieder. Dennoch soll versucht werden, den Rhythmus über eine längere Zeit stabil zu halten. Dies kann je nach Markt und Anforderungen eine Stunde, einen Tag, eine Woche oder einen Monat sein. In dieser eingefrorenen Zone wird der Kundentakt nicht verändert, um die Schwankungen zu glätten und einen stabilen Fluss zu erhalten. Idealerweise definieren Sie zwei bis drei unterschiedliche Standardrhythmen.

Stückzahl

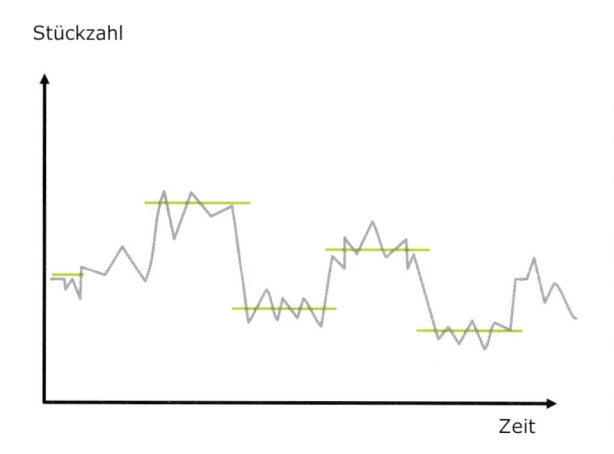

Bild 12.1 Standardrhythmen bei Schwankungen vom Markt

Zum Beispiel könnten drei verschiedene Rhythmen definiert werden. Heute ist ein Standardrhythmus A und morgen B. Oder Sie haben diese Woche ein Standardrhythmus C und nächste Woche A.

Dies bedingt flexiblen Personaleinsatz, Arbeitsbeschreibungen für jeden Standard-Rhythmus und entsprechende Befähigung. Es ist essenziell, dass die Regeln und Arbeitsinhalte je Variante unmissverständlich und detailliert beschrieben sowie hinreichend trainiert werden. Idealerweise sind Arbeitsanleitungen mit Fotos oder Videos – möglichst einfach und aussagekräftig gestaltet.

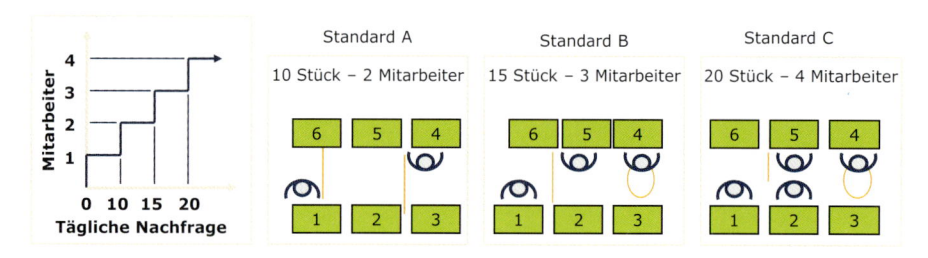

Standard A — 10 Stück – 2 Mitarbeiter
Standard B — 15 Stück – 3 Mitarbeiter
Standard C — 20 Stück – 4 Mitarbeiter

Bild 12.2 Standardvarianten für den Produktionsrhythmus

> ✓ Berechnen und legen Sie zwei bis drei Standards fest. Glätten Sie die Nachfrage über einen sinnvollen Zeitraum. Erstellen Sie ansehnliche und leicht verständliche Arbeitsanweisungen und befähigen Sie die betroffenen Mitarbeiter.

12.1 Heijunka – Glättung und Nivellierung zur Effizienzsteigerung

Bei Heijunka geht es um die Schaffung eines einheitlichen, nivellierten Produktionsablaufes, indem die Aufträge in eine bestimmte, sich wiederholende Reihenfolge gebracht und die Schwankungen über eine bestimmten Fertigungszeitraum geglättet werden. Ungleichmäßigkeiten (japanisch Mura) sollen vermieden werden. Es kann eine gewisse Stückzahlvariabilität, ohne Änderung der Arbeitsabläufe, bewerkstelligt werden. Heijunka beginnt bereits in der Verkaufsabteilung, welche versucht, einen Produktionsplan ohne Wellen zu ermöglichen. Sie erinnern Sich an die Lean Story Mura, wo die geglättete Lieferung die Bedingung für den Mengenrabatt der 16 Werkzeugmaschinen war.

Wie bereits beim Wertstromdesign aufgezeigt, ist eine Nivellierung auf Tagesmengen anzustreben. Die Produktionsform spiegelt im Idealfall den gesamten Mix an Artikeln wider. In der Praxis werden Sie voraussichtlich feststellen, dass es nicht möglich ist, alle Produkte täglich herzustellen. Zum Beispiel, wenn der Kundenbedarf weniger als ein Stück pro Tag beträgt. In der Regel fokussiert man sich auf die ersten 20 % der Artikel, welche 80 % der Nachfrage ausmachen, die sogenannten High-Runner. Für die Exoten, welche 80 % der Vielfalt, jedoch nur 20 % der Menge ausmachen, werden im Tagesablauf freie Zeitfenster reserviert.

Die Modelmix-Produktionsform führt zu weniger Schwankungen in den Mengen sowie zu einer Glättung der Arbeitsinhalte. Damit lässt sich wiederum die Planung und Steuerung vereinfachen sowie die Koordinationsmeetings eliminieren oder zumindest minimieren. Wenn man alle Produkte im Kundentakt herstellt, führt dies zu einer Reduktion der Kosten. Wenn es darüber hinaus gelingt, nie zwei gleiche Artikel hintereinander, im Kundentakt zu produzieren, kann die vom Kunden geforderte Produktvielfalt mit geringstem Ressourceneinsatz und in kürzesten Durchlaufzeiten erzielt werden.

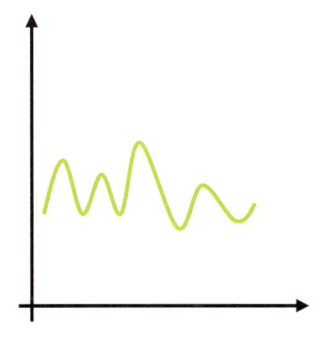

Bild 12.3 Schwankungen vom Markt

Bild 12.4 Produktionsform Modellmix

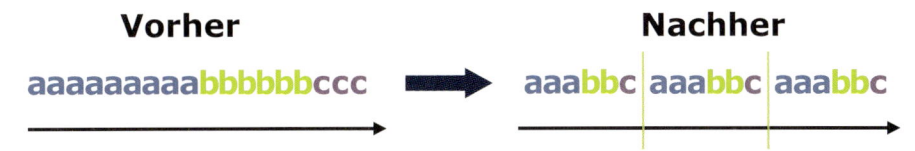

Vorher
aaaaaaaabbbbbccc ➡ **Nachher**
aaabbc aaabbc aaabbc

12 Rhythmus- und Pull-Kaizen

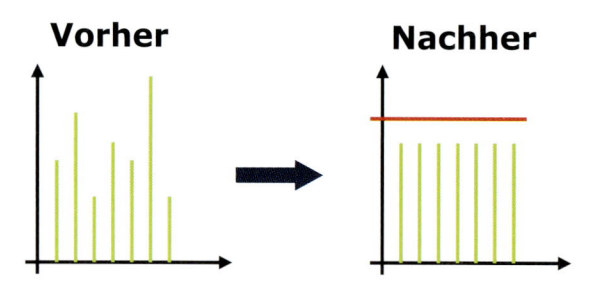

Bild 12.5 Modellmix führt zu Glättung der Arbeitsinhalte

Die Ziele der Glättung und Nivellierung sind, die Wellen in der Produktion zu vermeiden, sodass in einem effizienten Fluss, im Kundentakt gefertigt werden kann. Zudem wird die Produktion ihre Flexibilität trainieren, um auch zukünftigen Anforderungen gewachsen zu sein. Die stetigen Reduktionen von Losgrößen, Beständen und Durchlaufzeiten bringen die Verschwendungen zum Vorschein. Die regelmäßigen Verbesserungen führen zu einem effizienteren und wirtschaftlicheren Wertschöpfungssystem. Zudem wird die Verbesserungskultur dadurch gefördert.

> ✓ Legen Sie in einem Team die Rahmenbedingungen fest und probieren Sie es aus. Es wird voraussichtlich nicht von Anfang an reibungslos funktionieren, seien Sie sich dessen bewusst. Entwickeln Sie das System weiter und beweisen Sie, dass es auch in Ihrem Unternehmen funktioniert. Sie werden mit kürzerer Durchlaufzeit, höherer Produktivität und gleichzeitig ruhigerer Produktion belohnt.

Bild 12.6 Heijunka für einen effizienten Fluss

> **Lean Story: Heijunka**
>
> Ich war bei einem Kabelhersteller auf dem Produktionsrundgang und stellte eine hohe Hektik fest. »Wir haben extrem viel zu tun, eine noch nie dagewesene hohe Auslastung«, begründete der Produktionsleiter diesen Zustand. Ich wollte wissen, weshalb sie sich in dieser Ausnahmesituation befinden. »Gotthardtunnel«, gab er kurz zur Antwort, als ob damit schon alles gesagt sei. Nachdem ich ihn aufgefordert hatte, dies näher zu erklären, sagte er: »Wir müssen bis zum Liefertermin eine unglaublich hohe Menge an Kabeln produzieren für den Bau des neuen Gotthardtunnels.« »Die Planung für diesen Tunnel begannen vor 25 Jahren, vor 5 Jahren starteten die Bohrungen in das massive Gestein und nun müssen Sie in wenigen Wochen das gesamte Kabelmaterial für den Tunnel bereitstellen«, fragte ich ungläubig nach. »Ich kann nichts tun, ich muss den Liefertermin einhalten. Der Kunde will das so«, gab er zu bedenken. Ich antwortete: »Ich würde gerne die tausenden von Elektroinstallateure sehen, die alle gleichzeitig die gesamte Menge an Kabeln innerhalb von wenigen Tagen im Tunnel verlegen.« An dieser Geschichte sehen Sie, dass die Lieferbedingungen zu wenig mit den Kunden verhandelt werden. In diesem Fall hätte man den Mengenrabatt an eine geglättete Lieferung binden sollen. Auch der Kunde hätte einen Vorteil, denn dann hätte nur eine sehr kleine Lagerfläche vor Ort zur Verfügung stellen müssen.

Zusammenfassung Heijunka

Der Kundentakt gibt den Rhythmus für die Produktion vor. Schwankungen sind in einer volatilen Welt normal. Mit Heijunka werden diese nivelliert und geglättet. Der Rhythmus wird über eine Zeitperiode (z. B. eine Woche) stabil gehalten. Es ist empfehlenswert, für unterschiedliche Kundenbedarfe, zwei bis drei Standardrhythmen festzulegen. Je Standardrhythmus sollten die entsprechenden Arbeitsbeschreibungen entwickelt werden. Heijunka beginnt bereits im Verkauf. Es sollten von dort bereits nivellierte Mengen in die Produktion gelangen. Typischerweise wird eine Nivellierung auf Tagesmengen vorgenommen (oder andere, möglichst kurze Zeiteinheiten) und Modelmix als anzustrebende Produktionsform eingeführt. Dabei stehen die High-Runner-Artikel im Fokus. Für die Exoten-Artikel werden freie Zeitfenster im Wochenplan reserviert. Mit dem Modelmix erhöht sich die Flexibilität und die Arbeitsinhalte werden geglättet. Streben Sie kleinste Losgrößen sowie einen hohen Modelmix an und trainieren Sie Ihre Flexibilität.

Darüber sollten Sie nachdenken:

- Gibt es bereits sich wiederholende Produktionsmuster (Modellmix) zur Glättung und Nivellierung der Produktion? Welcher Modellmix eignet sich am besten?
- Welche 20 % der Artikelvielfalt bilden 80 % des Volumens (Stk./Kg/Meter etc.)?
- An welcher Linie ist ein Pilotversuch sinnvoll?
- Was ist notwendig, um die Losgröße zu minimieren?
- Wird Heijunka bereits beim Verkauf, in den Verhandlungen mit dem Kunden, berücksichtigt?
- Welche Bereiche und Mitarbeitenden sollten in ein erstes Projekt eingebunden werden?

12.2 Milkrun – die getaktete Logistik zur schnellen Versorgung

Das sollten Sie tun:
- Schulen Sie die Führungskräfte und den Verkauf.
- Definieren Sie ein Pilotprojekt.
- Fokussieren Sie sich auf eine Produktionslinie mit hohen Bedarfen.
- Sorgen Sie dafür, dass mit dem Kunden über eine Glättung verhandelt wird.
- Legen Sie die Zeitperiode für die Glättung fest.
- Entwickeln Sie zwei bis drei Standardrhythmen.
- Befähigen Sie die betroffenen Mitarbeitenden.
- Begleiten Sie das Pilotprojekt intensiv, bis eine hohe Stabilität erreicht ist.
- Kommunizieren Sie die Erfolge und teilen Sie Ihre Erfahrungen.
- Planen Sie das nächste Projekt.

Der Ursprung und die Namensgebung kommen vom traditionellen amerikanischen Milchmann, der die Haushalte mit Milch belieferte. Er lieferte, anhand des Leerguts, immer so viel Milch, wie verbraucht wurde. Das Leergut nahm er auf seiner Tour gleich mit. Im Unternehmen sollen die Materialien mittels Milkrun, inner- und außerbetrieblich, bedarfsgerecht bereitgestellt werden.

12.2.1 Innerbetrieblicher Milkrun

Sobald Sie den Fluss durch kleinere Losgrößen beschleunigen, wird die innerbetriebliche Logistik zu einer wahrnehmbaren Verschwendung. Eine getaktete Logistik für die Zu- und Abführung von Material und Hilfsmitteln kann hier Abhilfe schaffen. Die herkömmlichen innerbetrieblichen Materialtransporte lassen sich gut mit dem Taxi- und Milkrun mit dem Bus-Modell beschreiben.

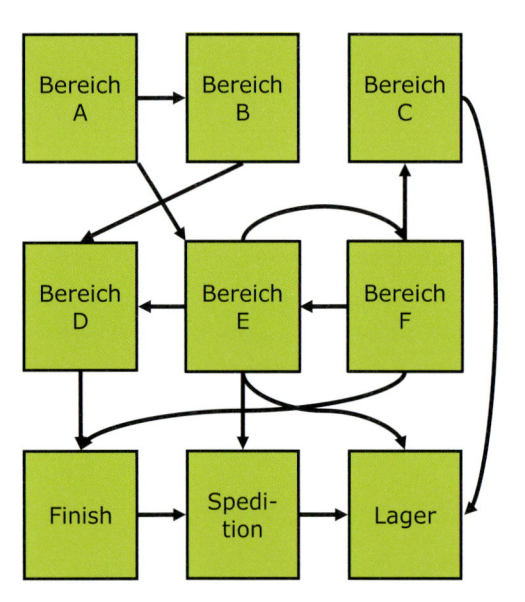

Bild 12.7 Taxi-Modell (jeder bringt und holt selber)

der Zeitpunkt variabel. Oft sind 50 % vom zurückgelegten Weg Verschwendung, da einer der beiden Wege ohne Material erfolgt.

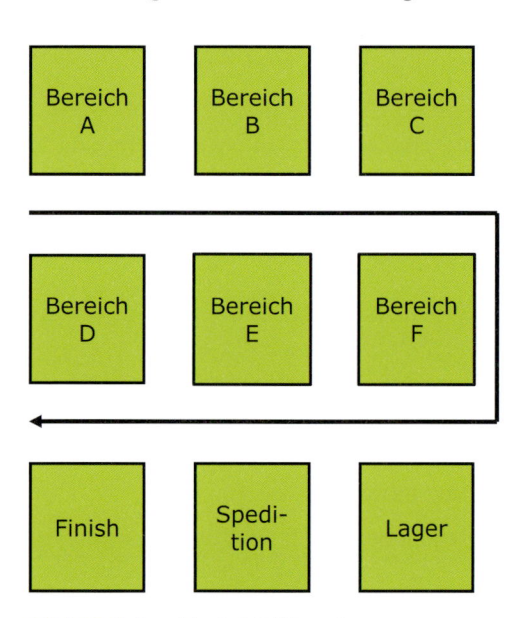

Bild 12.8 Bus-Modell (Milkrun)

Taxi-Modell: feste Menge und variable Termine. Das Taxi fährt los, wenn die Gäste eingestiegen sind.

Beim Taxi-Modell bringt und holt jeder dann, wenn er Zeit hat. Die Menge ist fix (ein Auftrag),

Bus-Modell: feste Termine und variable Mengen. Der Bus fährt los, wenn die geplante Abfahrtszeit angebrochen ist.

Beim Busmodell fährt eine innerbetriebliche Logistik nach einem fixen Fahrplan (z. B. im 30-Minuten-Takt) die definierte Route ab. Genauso wie beim öffentlichen Bus hält der Fahrer an, wenn ein Passagier (Material) bei einer Bushaltestelle ein- oder aussteigen möchte. Ansonsten fährt er daran vorbei. Damit ist der Zeitpunkt fix und die Menge variabel. Die kurzzyklische, Just-in-time-Anlieferung ist wichtiger, als die Ausnutzung der maximalen Transportkapazität. Eine weitere Analogie zum Milkrun besteht bei der Post. Stellen Sie sich vor, dass alle Einwohner ihre Post auf dem Postamt abholen müssten. Es gäbe auch keine dezentralen Briefkästen, daher müsste jeder seine Briefpost zur Poststelle bringen. Lange Staus und Wartezeiten wären die Folgen. Die zusätzlichen Wege und Aufwendungen hätten keinen Mehrnutzen, denn der Wert des Briefs wird dabei nicht erhöht. Heutzutage müssen die Pakte in vielen Ortschaften noch zur Postfiliale gebracht werden. Sie werden in der innerbetrieblichen Logistik voraussichtlich auch nicht alle möglichen Materialien integrieren. Behalten Sie immer den Aufwand und den Nutzen im Blick.

Vorgehen zur Einführung von einem Milkrun-System
- Festlegen der zu bewegenden Güter
- Analyse des Transportvolumens
- Definition und Bau der Haltestationen
- Erstellung eines Fahrplans
- Training
- kontinuierliche Verbesserung

Festlegen der zu bewegenden Güter
Im ersten Schritt macht es Sinn, den innerbetrieblichen Milkrun auf wenige verschiedene Güter und Bereiche zu beschränken. Nachdem Sie dann Erfahrungen gesammelt und das System weiterentwickelt haben, können Sie es auf weitere Güter erweitern.

Beispiele:
- Produkte
- Werkzeuge
- Vorrichtungen
- Transportkisten, Verpackungsmaterial und Einlagen
- Rohmaterial
- Post, Pakete, Briefe
- Büromaterial
- Hilfs- und Betriebsstoffe
- Entsorgung: Späne, Reststücke, Müll, Papier, Karton und PET

12 Rhythmus- und Pull-Kaizen

Analyse des Transportvolumens

Für die Auslegung des Milkrun benötigen Sie die Ergebnisse einer Analyse des Transportvolumens. Von wo nach wo wird wie oft etwas transportiert? Um eine realistische Aussage machen zu können sollte die Analysedauer sinnvoll gewählt werden (z. B. eine Woche).

Download: Vorlage Transportmatrix

Wenn Sie diverse unterschiedliche Transportgebinde verwenden, kann es sinnvoll sein, diese in der Analyse zu unterscheiden.

Wohin \ Woher	Abteilung A	Abteilung B	Abteilung C	Abteilung D	QS	Warenausgang	WZ-Ausgabe	Entsorgung	Lager	Umschlagzone	**Summe**
Abteilung A		—	—	—	—	46	—			47	**93**
Abteilung B	—		—	—	—	—	2			20	**22**
Abteilung C	—	—		—	—	37	2			56	**95**
Abteilung D	—	—	—		—	52	6			63	**121**
QS	31	13	37	42		—	—	—	—	—	**123**
Warenausgang	31		37	42	130		—	—			**240**
Werkzeugausgabe		2	2	6	—	—		—			**10**
Entsorgung					—						**0**
Lager					—			—			**0**
Umschlagszone					—			—			**0**
Summe	**62**	**15**	**76**	**90**	**130**	**135**	**10**	**0**	**0**	**186**	**704**

Bild 12.9 Beispiel Transport-Matrix

Erstellung eines Fahrplans

Die Tour A fährt zum Beispiel im Zweischichtbetrieb alle zwei Stunden und die Tour B im Tagesbetrieb alle vier Stunden.

> 💡 Am Anfang sollten Sie möglichst viel mit den vorhandenen Mitteln umsetzen, um daraus zu lernen und das System weiterzuentwickeln. In einem weiteren Schritt können Investitionen in spezifische Milkrun-Transportmittel hilfreich sein. Hierfür gibt es massenhaft Anbieter.

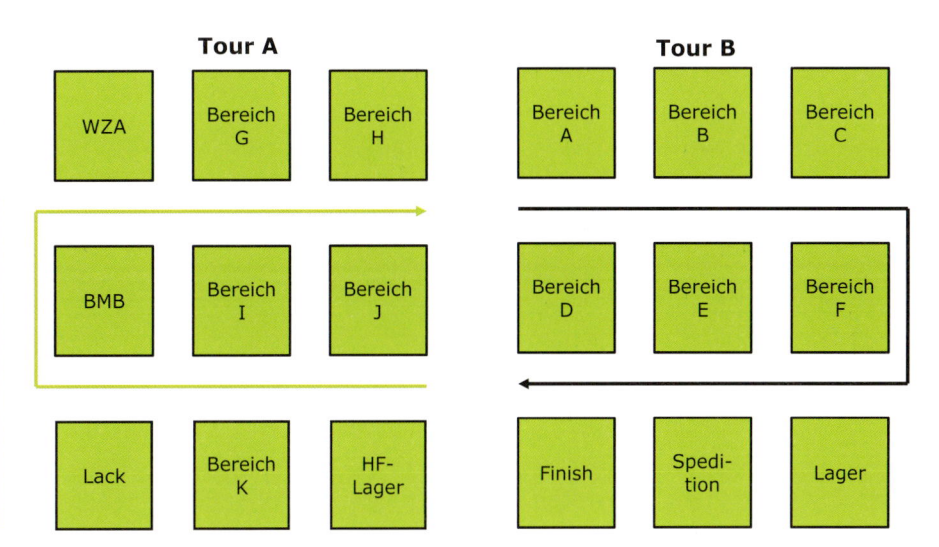

Tour A

WZA	Bereich G	Bereich H
BMB	Bereich I	Bereich J
Lack	Bereich K	HF-Lager

Tour B

Bereich A	Bereich B	Bereich C
Bereich D	Bereich E	Bereich F
Finish	Spedition	Lager

Bild 12.10 Beispiel Milkrun-Touren

Zeit/Tour	05.00	07.00	09.00	11.00	13.00	15.00	17.00	19.00	21.00
Tour A	X	X	X	X	X	X	X	X	X
Tour B		X		X		X			

Bild 12.11 Beispiel Milkrun-Fahrplan

Bild 12.12 Milkrun-Transportwagen

12 Rhythmus- und Pull-Kaizen

Lean Story: Innerbetrieblicher Milkrun

Ein Kunde wollte den Nutzen von Milkrun zuerst testen, bevor er größere Umstellungen in der Produktion vornehmen würde. Er entschied sich, die innerbetriebliche Brief- und Paketpost sowie die Bestellung und Verteilung von Büromaterial zu analysieren. Die summierten Schritte bzw. die aufgewendeten Zeiten von den Mitarbeitenden ergaben in einem Unternehmen mit rund 50 Mitarbeitern eine 100 %-Stelle. Zuerst waren alle geschockt und zweifelten das Ergebnis der Analyse an. Die Resultate wurden jedoch nach erneuter Prüfung bestätigt. Der erkannte Handlungsbedarf führte zu hoher Motivation, diese Situation zu verbessern. Es wurde ein innerbetrieblicher Milkrun für die besagten Güter eingerichtet. Zwei Mal pro Tag fand die Tour durch das gesamte Gebäude statt, welche je 20 min in Anspruch nahm. Keiner musste Briefe oder Pakete ins Office bringen oder von dort abholen. Auch die Wege zur Beschaffung von Büromaterial wurden eliminiert. Das mit einer einfachen Karte bestellte Büromaterial wurde während der nächsten Tour ausgeliefert. Insgesamt wurde der Personalaufwand für den Transport bzw. die Verteilung dieser Güter um 80 % gesenkt.

✓ Legen Sie die zu transportierenden Güter für das Pilotprojekt fest. Legen Sie eine sinnvolle Bustour fest und erarbeiten Sie einen für Ihr System sinnvollen Fahrplan. Lernen Sie und weiten Sie das System aus, bis alle Güter im Milkrun integriert sind.

12.2.2 Außerbetrieblicher Milkrun

Die externe Logistik kann je nach Entfernung und Liefermenge ebenfalls mit einem Milkrun organisiert werden. Dabei kann die Lieferfrequenz, ohne zusätzliche Kosten, erhöht werden.

💡 Überlegen Sie sich, wie es gehen könnte und nicht warum es nicht geht. Touren könnten auch für einen Industriepark zusammengestellt werden, sofern deren Lieferanten oder Kunden geografisch nahe beieinander sind. Damit könnten die Lieferfrequenz erhöht und die Transportkosten reduziert werden.

✓ Analysieren Sie die aktuellen Touren und Frequenzen. Sollte Ihr Transportvolumen zu gering sein, dann sprechen Sie mit den Logistikverantwortlichen von umliegenden Unternehmen. Legen Sie gemeinsam die erste Tour fest und lernen Sie daraus. Dehnen Sie das System so weit wie sinnvoll aus.

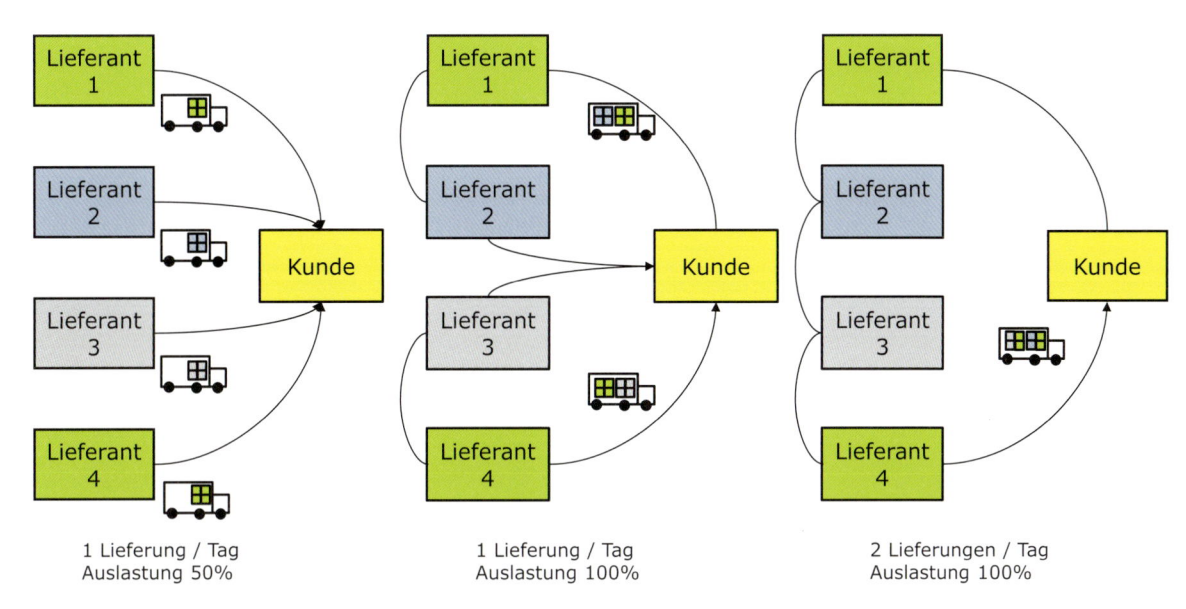

Bild 12.13 Beispiel: Milkrun in der externen Logistik

12.2.3 Zusammenfassung Milkrun

Das Material soll mit Bus-Touren anstatt Taxifahrten transportiert werden. Diese getakteten Logistik-Touren-Systeme nennt man Milkrun, welche sich für inner- sowie außerbetriebliche Fuhren eignen. Die kurzzyklischen Lieferungen sind dabei wichtiger als die Ausnutzung der maximalen Transportkapazität. Vor der Erarbeitung eines Konzeptes müssen Sie die zu bewegenden Güter festlegen und die dafür anfallenden Transportvolumen analysieren. Es können in einem Betrieb mehrere Milkrun-Touren in unterschiedlichen Frequenzen implementiert werden. Sie sollten zuerst den Prozess entwickeln und erst danach in Transportmittel investieren.

Darüber sollten Sie nachdenken:
- Wie sind die innerbetrieblichen Transporte organisiert? Bus- oder Taxi-Modell?
- Wie viele Leerfahrten nehmen Sie in Kauf?
- Wie könnten Sie die innerbetriebliche Logistik in Touren und Frequenzen organisieren?
- Welche Güter sollen berücksichtigt werden?
- Wie viele Haltestellen sind erforderlich und sinnvoll?
- Welche Transporthilfsmittel sind geeignet?
- Gibt es bereits unternehmensweite Gebinde-Standards?
- Was möchten Sie mit Milkrun erreichen?
- Wer sollte bei der Ausarbeitung unbedingt mitmachen?
- Welche Rahmenbedingungen sind noch zu schaffen?
- Wie sind die außerbetrieblichen Transporte organisiert?
- Gibt es bereits Standard-Touren?
- Mit welchen Unternehmen könnten Sie sich für die externe Logistik zusammentun?
- Welche Touren und Frequenzen sind passend für das erste Leuchtturmprojekt?
- Welche Standards sind nötig und sinnvoll?
- Welche Voraussetzungen sind noch zu schaffen?

Das sollten Sie tun:
- Schulen Sie die Führungskräfte und die Verantwortlichen in der Logistik.
- Legen Sie die Güter, Touren und Frequenzen in einem ersten Konzept fest.
- Schulen und begleiten Sie die betroffenen Mitarbeitenden.
- Bauen Sie das System weiter aus.
- Kommunizieren Sie die Erfolge und teilen Sie Ihre Erfahrungen.

12.3 Von Push zu Pull – die Implementierungsschritte zur ziehenden Fertigung

Im Push-System werden unabhängig vom Kundenbedarf, solange es die Ressourcen zulassen, möglichst große Fertigungsaufträge produziert. Also auslastungsorientiert mit möglichst hoher Ressourceneffizienz. Die Anlagen werden einzeln geplant und es findet keine Synchronisation zwischen den Prozessen statt. Das heißt, dass an einer Anlage etwas blind gemäß Planliste produziert wird, obwohl der nächste Arbeitsschritt den Auftrag vielleicht (noch) nicht verarbeiten kann. Je höher die Bestände, desto höher ist die Wahrscheinlichkeit für Fehlteile. Denn die hohen Bestände sind die Folge von großen Losgrößen, welche dazu führen, dass von einigen wenigen Artikeln weitaus mehr hergestellt werden, als der Kunde gerade möchte und dadurch die Kapazität fehlt, den echten Kundenwünschen nachzukommen. Daher nehmen Sie sich fest vor, die Losgrößen stetig zu reduzieren, um die Überproduktion, also die Quelle allen Übels, zu minimieren.

Auf dem Weg zu einer ziehenden Fertigung gibt es mehrere Zwischenstufen, sozusagen Reifegrade. Der erste Schritt besteht darin, mithilfe von Supermärkten ein Pull-System zu entwickeln. Danach folgt der Aufbau einer synchronen Produktion. In dieser sind alle Prozesse so synchronisiert, dass ohne Zwischenbestände in einem durchgängigen Fluss produziert und geliefert wird.

12.3.1 Supermarkt

Supermarktsysteme finden dort Verwendung, wo sich (noch) keine Verkettung realisieren lässt. Sehr unterschiedliche Taktzeiten, verschiedene Losgrößen, räumliche oder geografische Entfernung, instabile Prozesse etc. können Gründe für einen Supermarkt sein. Jedoch sind diese Warenpuffer eine Form der Verschwendung, die im Laufe der Zeit eliminiert werden sollte. Supermarktsysteme können auch als Verteilzentrale eingesetzt werden, sofern die dort gelagerten Produkte an mehreren Orten im Unternehmen verwendet werden. Der Minimarkt ist die Lagerstufe direkt vor Ort beim Verbraucher und ist ein Vielfaches kleiner als der Supermarkt.

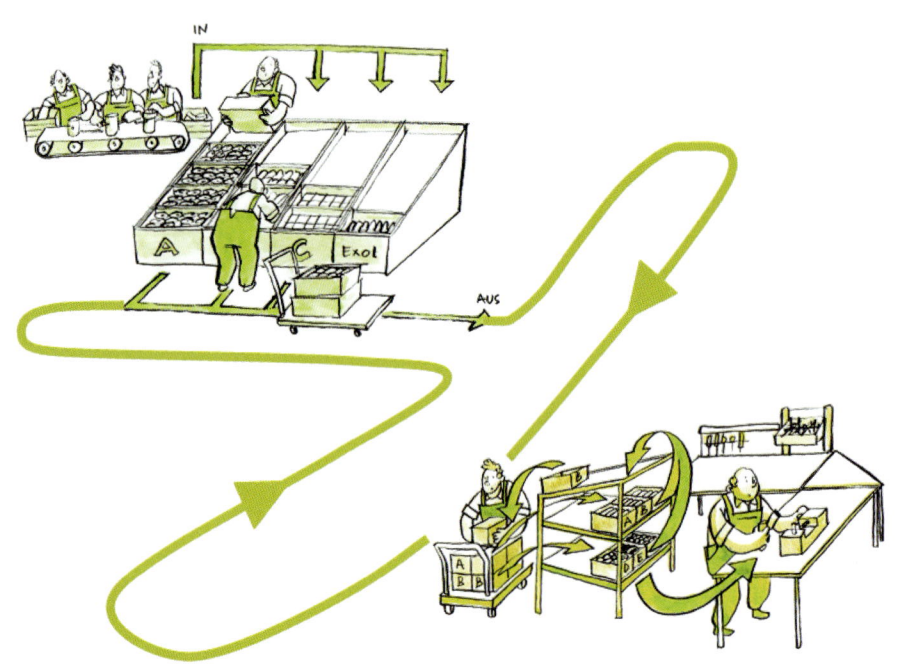

Bild 12.14 Super- und Minimarkt

12.3.2 Umsetzungsstufen

- Stufe 0: Push-System
- Stufe 1: Pull-System mit Supermarkt
- Stufe 2: Pull-System mit synchroner Produktion

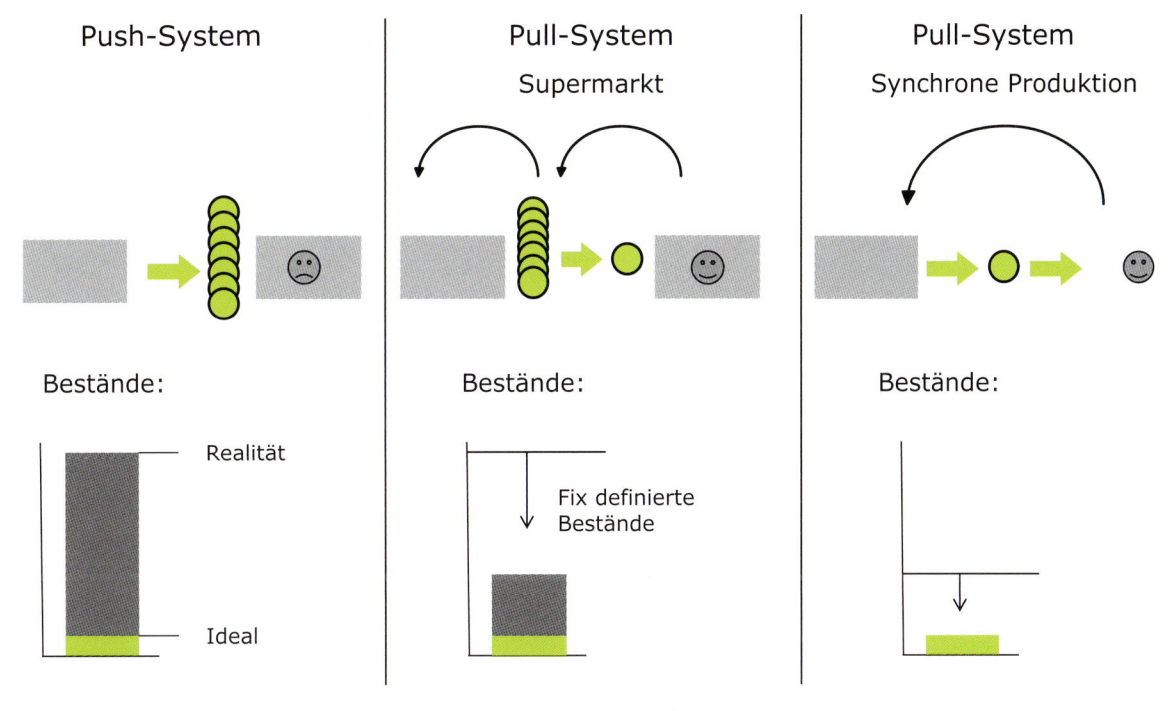

Bild 12.15 Von Push-System bis Pull-System mit synchroner Produktion

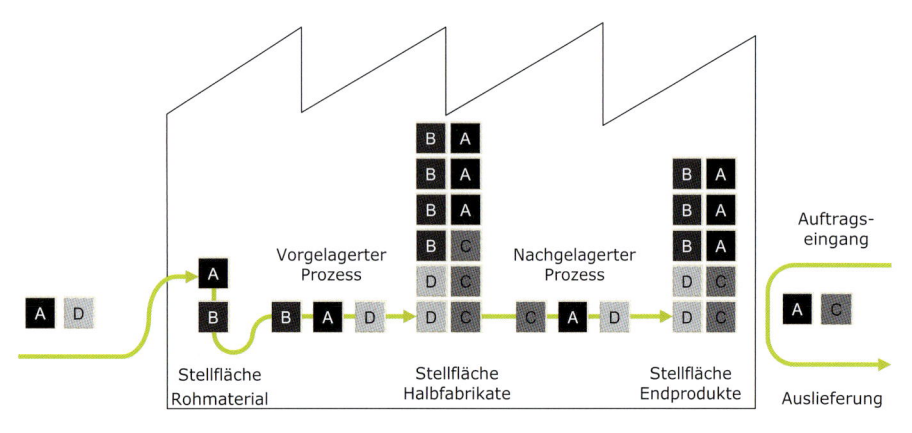

Bild 12.16 Push-System

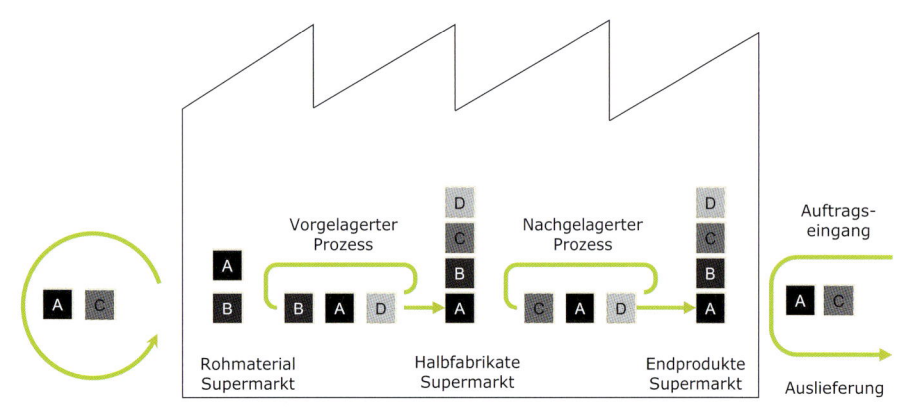

Bild 12.17 Pull-System

Push-System (Stufe 0)

Die Teile werden vom vorgelagerten Prozess in den nachgelagerten Prozess geschoben, ohne zu berücksichtigen, ob dieser Bedarf hat bzw. bereit ist. Die Asynchronitäten führen dazu, dass immer mehr Teile als benötigt in den nachgelagerten Prozess geschoben werden. Dies ist meistens die Ausgangslage in Unternehmen, die in der Einführung von Lean Management stehen.

Push-Systeme haben oft zum Ergebnis:
- überhöhte Bestände
- lange Durchlaufzeiten
- hoher Steuerungsaufwand
- geringe Lieferfähigkeit
- mangelnde Flexibilität
- Terminjägerei

Pull-System mit Supermarkt (Stufe 1)

In einem durchgängigen Pull-System wird die Überproduktion reduziert. Es wird nur produziert, was benötigt wird, und zwar erst dann, wenn es benötigt wird. Es erfolgt keine Weitergabe von Materialien ohne Abruf bzw. Bestellung (Kanban). Es entsteht eine Selbststeuerung durch den Bedarf des Verbrauchers. Der nachgelagerte Prozess holt die benötigten Teile in notwendiger Stückzahl zum geforderten Zeitpunkt beim vorgelagerten Prozess ab. Die Supermärkte sind minimale Warenpuffer, welche die Verknüpfung der Prozesse ermöglichen.

Pull-System mit synchroner Produktion (Stufe 2)

Das Fertigwarenlager wird abgeschafft und der letzte Bearbeitungsprozess mit dem Kundentakt synchronisiert. Das heißt, es wird exakt in der vom Kunden vorgegebenen Reihenfolge produziert und ausgeliefert. Im Halbfabrikate-Lager werden die Schwankungen der Kundenlieferungen aufgefangen. Der Aufbau eines synchronen Produktionssystems wird nur funktionieren, wenn es beginnend bei der Spedition, flussaufwärts umgesetzt wird.

Mit der stufenweisen Ausweitung, wird die Synchronisierung über die gesamte Prozesskette angestrebt. Somit erreicht man die eigentliche Auftragsfertigung. Voraussetzung dafür ist, dass die gesamte Durchlaufzeit kürzer als die vom Kunden gewünschte Lieferzeit ist.

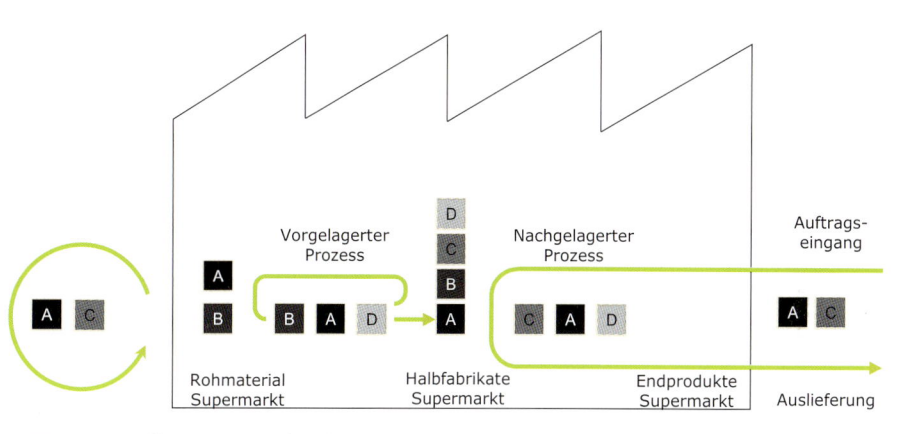

Bild 12.18 Pull-System, nachgelagerte Prozesse synchronisiert (Stufe 2)

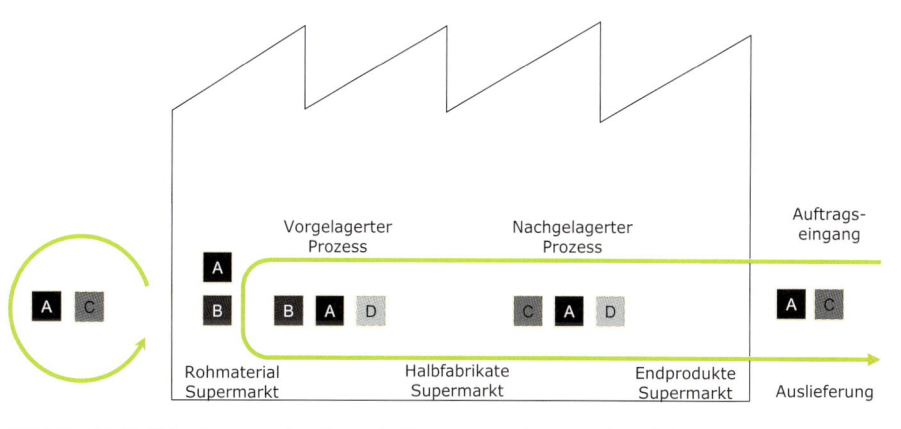

Bild 12.19 Pull-System, nachgelagerte Prozesse weiter synchronisiert (Stufe 2 weiterentwickelt)

12.3.3 Steuerung

Das Pull-Prinzip ergänzt die traditionelle Produktionssteuerung in der Feinplanung. Die Planung und Steuerung wird maßgebend vereinfacht.

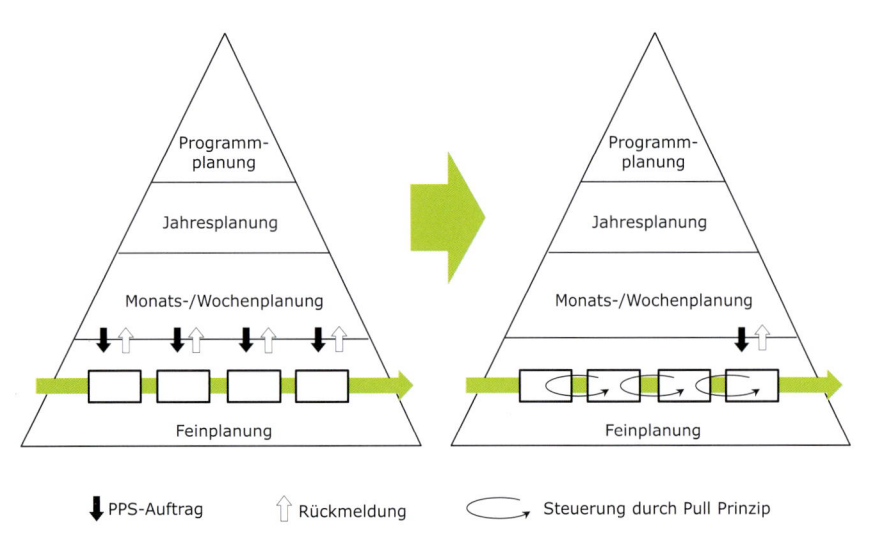

Bild 12.20 Von Push- zu Pull-Steuerung

- ↓ PPS-Auftrag
- ↑ Rückmeldung
- ⟲ Steuerung durch Pull Prinzip

Pyramidenebenen: Programmplanung, Jahresplanung, Monats-/Wochenplanung, Feinplanung

Lean Story: Von Push zu Pull

Ein Hersteller von Implantaten war funktionsorientiert organisiert. Die Abteilungen wurden nach Technologien gruppiert. Es gab also eine Sägerei, Dreherei, Fräserei, Schleiferei usw. Die Durchlaufzeiten betrugen damals 20 bis 40 Arbeitstage. Durch die konsequente Umsetzung von Fließfertigung in Fertigungszellen konnten die Durchlaufzeiten auf 16 Stunden bis fünf Tage reduziert werden. Das war aber nicht alles. Die Produktivität erhöhte sich massiv, die benötigte Produktionsfläche wurde signifikant reduziert und der Anteil Ausschuss und Nacharbeit konnte um Faktor zehn gesenkt werden. Die vorher sehr komplexe Planung und Steuerung wurde stark vereinfacht. Der Produktionsplan für die nächste Woche wurde jeweils am Donnerstagnachmittag aufgrund des Verbrauchs erstellt. Danach war dieser Plan für eine Woche eingefroren, dies nennt man »frozen week«.

> Es wurde also Woche für Woche das produziert, was der Kunde vorher vom Lager bezogen hat. Dies kann mit dem Auffüllen von Regalen im Supermarkt verglichen werden. Die frozen week ergab Ruhe, Stabilität und eine übersichtliche Organisation. Die eingefrorene Woche war nur aufgrund der sehr kleinen Losgrößen möglich. Die Maschinen wurden zwischen zwei bis zwanzig Mal pro Tag umgerüstet. Auslöser waren keine Kanban-Karten, sondern die Reichweiten und Verbrauche je Artikel.

12.4 Kanban

Kanban ist die einfachste und bekannteste Methode, um eine Pull-Steuerung zu realisieren und heißt übersetzt: Karte. Sie dient zur Steuerung der Herstellung sowie Entnahme von Produkten und zur Reduktion von Überproduktion (wurde 1953 durch Taiichi Ohno bei Toyota eingeführt). Dabei ist der Informationsfluss dem Materialfluss entgegengesetzt. Es entsteht ein selbststeuernder Regelkreis. Ein Kanban-Signal kann auch ein elektronischer Scan, ein leerer Ladungsträger oder freier Materialstellplatz sein. Um einen effizienten Fluss mit möglichst geringen Beständen zu realisieren, sollte immer die kleinstmögliche Losgröße und Kanban-Anzahl angestrebt werden. Es handelt sich um eine Karte oder ein Signal mit der Information, welche Menge, von welchem Produkt hergestellt bzw. entnommen werden soll. Der nachgelagerte Prozess zieht nur die jeweils benötigte Menge vom vorgelagerten Prozess, welcher nur dann produziert, wenn eine entsprechende Kanban vorliegt. Somit wird die Überproduktion durch die Anzahl im System vorhandenen Kanban limitiert. In einer Pull-Steuerung darf es keine Produkte ohne entsprechendes Kanban geben. Die Einführung ist nur erfolgreich, wenn der Sinn verstanden wird. Es soll die Probleme und Störungen an die Oberfläche bringen, damit die Prozesse mit Kaizen verbessert werden. *»Kanban sollen eine Steuerungsfunktion ausüben, die ähnlich dem autonomen (vegetativen) Nervensystem arbeitet. Wenn dies nicht der Fall ist, dann* *sind es lediglich Begleitzettel.«* (Hitoshi Takeda, Das synchrone Produktionssystem, 6. Auflage, Seite 193). Kanban ist also ein Mittel zur autonomen Feinsteuerung und Entlarvung von Verschwendungen. Dies gelingt jedoch nur, wenn die Kanban-Prozesse stabil und zuverlässig funktionieren.

Von Push ....

Zu Pull ....

Bild 12.21 Von Push zu Pull

12.4.1 Voraussetzungen für Implementierung von Kanban

- Fließfertigung innerhalb der Produktion
- geglättete Produktion
- kurze, möglichst einheitliche Transportzyklen
- kleine Losgröße
- optimale Verpackungsform für Empfänger
- unmissverständliche Beschilderung der Lager- und Abstellflächen
- Sensibilisierung aller Mitarbeiter

12.4.2 Folgende Vorgehensweise hat sich bewährt

- Untersuchung der Kanban-Eignung
- Auswahl und Festlegung der Regelkreise
- Berechnung der Kanban-Größen
- Auswahl der Kanban-Hilfsmitteln
- Einführung von Kanban-Regeln

12.4.3 Untersuchung der Kanban-Eignung

Für Kanban sind Teile geeignet, die nur geringe Verbrauchsschwankungen aufweisen und eine relativ hohe Vorhersagegenauigkeit haben.

Um den Verbrauchsverlauf zu analysieren, eignet sich die XYZ-Analyse:
- X-Teile: hohe Vorhersagegenauigkeit (stetiger Verbrauch)
- Y-Teile: mittlere Vorhersagegenauigkeit (mittlerer Verbrauch)
- Z-Teile: niedrige Vorhersagegenauigkeit (stochastischer Verbrauch)

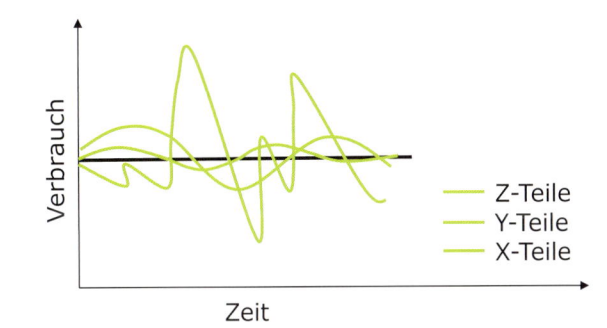

Bild 12.22 XYZ-Artikel

12 Rhythmus- und Pull-Kaizen

X-Teile sind für Kanban besonders gut geeignet.

Die größten Einsparungen und Vorteile werden mit Teilen erreicht, die für das Unternehmen von besonderer Bedeutung sind.

Um diese Teile zu ermitteln, eignet sich die ABC-Analyse:

- A-Teile: hoher wertmäßiger Verbrauch (ca. 80 % des Wertes)
- B-Teile: mittlerer wertmäßiger Verbrauch (ca. 15 % des Wertes)
- C-Teile: geringer wertmäßiger Verbrauch (ca. 5 % des Wertes)

A-Teile haben für Kanban einen hohen Stellenwert.

Selbstverständlich kann die Umsetzung von Kanban bei C-Artikeln eine große Verbesserung sein, der Nutzen ist jedoch bei den A-Teilen aufgrund deren Wertes höher.

Die Prognostizierbarkeit ist wichtig, eine tiefe Variantenvielfalt sowie Mehrfachverwendungen von Teilen begünstigen die Kanban-Eignung. Eine hohe Prozesssicherheit, geringe Änderungshäufigkeit und kurze Durchlaufzeiten sind essenziell für die Einführung von Kanban.

> ✓ Wo sind die Voraussetzungen für die Einführung von Kanban gegeben? Welche Prozesse sollen mittels Kanban verbunden und organisiert werden? Legen Sie die Regelkreise fest. Führen Sie Kanban in einem Pilotbereich ein und lernen Sie. Alle Prozessketten auf einmal umzustellen, ist in der Regel ein zu hohes Risiko.

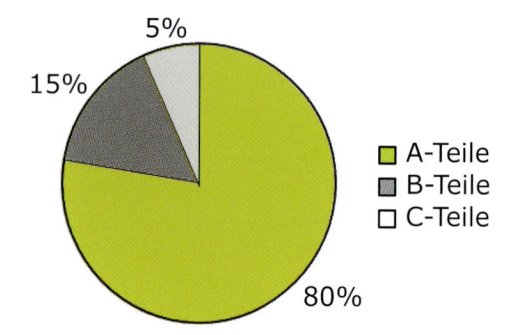

Bild 12.23 ABC-Artikel

12.4.4 Berechnung der Kanban-Größen

Nachfolgende Formel hat sich für die Berechnung der Anzahl der Kanban bewährt.

$$Anzahl\ Kanban = \frac{WBZ \times V}{T} \times S \qquad \text{Formel 12.1}$$

- V: Maximaler Verbrauch pro Zeiteinheit (z. B. pro Tag) innerhalb des betrachteten Zeitraums
- WBZ: Maximale Wiederbeschaffungszeit, die von der Abgabe eines Kanban (Bestellung) bis zum Erhalt der Teile (Lieferung) desselben Kanban vergeht.
- T: Teile pro Kanban
- S: Sicherheit

Aus der Formel lassen sich direkt Verbesserungspotenziale ableiten:
- Den Verbrauch durch Heijunka zu nivellieren, reduziert die benötigte Anzahl der Kanban und damit die Bestände in den Supermärkten.
- Die Wiederbeschaffungszeiten zu kürzen, verringert die benötigte Anzahl der Kanban und damit die Bestände in den Supermärkten. Die Wiederbeschaffungszeit ist die Summe folgender Komponenten (siehe Tabelle 12.1).

Tabelle 12.1

Definition	Kaizen-Potenziale
Liegezeit bis ein Kanban abgeholt wird	Frequenz für Kanban-Briefkasten-Entleerung erhöhen
Bearbeitungs- oder Entnahmezeit	Reduktion der Losgrößen
Zeit für Transporte	Milkrun einrichten

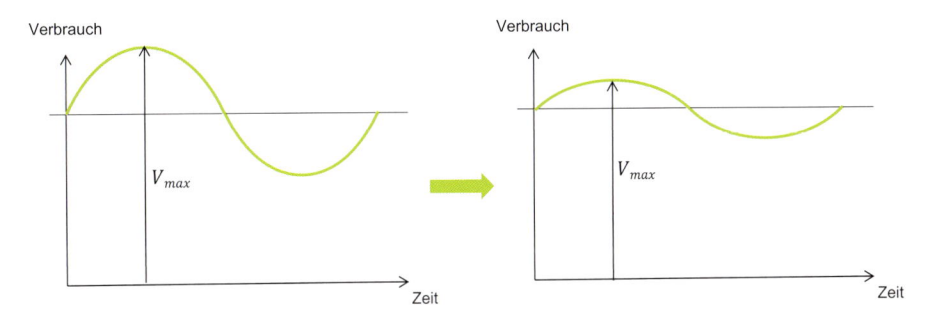

Bild 12.24 Verbrauch durch Heijunka nivellieren

> Berechnen Sie die Anzahl Kanban mit der Berechnungsformel. Es ist vorerst empfehlenswert, mit geringfügig mehr Kanban zu starten als berechnet. Sie möchten doch bei der Einführung möglichst erfolgreich sein und zudem befinden Sie sich noch im Lernmodus. Danach reduzieren Sie nach und nach die Anzahl Kanban, bis die Probleme zum Vorschein kommen. Diese sind dann mit Kaizen zu lösen. Zusammengefasst kann gesagt werden: Sie sollten die Anzahl Kanban mathematisch berechnen, danach aber die Grenzen empirisch ertasten. Verbesserungen sollen helfen die Anzahl stetig zu reduzieren. Um eine gewisse Zeit zu stabilisieren, fügen Sie nach der empirischen Erkundung der Grenze einfach ein Kanban hinzu. Für kurzfristige Bedarfe, wie zum Beispiel aufgrund außerplanmäßigen Ersatzteilen oder Vorarbeiten für Betriebsferien etc., können dem Regelkreis »Einmal-Kanban« hinzugefügt werden. Diese sind entsprechend zu kennzeichnen und nach dem Verbrauch der Waren zu entsorgen. Somit müssen Sie das System bei Sonderbedarfen nicht jedes Mal neu auslegen. Beachten Sie die Auswirkungen wie zum Beispiel Auslastung, Materialbedarf etc. und setzen Sie die notwendigen Maßnahmen um.

12.4.5 Auswahl der Kanban-Hilfsmitteln

Möchten Sie als Kanban-Signale Behälter, Karten, Stellflächen oder elektronische Kanban verwenden?

Behälter:
- Das Gebinde enthält gleichzeitig die Informationen über das Material. Es können angebrachte Etiketten sein oder einfach farblich gekennzeichnete Behälter.

Karten:
- Das Karten-System ist am meisten verbreitet, weil es im Gegensatz zum Behälter-Kanban flexibler und platzsparender ist. Dabei sind die Behälter und Information getrennt. Somit können die Gebinde für unterschiedlichste Artikel verwendet werden.

Stellflächen:
- Das Sicht-Kanban wird über die visuelle Erkennung eines leeren Materialstellplatzes gesteuert. Dies geschieht ohne Karte, nach dem Motto: »Ist was weg, muss was hin.«

Elektronische Kanban:
- Sicherlich im Zeitalter der Digitalisierung eine lohnenswerte Alternative. Es sollte, wenn möglich, so einfach gestaltet und visualisiert werden, dass die betroffenen Mitarbeiter das System erkennen und verstehen können. Das Signal kann von Gewichtswaagen, Sensoren, RFID-Tags sowie Scans von Bar- oder QR-Codes stammen.

Kanban-Tafel:
- Um die Übersichtlichkeit zu gewährleisten, werden die gesammelten Kanban bei der Quelle auf Kanban-Tafeln visualisiert.

12.4.6 Signalkanban-Tafel

Die Signalkanban-Systematik passt die Produktionsreihenfolge entsprechend den Prozess- und Logistikanforderungen an. Das Kanban wird vom Verbraucher an die Quelle geschickt und in die Tafel gesteckt. Die Steuerung erfolgt über ein Ampel-System. Die Farbskala legt fest, wann welches Produkt produziert werden muss:
- Rot = sofort produzieren
- Gelb = als nächstes produzieren

Zeit	Mo	Di	Mi	Do	Fr
05–08	Kanban	Kanban	Kanban	Kanban	Kanban
08–11	Kanban	Kanban	Kanban	Kanban	Kanban
11–14	Kanban	Kanban	Kanban	Kanban	
14–17	Kanban	Kanban	Kanban	Kanban	
17–20	Kanban			Kanban	
20–23	Kanban				

Bild 12.25 Beispiel Kanban-Tafel

Kanban-Tafel Bereich xyz		
Produkt A	Produkt B	Produkt C
Kanban A 25 Stk.		
Kanban A 25 Stk.		
Kanban A 25 Stk.		Kanban C 10 Stk.
Kanban A 25 Stk.		Kanban C 10 Stk.
Kanban A 25 Stk.	Kanban B 12 Stk.	Kanban C 10 Stk.
Kanban A 25 Stk.	Kanban B 12 Stk.	Kanban C 10 Stk.

Bild 12.26 Beispiel Signal-Kanban

- Grün = noch nicht produzieren bzw. produzieren falls Kapazität verfügbar und kein Produkt mit höherer Dringlichkeit

Unterschiedliche Losgrößen

Als Spezialfall des Signalkanbans können zwei Prozessschritte mit unterschiedlichen Losgrößen verbunden werden. Beispiel: Die Losgröße für das Produkt A ist beim Quellenprozess 100 Stück, aber beim Verbraucher 25 Stück. Dann kann, sobald vier »Kanban A« in der Tafel stecken, ein Fertigungslos hergestellt werden. Dieses wird dann in vier Behälter verteilt, je mit einer Kanban-Karte bestückt und in den Supermarkt geliefert. Der Verbraucher kann nun jeweils 25 Stück beziehen und sendet die entsprechende Kanban-Karte an den Quellenprozess.

> ✓ Entscheiden Sie nach der Kanban-Berechnung über die Hilfsmittel und Art des Kanban-Systems. Entwickeln Sie in einem ersten Konzept ein Testsystem. Simulationen können dabei behilflich sein. Starten Sie mit einer zu hohen Anzahl Kanban und eruieren Sie die Grenze empirisch, indem Sie nach und nach die Anzahl Kanban reduzieren. Analysieren Sie die Störungen und setzten Sie die notwendigen Maßnahmen um.

12.4.7 Einführung von Kanban-Regeln

Die Einhaltung der Kanban-Regeln ist Grundvoraussetzung für die nachhaltige Umsetzung von Kanban. Beschreiben und visualisieren Sie Ihre eigenen Kanban-Regeln.

12.4 Kanban

Exakte Menge und Reihenfolge einhalten und nur 100% i.O.-Teile weitergegeben

Bei Problemen den Kanban-Manager kontaktieren

Regelmäßige Überprüfung des Kanban-Systems

Keine geheimen Materiallager

Keine Veränderung der Anzahl Kanban, außer durch den Kanban-Manager

Kein Transport ohne Kanban

Bild 12.27
Beispiel: Kanban-Regeln

12.4.8 Anmerkung zum Thema Kanban

- Kanban einzuführen ist grundsätzlich sehr leicht.
- Kanban im Rahmen eines Produktionssystems mit Leben zu füllen umso schwieriger.
- Kanban muss als Produktionssteuerungsmittel gesehen werden und als Mittel zur Optimierung der Produktion.
- Kanban bringt Probleme an die Oberfläche, die durch Kaizen gelöst werden müssen.

> **Lean Story: Kanban**
>
> Kanban-Systeme gewinnen an Beliebtheit, jedoch werden in der Praxis die C-Teile wesentlich häufiger mit diesem selbstregulierenden System bewirtschaftet als die A- und B-Teile. Selbstverständlich ist es lobenswert, die günstigen Verbrauchsmaterialien mittels Kanban zu beschaffen. Damit können die Bestellkosten sowie Kommissionier-Aufwände tief und die Verfügbarkeit hoch gehalten werden. Lernen Sie von diesen positiven Effekten und überlegen Sie sich, wie die eigenen Fertigungsaufträge mittels Kanban gesteuert werden können.
>
> Bei einem Hersteller von elektronischen Geräten konnte der Aufwand für die Bereitstellung der benötigten Komponenten um 90 % reduziert werden. Dafür wurden Minimärkte mit einer Reichweite von rund zwei Tagen vor Ort in der Montage installiert. Die Füllmengen der Kanban-Behälter waren nicht mehr Stück oder Gramm, sondern z. B. »eine Handvoll« oder der Behälter wurde bis zu einer Markierung aufgefüllt. Die Genauigkeit der Bestandsübersicht im Supermarkt wurde damit zwar reduziert, aber der Nutzen durch die stark reduzierten Aufwände war wesentlich höher.

In einem Schmiedebetrieb war die Planung und Steuerung komplex und daher aufwendig und herausfordernd. Tägliche Anpassungen der Produktionspläne waren ganz normal. Der Abteilungsleiter investierte einen wesentlichen Anteil seiner Arbeitszeit in diese Aufgaben. Aufgrund der langen Rüstzeiten beim Schmiedeprozess waren die Losgrößen in der Regel um ein Mehrfaches höher als der tatsächliche Kundenbedarf. Einige Kunden akzeptierten die großen Zustellungen, andere bestanden auf kleine Liefermengen. Der Geschäftsführer wollte eine Veränderung, um die Liefermengen sowie die Bestände möglichst tief zu halten. Nach Rüstzeit- und Losgrößenreduktion war der Fluss verbessert, aber die Auftragsmengen immer noch höher als die vom Kunden gewünschten Liefermengen. Da die Prozessschritte nach dem Schmieden kaum Rüstzeiten aufweisen und die Durchlaufzeiten bis zur Lieferung relativ kurz waren, wurde zwischen dem Schmieden und dem darauffolgenden Schleifen ein Supermarkt eingerichtet. Ab diesem Supermarkt wurden die Auftragsmengen an die vom Kunden gewünschten Liefermengen von 96 Stück angepasst. Das Schmiedelos betrug jedoch weiterhin 480 Stück. Bei Entnahme einer Kiste mit 96 Stück aus dem Supermarkt wurde die Kanban-Karte entnommen und zum Schmiedeprozess gesendet. Dort wurde, sobald fünf Karten vorhanden waren, ein Schmiedeauftrag produziert, in fünf Kisten mit je 96 Stück aufgeteilt und in den Supermarkt geliefert. Somit wurde nur produziert, wofür ein Kundenbedarf vorhanden war. Die Planung und Steuerung konnte der Mitarbeiter an der Maschine mittels Signal-Kanban selber übernehmen. Die Bedarfe und Prioritäten waren auf der Kanban-Tafel mittels Ampelsystem ersichtlich. Die Überproduktion wurde somit limitiert und der Steuerungsaufwand nahezu eliminiert.

12.5 Zusammenfassung von Push zu Pull

Beim Push-System wird unabhängig von anderen Produktionsprozessen und Kundenbedarfen – so viel wie die Kapazität zulässt – in großen Losgrößen produziert. Dies führt zu hohen Beständen, langen Durchlaufzeiten, geringer Flexibilität und erhöhtem Aufwand für Planung und Steuerung. Es gibt verschiedene Reifegrade in einem Pull-System. Vorerst werden die noch nicht verketteten Prozesse mittels Supermärkten verbunden. Sie werden dort eingesetzt, wo eine Verkettung, aufgrund sehr unterschiedlichen Taktzeiten, geografischer Entfernung oder instabilen Prozessen, noch nicht möglich ist. Minimärkte sind eine kleinere Lagerstufen vor Ort beim Verbraucher. Als nächste Stufe wird die synchrone Produktion angestrebt. Hierfür starten Sie beim letzten Prozess vor dem Kunden und entwickeln es stufenweise flussaufwärts weiter bis zur eigentlichen Auftragsfertigung. Dies funktioniert nur, wenn die Durchlaufzeit kürzer als die vom Kunden erwartete Lieferfrist ist. Die Planung und Steuerung wird bei ziehenden Systemen maßgebend vereinfacht.

Kanban ist die einfachste und bekannteste Methode, um eine Pull-Steuerung zu realisieren. Eine Karte, ein elektronischer Scan, leerer Ladungsträger oder freier Materialstellplatz können Kanban-Signale sein. Um einen effizienten Fluss mit möglichst geringen Beständen zu realisieren, sollte immer die kleinstmögliche Losgröße und Anzahl Kanban angestrebt werden. Geeignet für Kanban sind Artikel mit einer hoher Prognostizierbarkeit. Daher sind Fließfertigung, Heijunka und Milkrun gute Grundvoraussetzungen für ein wirtschaftliches Kanban-System. Es eignet sich gleichermaßen für günstige oder teure Produkte; bei letzteren sind die Einsparungen in der Regel höher. Die Kanban (Aufträge) werden mittels Kanban-Tafel eingeplant und visualisiert. Mit Signal-Kanban kann die Planung und Steuerung direkt vor Ort gebracht werden. Es eignet sich auch, um Prozesse mit unterschiedlichen Losgrößen zu verbinden. Kanban ist ein Hilfsmittel für die ziehende Fertigung und deckt Probleme auf, die mit Kaizen gelöst werden müssen.

Darüber sollten Sie nachdenken:

- Wo würde die synchrone Produktion möglich sein? Wo müssten die Prozesse mittels Kanban und Supermarkt verbunden werden?
- Wo sind die Voraussetzungen für ein gut funktionierendes Kanban-System erfüllt? Welche Prozesse sollen mittels Kanban verbunden und organisiert werden?
- Welche Ziele verfolgen Sie mit der Einführung von Kanban?
- Welche Auswirkungen hat die ziehende Produktion auf Ihre Produktionssteuerung?
- Welche von Ihren Produkten sind für Kanban geeignet, welche nicht?
- Sind die berechneten Kanban-Mengen angemessen und besteht ein kontinuierliches Bestreben, diese zu reduzieren?
- Sind die Kanban-Regeln unmissverständlich beschrieben und visualisiert?
- Werden die Betroffenen ausreichend in die Verbesserungen des Kanban-Systems eingebunden?

> **Das sollten Sie tun:**
> - Schulen Sie die betroffenen Mitarbeitenden.
> - Bestimmen Sie die Artikel für das erste Konzept.
> - Schaffen Sie die Voraussetzungen für Kanban.
> - Legen Sie den Regelkreis und die Behälter sowie die Art des Kanbans fest.
> - Berechnen Sie die Anzahl Kanbans und erarbeiten Sie das Konzept.
> - Simulieren Sie verschiedene Szenarien.
> - Setzen Sie Kanban in einem ausgewählten Bereich um.
> - Lernen Sie und teilen Sie Ihre Erkenntnisse.
> - Implementieren Sie weitere Regelkreise.
> - Kommunizieren Sie die Erfolge.

12.6 Zusammenfassung Point-, Fluss-, Rhythmus- und Pull-Kaizen

Die einzelnen Implementierungsstufen und Methoden beeinflussen sich gegenseitig und sind zum Teil voneinander abhängig. Eine hohe Prozessstabilität ist essenziell für einen wirtschaftlichen und beschleunigten Fluss. Hierfür bringen die Methoden 5S, SMED, Poka-Yoke, Jidoka und Standardisierung einen großen Nutzen.

Um die Durchlaufzeiten signifikant zu reduzieren sind die Schnittstellen, Liegezeiten und Losgrößen maßgebend. Manchmal ist es sinnvoll, den Handlungsdruck durch kleinere Auftragsmengen zu erhöhen. Methoden wie Wertstrom-, Schnittstellen-, Materialflussanalyse sowie die Verkettung von Prozessen eignen sich hervorragend für die Geschwindigkeitserhöhung im Fluss.

Kanban unterstützt die Einführung einer ziehenden Fertigung mit einer dadurch klar begrenzten Überproduktion. Vor allem dort, wo sich die Prozesse nicht verketten lassen, sind Supermärkte einzusetzen. Um den angekurbelten Fluss zu glätten, ist Heijunka empfehlenswert. Milkrun erhöht den Fluss in der Logistik und reduziert den Gesamtaufwand für die Beförderung der Waren.

Die beschriebenen Methoden sind nicht abschließend. Wichtig ist, die Tools als Hilfsmittel für ein strukturiertes, methodisches und standardisiertes Vorgehen einzusetzen. Die Methode ist nie das Ziel, sondern lediglich ein Instrument zur Erreichung des Ziels.

> 💡 Nehmen Sie sich Zeit für die Beobachtung vor Ort. Achten Sie auf die Details und versuchen Sie, die Verschwendungen zu entdecken, seien sie noch so klein. Gehen Sie nicht in die Rechtfertigung und lösen Sie sich von der Vorstellung, dass die aktuelle Situation bereits gut ist. Wir erinnern uns: Der heutige Zustand ist der denkbar schlechteste! Setzen Sie Prioritäten und verbessern Sie die Situation entsprechend. Neue Standards helfen das Erreichte abzusichern und Yokoten beim Ausrollen des Gelernten im gesamten Unternehmen.

Das sollten Sie tun:

- Schulen Sie die Führungskräfte und betroffenen Mitarbeitenden.
- Nehmen Sie sich Zeit für Beobachtungen und achten Sie auf Verschwendungen und Potenziale.
- Arbeiten Sie während Analyse, Konzept und Umsetzung im Team und binden Sie die betroffenen Mitarbeitenden ein.
- Setzen Sie Leuchtturm-Projekte um.
- Kommunizieren Sie die Fortschritte offen.
- Teilen Sie Ihre Erkenntnisse.
- Entwickeln Sie einen ununterbrochenen, verschwendungsarmen Fluss in einem ziehenden System.
- Richten Sie sich am Kundentakt aus.
- Erhöhen Sie die Flexibilität und den Fluss durch kurze Rüstzeiten, kleine Losgrößen und hohe Polyvalenz.
- Sorgen Sie für hohe Prozesssicherheit.
- Machen Sie Abweichungen schonungslos sichtbar und setzen Sie die notwendigen Maßnahmen um.
- Reduzieren Sie die Wellen durch Glättung und Nivellierung.
- Erstellen Sie Milkrun-Systeme für die innerbetrieblichen und außerbetrieblichen Transporte.
- Behalten Sie steht's das Ziel vor Augen. Die Methode ist nicht das Ziel, sondern ein Hilfsmittel zur Erreichung eines Unternehmensziels.

- Präsentieren Sie Zwischenergebnisse den Stakeholdern und Führungskräften.
- Erstellen Sie jeweils Projekt-, Roll-Out- und Maßnahmenpläne.
- Gehen Sie als Führungskraft mit gutem Beispiel voran.
- Setzen Sie sich immer höhere und herausfordernde Ziele.

13 Kultur-Kaizen

13 Kultur-Kaizen

Fragen, die in diesem Kapitel beantwortet werden:

- Welche Tools und Methoden beinhaltet Kultur-Kaizen?
- Was ist wichtig bei der Entwicklung eines Befähigungskonzepts?
- Was ist der Nutzen einer Qualifikationsmatrix und wie gestalte ich diese?
- Was sind die wichtigsten Kernelemente für die Entwicklung einer Verbesserungskultur?
- Welche Rolle hat die Führungskraft in einer Lean Company?
- Welche Qualifikationen sollte eine Führungskraft mitbringen?
- Was bedeutet »Respect for People«?
- Was ist Shopfloor Management und was bringt eine Regelkommunikation?
- Was sind die typischen Inhalte der Shopfloor Boards und was ist bei den Besprechungen zu beachten?
- Wieso macht eine kurzzyklische Aktualisierung des Fortschritts Sinn?
- Was ist zu tun, wenn es gut läuft?
- Was heißt »Go&See«?
- Wie kaskadiere ich die Regelkommunikation über mehrere Führungsstufen?
- Welches Problemverständnis ist erforderlich?
- Was sind die Kerninhalte vom Problemlösungszyklus PDCA?
- Was ist ein A3-Report und wofür wird dieser benötigt?
- Wie setze ich ein Wertschöpfungssystem auf?
- Wie und warum messe ich den Lean-Reifegrad?

Eine dauerhafte Etablierung von Lean Management im Unternehmen erfordert eine Veränderung der Unternehmenskultur. Was heißt eigentlich Kultur? *»Unternehmenskultur ist die Summe aller Verhaltensweisen, Regeln, Normen und Wertvorstellungen innerhalb einer Organisation, die mehrheitlich wahrgenommen wird.«* Change Management, M. Bergern, J. Chalupsky, F. Hartmann, Band 4, Seite 29. Vereinfacht kann man sagen: Kultur ist die Summe aller gleichen Denk- und Verhaltensmuster. Um alle Mitarbeitenden im Unternehmen gleich auszurichten, benötigt es Befähigung und ein einheitliches Führungsverhalten. Erfolg ist das Ergebnis von Fähigkeit, Motivation und Ausrichtung. Wenn die gemeinsame Ausrichtung fehlt, dann verpuffen Fähigkeit und Motivation in verschiedene Richtungen und der Nutzen bleibt gering. Die Motivation entsteht durch die Möglichkeit der Selbstbestimmung. Dafür sollten Sie möglichst lösungsoffen führen, denn wenn Sie als Chef alles besser wissen, werden die Mitarbeitenden entsprechend resigniert darauf reagieren. Sie müssen das angestrebte Handlungsmuster bei allen Mitarbeitenden entwickeln. Unternehmenskultur entsteht als Ergebnis von der Art und Weise wie die Führungskräfte vorangehen.

13.1 Befähigungskonzept

In einer Lean Company müssen Sie in die Qualifizierung investieren. Sie benötigen eine hohe Polyvalenz für die geforderte Flexibilität und auch Lean-Experten sind gefragt. Zudem sollen möglichst eine hohe Anzahl Mitarbeitende den strukturierten, standardisierten Problemlösungsprozess beherrschen. Nicht zuletzt sind die Führungskräfte in Ihrer neuen Rolle zu befähigen. Wer nicht investiert, wird keine überdurchschnittlichen Ergebnisse erzielen. Diese Vorleistung ist essenziell.

Um die stufengerechte Befähigung in einem Unternehmen umzusetzen, ist ein entsprechendes Konzept empfehlenswert. Sie sollten einen eigenen Plan auf Basis Ihrer Ausgangslage erarbeiten. Nachfolgend finden Sie einige Anregungen.

Befähigungen nach dem Gießkannenprinzip haben oft einen tiefen Wirkungsgrad. Und dennoch kann es Sinn machen, um die Ängste und Widerstände zu reduzieren, ein kurzes Pflichttraining für alle Mitarbeitenden durchzuführen.

Im Idealfall würden Sie zuerst Führungskräfte zu Trainern ausbilden und diese wiederum würden die Mitarbeitenden schulen. Es ist empfehlenswert, für jede Funktion im Unternehmen die Inhalte und Dauer der der Schulungstage zu definieren. Den höchsten Nutzen erzielen Sie, wenn im Anschluss zum Training das Gelernte durch eigene Handlungen gefestigt wird. Sorgen Sie dafür, dass entsprechende Herausforderungen angepackt und das neue theoretische Wissen entsprechend praktisch umgesetzt wird.

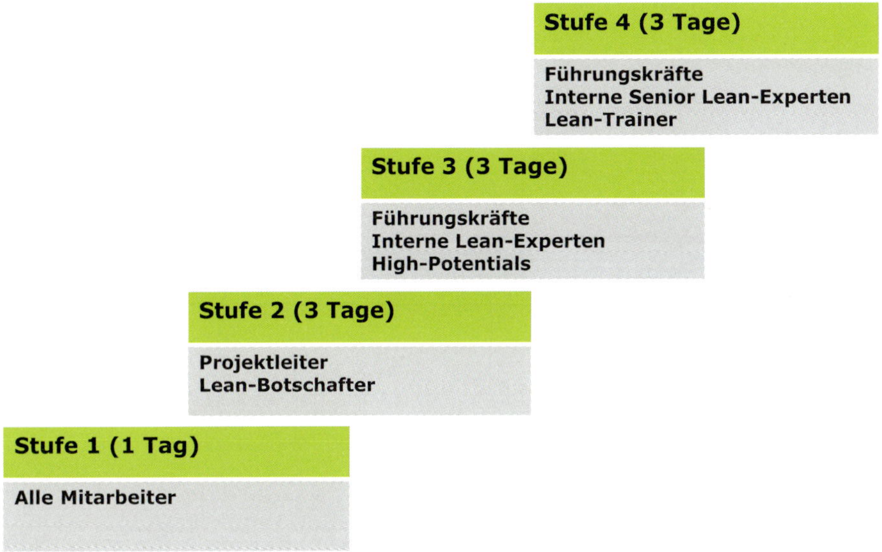

13.2 Qualifikationsmatrix

Stufe 4 (3 Tage)
Führungskräfte
Interne Senior Lean-Experten
Lean-Trainer

Stufe 3 (3 Tage)
Führungskräfte
Interne Lean-Experten
High-Potentials

Stufe 2 (3 Tage)
Projektleiter
Lean-Botschafter

Stufe 1 (1 Tag)
Alle Mitarbeiter

Bild 13.1 Beispiel: stufengerechte Befähigung

Die Mitarbeitenden sollen in den Prozessen möglichst mehrfach qualifiziert sein, also mehrere Maschinen und Prozesse beherrschen. Dies erhöht die Einsatzflexibilität und ermöglicht einen besseren Fluss. Allerdings macht es wenig Sinn, einfach alle Mitarbeitenden in möglichst vielen Prozessen zu schulen. Sie benötigen eine Übersicht der Qualifizierungsbedarfe, um daraus einen Befähigungsplan zu entwickeln. Hierfür ist es empfehlenswert, eine Qualifikationsmatrix je Bereich zu erstellen. Mit dieser Transparenz wird schnell ersichtlich, wo sich ein Qualifizierungsengpass befindet. Die jährliche Schulungsplanung sowie die Einführungsplanung für neue Mitarbeitende werden dadurch deutlich erleichtert und die Personalflexibilität erhöht.

Qualifikationsmatrix

Datum	
Ersteller	
Arbeitsbereich/Abteilung	

	Tätigkeiten und Aufgaben																
Mitarbeiter/in																SUMME	Bemerkungen
																0	
																0	
																0	
																0	
																0	
																0	
																0	
																0	
																0	
																0	
																0	
																0	
																0	
SUMME	0	0	0	0	0	0	0	0	0	0	0	0	0	0	0	0	

0 = wird nicht beherrscht, Qualifizierung nicht geplant
1 = Qualifizierung geplant
2 = wird z.Z. qualifiziert
3 = Qualifizierung abgeschlossen
4 = Tätigkeit wird beherrscht, MA kann andere qualifizieren

Bild 13.2 Beispiel: Qualifikations-Matrix

Links in der ersten Spalte werden die Mitarbeiter vom betroffenen Bereich aufgelistet. Oben werden die Prozesse, Tätigkeiten, Maschinen oder Aufgabenpakete eingetragen. Im Schnittpunkt zwischen Mitarbeiter und Prozess wird das aktuelle Qualifizierungsniveau eingetragen. Es empfiehlt sich, dies mit einer Zahl zu machen, damit die Summen oder Durchschnitte je Mitarbeitenden und je Prozess ausgewiesen werden können.

Download: Vorlage Qualifikations-Matrix

Erarbeiten Sie ein Befähigungskonzept und definieren Sie Ziele, Inhalte, Dauer und Zielgruppen. Nutzen Sie die Qualifikations-Matrix, um den Schulungsbedarf deutlich aufzuzeigen.

13.3 Verbesserungskultur

Es gibt kein Kochrezept, aber es gibt einige Zutaten, die hilfreich sein können:

- schnelle, unbürokratische Umsetzung

- ausgewogene Aufgaben, Kompetenzen und Verantwortung direkt vor Ort
- auch Ideen umsetzen, welche vor allem den Mitarbeitenden persönlich nutzen (solange es dem Unternehmen keinen Schaden hinzufügt)
- Mitarbeitende bei der Lösungsfindung und Umsetzung aktiv miteinbeziehen
- Mut zum Experimentieren
- eine hohe Transparenz, Fehler und Probleme sowie Erfolge sichtbar machen
- ein einheitliches, forderndes Führungsverhalten

Wenn die Mitarbeitenden einen persönlichen Nutzen haben und nicht nur das Unternehmen, dann wird es attraktiv für alle Betroffenen. »Was hast Du für Verbesserungsvorschläge«, kann zum Teil überfordernd sein für die Angestellten. Um die Einstiegshürde möglichst tief zu halten, sollten Sie fragen: »Was hat dich heute genervt? Was hält Dich davon ab, eine höhere Leistung zu erbringen?« Die Antworten können Sie anschließend gemeinsam priorisieren und die Mitarbeitenden bei der Umsetzung der Verbesserungen begleiten. Überlegen Sie sich, gemeinsam mit den Mitarbeitenden, wie die tausend kleinen Dinge eliminiert werden können, die uns von einer höheren Leistung abhalten. Typische Beispiele sind: Suchen, Warten, Abklären, lange Wege, zu viele Klicks, fehlende Information, Doppelarbeiten etc. Sehr oft sind diese Verschwendungen bereits so alltäglich, dass sie akzeptiert sind. Im Gegenteil, wir meinen oft, dass es so sein muss. Wir entscheiden oft fast schon reflexartig aufgrund unserer bisherigen Erfahrungen. Das ist eine tolle Eigenschaft von unserem lösungsorientierten Gehirn, verhindert aber immer wieder die Entwicklung von neuen, wirkungsvollen Lösungen. Und wir merken es nicht einmal. Da passt der Spruch: »Du weißt nicht, was Du nicht weißt!« Daher ist es empfehlenswert die etablierten Handlungsmuster zu identifizieren. Ent-

Bild 13.3 Manchmal ist das, was Dich zurückhält, Deine Erfahrung

wickeln Sie anschließend ein einheitliches Führungsmuster, um das neue, angestrebte Handlungsmuster zur Gewohnheit zu machen. Was für ein Führungsmuster soll angestrebt werden? Hier ein Beispiel: Wenn Ihr Vorgesetzter Sie täglich, in denselben Worten, zu den Beständen befragt, dann werden Sie dieses Muster erkennen und sich darauf ausrichten. Sie werden die Zahlen, Daten und Fakten bereits vorbereitet haben und Sie werden Verbesserungen in diesem Bereich anstreben, weil Sie wissen, dass es Ihrem Chef wichtig ist. Sie möchten sich nicht jeden Tag rechtfertigen, sondern mit guten Leistungen brillieren. Fast alle wollen ihrem Boss gefallen, denn wir möchten gelobt werden und Anerkennung erhalten. Wenn alle Führungskräfte im Unternehmen täglich Ihre Mitarbeitenden, in einheitlichen Worten, zu den Beständen befragen, wird sich das Denk- und Verhaltensmuster und damit die Kultur in die angestrebte Richtung verändern. Haben Sie auch schon einmal ein Unternehmen kennengelernt, wo der Patron das Unternehmen sehr geizig führt? Das spüren Sie bei allen Mitarbeitenden. Die Angestellten werden keine Verbesserungsvorschläge einbringen, weil diese ja sowieso als zu teuer angesehen und deshalb abgelehnt werden. Daher sollten Sie die angestrebten Denk- und Verhaltensmuster mit dem Kader definieren und alle Führungskräfte so lange begleiten, bis es in die DNA des Unternehmens übergegangen ist. Wenn Sie eine Verbesserungskultur anstreben, sollten Sie täglich nach den Verbesserungen fragen. Die täglichen Verbesserungen müssen zu einem Teil der Arbeit werden. Legen Sie großen Wert dar-

Bild 13.4 Durch tägliches Kaizen das gewünschte Denk- und Verhaltensmuster trainieren

Lean Story: Verbesserungskultur

Im Kaizen-Office der Leancom GmbH ist tagtäglich zwischen 13 bis 14 Uhr eine Stunde für die Umsetzung von Verbesserungen reserviert. In dieser Zeit sind operative Aufgaben nicht erlaubt. Täglich dürfen die Mitarbeiter die Dinge, welche sie persönlich nerven und sie von effizienterer Arbeit abhalten, eliminieren. Es werden zum Start immer dieselben Fragen gestellt und Kaizen ist ein tägliches Ritual. Dadurch geht Kaizen in die DNA des Unternehmens über. Wenn Sie dies über mehrere Jahre so machen, erhalten Sie zum einen eine sehr hohe Verbesserungsleistung und zum anderen eine unvergleichbare Veränderungsfähigkeit. Durch das tägliche Anwenden wird die Veränderungsfähigkeit trainiert. Die Veränderung wird damit so normal, dass der Stillstand als unnormal angesehen wird. Es braucht viel Disziplin, diese Kaizen-Stunde auch in Zeiten mit hoher Auslastung durchzuführen. Wenn Sie nur verbessern, wenn sie »Zeit haben«, dann werden Sie kaum Verbesserungen umsetzen. Die bürokratischen Hürden sind in unserem Kaizen-Office vernachlässigbar. Das Problem wird in drei bis fünf Worten auf ein Post-it geschrieben und um 13 Uhr dem Team innerhalb von 30 Sekunden präsentiert. Nicht der Chef, sondern das Team entscheidet anschließend, ob eine Verbesserung sinnvoll und angebracht ist. Die Besprechung der Verbesserungsvorschläge und der Entscheid über die Umsetzung nehmen nur ein bis fünf Minuten in Anspruch. Im Anschluss wird 45 Minuten an den Verbesserungen gearbeitet. Die letzten zehn Minuten der Kaizen-Stunde dienen zur Rückkopplung. Die Zwischen-Ergebnisse werden präsentiert und auf die Änderungen hingewiesen. Dieser Austausch ist sehr wichtig. Zum einen zur Wertschätzung der umgesetzten Kaizen-Punkte, zum anderen, damit alle betroffenen Mitarbeitenden über die Auswirkungen der Verbesserungen informiert sind. Diese Art und Weise mag für Ihr Unternehmen unpassend sein. Darum geht es gar nicht. Passen Sie den Rhythmus, die Inhalte und Vorgehensweise an Ihre Ausgangslage an. Ein einheitliches Führungsmuster und kurzzyklische Verbesserungen helfen, die Kaizen-Kultur zu entwickeln.

Bild 13.5 Eine Verbesserungskultur bedingt unbürokratisches Vorgehen und Einbindung der Mitarbeitenden

auf, akzeptieren Sie keine Ausreden und schenken Sie den Mitarbeitenden Beachtung sowie hohe Wertschätzung. Setzen Sie herausfordernde Ziele und führen Sie möglichst lösungsoffen. Verhalten Sie sich selber vorbildlich und begleiten Sie die Führungskräfte, um die notwendige Disziplin zu entwickeln. Eine mögliche, unterstützende Methode für die Umsetzung der einheitlichen Denk- und Verhaltensmuster heißt Kata. Darüber gibt es gute Literatur auf dem Büchermarkt zu finden.

13.4 Rolle der Führungskraft in der Lean Company

Zita von John Harvey-Jones (1924 bis 2008): »Ich mache schon seit dreißig Jahren Fabrikrundgänge. Wenn man sieht, dass etwas nicht stimmt, liegt es in neun von zehn Fällen am Management, die Mitarbeiter werden nicht richtig geführt. Und schlechte Manager schieben die Schuld unweigerlich auf die Mitarbeiter.«

Bild 13.6 Die Führungskraft geht voran

Erfolg beginnt bei der Führung. Gehen Sie als gutes Beispiel voran und helfen Sie den Mitarbeitenden die Herausforderungen zu meistern. »Ich stehe voll und ganz dahinter«, ist eine ungünstige Aussage. Denn man könnte meinen, Sie schicken die Arbeitnehmenden los, um den Berg zu erklimmen und Sie bleiben dahinter stehen. Sie sollten als Führungskraft die Anstrengungen der Veränderung auf sich nehmen und als Fahnenträger die Mannschaft mitziehen.

Wer führen will, muss coachen. Erkennen Sie den Lernbedarf und entwickeln Sie die Problemlösungsfähigkeiten der Mitarbeitenden. Lassen Sie die Angestellten die Potenziale selber erkennen und schaffen Sie eine Begeisterung für die Veränderung. Im Coaching ist es wichtig, keine Lösungen vorzugeben, sondern die Mitarbeitenden auf dem Weg zur Verbesserung zu begleiten. Damit wächst die Problemlösungsfähigkeit sowie die Motivation mehr Verantwortung zu übernehmen. Wenn Sie das Vertrauen des Personals in wertschätzenden Gesprächsführungen stärken, werden Sie mit engagierteren Mitarbeitern belohnt. Zeigen Sie Geduld und Vertrauen, denn es braucht Mut zum neuen Denken und Handeln.

»Multipliziere dich selbst! Aufgabe von Führungskräften ist die Entwicklung ihrer Mitarbeiter: Sie müssen deshalb zu Multiplikatoren ihrer selbst werden. Nicht die ›fähige‹ Führungskraft wird anerkannt, sondern diejenige, die Ihre eigene Fähigkeit weitergeben und Ihre Mitarbeiter mindestens auf das eigene Niveau hochbringen kann.« Furukawa-Caspary Mari, May Constantin, Toyotas Geheimrezepte für die Mitarbeiter-Entwicklung.

13.4.1 Die vier Stufen des Lean-Leadership-Modells

1. Sich der Selbstentwicklung verpflichten
Die Fähigkeit, das eigene Verhalten selbstkritisch zu reflektieren, gehört zu den Anforderungen an eine Führungskraft in der Lean Company. Streben Sie nach stetiger Erhöhung der eigenen Leistung. Nehmen Sie sich für die persönlichen Verbesserungen Zeit, um die nächsten Herausforderungen anzupacken. Aber Achtung: Steigern Sie die persönliche Leistung nicht durch mehr Stress und mehr Arbeitseinsatz, sondern durch die Umsetzung von Verbesserungen. Bevor Sie andere in deren Veränderungen unterstützen und begleiten, sollten Sie es für sich selbst verinnerlicht haben und als Vorbild vorangehen.

2. Coaching und Entwicklung anderer
Eine Ihrer Kernaufgaben als Führungskraft ist die Entwicklung von Menschen. Dafür benötigen Sie Coaching-Kompetenzen, damit Sie Menschen so begleiten und entwickeln können, dass diese wiederum die Kompetenz erwerben, sich selbst zu reflektieren und sich zu entfalten. Wenn Ihre Mitarbeitenden sich weder reflektieren noch nach kontinuierlicher Verbesserung streben, dann liegt es selten an deren Fähigkeiten, sondern an den Coaching-Kompetenzen von Ihnen als Vorgesetzten. Lernen Sie zu befähigen, anstatt zu belehren und behalten Sie die langfristige Entwicklung der Menschen im Fokus, anstatt nur die kurzfristige Zielerreichung.

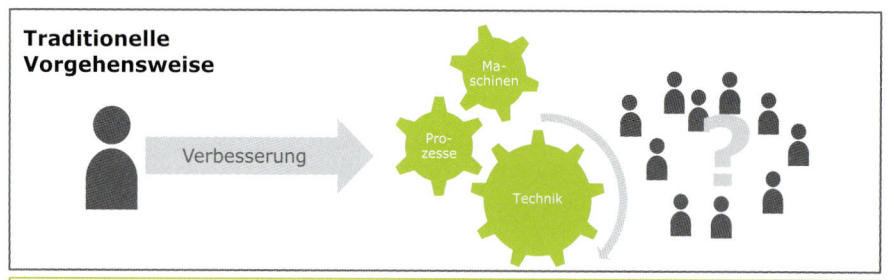

Bild 13.7 Das neue Führungsverständnis

3. **Tägliches Kaizen unterstützen**

In der dritten Stufe geht es darum, Gruppen von Mitarbeitenden auszurichten. Geben Sie der Verbesserung eine hohe Priorität. Sorgen Sie dafür, dass die Arbeitsgruppen genügend und regelmäßig Zeit für Verbesserungen erhalten. Fordern und fördern Sie Kaizen. Gehen Sie selbst als Vorbild voran. Zeigen Sie Wertschätzung den Mitarbeitenden gegenüber und loben Sie deren Fortschritte.

4. **Vision schaffen und Ziele abstimmen**

In der letzten Stufe sind idealerweise alle Führungskräfte des Unternehmens eingebunden. Die Organisation ist weitgehend prozessorientiert aufgebaut und das Abteilungsdenken ist abgeschafft. Verbesserungsaktivitäten sind aufeinander abgestimmt und die knappen Ressourcen optimal eingesetzt. Es besteht ein gemeinsames Verständnis der Vision und der Ziele des Unternehmens und jede Stufe kennt ihren Beitrag dazu. Es wird an einem Strang gezogen, um gemeinsam Lösungen zu arbeiten und um die herausfordernden Unternehmensziele zu erreichen.

> **Lean Story: Rolle der Führungskraft**
>
> Ich werde immer wieder gefragt, was die kritischen Erfolgsfaktoren der Lean Transformation sind. Dabei spielen die Führungskräfte eine essenzielle Rolle. Beispiel: Zwei Unternehmen investieren ungefähr die gleiche Anzahl Stunden in die Verbesserungen. Eine der beiden Firmen macht durchschnittliche und die Andere unglaublich hohe Fortschritte. Was ist der Hauptunterschied der beiden Unternehmen? In den meisten Fällen: die Führungskräfte! Wie es vorgelebt und wie viel Zeit zur Verfügung gestellt wird, wie die Mitarbeitenden befähigt, eingebunden und begleitet werden, wie klar und transparent der Sinn und Zweck vermittelt wird usw. Die Mitarbeitenden merken sehr schnell, wenn es sich nur um ein Lippenbekenntnis handelt. Vielleicht sind schon andere Initiativen gescheitert und im Sand verlaufen. Damit könnte die Zuversicht und Motivation tief sein. Wenn

> aber das Führungsteam mit Leib und Seele die Transformation leitet und mit gutem Beispiel voran geht, bestehen beste Chancen auf Erfolg.

Bild 13.8 Wie die Führungskraft sein sollte

13.4.2 Führungsverständnis

»Bevor Sie eine Führungskraft werden bedeutet Erfolg, selbst zu wachsen. Nachdem Sie eine geworden sind bedeutet Erfolg, andere größer zu machen.« Jack Welch, CEO von General Electric

13.4.3 Qualifikation zur Führungskraft

Die schönen Diplome von Weiterbildungen haben nur einen so hohen Wert, wie das gelernte Wissen umgesetzt wird. Oft werden die besten Fachkräfte befördert oder bei der Rekrutierung auf den höchsten Bildungsstand geachtet. Diese Kriterien sagen nichts über die Führungsqualitäten aus. Als Leader in einer Lean Company müssen Sie Menschen begeistern können, sie in der Veränderung leiten und fördern. Dabei sollten Sie sich nicht in den Vordergrund stellen, sondern die Mitarbeitenden. Gehen Sie als gutes Vorbild voran und entwickeln Sie Ihr Team sowie potenzielle Nachfolger. Als Führungskraft sollten Sie ein Lean-Profi sein. Wenn Sie Lean Management verstanden haben, täglich vorleben, Sie Ihr Team befähigen, begeistern und in der Veränderung begleiten können, dann haben Sie die Berechtigung für die Stelle als Führungskraft. Ganzheitliches Denken, also nicht nur für den eigenen Verantwortungsbereich, und eine hohe Transparenz sind weitere Voraussetzungen für die erfolgreiche Führung in einer Lean Company. Bauen Sie Führungskräfte auf, welche die Philosophie vorleben und anderen vermitteln.

Sie sollten zudem die Fähigkeit zum Entdecken (Beobachten, Gemba) mitbringen und Zusammenhänge durch vernetztes Denken ganzheitlich verstehen. Ihre Kaizen-Fähigkeit sollte herausragend sein. Das heißt konkret, Sie streben immer höhere, herausfordernde Ziele an, setzen selber beachtliche Verbesserungen im eigenen Wirkungskreis um und entwickeln die Veränderungsfähigkeit von Ihrem Team. Teamentwicklung und persönliche, individuelle Entwicklung gehen Hand in Hand.

13.4.4 Führungskräfte-Knigge von Toyota

Das wichtigste Kapital im Unternehmen sind die Mitarbeitenden. Tragen Sie Sorge für Ihre Mannschaft, damit die Teams die Arbeitsergebnisse kontinuierlich steigern können. Workshops sind

Was man tun muss, um bei Toyota nicht Karriere zu machen	
Toyota Besonderheit	Gilt allgemein
Mitarbeitenden »zeigen, wo es langgeht« und »micromanagen«	Entscheidungen dem persönlichen Zeit-Horizont unterordnen
Informationen hamstern und nicht an die Mitarbeitenden weitergeben	Sein volles Commitment für Verbesserungen zurückhalten
Mitten im Projekt die Richtung ändern	Verantwortung (im Sinne von Haftung) delegieren
Alles anders machen wollen als der Vorgänger (»Duftmarken hinterlassen«)	Schuld bei anderen suchen
Ohne fundierte Recherche »entscheidungsfreudig« sein	Nachrangige Mitarbeitende sich selbst überlassen

Bild 13.9 Führungskräfte-Knigge gemäß Toyota
Quelle: Hans-Jürgen Classen, Andos Innovative Management Systems Ltd.

Bild 13.10 Die Menschen machen den Unterschied – sie sind das größte Kapital

gut geeignet, um in kurzer Zeit gemeinsam Lösungen zu erarbeiten und den Teamzusammenhalt zu stärken. Wenn diese durch das Management gefördert und die Ergebnisse gewürdigt werden, entsteht bei den Mitarbeitenden eine erhöhte Motivation und Veränderungsbereitschaft.

13.4.5 Spitzenleistung durch Führungsleistung

Die Problemführungskompetenz wird gestärkt und die Rolle der Führungskraft verändert sich vom »Boss« zum Coach. Man spricht dabei auch von der umgedrehten Führungspyramide.

In einem traditionell geführten Unternehmen verteilen die Meister die Aufgaben und die Mitarbeitenden arbeiten dem Chef zu.

In einer Lean Company versteht sich die Führungskraft als Dienstleister und Coach der Mitarbeitenden. Die Erreichung der Ziele und die Weiterentwicklung der Angestellten stehen im Fokus.

13.4.6 Respect for People

Respekt und Wertschätzung für den Menschen ist die Grundlage für kontinuierliche Verbesserung. Es ist respektlos gegenüber Mitarbeitenden, wenn man ihre menschlichen Fähigkeiten, etwas zu lernen und daran zu wachsen, nicht nutzt. Daher benötigt es eine kontinuierliche Investition in die Ausbildung, in das Vertrauen und die Moral. Es bedeutet nicht, dass wir alle Menschen mögen müssen, mit denen wir arbeiten. Aber wir sollten sie nicht als Instrumente zur Erreichung der Unternehmensziele sehen, sondern als Kollegen, mit denen wir gemeinsam wachsen. Die Mitarbeitenden sollen sich großartig fühlen und danach streben, ihr Bestes zu geben. Dafür sind die Fähigkeiten, die morali-

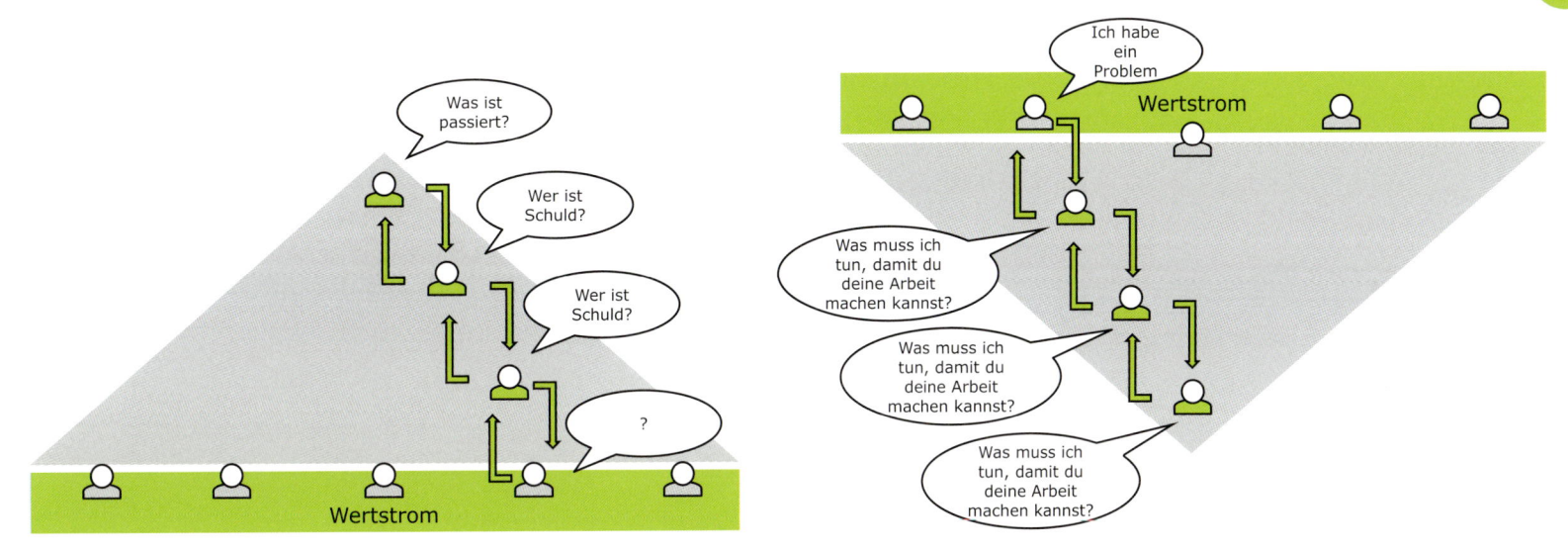

Bild 13.11 Hierarchiepyramide traditionell

Bild 13.12 Umgekehrte Hierachiepyramide

sche Einstellung sowie das Vertrauen auszubauen. Jeder soll respektiert werden, für das, was er beiträgt und für das, was er ist. Dafür werden Führungskräfte benötigt, die ihre Untergebenen fördern und fordern, sie entwickeln und ihnen Freiheiten für Verbesserungen gewähren. Es geht darum, die Fähigkeiten, die Verantwortlichkeiten und das Engagement jedes Einzelnen und jedes Teams auszubauen. Die Menschen machen den Unterschied – sie sind das größte Kapital. Daher sollte der Entwicklung der Menschen und der Kultur eine hohe Priorität gegeben werden. Es mag schwer zu verstehen sein. Das ist wohl der Grund, warum sich Unternehmen vielfach mit den einzelnen Lean-Methoden beschäftigen, ohne die Kultur entsprechend zu entwickeln.

13.4.7 Zusammenfassung Rolle der Führungskraft in der Lean Company

Die Führungskräfte müssen die treibende Kraft sein. Sie formen und beeinflussen die Unternehmenskultur signifikant. Ein Leader geht als gutes Beispiel voran und begeistert die Menschen für die Veränderung. Die Rolle der Führungskraft verändert sich zum Coach, um die Problemlösungsfähigkeiten der Mitarbeitenden aufzubauen. Die Möglichkeiten zur Mitgestaltung und Wertschätzung sind mehr wert als kurzfristige monetäre Anreize. Ganzheitliche Denkweise und hohe Transparenz sind wichtige Erfolgsfaktoren in der Führung. Das Streben nach immer höheren Zielen sollte im gesamten Unternehmen etabliert sein. Der Respekt gegenüber den Mitarbeitenden ist für das Vertrauen und die Moral essenziell.

> **Darüber sollten Sie nachdenken:**
> - Besteht ein Befähigungskonzept?
> - Welche Ausbildungsstufen machen für welche Funktionen Sinn?
> - Welche Ziele möchten Sie damit erreichen?
> - Wie stellen Sie sicher, dass nach der Schulung das Gelernte angewendet wird?
> - Gibt es bereits eine Übersicht der Qualifikationen (z. B. Qualifikations-Matrix)?
> - Werden mindestens jährlich die notwendigen Schulungen anhand der Qualifikationsübersicht eingeplant?
> - Wie werden derzeitig Verbesserungen umgesetzt? Schnell und unbürokratisch?
> - Sind die betroffenen Mitarbeitenden genügend in die Problemlösung eingebunden?
> - Werden ausreichend Zeit und Freiheiten für die Umsetzung von Verbesserungen gewährt?
> - Sind die Führungskräfte Vorbilder und gehen in der Lean Transformation als Leader voran? Wie könnte es noch besser sein?

- Wurden die Chefs in Coaching/Mentoring befähigt?
- Verstehen sich die Vorgesetzten als Dienstleister der Mitarbeitenden in einer umgekehrten Führungspyramide?
- Wurden die leitenden Personen zu Lean-Experten ausgebildet? Leben sie es vor und begeistern sie die Mitarbeitenden für Kaizen?
- Finden regelmäßige Führungskräfte-Workshops für die persönliche und unternehmensweite Weiterentwicklung statt?
- Besteht gegenwärtig eine Unternehmenskultur, in der immer höhere und herausfordernde Ziele angestrebt werden?
- Werden die Mitarbeitenden hinreichend respektiert und wertgeschätzt?
- Wird angemessen in die Ausbildung, in das Vertrauen und die Moral investiert?

Das sollten Sie tun:

- Entwickeln Sie die Führungskräfte zu Lean-Experten und sorgen Sie dafür, dass sie die treibenden Kräfte sind.
- Seien Sie um eine schnelle und unbürokratische Umsetzung von Verbesserungen bemüht.
- Beziehen Sie Mitarbeitende bei der Lösungsfindung und Umsetzung aktiv mit ein.
- Befähigen Sie die Führungskräfte im Coaching.
- Entwickeln Sie ein einheitliches, forderndes Führungsverhalten.
- Investieren Sie in die Ausbildung, in das Vertrauen und die Moral.

> - Wertschätzen Sie die Fortschritte gebührend.
> - Entwickeln Sie motivierte, flexible und leistungsfähige Mitarbeitende und Teams.
> - Organisieren Sie mindestens zwei Führungskräfte-Workshops je Führungsstufe pro Jahr, um voneinander zu lernen, die Fortschritte zu bewerten und das weitere Vorgehen zu definieren.

13.5 Shopfloor Management als Kommunikations-, Verbesserungs-, Führungsinstrument

Es läuft nicht immer alles nach Plan. Bei Störungen und Abweichung vom Standard sollen diese möglichst schnell erkannt und anschließend mit Kaizen verbessert werden. Hierfür hilft die Regelkommunikation. Die Differenz zwischen IST und SOLL wird erkannt und kann mittels Kaizen eliminiert werden. Es ist kein Selbstzweck, kein Planungsboard, keine »alle wissen Bescheid«-Besprechung, kein Kaffeekränzchen, sondern eine strukturierte und visualisierte Kommunikation über die Fortschritte, Abweichungen, Störungen, Verschwendungen, Herausforderungen und Verbesserungen.

Was wäre wenn ...
- die Produktion als Plattform und Ort für die Kommunikation über alle Führungsebenen dienen würde?
- Besprechungen weitestgehend vor Ort in der Produktion stattfänden und Inhalte, Teilnehmer und Ziele glasklar definiert wären?
- jede Besprechung sich auf den minimal notwendigen Teilnehmerkreis beschränken würde und dadurch so effizient und kurz wie möglich wäre?

- Kommunikation mit dem Ziel erfolgte, ein gemeinschaftliches Verständnis für Lösungen und Vorgehen zu erzeugen?
- die Kommunikationskaskade eine rechtzeitige und zielgerichtete Information der Mitarbeitenden ermöglichte?
- Führungskräfte regelmäßig vor Ort wären und ihre Rolle als Coach wahrgenommen und erlebt würde?
- Probleme ans Tageslicht kämen und nicht vertuscht würden?
- Verbesserungsideen von allen formuliert würden?
- Probleme in strukturierter Form gelöst würden, um sie abzustellen und zu verhindern, sodass sie nicht wieder auftreten?
- Probleme direkt am Ort des Auftretens aufgezeigt und die notwendigen Maßnahmen eingeleitet werden könnten?

13.5.1 Shopfloor Management – mehr Transparenz und mehr Verbesserungen

In der Industrie nennt man die Regelkommunikation vor Ort: Shopfloor Management. Es handelt sich um ein Kommunikations- und Führungshilfsmittel. Es finden regelmäßig kurze Besprechungen gemäß einer standardisierten Agenda statt. Abweichungen, Störungen und Fortschritte werden auf dem Shopfloor Board transparent gemacht. Die Entscheidungen und notwendigen Verbesserungsmaßnahmen werden durch »Führen vor Ort« gefällt und umgesetzt. Damit wird zudem das Gefühl der Mitarbeitenden bestärkt, miteinbezogen zu werden. Durch die Nähe und den kurzzyklischen Austausch wird der Wunsch des Mitarbeitenden, informiert zu sein, besser erfüllt. Bei Shopfloor

> ✓ Nehmen Sie über mehrere Wochen die Anzahl und Dauer von Meetings aller Führungskräfte auf. Zudem sollen die Anzahl der Telefonate, E-Mails und persönlichen Kontakte erfasst werden. Die Anzahl der Verbesserungsvorschläge sowie deren Umsetzungsdauer sind ebenfalls interessante Daten. Diese Zahlen werden Ihnen im Anschluss helfen, den Nutzen der Regelkommunikation auszuweisen.

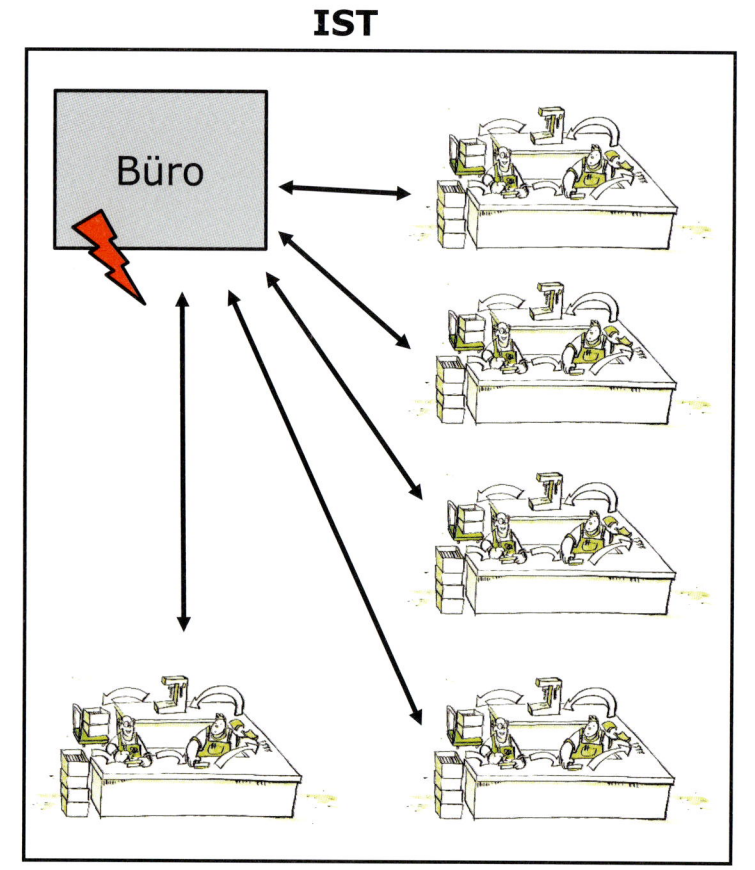

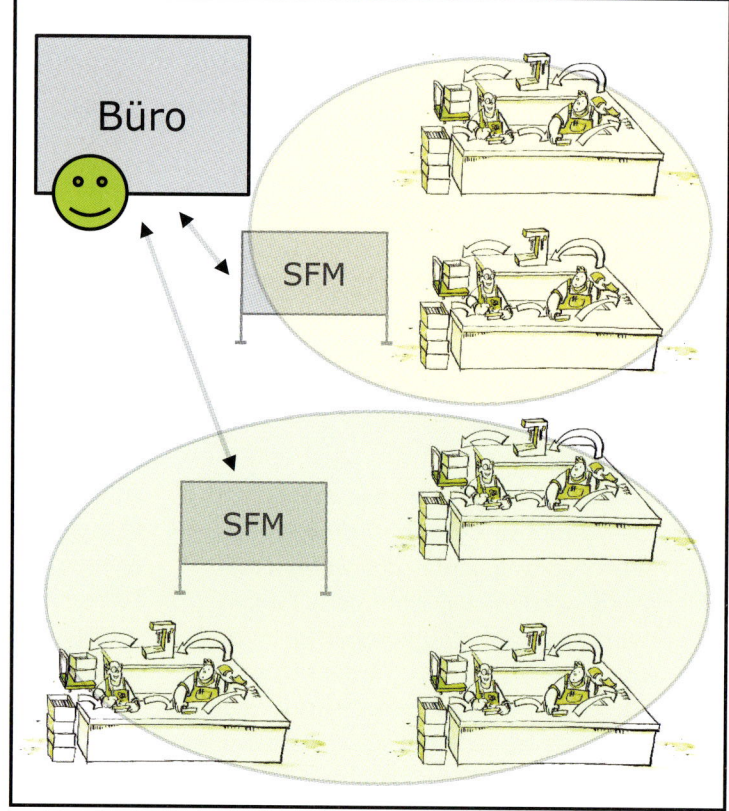

Bild 13.13 Shopfloor Management als Kommunikations-, Verbesserungs-, Führungsinstrument

Management geht es um die Frage: »Was müssen wir verbessern?« und nicht nur um »Was können wir verbessern?«. Potentiale und Ideen sind meistens genügend vorhanden. Shopfloor Management hilft durch die zielorientierte Fokussierung auf die für das Unternehmen relevanten Kennzahlen, die richtigen Prioritäten in der Umsetzung von Verbesserungen zu setzen.

Transparenz muss zu Handlungen führen! Ansonsten ist sie sinnlos. Wenn aus der Regelkommunikation keine Kaizen-Maßnahmen entstehen, macht es wenig Sinn. Es geht um eine kurzzyklische, strukturierte und zielorientierte Besprechung mit hoher Transparenz, um die Abweichung schonungslos sichtbar zu machen. Die anschließenden Verbesserungen gehören zu den wesentlichen Zielen der Regelkommunikation. In hoher Anzahl umgesetzte Verbesserungen sind wichtig. Deren Auswirkungen können auf dem Shopfloor Board leicht überprüft werden. Es kann durchaus Sinn machen, bereits vor der Umsetzung der geplanten Verbesserungen Mitarbeitende aus der Linie abzuziehen, um den Leidensdruck für Kaizen zu erhöhen. Shopfloor Management ist ein Führungsinstrument und steht im Zentrum als Bindeglied zwischen Organisation und Unternehmenskultur.

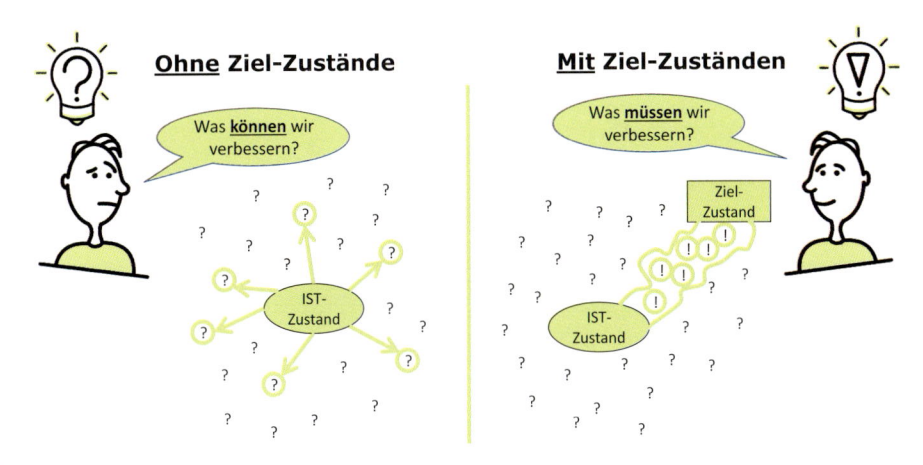

Bild 13.14 Nur wer weiß wohin die Reise gehen soll, kommt auch im Ziel an

Das Shopfloor Board zu entwickeln, ist die einfachste Aufgabe in der Einführung von der Regelkommunikation. Das Führungssystem mit Leben zu füllen, ist weitaus schwieriger. Daher ist der Aufbau einer gemeinsamen Führungskultur eine wesentliche Aufgabe für die erfolgreiche Einführung von Shopfloor Management. Wie es die leitenden Angestellten über alle Stufen anwenden werden, entscheidet über die Höhe des Erfolgs. Die Führungsleistung wird mit Shopfloor Management erhöht, was zu einer erheblichen Performance-Steigerung führt. Die Vorge-

Bild 13.15 Verbindung der Organisation mit der Kultur

setzten entwickeln durch das Führen vor Ort ein höheres Prozessverständnis. Dadurch haben deren Entscheidungen einen hohen Realitätsbezug. Auch die Sozial- und Kommunikationskompetenz wird durch die Auseinandersetzungen und die Regelkommunikation gefördert. Die klare Transparenz zeigt den Handlungsbedarf unbeschönigt auf, was die Grundlage für eine hohe Veränderungsmotivation bildet.

Shopfloor Boards

Auf den Shopfloor Boards werden typischerweise Kennzahlen wie Qualität, Kosten, Durchlaufzeiten, Lieferperformance, Bestände, Sicherheit, Personalbestand, Tagesziele und Fortschritte erfasst und transparent gemacht. Wichtig für die Mitarbeitenden ist es, den Sinn ihrer Tätigkeiten und den Nutzen für das Unternehmen zu erkennen. Das Board ermöglicht einen Ist-Soll-Abgleich. Es wird unverhüllt erkennbar, wo die Ziele erreicht wurden und wo nicht. Überlegen Sie im Team die geeigneten Kennzahlen pro Kaskade. Den EBIT verstehen nicht alle Mitarbeitenden in der Produktion und deshalb können sie diesen nicht direkt beeinflussen. Es braucht stufengerechte Messgrößen! Gestalten Sie es daher einfach, verständlich und sinnvoll. Achten Sie dabei darauf, dass diese Kennzahlen auf die Unternehmensziele abgestimmt sind. Wenn zum Beispiel die Reduzierung der Durchlaufzeit ein wichtiges Unternehmensziel ist, dann sollten alle Stufen und Funktionen, welche die Zielerreichung beeinflussen können, wissen was sie dazu

13.5 Shopfloor Management als Kommunikations-, Verbesserungs-, Führungsinstrument

aufgehängt und die Ergebnisse mit abwaschbaren Stiften geschrieben werden. Es ist sinnvoll, eine Uhr am Board aufzuhängen, an welcher sich die Teilnehmer orientieren. Das Shopfloor Board soll leicht verständlich aufgebaut sein.

> 💡 Kopieren Sie nicht von anderen Unternehmen, sondern entwickeln Sie Ihre eigenen Kennzahlen. Beginnen Sie in einem Pilotbereich: Lernen und verbessern Sie das System, bevor Sie es in der gesamten Firma ausrollen. Seien Sie geizig mit der Anzahl der Kennzahlen, denn in den Unternehmen gibt es häufig schlicht zu viele davon. Entwickeln Sie geeignete Regeln, wie zum Beispiel: keine Telefonate, keine Störungen, keine unnötigen Diskussionen, Gesprächspartner ausreden lassen, sich kurz fassen und keine persönlichen Angriffe. Die Begleitung der Führungskräfte sollte durch einen erfahrenen Lean-Experten erfolgen, welcher bei der Führungsmannschaft akzeptiert ist.

Bild 13.16 Beispiel Shopfloor Board

beitragen können. Die Kennzahlen und Ziele auf alle Stufen herunterzubrechen ist nicht einfach, aber es lohnt sich. Typischerweise werden die KPIs mit Farben visualisiert; das heißt zum Beispiel: bei Zielerreichung mit grüner und bei Nichterreichung mit roter Farbe. In der Praxis haben sich für die Visualisierung Whiteboards bewährt. Die Dokumente können mit Magneten

13.5.2 Inhalte und Teilnehmer der Regelkommunikation

- Rückblick, Ausblick, Abweichungen und Maßnahmen
- Permanente und regelmäßige Abstimmung über den Produktionsfortschritt, Störungen, Fehlteile und Probleme
- Die Teilnehmenden sind entweder direkt oder indirekt (als Unterstützer) für die Entstehung der Wertschöpfung verantwortlich

Bild 13.17 Shopfloor Management als Regelkommunikation

Die Shopfloor Meetings finden immer zur gleichen Zeit am gleichen Ort statt. Die Besprechungen dauern zwischen fünf bis fünfzehn Minuten und finden mit dem gesamten Team immer vor Ort statt. Selbst wenn es dort laut und staubig ist. Setzen Sie geeignete Maßnahmen um, sodass die Besprechung am Ort des Geschehens stattfinden kann. Dafür können zum Beispiel eine Lautsprecheranlage oder Lärmschutzmaßnahmen hilfreich sein. Binden Sie die Teilnehmenden aktiv mit ein und halten Sie die feste Struktur des Meetings ein. Halten Sie die vorgegebene Zeit ein, denn es ist kontraproduktiv, wenn die Besprechung zu lange dauert. Sprechen Sie die Teilnehmenden direkt an und stellen Sie konkrete, präzise Fragen. Hören Sie gut zu und quittieren Sie die Antworten. Je nach Situation sollten Sie die Antworten schriftlich festhalten. Schenken Sie den Mitarbeitenden Anerkennung für die erreichten Ergebnisse. Wählen Sie eine geeignete Besprechungsfrequenz. In diversen Produktionsunternehmen, die im Tagesbetrieb arbeiten, finden die Besprechungen täglich und im Schichtbetrieb je Schicht statt. »Was ist seit der letzten Besprechung passiert und was muss umgesetzt werden, um die gesetzten Ziele bis zur nächsten Besprechung zu erreichen?«, sind typische Fragen während des Shopfloor-Meetings.

5 wichtige Dinge für eine zielgerichtete Kommunikation im Shopfloor Meeting

1. Top Vorbereitung
Die Führungskräfte kommen top vorbereitet in das Shopfloor Meeting. Die Abweichungen sind ihnen bekannt und sie wissen, welche Maßnahmen notwendig sind. Das heißt nicht, dass ihnen die Lösung für das Problem bekannt ist. Eine Ursachenanalyse durchzuführen, um das Problem zu verstehen, könnte eine der Maßnahmen sein.

2. Keine langen Diskussionen
Viele Worte, wenig Inhalt – wer kennt das nicht? Allgemeines »Blabla« hat keinen Platz während der Besprechung am Shopfloor Board. Die verantwortliche Person für die Moderation sollte dies erkennen und entsprechend einschreiten.

3. Zahlen, Daten, Fakten
Bitte keine Vermutungen oder Interpretationen wie: »ich denke«, »ich fühle«, »es könnte sein«. Das Shopfloor Meeting lebt von Zahlen, Daten, Fakten und dem Erkennen von Abweichungen. Sollte die Transparenz noch nicht vorhanden sein, dann ist die Schaffung der Transparenz die nächste Maßnahme.

4. Keine Lösungsfindung während des Meetings
Wir Menschen tendieren zu vorschnellen Lösungsfindungen. Auf Englisch sagt man: »Jump to conclusion«, also zur Lösung hüpfen. Abweichungen zu erkennen und Maßnahmen zu definieren sind die Kernelemente der Regelkommunikation. Die Erarbeitung von Lösungen sollte außerhalb des Meetings stattfinden und auf Analysen anstatt Vermutungen basieren.

5. Zeit einhalten
Wie in jeder Besprechung, sollte die Zeit strikt eingehalten werden. Dabei sind eine Standardagenda und klare Moderation unerlässlich.

> **Lean Story: Shopfloor Board**
>
> Ich war in einem größeren Produktionsunternehmen zu einem Kennenlerngespräch eingeladen. Während dem Rundgang durch die Fabrikation, habe ich eine sieben Meter lange Wand entdeckt, an welcher geschätzt 30 Kennzahlen, auf DIN A4 Blättern farbig ausgedruckt, aufgehängt waren. In der linken oberen Ecke wurde zusätzlich auf einem großen Bildschirm, alle 30 Sekunden eine dieser Grafiken eingeblendet. Was für eine Transparenz! Die meisten Besucher waren beeindruckt und begeistert von dieser Wand, es war sozusagen das Highlight der Factory-Tour. Wie auch immer, ich habe mir die Grafiken genauer angeschaut und entdeckt, dass die Lieferperformance unter 70 % lag. Erschrocken von den schlechten Ergebnissen, fragte ich den Produktionsleiter nach der Ursache und den entsprechenden Maßnahmen. »Das müssen Sie nicht beachten, denn diese Grafik stimmt nicht«, war die lapidare Antwort. »Okay, wie sieht es mit dieser Kennzahl aus«, fragte ich und zeigte auf die nächste unbefriedigende Kennzahl. »Ach, die erstellt Hans. Keiner außer er versteht diese Auswertung. Wir ignorieren sie einfach.« So ähnlich wurde mir auch die dritte Grafik beschrieben. Als erste Verbesserung schlug ich vor, die Wand abzureißen. Denn Transparenz ist nur sinnvoll, wenn daraus eine Handlung entsteht! Wenn nicht, dann ist die Erstellung dieser Transparenz eine Verschwendung! Konzentrieren Sie sich also auf möglichst wenige, aber wichtige Kennzahlen. Sorgen Sie dafür, dass diese regelmäßig überprüft und verbessert werden. Stellen Sie sicher, dass bei Abweichungen die Ursachen analysiert und Maßnahmen umgesetzt werden.

> ✓ Erarbeiten Sie ein Konzept für die Einführung von Shopfloor Management. Seien Sie sich bewusst, dass die Kennzahlen, das Shopfloor Board und die Agenda die einfachsten Aufgaben in der Implementierung sind. Trainieren und coachen Sie die Führungskräfte, damit die Regelkommunikation richtig angewendet und das Führungsverhalten angepasst wird. Gegenseitige Begleitungen der Vorgesetzten untereinander können hierfür ebenfalls sehr hilfreich sein.

- Habe ich Sie korrekt verstanden?
- Was könnten wir stattdessen annehmen?
- Können Sie uns die Gründe darlegen?
- Wie trifft das in diesem Fall zu?
- Wer ist in der Lage zu beurteilen, ob das zutrifft?
- Welchen Effekt würde das haben?
- Was ist die Alternative?
- Wie können wir das herausfinden?
- Können wir diese Frage zerlegen?
- Warum ist dieses Problem wichtig?
- Wie können wir das gemeinsam lösen?

Die zwei wichtigsten Fragen in der Shopfloor-Besprechung sind:

1. Kennen wir die Ursache der Abweichung/des Problems?
2. Was ist deshalb dein nächster Schritt?

> 💡 Interpretieren Sie nicht, sondern fragen Sie nach.

13.5.3 Shopfloor-Besprechung: Wer fragt, der führt

Verwenden Sie offene, neugierige Fragen und hören Sie gut zu.
  Beispiele:
- Können Sie das anders formulieren?
- Können Sie mir ein Beispiel nennen?

> 💡 Digital oder analog? Diese Frage wird sehr oft gestellt. Es scheint altmodisch und zurückgeblieben, wenn die Shopfloor Boards manuell aktualisiert werden. Das mag stimmen und dennoch hat die analoge Erfassung einen hohen Nutzen. Wenn die verantwortliche Person die Kennzahl selber eintragen muss, wird sie die Entstehung der Messgröße verstehen. Sie wird eine Beziehung mit der Zahl aufbauen und die Zusammenhänge erkennen. Wenn aber ein IT-System ein Ergebnis ausgibt, entsteht oft kein Verständnis und keine Beziehung dazu. Vielleicht verstehen die Mitarbeitenden nicht einmal, wie das Resultat beeinflusst werden kann. Aus diesem Grund ist es in den meisten Fällen ratsam, sofern möglich, das Shopfloor Board in den ersten 12 bis 24 Monaten manuell zu pflegen. Widerstehen Sie der Versuchung, zu früh auf das digitale Shopfloor zu wechseln. Weil sich digitale Datenaufbereitungen meistens sehr leicht aus einem IT-System exportieren lassen, besteht die Gefahr von viel zu vielen Kennzahlen. Wenn der Aufwand für die Datenerhebung tief ist, tendieren viele Menschen dazu, mehr Kennzahlen zu visualisieren, weil diese vielleicht »auch noch interessant« sind. Transparenz ist aber nur sinnvoll, wenn daraus eine Handlung entsteht. Führen Sie analoge Shopfloor Meetings so lange durch, bis alle betroffenen Mitarbeitenden die Systematik und Zusammenhänge verstanden haben. Quasi bis es in die DNA des Unternehmens übergegangen ist. Standortübergreifende Besprechungen können mithilfe von Videokonferenzen direkt am Shopfloor Board gemacht werden.

13.5.4 Kurzzyklische Aktualisierung

Die permanente und regelmäßige Erfassung und Visualisierung der Produktionsfortschritte dient zur Erkennung von Schwankungen und Störungen. Die Ursachen von Abweichungen müssen erfasst werden und zwar bei negativen sowie auch bei positiven Abweichungen. Oft werden die Probleme zwar erfasst, jedoch eher als Grundlage für eine Rechtfertigung, anstatt für das Aufdecken von Verbesserungspotenzialen. Was müssen wir verbessern, sodass die Werkzeuge nie mehr außerplanmäßig brechen (siehe Abbildung)? Das wäre doch eine lohnenswerte und spannende Frage. Die Mitarbeitenden müssen sich nicht rechtfertigen, denn sie arbeiten nach den Standards. Sie sollen die Probleme transparent machen und bei der Problemlösung aktiv mitwirken. Damit entwickeln Sie die Mitarbeitenden von Betroffenen zu Beteiligten.

Mit kurzzyklischen Fortschrittskontrollen können Abweichungen früh erkannt werden. Wenn am Abend festgestellt wird, dass das Tagesziel nicht erreicht wurde, kann nichts mehr unternommen werden. Auch die Ursachenanalyse kann erschwert sein, da das Problem nicht mehr ersichtlich ist. Bei stündlicher Fortschrittskontrolle besteht die Möglichkeit, die Ursachen zu analysieren und rasch Gegenmaßnahmen zu ergreifen. Damit wird auch das Verständnis der Operateure geweckt. Zudem ist es motivierend für die Werker, wenn sie am Feierabend sehen, dass sie die Tagesziele erreicht haben. Es gibt den Vorgesetzten zudem die Chance zum Loben. Die Tagesziele sind leider in vielen Unternehmen nicht transparent. Dies kann dazu führen, dass die Präsenzzeit zum Ziel des Werkers wird.

> Wir überprüfen einen Prozess, weil wir Probleme finden WOLLEN! Wir überwachen keine Mitarbeitenden, sondern decken Verbesserungspotenziale auf.

Abteilung	Maschine/Zelle			
A	XBZ			
Zeit	Soll (Stk.)	Ist (Stk.)	Abweichung	Notiz
07.00-08.00	48	42	Maschinenstörung	Temp.Sensor
08.00-09.00	48	50	Keine Störung	Theoretische Kapazität
09.00-10.00	48	48		
10.00-11.00	48	47	Justieren	Mass x 25.8mm
11.00-12.00	48	40	Werkzeugbruch	T11 + T28
12.00-13.00	48	48		
13.00-14.00	48	48		
14.00-15.00	48	43	Mitarbeiterausfall	Kleine Schnittwunde
15.00-16.00	48	46	Reinigen	Späneauswurf
16.00-17.00	48	45	Qualitätsprobleme	Massabweichung D66mm
17.00-18.00		23	Überstunden	Um Tagesziel zu erreichen
18.00-19.00				
	480	480		

Bild 13.18 Stündliche Überprüfung der Produktionsfortschritte

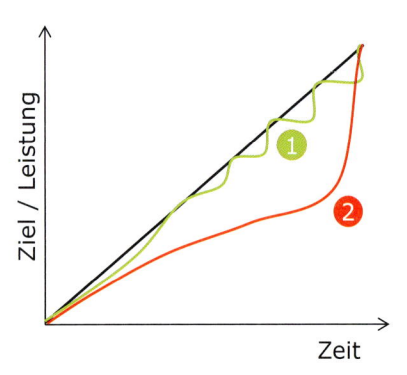

Bild 13.19 Abweichungen kurzzyklisch feststellen

> ✓ Sorgen Sie für eine kurzzyklische Erfassung der Fortschritte (z. B. jede Stunde), um Abweichungen möglichst zeitnah entdecken zu können. Die hohe Transparenz dient dem Ziel der Verbesserung und nicht der Rechtfertigung. Schaffen Sie ein entsprechendes Verständnis dafür.

Wie lange würden Sie mit geschlossenen Augen Auto fahren? Je kurzzyklischer Sie die Fortschritte kontrollieren, umso sicherer sind Sie unterwegs. Sie können bei kleinen Abweichungen sofort reagieren. Nur einmal pro Tag den Soll-Ist-Vergleich zu machen, bedeutet, dass Sie sehr lange mit geschlossenen Augen Auto fahren und dann voraussichtlich eine relativ große Korrektur machen müssen. Die Ursachen für die entstandenen Abweichungen sind im Nachhinein schwierig zu evaluieren. Somit werden Sie mit geschlossenen Augen und ohne Verbesserungsmaßnahmen bis zur nächsten Fortschrittskontrolle weiterfahren.

13.5.5 Mehrere Tage keine Abweichung

Sollte in einer Produktionseinheit über mehrere Tage keine nennenswerten Abweichungen erfolgen, dann ist es an der Zeit die Zielwerte anzupassen. Denn das größte Problem ist, kein Problem zu haben. Ohne Probleme können wir uns nicht verbessern. Es ist daher wichtig, ein Klima zu schaffen, in dem die Mitarbeitenden bereit sind, Fehler transparent zu machen. Aufgrund einer erkannten Abweichung können wir das System weiterentwickeln und daraus lernen. Daher ist es Ihre Aufgabe, die Zielwerte immer wieder anzupassen, um den Veränderungsdruck hoch zu halten.

> ✓ **Aufgaben und Fragen**
>
> Seien Sie konsequent und streben Sie immer höhere Ziele an. Daher müssen Sie die Zielwerte anpassen, wenn die Situation über mehrere Tage stabil ist. Nur so werden die Verbesserungspotenziale sichtbar. Zudem bleibt die Organisation fit und es kann eine Verbesserungskultur entstehen.

13.5.6 Go&See

Die Probleme sichtbar zu machen und Maßnahmen abzuleiten, sind wichtige Elemente des Shopfloor Managements. Manchmal ist die Ursache von einem Problem nicht einfach zu erkennen. Die betroffenen Mitarbeitenden benötigen Unterstützung. Dies kann sehr gezielt und priorisiert erfolgen, anstatt auf Zuruf. In vielen Unternehmen reservieren sich die Führungskräfte und Unterstützer nach der Besprechung Zeit für Go&See, also für die Problemanalyse vor Ort. Die während des Shopfloor Meetings als wichtigsten und dringendsten deklarierten Abweichungen werden im Anschluss analysiert und geeignete Lösungen erarbeitet. Um das Problem zu verstehen, gehen die benannten Personen an den Ort des Geschehens und machen sich persönlich ein Bild der Situation.

Bild 13.20 Go&See – Problemanalyse vor Ort

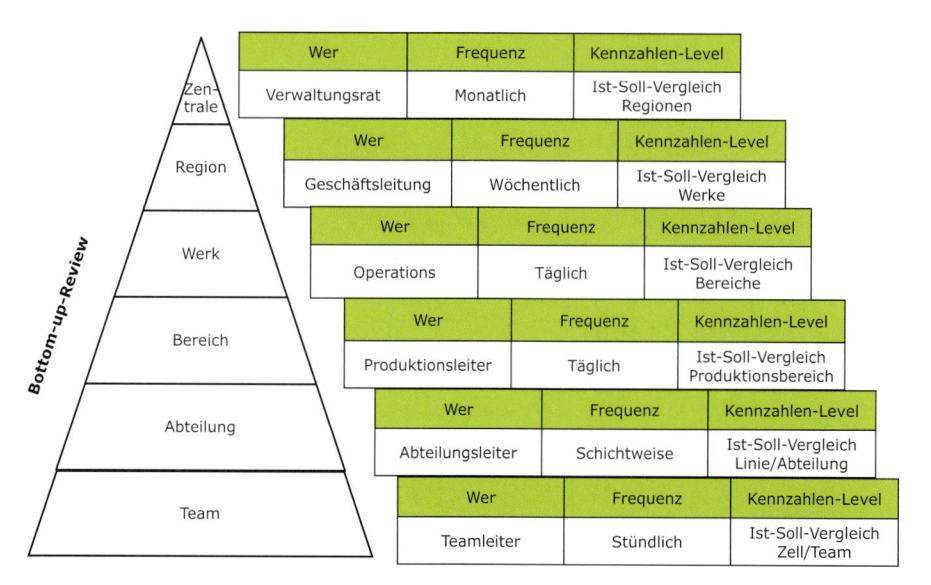

Bild 13.21 Kaskadierung von Shopfloor Management

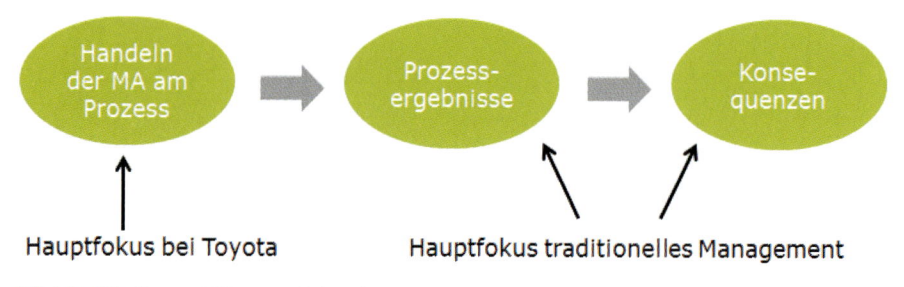

Bild 13.22 Haupt-Führungsfokus bei Toyota

13.5.7 Kaskadierung

Shopfloor Management wird in der Regel über alle Hierarchiestufen im gesamten Unternehmen eingeführt. Hierfür werden die Fülle an Daten und Informationen nach oben verdichtet und rapportiert. Auch Probleme, welche auf der eigenen Stufe nicht gelöst werden können, werden so eskaliert. Zur Besprechung treffen sich alle untergeordneten Führungskräfte. Beim Abteilungs-Board treffen sich alle Teamleiter, beim Bereichs-Board alle Abteilungsleiter usw.

Zu den Besprechungen werden, soweit sinnvoll und hilfreich, Teilnehmer von den Support-Abteilungen eingeladen. Zum Beispiel ein Vertreter vom Einkauf für die Klärung der Fehlteile, ein Mitarbeiter vom Unterhalt für die Priorisierung der Entstörung von Maschinen und Anlagen usw. Diese Unterstützer nehmen die Informationen in ihr Team mit und sorgen für die Umsetzung der notwendigen Maßnahmen. Beim nächsten Shopfloor Meeting werden sie über die Fortschritte berichten.

Damit die Einführung von Shopfloor Management gelingt, ist Vertrauen notwendig. Die Schaffung einer Vertrauenskultur kann gefördert werden, indem die Führungskraft aufmerksam zuhört, hilfreiche Fragen stellt, konstruktive Feedbacks gibt und durch herausfordernde Ziele eine klare Richtung vorgibt. Der Hauptfokus liegt nicht auf den Prozessergebnissen und den Maßnahmen, um diese zu verbessern, sondern auf dem Wachstum der Mitarbeitenden, die letztendlich dadurch die Prozessergebnisse positiv verändern. Je »reifer« die Mitarbeitenden, umso eher können Sie für weitere Problemlösungen und Verbesserungen eingesetzt werden. Diese Haltung müssen sich die Führungskräfte verinnerlichen. Auf dem Weg dahin sollten Sie durch Coaching begleitet werden.

13.5.8 Entlastung der Führungskräfte

Burnouts und Herzinfarkte treffen die Chefs überdurchschnittlich häufig. Viele Meetings, E-Mails, Telefonate, Unterbrechungen führen zu hohem Stress und einem miserablen Zeitmanagement. Durch Shopfloor Management können die Führungskräfte die Kommunikation fokussierter und zielgerichteter gestalten. Dadurch reduziert sich der Aufwand. Zusätzlich kann, durch weniger Unterbrechungen, die Arbeitszeit effizienter gestaltet werden. Shopfloor Management ist kein Allheilmittel, aber es führt zu besseren Ergebnissen und kann je nach dem persönlichen Zeitmanagement sehr entlastend sein. Zudem nimmt die Mitarbeiterzufriedenheit durch die hohe Transparenz, verbesserte Kommunikation und vermehrte Umsetzung von Verbesserungen zu.

13.5.9 Zusammenfassung Shopfloor Management

Die Regelkommunikation verbessert die Zusammenarbeit, erhöht die Entscheidungsgeschwindigkeit, fokussiert auf die Unternehmensziele, reduziert die Aufwände für Telefone, E-Mails und Besprechungen und fördert Kaizen aufgrund der hohen Transparenz. Das Shopfloor Meeting dient als Besprechungsort, sowie zur Dokumentation der Fortschritte und Maßnahmen. Transparenz ist nur sinnvoll, wenn daraus eine Handlung entsteht. Daher sind wenige Messgrößen, aber viele Verbesserungen empfehlenswert. Die Regelkommunikation findet immer zur gleichen Zeit vor Ort statt und wird über mehrere Führungsstufen kaskadiert. Nicht das Shopfloor

Board, die Kennzahlen oder die Agenda sind die größten Herausforderungen in der Einführung von Shopfloor Management, sondern die Führungskräfte und deren Verhalten in der neuen Rolle. Bis die Philosophie verstanden und gelebt wird, ist eine analoge Aktualisierung der Kennzahlen vorteilhaft. Die kurzzyklische Erfassung der Fortschritte ermöglicht rasche Entscheidungen, Verbesserungen und Korrekturen. Wenn die Prozesse stabil und störungsarm funktionieren, wird es Zeit die Ziele zu erhöhen, damit weitere Verbesserungen notwendig werden. Die Ursachen für Abweichungen sollen vor Ort analysiert werden.

Darüber sollten Sie nachdenken:

- Welche Vorteile sehen Sie in der Einführung von Shopfloor Management?
- Welche Veränderungen müssen für die Einführung von Shopfloor Management umgesetzt werden?
- Mit welchen Herausforderungen müssen Sie bei der Einführung rechnen? Wie gehen Sie damit um? Wie lassen sich die Hindernisse im Vorfeld reduzieren?
- Wie sieht Ihr Umsetzungsplan aus?
- Welche Kompetenzen müssen Sie aufbauen?
- Welche Unterstützung benötigen Sie dabei?
- Von welchen Unternehmen können Sie lernen (nicht kopieren)?
- Welcher Bereich eignet sich am besten für ein Leuchtturmprojekt?
- Wer muss im Projekt dabei sein?
- Welche Kennzahlen sind notwendig und sinnvoll?

- Wer erfasst die Ergebnisse und wie?
- Welcher Rhythmus ist für die kurzzyklische Erfassung und für die Regelkommunikation je Stufe zweckmäßig?
- Welche Besprechungsdauer und welche Agenda-Punkte sind mit welchen Teilnehmern passend?
- Wie werden die Resultate und Abweichungen möglichst einfach visualisiert?
- Wie wissen die Mitarbeitenden, was als nächstes zu tun ist?
- Welche Problemlösungstechnik wird angewendet?
- Wie wird die Problemlösung dokumentiert und bekannt gemacht?
- Wo finden die Besprechungen statt?
- Wie kann Kaizen in das Shopfloor Management integriert werden?

Das sollten Sie tun:
- Legen Sie den Pilotbereich fest.
- Schulen Sie die Führungskräfte und betroffenen Mitarbeitenden in Shopfloor Management.
- Analysieren Sie die Ausgangslage.
- Bestimmen Sie die sinnvollen Kennzahlen und die Darstellung von diesen.
- Definieren Sie die Besprechungsagenda.
- Schaffen Sie eine Kultur der Verbesserung durch hohe Transparenz.

- Begleiten Sie die Führungskräfte in der neuen Rolle.
- Lernen Sie täglich dazu und entwickeln Sie das System weiter.
- Teilen Sie Ihre Erfahrungen.
- Rollen Sie die Regelkommunikation über alle Bereiche und Stufen im Unternehmen aus.

13.6 Problemverständnis

Gute Lösungen folgen einem klaren Problemverständnis.

»Die meisten Menschen verwenden mehr Kraft daran, um die Probleme herumzureden, statt sie anzupacken.« Henry Ford

13.6.1 Begriffsdefinition Probleme

Leider werden die Problemursachen zu selten, oft oberflächlich analysiert und die Abweichung mittels Symptombekämpfung kurzfristig behoben. Oder nach einer ersten, ungenauen Analyse hüpfen die Betroffenen direkt zur Lösung, ohne die Ursache richtig verstanden zu haben. Langfristig wird dieses Problem mit hoher Wahrscheinlichkeit wieder auftreten.

Besser wäre, Sie würden die kurzfristigen Einbußen in Kauf nehmen, um das Problem nachhaltig zu lösen. Meistens ist dies aus wirtschaftlicher Sicht die effektivste und effizienteste Vorgehensweise. Zudem werden die Prozesse stabiler und die Mitarbeitenden sensibilisiert. Sie können keine Probleme lösen und sich verbessern, wenn Sie die vorhandene Situation nicht gründlich verstehen. Erarbeiten Sie keine Lösungen aus der Ferne, sondern gehen Sie persönlich an den Ort des Geschehens, um die Problemstellung wirklich zu verstehen.

13.6 Problemverständnis

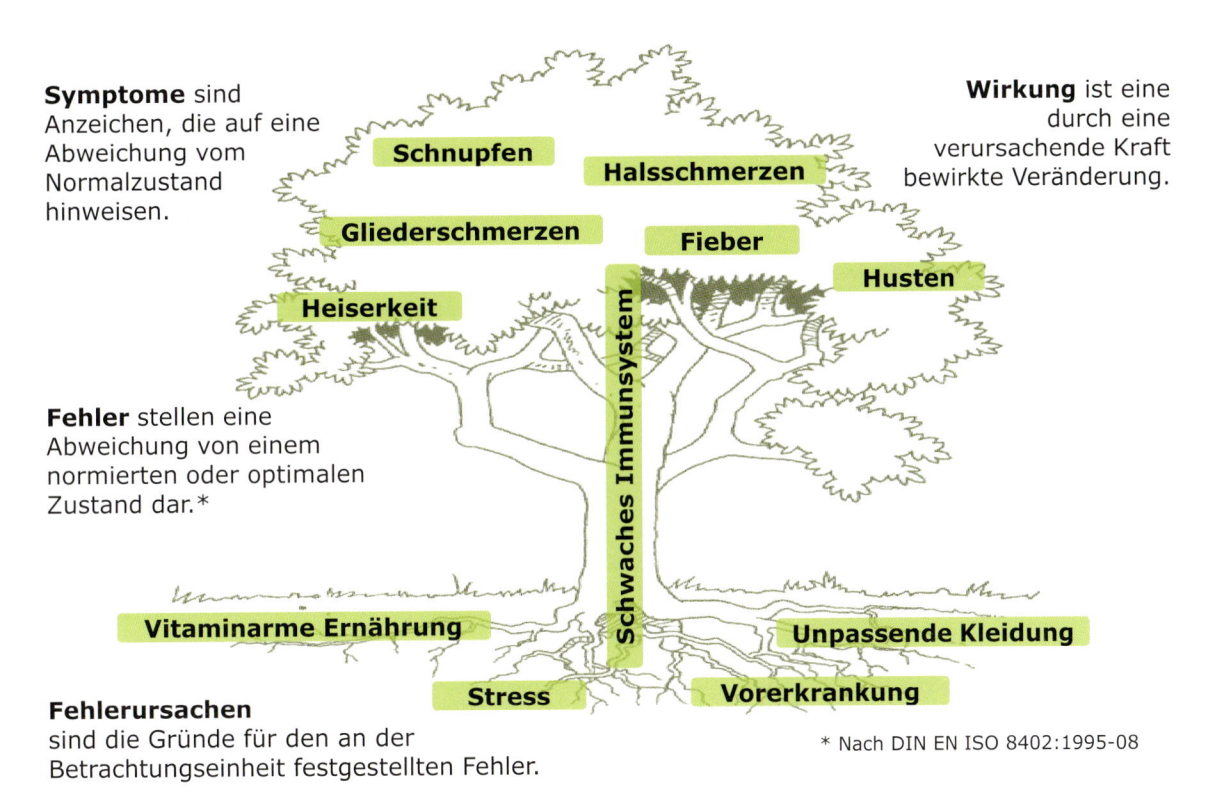

Symptome sind Anzeichen, die auf eine Abweichung vom Normalzustand hinweisen.

Wirkung ist eine durch eine verursachende Kraft bewirkte Veränderung.

Schnupfen
Halsschmerzen
Gliederschmerzen
Fieber
Husten
Heiserkeit

Schwaches Immunsystem

Fehler stellen eine Abweichung von einem normierten oder optimalen Zustand dar.*

Vitaminarme Ernährung
Stress
Vorerkrankung
Unpassende Kleidung

Fehlerursachen sind die Gründe für den an der Betrachtungseinheit festgestellten Fehler.

* Nach DIN EN ISO 8402:1995-08

Bild 13.23 Begriffsdefinition Probleme

13 Kultur-Kaizen

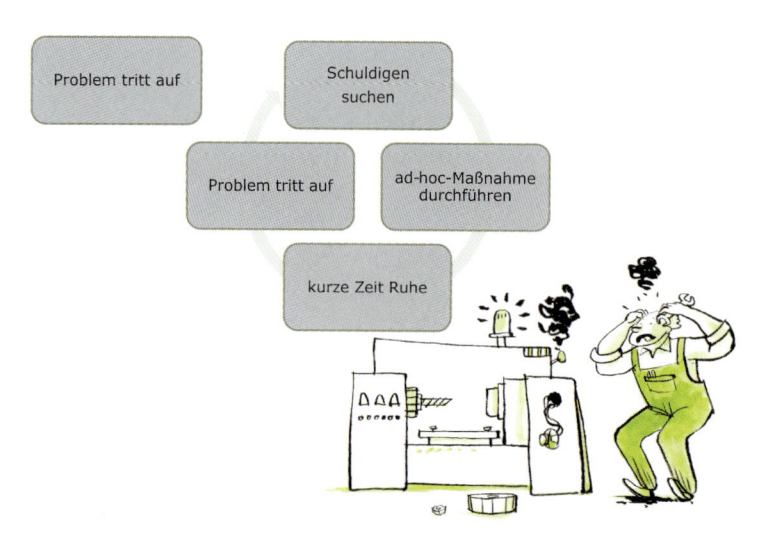

Bild 13.24 Umgang mit Problemen heute

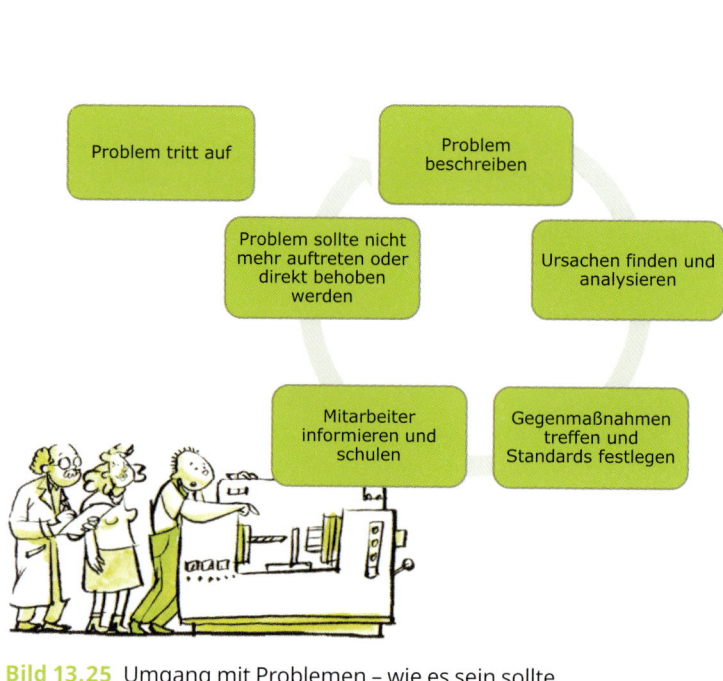

- Problem tritt auf
- Schuldigen suchen
- Problem tritt auf
- ad-hoc-Maßnahme durchführen
- kurze Zeit Ruhe

Bild 13.25 Umgang mit Problemen – wie es sein sollte

- Problem tritt auf
- Problem beschreiben
- Ursachen finden und analysieren
- Gegenmaßnahmen treffen und Standards festlegen
- Mitarbeiter informieren und schulen
- Problem sollte nicht mehr auftreten oder direkt behoben werden

Lean Story: Problemverständnis

Bei einem Werksrundgang blieb mein japanischer Lean-Mentor vor einer Fräsmaschine stehen und fragte uns sehr energisch: »Wieso habt ihr Bodenbleche unter den Fräsmaschinen?« »Diese Bleche sind Ölwannen, welche das Öl aus Leckagen auffangen. Ansonsten müssten wir den Boden weitaus öfter reinigen. Dank dieser Bleche reicht es einmal die Woche, den Inhalt der Wanne abzusaugen. Es reduziert also den Reinigungsaufwand«, war unsere klare Antwort. »Nein! Wieso habt ihr Bodenbleche unter den Maschinen«, fragte der Sensei eindringlich. Unsere Antwort stand schnell fest: »Um die Arbeitssicherheit zu erhöhen. Ohne diese Wannen wäre der Boden rutschig vom Öl und damit die Unfallgefahr erhöht.« Seine Reaktion war eisern: »Nein! Wieso habt ihr Bodenbleche? Weil die Maschinen undicht sind! Das ist als ob eure Pulsader aufgeschnitten wäre und ihr das herausspritzende Blut mit stetig neuen Pflastern versucht aufzufangen. Ihr müsst die Wunde zunähen, damit kein Blut mehr aus der Wund tritt. Daher fordere ich euch auf, die Leckagen zu finden und diese abzudichten.« Es ist kein Witz, wir mussten die Maschinen abdichten. Und es war durchaus möglich, zumindest für eine gewisse Zeit. Dies war aus betriebswirtschaftlicher Sicht nicht unbedingt sinnvoll und sicherlich nicht unser größtes Problem. Aber er hat uns damit eine Lektion erteilt: Ursachenanalyse anstatt Symptombekämpfung. Wir sollten diese Lektion nie mehr vergessen. Bei mir hat es geklappt, ich werde es nicht vergessen.

Wie ist das Problemverständnis derzeit in Ihrer Firma? Was könnte noch besser gemacht werden?

13.6.2 Problemlösungsprozess PDCA

Die von Toyota eingesetzte Problemlösungsmethode PDCA (Plan, Do, Check, Act) stammt von William Edward Deming. Der Vorteil von PDCA, im Gegensatz zu vielen anderen Problemlösungsmethoden, liegt in der Einfachheit. Daher können alle Mitarbeitenden befähigt werden, ein Problem standardisiert, methodisch und strukturiert zu lösen. Die Vorgehensweise ist praxiserprobt und effektiv. Dabei wird der Fokus auf die Ursachenbehebung und nicht die Symptombekämpfung gelegt. Der neu erreichte Zustand ist die Ausgangslage für die nächste Verbesserung.

Es gibt hinreichende Literatur zu dieser Methode, daher wird hier lediglich ein kompakter Überblick verschafft.

Plan

Das Problem wird fundiert analysiert und beschrieben. Die Ausgangslage und der nächste Zielzustand werden dargestellt sowie die Maßnahmen geplant. Es geht darum, das Problem sowie deren Ursachen tiefgreifend zu verstehen und die notwendigen Verbesserungen abzuleiten. Lösungskonsens der Beteiligten ermöglicht anschließend eine rasche Umsetzung. Treffen Sie Entscheidungen mit Bedacht und wägen Sie Alternativen sorgfältig ab. Diese Phase sollte rund 80 % der Zeit im Problemlösungsprozess beanspruchen.

Do

Setzen Sie zügig um. Wenn die Phase »Plan« sauber durchgeführt wurde, ist die Umsetzungsphase eine reine Fleißaufgabe. Die geplanten Maßnahmen werden realisiert und dokumentiert.

Check

Die Wirksamkeit der umgesetzten Maßnahmen sowie die Ergebnisse werden geprüft und nachgewiesen.

Act

Weiterführende Maßnahmen werden festgelegt. Aus erfolgreich umgesetzten Verbesserungen werden Standards abgeleitet, welche mit Yokoten im gesamten Unternehmen verbreitet werden.

13.6.3 A3-Report

Das Anfertigen und anschließendes Lesen von Berichten kostet Zeit. Der A3-Report ist die Dokumentation des Problemlösungsprozesses auf einem einzigen Blatt Papier und zwingt den Autor daher zu kompakten und präzisen Aussagen und Darstellungen. Der Begriff »A3-Report« leitet sich von der verwendeten Papiergröße DIN A3 ab. Vor der Zeit von E-Mails war die schnelle Übertragung von Informationen via Fax etabliert. Da DIN A3 das größte Format ist, welches per Fax übermittelt werden kann, entschied sich Toyota damals zu diesem Format. Entwickeln Sie ein eigenes Design für Ihren A3-Report, aber berücksichtigen Sie dabei die vier Phasen: Plan, Do, Check und Act. Diese Vorgehensweise zwingt die Anwender zu einer Ursachenanalyse und einer strukturierten Problemlösung, anstelle von Schnellschüssen und kurzfristigen Symptombekämpfungen.

Selbstverständlich gibt es Verbesserungen, für die es sich nicht lohnt ein A3-Report zu erstellen. Hierfür sollten Sie klare Regeln erstellen, ab wann ein Report notwendig ist. Zum Beispiel: Wenn andere Bereiche involviert sind oder wenn die Problemlösung mehr als 48 Stunden benötigt. Der A3-Report kann auch als Leitfaden für den Coach und den Mitarbeitenden dienen. Damit wird die strukturierte und standardisierte Vorgehensweise gelernt und geübt.

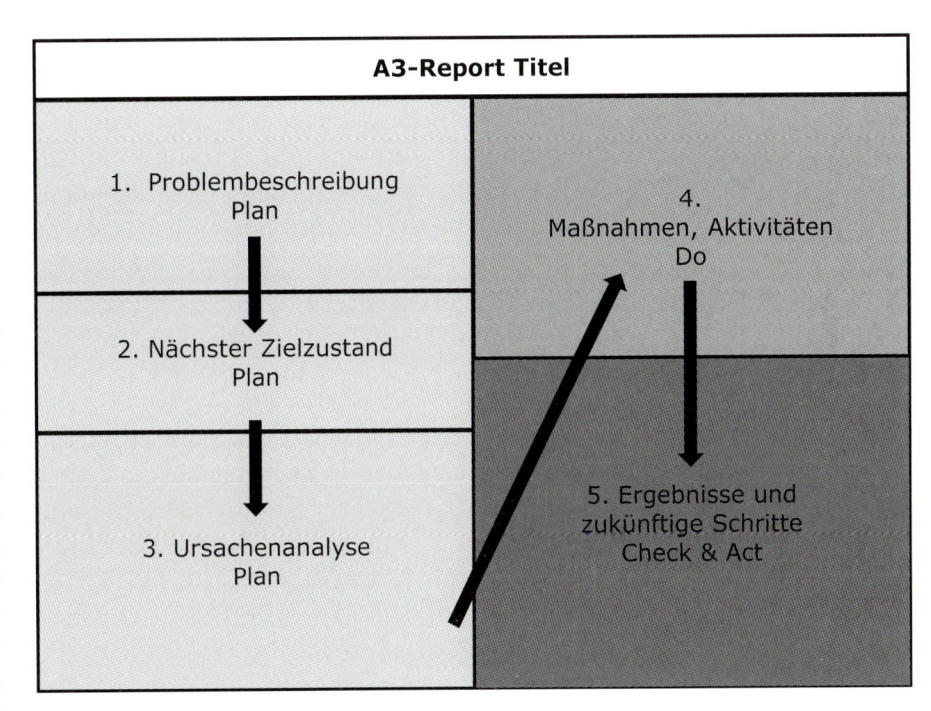

Bild 13.26 Der A3-Report beinhaltet die vier Phasen von PDCA

1. Problembeschreibung

Es handelt sich um die Einführung in das Problem, indem die Wichtigkeit und Relevanz der Problemlösung dargelegt werden. Die Problembeschreibung zeigt die Differenz zwischen dem Ist- und dem Soll-Zustand und damit dem Handlungsbedarf auf. Es geht um ein tiefgreifendes Problemverständnis und breite Übereinstimmung der Beteiligten. Das Problem wird jedoch noch nicht näher analysiert, sondern lediglich die Ausgangslage dargestellt. Auch sollte die Problembeschreibung keine Hinweise auf die Ursachen oder Lösungen beinhalten, wie zum Beispiel: »Das Problem ist, dass die Maschine nicht gewartet wurde.« Oder: »Das Problem ist, dass wir diese Maschine schon lange hätten ersetzen sollen.« Das sind keine guten Problembeschreibungen. Besser wäre zum Beispiel: »Die Maschine hat 12 % ungeplante Stillstände.« Skizzen, Fotos und Grafiken sind hier zur besseren Visualisierung empfehlenswert.

Auch die Beantwortung der nachfolgenden Fragen kann hilfreich sein für eine klare Problembeschreibung:

- Was ist das Problem?
- Wo ist es aufgetreten?
- Wer hat es entdeckt? Wer kann Auskunft geben?
- Wann wurde es entdeckt?
- Wie viel? Also eine Quantifizierung des Problems.

Diese W-Fragen helfen einen groben Überblick zu schaffen.

Dies ermöglicht eine umfassende und rasche Problemlösung.

2. Nächster Zielzustand

Der nächste Zielzustand zeigt den Soll-Zustand nach dem Problemlösungsprozess auf. Ziele sollten wenn immer möglich »SMART« definiert sein. Also spezifisch, messbar, attraktiv, realistisch und terminiert. Mit einer so klaren Formulierung haben alle Beteiligten klare Vorstellungen von den Erwartungen und die Zielerreichung kann (messbar) überprüft werden.

S	Spezifisch	Präzise, konkret, eindeutig
M	Messbar	Quantifiziert, überprüfbar
A	Attraktiv	Motivierend, positiv, ermunternd
R	Realistisch	Möglichst hochgesteckt, aber erreichbar
T	Terminiert	Zeitpunkt der Zielerreichung eindeutig

Bild 13.27 Mit »SMARTER« Zieldefinition wissen alle Beteiligten viel besser, wer was bis wann tun muss

3. Ursachenanalyse

Die möglichen Problemursachen werden mit einfachen Methoden untersucht. Die Ishikawa- oder 5 W-Methode kann hier sehr hilfreich sein. Die Analyse von möglichen Ursachen wird so lange verfolgt, bis die Kernursache gefunden wurde. Die Durchführung von Experimenten zur Bestätigung oder Widerlegung der Annahmen können dabei hilfreich sein.

4. Maßnahmen

Es wird ein einfacher Maßnahmenplan (was, wer, wann) erstellt, um die Kernursache zu beseitigen und damit eine langfristige und tiefgreifende Problemlösung zu erreichen. Achten Sie dabei auf präzise Formulierungen wie zum Beispiel: Punkt xy abklären, abc beschaffen, usw. Setzen Sie ein realistisches Datum zu jeder Massnahme. Die geplanten Aktivitäten werden gezielt umgesetzt und abgeschlossen.

5. Ergebnisse und zukünftige Schritte

Die Ergebnisse werden gemessen, eine Zielkontrolle durchgeführt und Abweichungen aufgezeigt. Tritt der gewünschte Erfolg nicht ein, wurde vermutlich die Kernursache noch nicht gefunden. Es wird weiter analysiert und experimentiert, um eine erfolgreiche Lösung umzusetzen. Die Problemlösung mit dem A3-Report ist ein Zyklus, kein linearer Prozess. Bei kleinen Abweichungen werden die notwendigen Maßnahmen umgesetzt, bei größeren Differenzen ein neuer PDCA-Zyklus gestartet. Die erfolgreichen Maßnahmen werden in neuen Standards verankert.

> 💡 Vermeiden Sie zu viel Text. Ein Bild sagt mehr als 1000 Worte. Für ähnliche Informationen sollten Sie das gleiche Format verwenden. Achten Sie bei Diagrammen auf die Skalierung, sodass ein Vorher-Nachher-Vergleich einfach ermöglicht wird. Stellen Sie die Lesbarkeit der Diagramme und Texte sicher. Fokussieren Sie sich auf die wichtigsten Punkte. Der kompakte, gut visualisierte, leicht verständliche Inhalt steht im Fokus.

13.6.4 5-W-Methode

Im Tagesgeschäft neigen wir dazu, die Probleme oberflächlich, aufgrund der gerade vorhandenen Informationen, möglichst sofort zu lösen. Häufig wurde das Problem noch nicht richtig verstanden und die wirkliche Ursache ist unbekannt. Durch die Symptombekämpfung entsteht das Risiko, dass dieses Problem erneut auftreten wird. Hier kann die 5-W-Methode abhelfen, indem Sie 5x »Warum?« fragen. Da das erste Mal »warum« in der Regel nicht auf Anhieb zur tatsächlichen Ursache, sondern nur zu einer Auswirkung führt, wird diese Fragetechnik fortgesetzt, bis die eigentliche Ursache gefunden ist. Hierbei ist es natürlich nicht zwingend genau 5 × Warum zu fragen, sondern solange bis die Ursache identifiziert ist. Zu beachten ist hierbei auch, dass oftmals der Kreis der zur Problemlösung erforderlichen Personen erweitert werden muss, da bei komplexen Zusammenhängen auch häufig entsprechende Experten benötigt werden. Die sehr gründliche Auseinandersetzung mit Problemen und deren Ursachen ist eine wirksame Vorgehensweise und gehört zu der Kultur von Lean Companies.

Beispiel

Warum verschmutzt die Maschine?
Weil Öl aus dem Filter tritt.

Warum tritt Öl aus der Maschine?
Weil die Filtermatten stark verschmutzt sind.

Warum sind die Filtermatten stark verschmutzt?
Weil sie nicht rechtzeitig gewechselt werden.

Warum werden sie nicht rechtzeitig gewechselt?
Weil es keinen Wartungsplan gibt.

Warum gibt es keinen Wartungsplan?
Weil sich niemand darum gekümmert hat.

13.6.5 Ishikawa-Diagramm

Das Ursache-Wirkungs-Diagramm unterstützt ein Team bei der Zerlegung eines Problems in seine Ursachen. Es werden zu einem Problem mögliche und bekannte Einflüsse gesammelt und grafisch dargestellt. Durch eine anschließende Bewertung der einzelnen möglichen Ursachen ergeben sich einige wenige Schwerpunkte, die anschließend weiteruntersucht werden. Mithilfe von einem Brainstorming können viele potenzielle Ursachen für das Problem ermittelt werden. Durch die Einteilung in die Hauptgruppen Mensch, Maschine, Mitwelt, Methode und Material wird im Ursache-Wirkungs-Diagramm eine übersichtliche Gliederung erarbeitet. Zusätzlich sind Abhängigkeiten zwischen den Ursachen erkennbar.

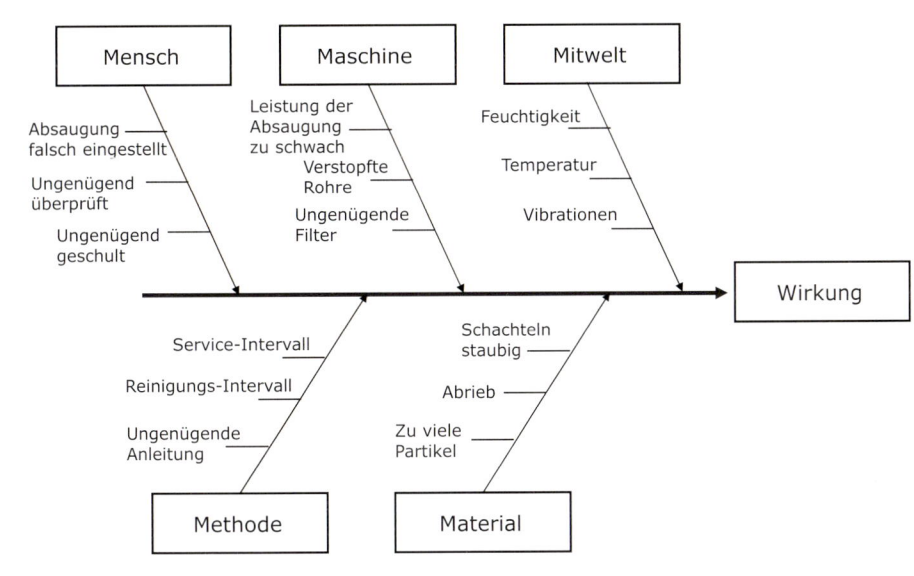

Bild 13.28 Ishikawa-Diagramm

13.6.6 Möglichst keine Sofortmaßnahmen

Wenn Sie Sofortmaßnahmen umsetzen, wird der Leidensdruck für die nachhaltige Verbesserung reduziert. Auch bei Toyota werden Sofortmaßnahmen umgesetzt, jedoch nur, wenn die Kundenzufriedenheit oder Arbeitssicherheit stark gefährdet sind. Es braucht Mut und den Fokus auf die langfristige Entwicklung, um dem Reiz der schnellen Lösung zu wiederstehen. Der Lohn dafür sind nachhaltig stabile Prozesse und eine entsprechende Verbesserungskultur.

⬇ Download: Vorlage A3-Report

13.6.7 Denkanstoß

»*Es ist einfacher, durch eigenes Handeln zu einer neuen Denkweise zu gelangen, als durch die eigene Denkweise neue Wege des Handelns zu finden.*« Zitat von John Shook

13.6.8 Zusammenfassung Problemverständnis

Viel zu oft werden die Symptome anstelle der Ursachen von Problemen bearbeitet. Kurzfristig macht eine schnelle Lösung Sinn, langfristig erhöhen sich die Kosten, da die Probleme wieder auftreten können. Ein standardisierter Problemlösungsprozess (z. B. PDCA) ist für die strukturierte Vorgehensweise ratsam. Je nach Komplexität ist auch eine kompakte und vereinheitlichte Dokumentation (z. B. A3-Report) sinnvoll.

Darüber sollten Sie nachdenken:

- Wie gehen Sie in Ihrem Unternehmen mit Problemen um?
- Ist ein einheitliches Problemverständnis vorhanden?
- Werden mehrheitlich Ursachen oder Symptome bekämpft? Wie sollte es sein?
- Gibt es einen standardisierten, strukturierten Problemlösungsprozess in Ihrem Unternehmen?
- Werden umgesetzte Verbesserungen standardisiert und im gesamten Unternehmen ausgerollt?
- Wie werden Sie die lernende Organisation fördern?
- Welche Stolpersteine sind zu erwarten? Wen sollten Sie für Ihr Vorhaben gewinnen und wie?
- Welche Art von Problemlösungsdokumentation besteht in Ihrem Unternehmen? Ist diese standardisiert und auf das Wesentliche komprimiert?
- Wäre der A3-Report ein hilfreiches Tool für Sie? Wann werden Sie es ausprobieren?
- Welche Problemlösungen sollen dokumentiert werden? Warum? Was ist der Nutzen?

Das sollten Sie tun:

- Sorgen Sie für eine Fokussierung auf die Ursachen von Problemen.
- Wiederstehen Sie dem Reiz von schnellen, aber nicht nachhaltigen Lösungen.
- Gehen Sie vor Ort, um das Problem zu verstehen.
- Definieren und schulen Sie den Standard-Problemlösungsprozess.
- Entscheiden Sie sich für eine standardisierte Dokumentation der Problemlösungen und erarbeiten Sie die Regeln dazu.
- Gehen Sie mit gutem Beispiel voran.

14 Lean Administration

Fragen, die in diesem Kapitel beantwortet werden:

- Welche drei Ebenen stehen im Fokus in der Administration?
- Welche Beispiele gibt es zu den sieben Verschwendungsarten im Büro?
- Wie setze ich 5S im Office um?
- Wie erkenne ich bei einzelnen Personen oder Tätigkeiten die Potenziale?
- Was ist eine Informationsstrukturanalyse und was zeigt diese auf?
- Was sind die Inhalte von Wertstromanalyse und Wertstromdesign in der Administration?
- Was ist der Nutzen von der Wertstromanalyse im Office?
- Wie bewerte ich die Verbesserungspotenziale?
- Welche 10 Schritte haben sich für die Erstellung des Wertstromdesigns bewährt?

Sehr viele der beschriebenen Tools und Methoden aus der Produktion lassen sich leicht adaptiert auch in der Administration anwenden. So zum Beispiel: Standardisierung, Poka-Yoke, Wertstrom-Design, Heijunka, Kanban, Kaizen, Regelkommunikation usw. Die bereits in den vorherigen Kapiteln beschriebenen Methoden werden hier nicht noch einmal aufgeführt. Es werden die gängigsten Vorgehensweisen aufgezeigt, damit die ersten Schritte in der Administration umgesetzt werden können.

14.1 Die drei Ebenen im Büro

Folgende Gebiete stehen bei Lean Administration im Fokus:

14.1.1 Prozess- und Schnittstellenebene

Schnittstellen sind in der Regel Verschwendung pur, denn der Wert vom Produkt (von der Information/Dienstleistung) wird aus Kundensicht nicht erhöht. Bei jeder Schnittstelle wird kommuniziert, koordiniert, geplant und es entstehen nicht selten hohe Wartezeiten. Auch Medienbrüche entstehen oft an den Verbindungsstellen. Daher sind fließende, schnittstellenarme Prozesse anzustreben. Die verbleibenden Schnittstellen sind zu standardisieren und zu optimieren. Die klare Beschreibung der Prozesse, Aufgaben, Kompetenzen und Verantwortung ist dabei sehr hilfreich. Die Standardisierung der Kommunikationskanäle ist empfehlenswert. Was wird mittels Telefon, E-Mail, Chat oder Meeting übermittelt? Regelkommunikation erhöht die organisatorische Effektivität und die Effizienz in der Kommunikation. Mit Zielen und Kennzahlen werden die Ergebnisse kontinuierlich überprüft und notwendige Verbesserungen umgesetzt. Wie Sie die aktuellen Schnittstellen transparent machen und anschließend verbessern können, erfahren Sie im Abschnitt 14.10 Wertstromanalyse.

Bild 14.1 Kommunikations- und Besprechungskultur spielen eine wichtige Rolle

14.1.2 Bereichsebene

Die Arbeitskultur und -organisation ist entscheidend für eine hohe Effizienz und stetige Weiterentwicklung der Prozesse. Klare Zielvereinbarungen und Fortschrittskontrollen sind dabei unerlässlich. Außerdem spielen die Kommunikations- und Besprechungskultur, das Bürolayout, die Infrastruktur sowie die vorhandenen Hilfsmittel eine wichtige Rolle. Wie Sie die Kommunikation und die Besprechungskultur verbessern können, erfahren Sie in den Abschnitten 14.4 Besprechungsmanagement und 14.5 Officefloor Management.

14.1.3 Arbeitsplatzebene

Die persönliche Arbeitsplatz- und Arbeitsorganisation hat einen wesentlichen Einfluss auf die Effizienz von den einzelnen Mitarbeitenden. Themen wie Zeitmanagement, Selbstorganisation, Arbeitstechniken, Ergonomie, Arbeitsmaterial und Hilfsmittel, Qualifikation und ein effizientes Ablagesystem sind dabei ausschlaggebend. Hier einige Beispiele, wie die persönliche Effizienz erhöht werden kann:

1. **Vermeiden Sie negatives Multitasking.** Jeder Wechsel von einem Thema zum anderen kostet »geistige Rüstzeit«. Lesen Sie daher Ihre E-Mails maximal alle zwei Stunden und planen Sie die Bearbeitung der daraus entstehenden Aufgaben ein. Sorgen Sie für möglichst ungestörte Arbeitszeitfenster und arbeiten Sie konzentriert sowie fokussiert an wenigen Themen nacheinander.

Bild 14.2 Negatives Multitasking

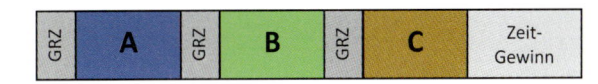

Bild 14.3 Ohne negatives Multitasking

2. **Nehmen Sie nur an Meetings teil**, wenn es notwendig ist. Also wenn es für Sie und Ihre Arbeit wichtig ist oder Sie einen wichtigen Beitrag zum Erfolg der Besprechung leisten können. Nehmen Sie nur so lange an der Besprechung teil, wie notwendig und sprechen Sie Ihr Teilnahmezeitfenster mit der Sitzungsleitung ab. Geben Sie ehrliches und kritisches Feedback an die Sitzungsleitenden, um die Meetings kontinuierlich zu verbessern.
3. **Sorgen Sie für digitale Ordnung.** Sie sollten alle häufig verwendeten Dateien innerhalb von 10 Sekunden öffnen können. Hierfür ist eine einfache und strukturierte Datenablage

sehr empfehlenswert. Arbeiten Sie zu diesem Zweck mit Links, Schnellzugriff und Verwaltung von Favoriten.

4. **Setzen Sie sich Tagesziele.** Meistens sind die To-Do-Listen lang und man verzettelt sich gerne in mehreren Aufgaben. Viele Menschen haben die Tendenz, eine lange Liste mit 10 – 20 Punkten zu schreiben, die sie erledigen möchten und sind am Abend enttäuscht darüber, dass sie vieles davon nicht erreicht haben. Nehmen Sie sich daher nicht mehr als 1 – 5 Dinge vor, die Sie heute unbedingt abschließen wollen. Unterteilen Sie große Aufgaben so, dass ein Tagesziel definiert werden kann. Sollten Sie die Aufgaben vor dem Abend erledigt haben, nehmen Sie sich jeweils immer nur eine weitere Sache vor.

5. **Reflektieren Sie täglich.** Nehmen Sie sich täglich fünf Minuten Zeit, um zu reflektieren was Sie heute gut gemacht haben und was Sie noch verbessern möchten. Schreiben Sie Ihre Gedanken in Stichworten auf und leiten Sie daraus Verbesserungsmaßnahmen ab.

> Schaffen Sie für sich möglichst störungsfreie Zeitabschnitte für konzentriertes Arbeiten. Blockieren Sie diese Fokuszeit in Ihrem Kalender und seien Sie in dieser Zeit nicht erreichbar, so als ob Sie in den Ferien oder in einem Meeting wären. Schalten Sie zudem alle Pop-ups von Outlook, Teams, Chats usw. sowie Ihr Telefon aus. Richten Sie sich den Arbeitsplatz so ein, dass Sie konzentriert und ungestört arbeiten können. Setzen Sie sich klare Ziele gemäß den Prioritäten und erfreuen Sie sich an jeder erledigten Aufgabe. Versuchen Sie täglich mindestens eine Stunde störungsfrei und fokussiert zu arbeiten.

14.2 Die sieben Verschwendungsarten im Office

Bild 14.4 Sieben Verschwendungsarten in der Administration: ungeeignete Arbeitsprozesse

Die in der Einführung aufgeführten Verschwendungsarten gibt es selbstverständlich auch in der Administration. Sobald die Geschäfte gut laufen, hören wir Menschen viel zu oft auf, darüber nachzudenken, was man besser machen könnte. Und wir gewöhnen uns an die aus Sicht des Kunden sinnlosen Tätigkeiten. »Das muss so sein«, sind wir schnell überzeugt. Ein vorsichtiger Optimismus wäre hilfreich, um den Veränderungsbedarf erkennen zu können. Gerade im Office, wo die Leistungen schwieriger zu messen sind, werden zum Teil Stellen ohne Kundennutzen geschaffen. Die Folge davon: Der Anteil an indirekt produktiven Mitarbeitern steigt überproportional an.

Wird ein Wert für den Kunden erzeugt? Sie erinnern sich: Alles was dem Kunden keinen Mehrwert bietet, ist eine Verschwendung. Diese zu erkennen, ist im Büro schwieriger, da die Prozesse meistens digital und damit nicht physisch sichtbar sind. Muda ist aber im Office gleichermaßen

eigneten Methoden zu realisieren. Nebst den klar identifizierbaren Wertschöpfungsschritten und Verschwendungen gibt es Tätigkeiten, die nicht werterhöhend, aber notwendig sind (z. B. Vertriebsplanung, Reisen, Recherchen, Koordinationsaufwand, Stammdatenpflege, Kontrollen, Make-or-buy-Entscheidungen etc.). Der Aufwand für diese Tätigkeiten ist zu minimieren.

> Download: Übersicht der sieben Verschwendungsarten in der Administration

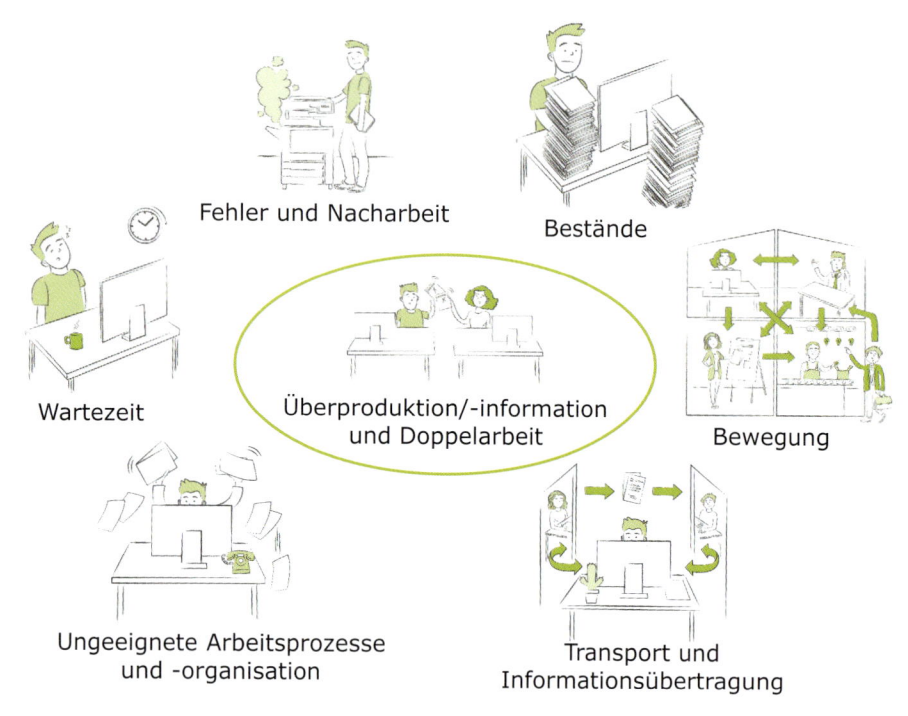

Bild 14.5 Die sieben Verschwendungsarten in der Administration

14.2.1 Überproduktion

Die Erstellung und Verarbeitung von Informationen in höheren Mengen, früher oder schneller als der Kunde wünscht, ist Überproduktion. Dabei verrichten die Mitarbeitenden Tätigkeiten, die keinen Mehrwert generieren oder der Bedarf erst später besteht. Dies führt dazu, dass die Informationsverarbeitungen eine höhere Durchlaufzeit haben. Zudem wird die Flexibilität durch »beschäftigt sein« reduziert.

vorhanden wie in der Produktion. Es geht darum den Handlungsbedarf zu erkennen, um anschließend die vorhandenen Potenziale mit ge-

Beispiele:
- Doppelarbeiten
- mehr Informationen als notwendig
- zu viele Kopien und Druckaufträge
- Mehrfachablagen von identischen Dokumenten
- Entwicklungen ohne direkten Kundenbedarf
- Entwicklungen, welche die Kundenanforderungen übertreffen
- Erstellung von nicht benötigten Auswertungen und Berichten
- Durchführung von Aktivitäten ohne klare Ziele oder klare Strategie

Bild 14.6 Sieben Verschwendungsarten in der Administration: Überproduktion

14.2.2 Bestände

Die Papierstapel werden durch die Digitalisierung immer kleiner, aber die Bestände an zu verarbeitenden Informationen bleiben oft bestehen – einfach virtuell. Im Gegenteil, die Menge an digitalen Daten nimmt rasant zu. Davon sind leider nicht alles neu erstellte Informationen, sondern sehr viele Doppelablagen. Speicherplatz ist zwar günstig, aber nicht gratis und ein chaotischer Umgang mit Daten ist ineffizient. Redundante Dateiablagen sind zu vermeiden. Mehrere Versionen von einer Datei aufzubewahren, reduziert die Übersicht und eine hohe, schlecht organisierte Datenmenge erhöht die Suchzeiten. Zudem entstehen Doppelarbeiten, weil die gewünschten Informationen nicht gefunden und daher neu erstellt werden.

Beispiele für Bestände in der Administration sind:
- offene Projekte, Maßnahmen, Aufgaben
- E-Mails
- Sammeln von Anfragen bevor diese verarbeitet werden
- ungenutzte Hilfs- und Arbeitsmittel

Bild 14.7 Sieben Verschwendungsarten in der Administration: Bestände

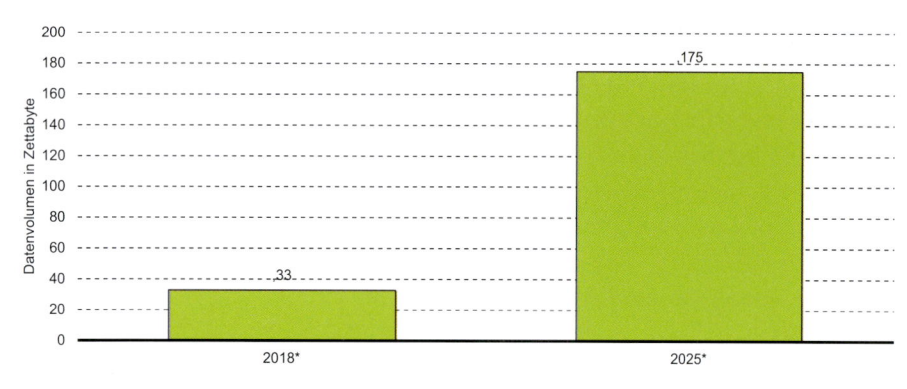

Bild 14.8 Prognose zum Volumen der jährlich generierten digitalen Datenmenge weltweit in den Jahren 2018 und 2025 (in Zettabyte). Quelle: IDC 267974, Statista 2020

14.2.3 Bewegung

Selbstverständlich ist es gesund für unseren Körper, wenn wir uns ausgiebig bewegen. Aus Sicht des Kunden ist es aber eine Verschwendung, weil wir in dieser Zeit keinen Mehrwert für ihn generieren. Das eine sind die langen Wege zum Drucker, Kaffeeautomaten, Materiallager, Sitzungszimmer etc. Das andere: In der digitalen Welt, machen die Bewegungen mit der Computermaus häufig den größten Anteil der Verschwendungen aus. Unstrukturierte, nicht standardisierte Datenablagen sowie ungeeignete Arbeitsorganisation und unpraktische Tools führen zu erhöhten Bewegungen mit der Maus und damit zu Ineffizienz. Eine optimierte Arbeitsplatzgestaltung, 5S im Office und Standardisierung können helfen, die unnötigen Bewegungen signifikant zu reduzieren. Die richtige Teamzusammensetzung im Bürolayout sowie virtuelle Meetings können die physischen Bewegungen bedeutsam verringern.

Beispiele:
- Reisetätigkeiten
- schlechte Arbeitsplatzergonomie
- Abteilungsorganisation versus Prozessorganisation

- Informationstransfer in Papierform anstatt digital
- Suche nach Ordnern
- verbesserbares Bürolayout
- Tools und virtuelle Meetings werden ungenügend genutzt

Bild 14.9 Sieben Verschwendungsarten in der Administration: Bewegung

14.2.4 Transport

Der physische Transport von Informationen, zum Beispiel mit der Hauspost, ist kostenintensiv. Aber auch der digitale Transport von Daten ist nicht kostenlos. Dies wird oft noch verschärft durch lange Mailverteilerlisten. Bei beiden Arten gilt: Es wird kein Wert erzeugt. Auch überflüssige mündliche Informationsübertragungen, zum Beispiel in Meetings und Telefongesprächen, sind Verschwendungen. Durch eine entsprechende Arbeitsorganisation können die Transporte minimiert werden. Genauso wie in der Produktion wird hierfür ein erhöhter Fluss ohne Schnittstellen angestrebt.

Beispiele:
- Ineffiziente Besprechungen
- funktionsorientierte Organisation
- fehlende Standards und Informationen
- unnötige Arbeitsteilung
- Informationstransfer in Papierform anstatt digital

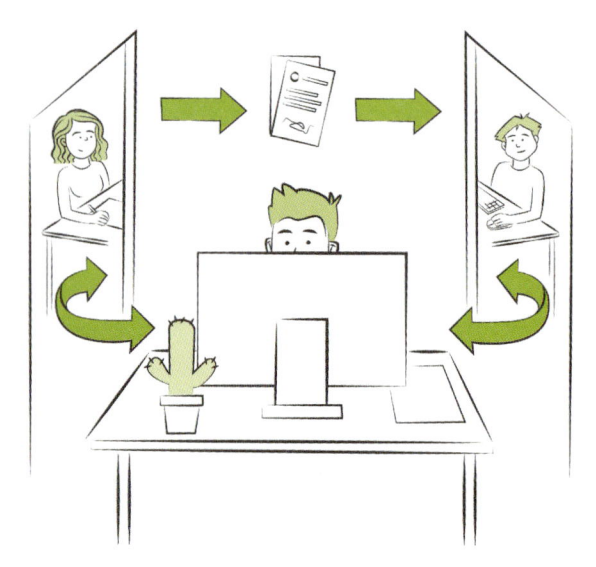

Bild 14.10 Sieben Verschwendungsarten in der Administration: Transport

14.2.5 Ungeeignete Arbeitsprozesse und -organisation

Auch wenn im Zuge der Digitalisierung die Arbeitsprozesse vermehrt standardisiert und fließend sind, besteht, solange Menschen in die Prozesse eingebunden sind, ein hoher Handlungsbedarf. Zum Arbeitsprozess gehören: Menschen, Hilfsmittel, Arbeitsplatz, Standards, Befähigung etc. Eine prozessorientierte Organisation beschleunigt den Fluss und reduziert die Schnittstellen sowie Verschwendungen. Lange Entscheidungswege und bürokratische Hürden verlängern die Durchlaufzeiten und senken die Effizienz. Überteuerte Softwaretools und die für einfache Aufgaben überqualifizierten Mitarbeiter führen zu ungeeigneten Prozessen. Auch die persönliche Arbeitsorganisation ist sehr entscheidend für die Aufwandsreduktion.

Unklare Zuständigkeiten, sowie Aufgaben, Kompetenzen und Verantwortung führen zu vielen unnötigen Rückfragen.

Beispiele:
- Ablenkung durch Email, Telefon und Gespräche
- unnötige Arbeitsteilung
- Abteilungs- anstatt Prozessorganisation

- mangelnde Engpassorientierung
- unnötiger Formalismus
- lange Genehmigungsschlaufen
- unklare, nicht standardisierte Arbeitsprozesse

14.2.6 Wartezeit

Während der Wartezeit generieren wir keinen Nutzen für den Kunden. Wir sind oft ein Teil des Problems, denn es geht nicht nur um die Wartezeiten von den Menschen, sondern auch von den Informationen. Wenn wir also die Informationen nicht zeitnah erledigen, entstehen Wartezeiten und die Liegezeiten verlängern sich. In der heutigen schnelllebigen Zeit sind kurze Durchlaufzeiten ein wichtiger Wettbewerbsfaktor.

Bild 14.11 Sieben Verschwendungsarten in der Administration: Wartezeit

Beispiele:
- Projekte und Aufgaben die liegen bleiben
- Reaktionszeiten auf Rückfragen und Anfragen
- zu langsamer Rechner
- Überlastung der Engpassfunktionen
- formalisierte Freigabeprozesse
- Stellvertreterregelungen existieren nicht
- fehlende Prozesssicherheit
- ungeeignete Arbeitsorganisation
- nicht abgestimmte Kapazitäten

14.2.7 Fehler

Jeder Fehler ist eine Verschwendung. Eine falsche Formel in einer Tabelle, fehler- oder lückenhafte Daten im System, Unachtsamkeitsfehler, mangelnde Qualifikation, fehlende Standards etc. führen zu Prozessschwankungen, Fehler und Nacharbeit. Eine hohe Prozesssicherheit ist durch geeignete Methoden anzustreben.

Beispiele:
- Korrekturschleifen
- Fehlende Standards
- ungenügende Qualifikation
- späte oder mangelhafte Auftragsklärung
- unklare Aufgaben, Kompetenzen und Verantwortung
- Änderungskonstruktionen und Gutschriftenerstellung
- fehlende oder falsche Informationen
- unzureichende Prozessbeherrschung

14.2.8 Um was geht es?

Sie kennen dieses Bild bereits von der Einleitung. Bei Lean Management geht es nicht darum, schneller zu arbeiten, sondern die Verschwendungen zu eliminieren, um die gewonnene Zeit für Wertschöpfung einzusetzen. Auf diese Weise kann mit gleichbleibender Arbeitsintensität mehr erreicht werden.

Die Leistungen für den Kunden sind kontinuierlich zu verbessern und zu erhöhen. Dies soll

Bild 14.12 Sieben Verschwendungsarten in der Administration: Fehler

aber nicht zu Lasten der Mitarbeitenden – also zum Beispiel durch die Erhöhung der Arbeitsintensität –, sondern durch die Reduktion der Verschwendungen erreicht werden.

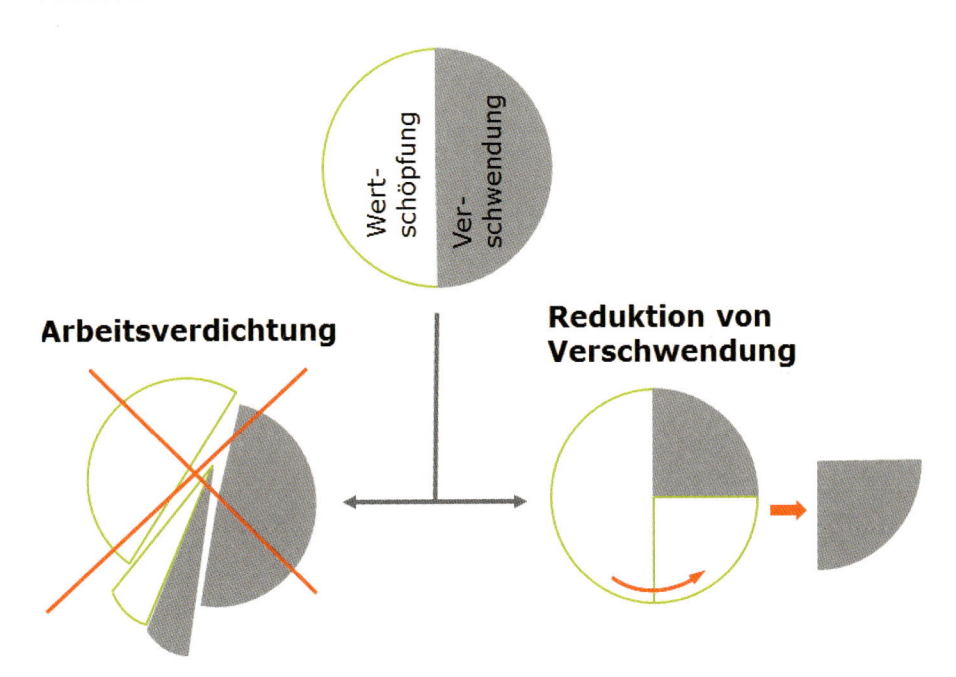

Bild 14.13 Keine Arbeitsverdichtung, sondern Reduktion von Verschwendung

> **Lean Story: Überproduktion in der Administration**
>
> Bei Kunden frage ich sehr gerne im Plenum: »Wer von euch erstellt regelmäßige Auswertungen?« Ich bedanke mich für die Meldungen und frage nach der E-Mail-Verteilerliste für die Verbreitung der erstellten Informationen. Mit dieser Liste gehe ich dann zu jedem einzelnen Empfänger und frage nach dieser spezifischen Auswertung. Hier ein Beispiel eine Verschwendung!

einer Kommunikation vor Ort: »Ach, die Auswertung von Herrn Müller, die ist spitze«, erwähnte der Befragte. »Ich werde es ihm gerne ausrichten«, sagte ich und fuhr fort: »Was machen Sie mit dieser Auswertung?« Er antwortete: »Ich lese diese jedes Mal!« »Schön und gut, aber was machen Sie mit dieser Information«, fragte ich nach. »Ich speichere diese auf meinem Laufwerk ab«, war die rasche Reaktion auf meine Frage. »Ja, okay, aber was machen Sie damit«, fragte ich energisch nach. »Ich lege es ab, sonst nichts«, antwortete er. Was für eine Verschwendung! Wenn keine Aktion daraus passiert, ist diese Information sinnlos und eine ungeheuerliche Verschwendung.

Eine weitere Geschichte: In einem Unternehmen erstellten mehrere Mitarbeitende monatliche Auswertungen für den Geschäftsführer. Durch eine Fluktuation kam ein neuer Geschäftsführer in das Unternehmen. Die Angestellten dachten: »Wenn der bisherige Geschäftsführer diese Auswertungen wollte, wird der Neue diese weiterhin beanspruchen.« Der neue Geschäftsführer war der Meinung, dass seine Mitarbeiter diese Transparenz für das Tagesgeschäft benötigen. Fakt ist: Der neue Geschäftsführer war bereits drei Jahre im Amt und es bestand keinerlei Bedarf für die monatlich erstellten Auswertungen! Was für

> Reflektieren Sie die sieben Verschwendungsarten und schreiben Sie Beispiele aus dem eigenen Unternehmen auf. Welche Beispiele sind offensichtlich? Was könnten die möglichen Ursachen sein? Wie könnten diese Ursachen eliminiert und die Verschwendungen reduziert werden? Machen Sie sich erste Gedanken dazu. Überlegen Sie sich den Handlungsbedarf. Welche Herausforderungen sind zu erwarten und wie begegnen Sie diesen? Setzen Sie sich mit Möglichkeiten und Chancen auseinander und lassen Sie die Argumente, wieso es so bleiben muss, links liegen.

14.3 Digitale Ordnerstruktur

Da im Büro die Datensuche einen erheblichen Aufwand generiert, sind hier einige Tipps für die Erhöhung der digitalen Effizienz aufgelistet. Diese Liste ist nicht abschließend.

- Legen Sie keine Dokumente auf dem Desktop ab. Damit wird dieser unübersichtlich und die Stellvertreterregelung unmöglich. Schlimmer noch, bei Ausfall hat das Unternehmen keinen Zugriff auf geschäftsrelevante Daten.
- Vermeiden Sie viele Unterordnerebenen. Dies reduziert die Übersichtlichkeit und erhöht den Suchaufwand.
- Bezeichnen Sie die Ordner immer möglichst klar und präzise. Vermeiden Sie allgemeine Bezeichnungen wie zum Beispiel Sonstiges, Allgemeines, Diverses etc.
- Legen Sie Daten nicht redundant ab. Falls notwendig verknüpfen Sie die Datei in verschiedenen Ordnern.
- Löschen oder archivieren Sie immer die alten, nicht aktuellen Versionen. Es sollte immer nur eine Version gültig und zugänglich sein.
- Definieren Sie die neue Ordnerstruktur und Standards im Team. Dateien, welche am häufigsten gebraucht werden, müssen mit wenigen Klicks erreichbar und schnell auffindbar sein. Erstellen Sie Vorlagen für alle häufig verwendeten Dateien.
- Überlegen Sie sich die Logik für die Ordnerstruktur. Soll die Ablage prozessorientiert oder nach Thema strukturiert werden?
- Erstellen Sie Vorlagen der Ordnerstruktur für wiederkehrende Ablagen (z. B. Projekte).
- Definieren Sie einen Standard, wie die Dateien und Ordner bezeichnet werden.
- Regeln Sie die Verantwortlichkeiten. Wer wird in welcher Frequenz die Einhaltung der Standards prüfen, Dateien archivieren und die Standards mit den Kollegen weiterentwickeln? Wer darf neue Ordner erstellen, wer darf Dateien oder Ordner löschen?

> 💡 Seien Sie sich bewusst: Jeder Mensch funktioniert anders, also wird es immer einige Mitarbeitende geben, welche die definierte Struktur sowie die Standards unlogisch finden. Daher ist die Entwicklung in einem Team wichtig. Bei der gemeinsamen Erarbeitung von Standards/Strukturen ist die Wahrscheinlichkeit höher, dass sich alle daran halten werden und dass die Kontrolle nicht nur von der Führung ausgeht.

14.4 Besprechungsmanagement

Auch viele Meetings sind Zeitfresser im Büro. *Gemäß einer Studie sitzen die Manager im Durchschnitt in 37 Meetings pro Woche, was 72 % ihrer Arbeitszeit ausmacht* (Quelle: Harvard Business School: »The Leaders Calendar« 2018). Leider werden diese sehr oft schlecht vorbereitet und dauern daher zu lange.

Die meisten Firmen haben für Projekte, Dienstleistungen oder Produkte klare Zeitvorgaben, denn die eingesetzte Zeit muss ja zur Offerte des Kunden oder zum Budget im eigenen Unternehmen passen. Jedoch haben nur wenige Unternehmen eine klare Vorstellung davon, wie viel Zeit für Meetings eingesetzt wird. Ohne Transparenz bleibt die Festlegung von (messbaren) Zielen schwierig. Und daher sind Verbesserungen, welche die Besprechungszeit reduzieren würden, eher eine Seltenheit. Es wird darauf vertraut, dass alles professionell organisiert wird und dass sich jeder seiner Eigenverantwortung bewusst ist. Zeit ist wertvoll und fast immer knapp. Und dennoch wird sie oft und unbeachtet verschwendet. Daher sollten Sie sich Zeit nehmen, Ihre Meetings kritisch zu hinterfragen: Ist Ihre Teilnahme wirklich erforderlich? Und wenn ja, wie könnte die Besprechungszeit effizienter gestaltet werden? Seien Sie geizig mit Ihrer Zeit.

Was macht eine gute Besprechung aus?
- gute Vorbereitung und Planung
- knappe und präzise Agenda mit Zeitvorgaben für jeden Agendapunkt (Zeitgrenzen)
- klare Ziele des Meetings
- zweckmäßige Wahl der Örtlichkeiten
- die richtigen Teilnehmenden
- Verteilung von Vorbereitungsaufgaben in der Einladung
- pünktlicher Start und pünktliches oder frühzeitiges Ende
- aktive Teilnahme von allen Beteiligten
- professionelle Moderation und klare Führung durch das Meeting
- klare Vereinbarung bezüglich Maßnahmen und weiterem Vorgehen (wer, was, wann)
- Review des Ergebnisses (Protokoll)

Bild 14.14 Meetings sind oft Zeitfresser im Büro

> Einladung zu oder Teilnahme an einer Besprechung nur, wenn es einen Mehrwert für das eigene Zeitmanagement und die Organisation bedeutet. Diese Philosophie erfordert strikte Disziplin.

> **Lean Story: Besprechungsmanagement**
>
> Erhalten Sie auch Einladungen zu Meetings mit dem Titel »Kick-Off-Meeting xy« ohne klare Agenda? Diese dauern oft sehr lange, weil der Organisator entsprechend schlecht vorbereitet ist. Und mit welcher Haltung gehen die Teilnehmer hin? »Mal hören, um was es geht.« Die Eingeladenen pilgern also alle ahnungslos hin, lassen sich überraschen und wollen konsumieren. Das ist eine inakzeptable Verschwendung! Ich habe eine Zeitlang alle Einladungen zu einem Meeting abgelehnt, wenn keine Agenda vorhanden war. Höflich, aber bestimmt habe ich den Sitzungsorganisator darauf hingewiesen, dass es ohne Agenda schwierig abzuschätzen ist, was mein persönlicher Beitrag sein wird und ich mich zudem nicht professionell vorbereiten kann. Falls meine Anwesenheit eine hohe Wichtigkeit hat, soll er mir doch bitte eine entsprechende Agenda senden. Damit habe ich meine Kollegen forciert, sich besser vorzubereiten. Ich selber habe, nebst der Agenda, bereits bei den Einladungen häufig Vorbereitungsaufgaben verteilt, sodass die Teilnehmer sich mit dem Thema bereits intensiv auseinandersetzen mussten. Es wirkt! Die Sitzungsdauer kann halbiert und der Nutzen je Sitzung verdoppelt werden. Probieren Sie es aus.

14.5 Officefloor Management – mehr Transparenz und mehr Verbesserungen

Die Kommunikation macht bei vielen Führungskräften den höchsten Anteil der Arbeitsstunden aus. Viele Meetings, Telefonanrufe, E-Mails, Chats usw. Zweifellos gehören Meetings zu den größten Zeitfressern bei den meisten Führungskräften. Aber wenn dem so ist, was kann man dagegen tun? Auf diese Frage gibt es je nach Ausgangslage und Komplexität viele Antwortmöglichkeiten. Einige wichtige Punkte sind: Das eigene Zeitmanagement verbessern, die richtigen Prioritäten setzen, eine Regelkommunikation implementieren, die Kommunikationskanäle definieren, eine geeignete E-Mail-Policy verankern, sich selbst und das Umfeld so entwickeln, dass die notwendigen Meetings effektiver und effizienter werden. Beseitigen Sie Ihre eigenen Verschwendungen und werden sie jeden Tag ein kleines Stück besser. Die Regelkommunikation in der Produktion nennt man »Shopfloor Management« und im Büroumfeld wird diese häufig »Officefloor Management« genannt. Die regelmäßigen Besprechungen mit einer standardisierten Agenda sind auch im Office sehr empfehlenswert, um die Verbesserungspotentiale schonungslos transparent zu machen. Aber Achtung: Transparenz muss zu Handlung führen! Ansonsten ist sie sinnlos. Mittels Kennzahlen soll die Frage: »Was müssen wir verbessern, um die Unternehmensziele zu erreichen? « beantwortet werden. Potentiale und Ideen sind meistens genügend vorhanden, jedoch fehlt immer wieder die Fokussierung bei der Umsetzung. Office Management hilft, anhand von Kennzahlen und Unternehmenszielen, die richtigen Prioritäten in der Umsetzung von Verbesserungen zu setzen. Wenn aus der Regelkommunikation keine Kaizen-Maßnahmen entstehen, macht es wenig Sinn. Officefloor Management ist eine kurzzyklische, strukturierte und zielorientierte Besprechung mit hoher Transparenz, um die Abweichungen schonungslos sichtbar zu machen. Die anschließenden Verbesserungen gehören zu den wesentlichen Zielen der Regelkommunikation.

Das Officefloor Board zu entwickeln, ist die einfachste Aufgabe in der Einführung der Regel-

Bild 14.15 Manchmal ist das, was Dich zurückhält, Deine Erfahrung

kommunikation. Das Führungssystem mit Leben zu füllen, ist weitaus schwieriger. Es sind keine Kaffeekränzchen oder Team-Meetings, sondern zielorientierte Besprechungen mit dem Ziel, Abweichungen transparent zu machen und daraus die richtigen Verbesserungen abzuleiten, um letztendlich die Unternehmensziele zu erreichen oder zu übertreffen. Die klare Transparenz zeigt den Handlungsbedarf unbeschönigt auf, was die Grundlage für eine hohe Veränderungsmotivation bildet.

Officefloor Boards
Im Gegensatz zur Produktion sind im Büro häufig nur wenige Kennzahlen verfügbar. Eine hohe Transparenz ist im Büroumfeld eher ungewohnt. Selbstverständlich sind die Unternehmenskennzahlen oftmals bekannt, aber der persönliche Beitrag zur Erreichung der Tages- und Wochenziele ist meistens unbekannt. Überlegen Sie sich im Team die geeigneten Kennzahlen pro Kaskade. Gestalten Sie das Officefloor Board möglichst einfach und verständlich. Achten Sie dabei darauf, dass die Messgrößen auf die Unternehmensziele abgestimmt sind. Wenn zum Beispiel die Reduzierung der Durchlaufzeit ein wichtiges Unternehmensziel ist, dann sollten alle Stufen und Funktionen, welche die Zielerreichung beeinflussen können, wissen was sie dazu beitragen können. Die Kennzahlen und Ziele auf alle Stufen herunterzubrechen ist nicht einfach, aber es lohnt sich. Auf dem Officefloor Board erfolgt dann der Soll-Ist-Abgleich. Es wird unverhüllt erkennbar, wo die Ziele erreicht wurden und wo nicht.

Beispiele für Kennzahlen im Büro:
- Verkauf:
  - Anzahl Akquise-Termine bei potenziellen Neukunden
  - offerierter und generierter Umsatz (Neu- und Bestandskunden)
  - Durchlaufzeit von Anfrage bis Angebot
  - Kundenreklamationen
  - Service-Umfragebewertungen der Kunden
- Einkauf:
  - Anzahl Fehlmaterialien
  - Einsparungen durch Verhandlungserfolg
  - Lagerbestände Einkaufsmaterial
  - interne Fehlermeldungen
  - Anzahl rechtzeitig durchgeführter Lieferantenaudits
- Planung und Steuerung:
  - Anzahl Umplanungen
  - Ware in Arbeit und Lagerbestände

- Durchlaufzeiten
- Lieferbereitschaftsgrad
• Finance:
  - Durchlaufzeit für Rechnungsverbuchung
  - Anteil Skonto-Abzug durch rasche Bezahlung
  - Anzahl Sonderbuchungen
  - Anzahl Rückfragen
• Projektmanagement:
  - Meilenstein-Termine eingehalten/verspätet
  - Anzahl offene Projekte
  - Durchlaufzeiten
• HR:
  - Anzahl Teilnehmende an Trainings
  - Anzahl Coaching-Gespräche mit Führungskräften
  - Durchlaufzeit bei der Rekrutierung von neuen Mitarbeitenden
  - Anzahl Reaktionen auf Social-Media-Posts für employer branding

Als Beispiel zur anschaulichen Aufbereitung der Kennzahlen in einem Officefloor Board dient Bild 14.16.

Diese Auflistung ist als Anregung gedacht, bitte entwickeln Sie mit Ihrem Team Ihre eigenen Kennzahlen. Dabei sind nicht nur die Ergebnisse wichtig (z. B. Umsatz), sondern auch die Aktivitäten, welche zu positiven Resultaten führen (z. B. Anzahl Akquise-Termine bei Neukunden). Voraussichtlich werden Sie das Officefloor Board, die Kennzahlen, die Agenda und das Vorgehen mehrmals überarbeiten und immer weiterentwickeln. Seien Sie sich bewusst, dass Sie nicht von Anfang an ein perfektes Board haben werden. Starten Sie, lernen Sie daraus und entwickeln Sie es kontinuierlich weiter. Finden Sie die geeignete Besprechungsfrequenz für Ihr Team und Ihre Ausgangslage. Das Officefloor Meeting sollte kurzzyklisch, also eher täglich anstatt wöchentlich oder wöchentlich anstatt monatlich stattfinden. Dadurch werden Abweichungen frühzeitig erkannt und die Ursachen lassen sich einfacher finden. Zudem entlastet es die tägliche Kommunikation, die stattdessen per E-Mail, Telefon oder Besprechungen erfolgen würde.

Bild 14.16 Beispiel Officefloor Board

5 wichtige Dinge für eine zielgerichtete Kommunikation im Officefloor Meeting

1. Top Vorbereitung

Die Teilnehmenden kommen top vorbereitet in das Officefloor Meeting. Die Abweichungen sind ihnen bekannt und sie wissen welche Maßnahmen notwendig sind. Das heißt nicht, dass ihnen die Lösung für das Problem bekannt ist. Eine Ursachenanalyse durchzuführen, um das Problem zu verstehen, könnte eine der Maßnahmen sein.

2. Keine langen Diskussionen
Viele Worte, wenig Inhalt – wer kennt das nicht? Allgemeines »Blabla« hat keinen Platz während der Besprechung im Officefloor Meeting. Die verantwortliche Person für die Moderation sollte dies erkennen und entsprechend einschreiten.

3. Zahlen, Daten, Fakten
Bitte keine Vermutungen oder Interpretationen wie: »ich denke«, »ich fühle«, »es könnte sein«. Das Officefloor Meeting lebt von Zahlen, Daten, Fakten und dem Erkennen von Abweichungen. Sollte die Transparenz noch nicht vorhanden sein, dann ist die Schaffung der Transparenz die nächste Maßnahme.

4. Keine Lösungsfindung während des Meetings
Wir Menschen tendieren zu vorschnellen Lösungsfindungen. Auf Englisch sagt man: »Jump to conclusion«, also zur Lösung hüpfen. Abweichungen zu erkennen und Maßnahmen zu definieren sind die Kernelemente der Regelkommunikation. Die Erarbeitung von Lösungen sollte außerhalb des Meetings stattfinden und auf Analysen anstatt Vermutungen basieren.

5. Zeit einhalten
Wie in jeder Besprechung, sollte die Zeit strikt eingehalten werden. Dabei sind eine Standardagenda und klare Moderation unerlässlich.

Mehrere Tage/Wochen keine Abweichungen
Sollten in einem Office-Team über mehrere Tage/Wochen keine nennenswerten Abweichungen erfolgen, dann sind die Zielwerte anzupassen. Denn das größte Problem ist, kein Problem zu haben. Ohne Probleme können wir uns nicht verbessern. Es ist daher wichtig, ein Klima zu schaffen, in dem die Mitarbeitenden bereit sind, Fehler aufzudecken und transparent zu machen. Aufgrund einer erkannten Abweichung können wir das System weiterentwickeln und daraus lernen. Daher ist es Ihre Aufgabe, die Zielwerte immer wieder anzupassen, um den Veränderungsdruck hochzuhalten.

> **Aufgaben und Fragen**
>
> Seien Sie konsequent und streben Sie immer höhere Ziele an. Daher müssen Sie die Zielwerte anpassen, wenn die Situation über mehrere Tage stabil ist. Nur so werden die Verbesserungspotenziale sichtbar. Zudem bleibt die Organisation fit und es kann eine Verbesserungskultur entstehen.

Entlastung der Führungskräfte

Stressbedingte Krankheiten treffen die Chefs überdurchschnittlich häufig. Viele Meetings, E-Mails, Telefonate, Unterbrechungen führen zu hohem Druck und einem miserablen Zeitmanagement. Durch Officefloor Management können die Führungskräfte die Kommunikation fokussierter und zielgerichteter gestalten. Dadurch reduziert sich der Aufwand und die Arbeitszeit kann durch weniger Unterbrechungen effizienter gestaltet werden. Die Mitarbeiterzufriedenheit nimmt durch die hohe Transparenz, verbesserte Kommunikation und vermehrte Umsetzung von Verbesserungen zu. Officefloor Management ist ein gutes Fundament zur Entwicklung einer Verbesserungskultur.

Zusammenfassung Officefloor Management

Die Regelkommunikation ist im Office sehr hilfreich. Es verbessert die Zusammenarbeit, erhöht die Entscheidungsgeschwindigkeit, fokussiert auf die Unternehmensziele, reduziert die Aufwände für Telefone, E-Mails und Besprechungen und fördert Kaizen aufgrund der hohen Transparenz. Das Officefloor Meeting dient zur Dokumentation der Abweichungen, Fortschritte und Maßnahmen. Transparenz ist nur sinnvoll, wenn daraus eine Handlung entsteht. Daher sind wenige Messgrößen, aber viele Verbesserungen empfehlenswert. Wenn die Prozesse stabil und störungsarm funktionieren, wird es Zeit, die Ziele zu erhöhen, damit weitere Verbesserungen notwendig werden. Für zusätzliche Informationen lesen Sie bitte den Abschnitt »Shopfloor Management als Kommunikations-, Verbesserungs-, Führungsinstrument« und adaptieren Sie die Inhalte auf Ihre aktuelle Situation im Unternehmen.

14.6 Typische Analysemethoden im Office

Zahlreiche, der im Büro eingesetzten Analysemethoden sind dieselben wie in der Produktion. Am häufigsten werden nachfolgende Analyse-Tools für die Potenzialanalyse angewendet:
- Multimomentaufnahmen (siehe Kapitel 6)
- Schnittstellenanalyse (siehe Kapitel 6)
- 5S-Audit im Office (nachfolgend)
- Tätigkeitsstrukturanalyse in der Administration (nachfolgend)
- Informationsstrukturanalyse (nachfolgend)
- Wertstromanalyse in der Administration (nachfolgend)
- Lean Assessment (siehe Kapitel 15)
- etc.

14.7 5S im Office – mehr als nur schöne und aufgeräumte Büros

Grundsätzlich sind die fünf Schritte zu mehr Ordnung und Sauberkeit im Büro dieselben wie in der Produktion. Es handelt sich beim Büroarbeitsplatz jedoch weniger um die physische, sondern immer mehr um die digitale Ordnung. Niemand hat Zeit zum Aufräumen, aber alle haben Zeit zum Suchen. Auch hier gilt: Je häufiger die Verwendung, umso besser muss es organisiert sein. Das Ziel der systematischen Vorgehensweise in fünf Schritten ist eine höhere Effizienz. Es handelt sich um einen unendlichen Kreislauf, nicht um eine Aufräumaktion oder Schaffung von schönen Arbeitsplätzen. Es dient auch keinem Selbstzweck, sondern dem erhöhten Kundennutzen durch reduzierte Verschwendungen.

> **Download: Übersicht der fünf Schritte von 5S im Office**

> Nachhaltig werden die Verbesserungen, wenn die betroffenen Mitarbeitenden diese selber umsetzen. Erarbeiten Sie erste Leuchttürme und Standards und kreieren Sie keinen Flächenbrand. Die anderen Bereiche können von den Erfahrungen des Pilot-Teams lernen und gewinnen Zuversicht, dass es ihnen persönlich ebenfalls einen hohen Nutzen bringen wird.

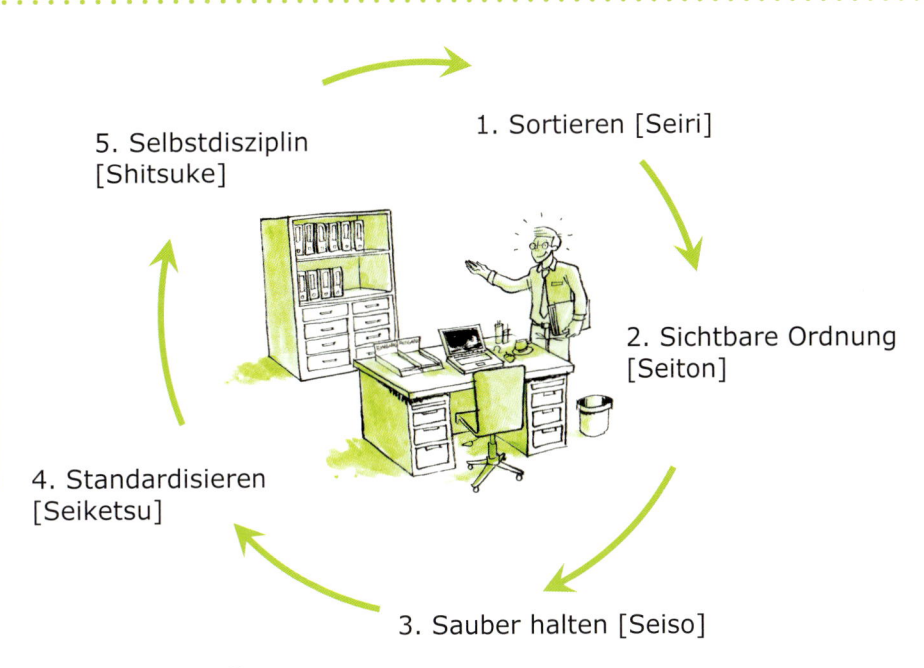

Bild 14.17 5S im Office

1. Sortieren [Seiri]
2. Sichtbare Ordnung [Seiton]
3. Sauber halten [Seiso]
4. Standardisieren [Seiketsu]
5. Selbstdisziplin [Shitsuke]

14.7.1 Die fünf Schritte von 5S im Office

1. Aussortieren

Nebst den physischen Sachen, wie Material, Ordner, Bücher, Unterlagen, Mobiliar etc. gehören auch nicht oder selten benötigte digitale Daten dazu. Nehmen Sie sich regelmäßig Zeit, eine gut strukturierte Ordnung zu schaffen. Was benötigen Sie täglich? Auf diese Dateien, Ordner und Unterlagen sollten Sie zu jedem Zeitpunkt innerhalb von maximal zwei Sekunden zugreifen können. Was benötigen Sie wöchentlich? Für den Zugriff auf diese Daten sollten Sie maximal fünf Sekunden beschäftigt sein. Monatliche Fälle sollten nur wenig Zeit in Anspruch nehmen und seltener verwendete Dinge haben eine geringe Priorität. Sortieren Sie redundante sowie nicht mehr verwendete oder mehrfache Versionen von Daten rigoros aus. Entsorgen oder archivieren Sie nicht mehr benutzte Dinge. Sorgen Sie auch im Archiv für eine strukturierte Ordnung.

> Es geht um eine radikale Veränderung des Arbeitssystems und nicht nur um eine marginale Verbesserung. Daher sollten Sie es herzhaft und gründlich angehen. Seien Sie streng und hinterfragen Sie die aktuelle Situation sehr kritisch.

2. Sichtbare Ordnung

Eine schöne Ordnung reicht nicht aus. Es muss auch effizient sein. Alle Dinge wie Regale, Schubladen, Ablageflächen etc. sind angeschrieben und die häufig verwendeten Hilfsmitteln am besten Platz abgelegt. Für die täglich benutzten Datenordner bestehen Favoritenlinks und Shortcuts werden eingesetzt. Es besteht ein strukturiertes und standardisiertes Ablagesystem. Für das täglich verwendete Material und täglich benutzte Daten gibt es keine Kompromisse. Die Anzahl Schubladen sind auch im Office kritisch zu hinterfragen und soweit als möglich zu reduzieren. Oft verwendete Dinge sollen sichtbar, am »best point« bereitstehen und wenn etwas entfernt wird, muss für jedermann ersichtlich sein, was genau fehlt.

Kennzeichnen Sie Arbeitsbereiche, beschildern und beschriften Sie alle Materialstellplätze, Regale, Arbeitsplätze, Schränke und Ordner. Vergeben Sie für sämtliche Lagerorte klare Bezeichnungen sowie Nummerierungen und kennzeichnen Sie diese unmissverständlich. Hier gilt das Motto: »Nenne mir deine Adresse und ich werde dich finden!«

3. Sauber halten

Halten Sie den Arbeitsplatz, aber auch die digitalen Ablagen sauber. Es bestehen Reinigungspläne zur regelmäßigen Bereinigung der Daten und Ablagen. Achten Sie auf mögliche Verschmutzungsquellen und beseitigen Sie diese.

4. Standardisieren

Mit standardisierten Arbeitssystemen werden die Produktivität und Prozesssicherheit erhöht. Zudem reduzieren sich Such- und Einarbeitungszeiten signifikant. Sie erinnern sich an das Beispiel von Kupplung, Bremse, Gas und Gangschaltung im Auto. Je höher der Standardisierungsgrad bei den Arbeitsplätzen, Sitzungszimmern und

Dateiablagen, umso höher die Effizienz. Es mag durchaus Sinn machen für Kreativitäts-Workshops entsprechende Räume einzurichten. Viele tägliche Arbeiten sind jedoch repetitiv, sogar in Entwicklungsabteilungen. Das Argument, dass ein gewisses Maß an Chaos die Kreativität bei der täglichen Arbeit steigert, ist wohl eher eine Ausrede.

5. Selbstdisziplin
Alle Methoden sind nur so gut, wie man sie anwendet. Eine Systematik zur Absicherung des Erreichten ist notwendig. Das 5S-Audit kann hilfreich sein, die Selbstdisziplin hochzuhalten. Ohne diesen fünften Schritt würden sich die Ordnung und das Arbeitssystem mit der Zeit wieder verschlechtern.

14.7.2 5S-Audit im Office

Entwickeln Sie Selbstdisziplin und machen Sie die 5S-Methode zur Gewohnheit durch Einhalten und Weiterentwickeln der festgelegten Standards. Das Vorgehen ist grundsätzlich identisch mit der Produktion. Es werden in der Regel vor allem die ersten 3S überprüft und bewertet. Anschließend sind die Maßnahmen zu definieren und umzusetzen.

> Download: Vorlage 5S-Auditformular Office

> 💡 Die Audits sollten, wenn möglich, immer in einem Team durchgeführt werden. Die Selbstbewertung fällt meistens nicht so kritisch aus, daher sollte das Team jeweils nicht den eigenen Bereich auditieren. Um eine gewisse Konstanz zu erreichen, ist es sinnvoll, diese Aufgabe für mehrere Monate durch die gleichen Mitarbeitenden durchzuführen, bevor das Team durch Rotation ausgetauscht wird.

14 Lean Administration

Ort, Datum:	Nächstes Audit:
Bereich:	Auditoren:
Teilnehmende:	

1. Sortieren	Punkte	Beobachtungen
1. Nur benutzte Arbeitsmittel und Material vorhanden (keine ungenutzten Ordner, Formulare, Dateien)		
2. Nur benutzte Geräte und Betriebsmittel vorhanden (Schreibmaschinen, PCs, Faxgeräte, …)		
3. Nur nötiges Mobiliar vorhanden (keine defekten Stühle, Tische/Regale, Zeichenbretter)		
4. Nur aktuelle Aushänge und Informationen vorhanden (an Informationswänden und am AP)		
5. Sonstiges (Keine Bildergalerien und Pflanzenurwalde auf dem Schreibtisch, …)		
2. Sichtbare Ordnung		
1. Beschriftung für Stell-/Ablageplätze vorhanden (für Posteingang, Postausgang, …)		
2. Strukturierung der Ablage vorhanden (z. B. fortlaufend nummerierte Verzeichnisse, …)		
3. Beschriftungen an Regalen und Schränken vorhanden (für Arbeitsmittel, Schreibmittel, Ordner, …)		
4. Alles ist leicht zugänglich, alles hat seinen festen Platz (Toner, Folie, Papier etc.)		
5. Kennzeichnen von Arbeitsbereichen (z.B. Abteilung, Verantwortlicher)		
3. Sauber halten		
1. Saubere Betriebs- und Arbeitsmittel vorhanden (kein Staub, keine Abfälle, kein Kabel Wirr-Warr, …)		
2. Saubere Böden (keine Flüssigkeiten, Material, Abfälle, …)		
3. Keine „Verschmutzte" EDV (keine unnötige Daten im System, Datenmüll, …)		
4. Reinigungspläne vorhanden (inkl. festgelegte Aufgaben und Intervalle)		
5. Abfallbehälter vorhanden (inkl. Kennzeichnung für Abfalltrennung)		
	Durchschnitt (3S)	
4. Standardisieren und 5. Selbstdisziplin		
1. Werden Standards eingeführt, eingehalten und stetig verbessert? Selbstdisziplin?		

0 Punkte: ungenügend/nicht erkennbar   2 Punkte: stark verbesserbar   4 Punkte: verbesserbar   6 Punkte: durchschnittlich   8 Punkte: gut   10 Punkte: ausgezeichnet/exzellent

Bild 14.18 5S-Auditformular Office

14.7.3 10 Gründe für 5S

1. Erhöht die Effizienz.
2. Steigert die Produktivität.
3. Schafft ein ordentliches, sauberes und ansprechendes Arbeitsumfeld.
4. Erhöht die Zufriedenheit der Mitarbeitenden am Arbeitsplatz.
5. Ist Grundlage für hohe Qualität und Prozesssicherheit.
6. Hinterlässt einen nachhaltigen Eindruck bei den Kunden.
7. Fördert und erhöht die Arbeitssicherheit.
8. Fördert die Transparenz im Unternehmen.
9. Führt zu einem hohen Maß an Selbstdisziplin.
10. Führt zu einer guten Arbeitsmoral.

14.7.4 Die 10 häufigsten Fehler bei der Einführung von 5S

1. Kopieren anstatt kapieren – es muss auf das eigene Unternehmen adaptiert werden.
2. Flächenbrand anstatt Leuchttürme bauen.
3. Keine Schulung der Mitarbeitenden – sie kennen den Sinn von 5S nicht.

4. Oberflächlich, meistens nebenbei eingeführt und Aufräumen anstatt nachhaltige Verbesserung.
5. Mitarbeitende werden nicht oder zu wenig in die Umsetzung miteinbezogen.
6. Widerstände und Ängste der Mitarbeitenden werden zu wenig beachtet.
7. Projekt anstatt Kreislauf.
8. Jedes Aufräumen und Säubern wird 5S-Aktion genannt.
9. Zu wenig Priorität in der Führungsmannschaft.
10. Die Erfolge werden nicht oder zu wenig gefeiert und publiziert.

Lean Story: 5S im Office

Damals als Bereichsleiter hatte ich ein Team von Technikern und Ingenieuren für die Leitung von Verbesserungsprojekten, welche sie gemeinsam mit den Kollegen in der Produktion umsetzten. Eines Tages kam der Werksleiter zu mir und fragte nach dem Zwischenstand eines Projektes. Der zuständige Projektleiter war außer Haus, also suchte ich nach der gewünschten Übersicht. Nach zirka drei Minuten sagte ich meinem Chef: »Ich werde dir diese Datei in den nächsten Minuten senden.« Wie peinlich, wir als das Lean-Team hatten eine dermaßen schlechte digitale Ordnung, dass hohe Suchzeiten unumgänglich waren. Ich nahm alle Projektleiter zusammen und verkündete: »Unsere digitale Ordnung ist ungenügend. Ich möchte so eine Situation nie mehr erleben müssen. Egal welche Datei ich benötige, ich möchte sie immer innerhalb von maximal zehn Sekunden finden. Das ist das Ziel. Es ist eure Aufgabe die Ordnerstrukturen so anzupassen, dass dieses Ziel innerhalb der nächsten vier Wochen erreicht werden kann.« Das Team hat innerhalb der vorgegebenen Frist nicht nur die Ordnerstrukturen verbessert und standardisiert, sondern eine neue digitale Ordnung geschaffen. Es wurden neue Vorlagen erstellt, nicht benötigte gelöscht und bestehende verbessert. Wow, ich war total begeistert. Das schaffen Sie auch: es kommt nur auf Ihre Prioritäten an.

14.8 Tätigkeitsstrukturanalyse im Büro

Es können zwei Arten von Tätigkeitsstrukturanalysen im Office unterschieden werden:
1. Kern- und Nebentätigkeiten und organisatorische Tätigkeiten
2. Tätigkeiten in einem spezifischen Prozess

14.8.1 Kern- und Nebentätigkeiten und organisatorische Tätigkeiten

Die Tätigkeitsgebiete eines Mitarbeitenden werden erfasst und ausgewertet. Dies kann auch sehr gut zur Selbstreflektion durchgeführt werden.

Kerntätigkeiten:
- Ureigene Aufgaben einer Funktion (aus organisatorischer Sicht, bspw. Stellenbeschreibung)
- Beispiele: Kundenbesuch eines Außendienstmitarbeiters, Seminar durchführen

Nebentätigkeiten:
- Gehen über die Kerntätigkeiten hinaus.
- Dienen dem Unternehmenszweck.
- Beispiele: Angebot schreiben, Seminar- und Studentenberatung

Organisatorische Tätigkeiten:
- Unterstützen das Funktionieren eines Unternehmens als Organisation
- Beispiel: Urlaubsplanung, Flug buchen

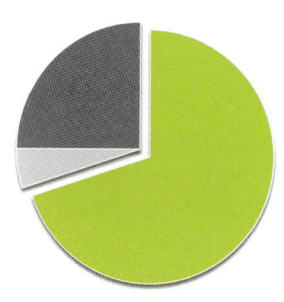

- Kerntätigkeiten
- Nebentätigkeiten
- Organisatorische Tätigkeiten

Bild 14.19 TSA Kern-, Neben- und organisatorische Tätigkeiten

14.8 Tätigkeitsstrukturanalyse im Büro

✓ Führen Sie eine persönliche Tätigkeitsstrukturanalyse durch. Wie hoch ist der Anteil der Kerntätigkeiten? Wie sollte es im Idealfall sein? Was sind die Erkenntnisse daraus? Was wollen Sie verändern?

14.8.2 Tätigkeiten in einem spezifischen Prozess

Die Tätigkeitsstrukturanalyse dient dazu, die einzelnen manuellen Prozessschritte und die Potenziale zu verstehen. Es werden sämtliche einzelne Tätigkeiten und deren Bearbeitungszeiten erfasst. Achten Sie auf Verschwendungen, Medienbrüche, Unterbrechungen, Ablenkungen, ungeeignete Arbeitsschritte etc.

⬇ Download: Vorlage Tätigkeitsstrukturanalyse nach EKUV

Tätigkeitstrukturanalyse nach E K U V

Datum: 3.5.15
Ersteller: Maria Müller
Arbeitsprozess: Medikamente richten

Nr.	Arbeitsschritte	Dauer (ist) Zeiteinheit min	Eliminieren	Kombinieren	Umstellen	Vereinfachen	Intern	Extern	Dauer (soll) Zeiteinheit min	Bemerkung
1	PC starten/einloggen	1								
2	Programm öffnen	20 sek								
3	Becher aus Schrank + verteilen	2								
4	Becher beschriften (Name + Einnahme)	7			X	X			1-2	Verbeschriftete Becher zB Nr.
5	Medi schrank öffnen (Schlüssel)	10 sek								
6	PC schauen welches Medi	30 sek								
7	Medi nehmen/öffnen/verteilen	3								
8	schauen welche Patienten Medi bekommt	15 sek								
9	Medi zurück in Schrank legen	10 sek								
10	PC schauen nächstes Medi	10 sek								
11	Medi nehmen/öffnen/verteilen	4								
12	Packung leer → wegschmeissen	5 sek								
13	Neue Medipackung öffnen + versorgen	20 sek								
14	PC schauen nächstes Medi (Anzahl)	40 sek								
15	Medi nehmen/öffnen/verteilen	8								
16	Telefon abnehmen	10	X				X		0	Telefon abgeben für diese Zeit
17	Überblick verschaffen	3								
18	Neues Medi öffnen/verteilen	5								
19	Medi zurück in Schrank	10 sek								
20	Schrank schliessen/anderer öffnen	15 sek								
21	PC schauen welches Medi + Anzahl	15 sek								

Bild 14.20 Beispiel Tätigkeitsstrukturanalyse im Office

> ✓ Führen Sie eine Tätigkeitsstrukturanalyse von einem häufig angewendeten Prozess durch. Welche Potenziale haben Sie entdeckt? Wie viele Medienbrüche sind vorhanden? Konnte die beobachtete Person störungsfrei arbeiten? Wie sollte es im Idealfall sein? Was sind die Ursachen für die Störungen und Abweichungen? Was sind die Erkenntnisse daraus? Was wollen Sie verändern?

14.9 Informationsstrukturanalyse

Mit der Informationsstrukturanalyse werden die Verschwendungen infolge falscher oder unzureichender Informationsflüsse aufgedeckt. Es wird transparent, wer die Informationen erstellt, wer sie erhält, wer sie benötigt und wer sie ohne Bedarf erhält. Damit werden Verbesserungspotenziale ersichtlich.

Vorgehen:
- Legen Sie den zu untersuchenden Bereich fest.
- Listen Sie in der ersten Spalte alle Informationen/Dokumente auf, welche vorhanden sind, benötigt oder erstellt werden.
- Vertikal dazu erfassen Sie die Anwender oder Erzeuger der Informationen.
- Füllen Sie die Matrix gemäß Legende.

> ⬇ Download: Vorlage Informationsstrukturanalyse

14.9 Informationsstrukturanalyse

Information	Kunde	CS	Produktions-planung	Einkauf	Produktion	Logistik	Spediteur	Verkauf	ETS	FIBU	Zoll	Medienbruch	Medium (Excel, Word, Powerpoint etc.)
Bestellung	1	2						3				3	mail, Excel/ PDF, Papier
Auftragserfassung		1	3	3				3					ERP,
Auftragsdisposition			3	1		3						1	ERP, excel
Materialverfügbarkeit			2	3	1							2	ERP, Mail
separate Anweisung			1	2		2	2					2	Word, Mail, Papier
Auftragsbestätigung	2	1						3				2	PDF, Mail, Papier
Betriebsauftrag				1	3							1	ERP, Papier
Werkstattauftrag fertigmelden			3	3	1			4					ERP,
Lieferschein			1			3						1	ERP, Papier
Rechnung	2	1								3		2	ERP, Mail, Papier

1	Erstellt Information
2	Verwendet Information
3	Benötigt Information, erhält sie jedoch nicht
4	Bekommt Information ohne diese zu benötigen

Bild 14.21 Beispiel Informationsstrukturanalyse

14.10 Wertstromanalyse/ Wertstromdesign in der Administration

Wie bei der Wertstromanalyse in der Produktion, wird der gesamte Wertstrom visualisiert. Die dafür notwendigen Zeitaufnahmen und Beobachtungen helfen, den Prozess zu verstehen und die Potenziale aufzudecken. Die Summe aller Bearbeitungszeiten von den einzelnen Prozessschritten machen nur einen kleinen Teil der gesamten Durchlaufzeit aus. Daher liegt der Fokus nicht nur auf den wertschöpfenden Tätigkeiten, sondern auch bei den Schnittstellen, Liegezeiten, Medienbrüchen und Verschwendungen. Dabei sollen die einzelnen Schritte immer wieder aus der Sicht des Kunden hinterfragt werden. Mit der Wertstromanalyse wird der gelebte IST-Prozess aufgezeigt. Denn nur auf dem tatsächlichen Ablauf aufbauend, können nachhaltige Verbesserungen realisiert werden. Die Wertstromanalyse zeigt die Komplexität des Prozesses auf und hilft ihn ganzheitlich zu verstehen. Das Ergebnis ist die Basis für die Entwicklung eines kundenorientierten Wertstroms. Der Wertstrom im Office startet und endet beim Kunden.

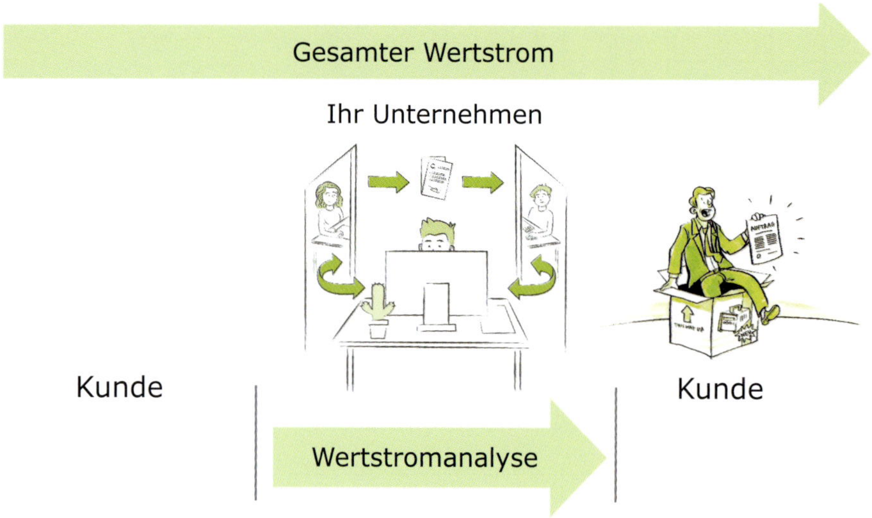

In der Administration wird die Wertstromanalyse mit der »Swimlane«-Methode dargestellt. Dabei hat jede betroffene Funktion eine »Schwimmbahn«. Die Übertritte in andere Schwimmbahnen zeigen die vorhandenen Schnittstellen auf. In dem Prozesskasten sind die Prozesszeiten, die Anzahl der an diesem Prozess-

Bild 14.22 Wertstrom im Büro

schritt beteiligten Mitarbeiter sowie die Anzahl der Einzeltätigkeiten zusammengefasst. Bei den Bestandsdreiecken wird der aktuelle Arbeitsvorrat bzw. die Liegezeit zwischen den Prozessen visualisiert und quantifiziert. Es werden Prozesszeit (PZ), Übergangszeit (ÜZ), Rückfragequote (RQ) und Rückfragezeit (RZ) unterschieden.

14.10.1 Wertstromanalyse in der Administration

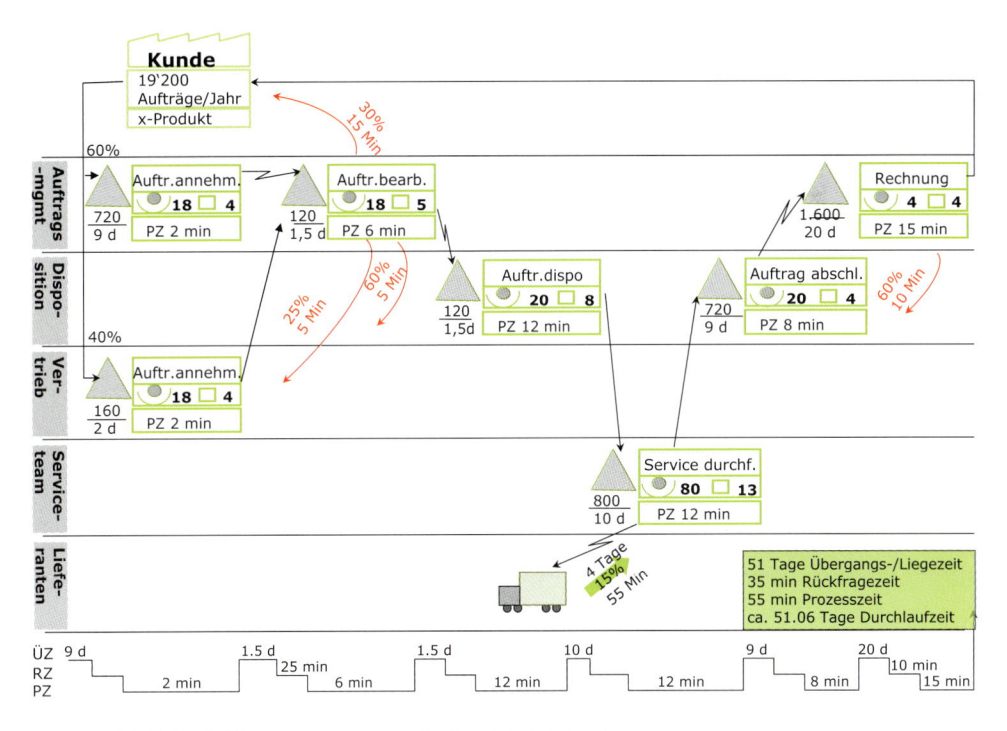

Bild 14.23 Beispiel Wertstromanalyse in der Administration

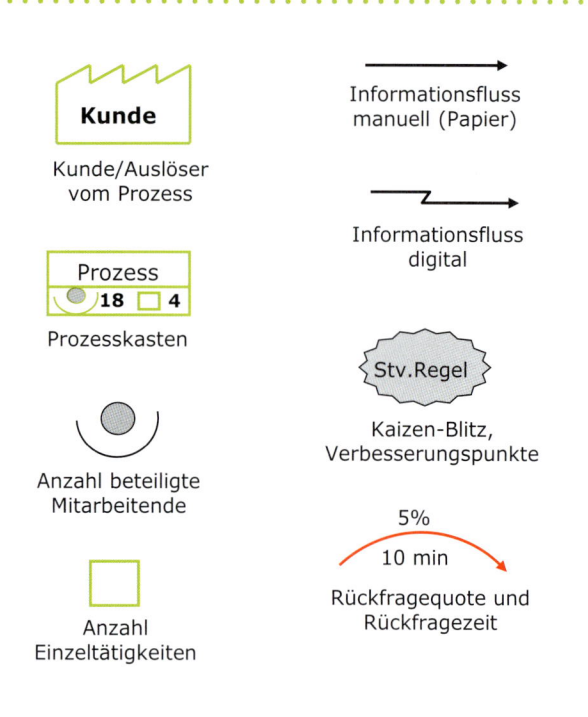

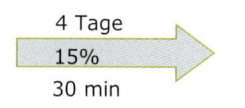

14 Lean Administration

Bild 14.24 Standardisierte Symbole für die Wertstromanalyse in der Administration

Symbole:
- **Kunde** – Kunde/Auslöser vom Prozess
- **Prozess** (18 / 4) – Prozesskasten
- Kreis – Anzahl beteiligte Mitarbeitende
- Quadrat – Anzahl Einzeltätigkeiten
- **PZ 5 min** – Prozesszeit
- Pfeil – Informationsfluss manuell (Papier)
- Blitzpfeil – Informationsfluss digital
- **Stv.Regel** – Kaizen-Blitz, Verbesserungspunkte
- 5% / 10 min – Rückfragequote und Rückfragezeit
- Dreieck – Bestände/Arbeitsvorräte
- LKW-Symbol – Materiallieferung
- 4 Tage / 15% / 30 min – Material-/Dienstleistungslieferung mit Lieferzeit, Aufwand und Anteil der Geschäftsvorfälle

> **Download:** Übersicht Symbole Wertstromanalyse in der Administration

Auswahl des Prozesses

Es soll ein Prozess analysiert werden, der eine gewisse Relevanz für das Unternehmen hat. Dabei sollte, wenn immer möglich, der Gesamtprozess betrachtet werden.

Die Wertstromanalyse erfolgt in acht Schritten

A) Kundensymbol und -anforderungen einzeichnen.

B) Relevante Funktionen auf die »Schwimmbahnen« einzeichnen.

C) Zeichnen des Pfeils vom Kunden zur prozessauslösenden Stelle.

D) Prozessschritte sowie Bestands-Dreiecke zeichnen.

E) Daten eintragen (Prozesszeit, Übergangszeit, Rückfragequote, Rückfragezeit).

F) Aufnehmen von externen Material- und Dienstleistungsflüssen.

G) Zeitlinie zeichnen und Daten eintragen.

H) Ableiten von Maßnahmen.

14.10 Wertstromanalyse/Wertstromdesign in der Administration

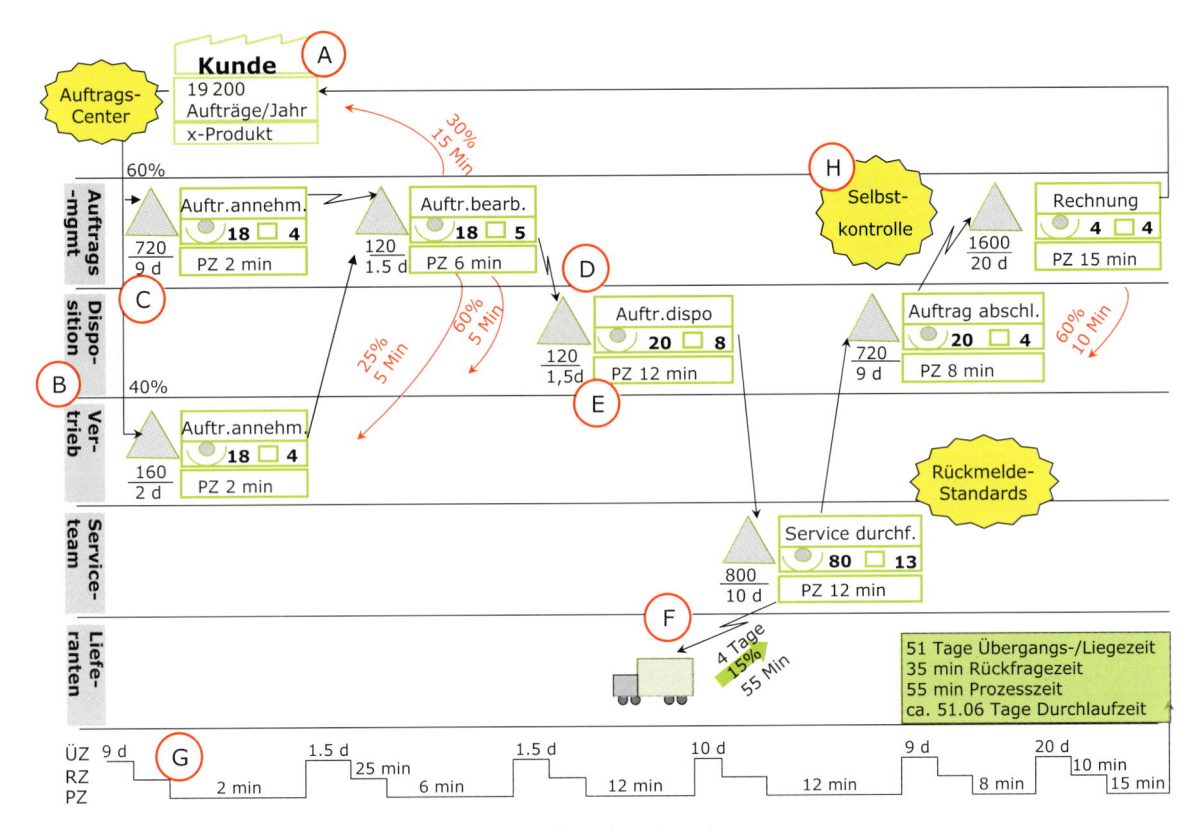

Bild 14.25 Die 8 Schritte der Wertstromanalyse in der Administration

Verbesserungspotenziale identifizieren und Kaizen-Blitze einzeichnen

Um es übersichtlicher zu gestalten, ist es häufig sinnvoll, die einzelnen Kaizen-Blitze zu nummerieren. Dann können Sie anschließend ein Nutzen-Aufwand-Diagramm erstellen.

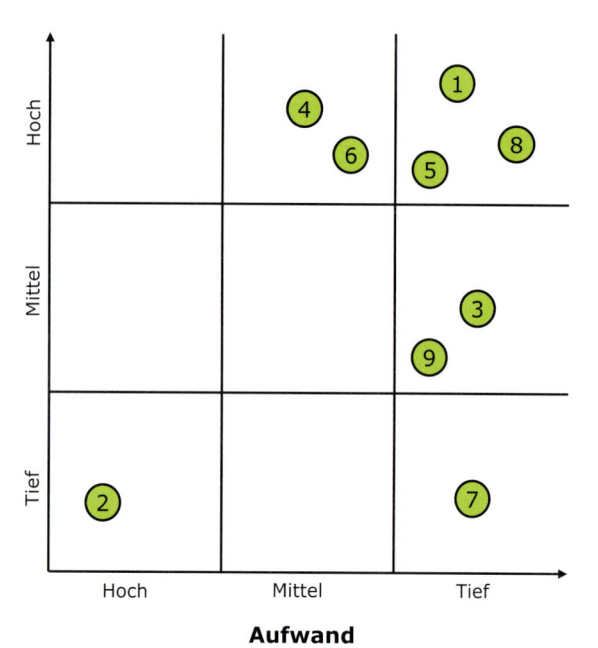

Bild 14.26 Aufwand-Nutzen-Matrix

> Fassen Sie die Erkenntnisse der Wertstromanalyse zusammen. Präsentieren Sie als Team die Ergebnisse und Feststellungen den Stakeholdern bzw. den Führungskräften und den betroffenen Mitarbeitenden. Damit erhält das Analyseteam eine Wertschätzung und der Handlungsbedarf wird von den Teilnehmenden erkannt.

Lean Story: Wertstromanalyse im Office

Die Wertstromanalyse im Kundendienst eines Maschinenherstellers hat hohe Potenziale aufgedeckt. Die vielen Schnittstellen und hohen Liegezeiten wurden damit offensichtlich und transparent dargestellt. Die Lieferung von Ersatzteilen konnte bis zu 32 Arbeitstage in Anspruch nehmen. Dies ist für den Kunden, dessen Maschine eine Störung oder im schlimmsten Fall sogar einen Stillstand hat, inakzeptabel. Nur rund 65 % der Ersatzteillieferungen erfolgten zum versprochenen Termin. Die tiefe Lieferperformance führte dazu, dass sich unterschiedliche Stellen um die Planung und Steuerung kümmerten – es entstanden also Doppelarbeiten. Es wurde immer mehr in die Kontrolle der Termine, Lenkung der Aufträge und Verhandlungen mit den Kunden investiert, anstatt die Ursache des Problems zu beheben. Dies wurde erst mit der Erstellung der Wertstromanalyse deutlich. Durch die anschließenden Verbesserungen konnten die Durchlaufzeiten um 30 % reduziert und die Liefertreue auf 90 % erhöht werden.

14.10.2 Wertstromdesign in der Administration

Das Wertstromdesign beschreibt den zukünftigen Wertstrom. Es macht die Auswirkungen von Entscheidungen transparent und es sind Vorher-/Nachher-Vergleiche möglich. Das Wertstromdesign ist Basis für die Erstellung eines Umsetzungsplans. Es kann grundsätzlich auch zur Visualisierung einer langfristigen Vision dienen, wird aber in der Praxis meistens so gestaltet, dass die Umsetzung innerhalb von 3 bis 18 Monaten realistisch ist. Beachten Sie bei der Erstellung des Wertstrom-Designs den nachfolgenden 10-Punkte-Plan der Optimierung von Administrationsprozessen.

> ✓ Erstellen Sie einen Projektplan mit Meilensteinen und terminieren Sie diesen. Fassen Sie die notwendigen Schritte zusammen. Präsentieren Sie als Team, wie bereits die Wertstromanalyse, das Wertstromdesign und den Umsetzungsplan den Stakeholdern bzw. den Führungskräften und den betroffenen Mitarbeitenden. Damit erhält das Workshop-Team eine Wertschätzung und es erleichtert die anschließende Umsetzung des Wertstromdesigns.

> Bevor Sie den Wertstrom erneut analysieren und wiederum ein neues Design gestalten, sollten Sie mit kontinuierlichen Verbesserungen den bestehenden Wertstrom weiterentwickeln.

Der 10-Punkte-Plan zur Optimierung von Administrationsprozessen

Lösen Sie sich vom Einzelprozess und fragen Sie sich, wie der gesamte Wertstrom verbessert werden kann. Der 10-Punkte-Plan geht Schritt für Schritt die wichtigsten Handlungsfelder durch, wo in der Praxis die größten Potenziale vorhanden sind.

1. Werte ohne Verschwendung schaffen

»Die richtigen Dinge tun, bevor wir die Dinge richtig tun.« Damit nicht versucht wird, ineffektive Prozesse effizienter zu gestalten, stellt Lean Administration zunächst die Frage nach Effektivität. Es ist der Kunde, der entscheidet, was »richtig« und was »falsch« ist. Denn nur das, was für den Kunden wertstiftend ist, wird von diesem honoriert. Lean Administration unterscheidet daher in werterhöhende sowie nicht werterhöhende Tätigkeiten und Verschwendung. Am Anfang aller Optimierungsüberlegungen sind daher die Tätigkeiten in einem Prozess entsprechend zu kategorisieren.

Bild 14.27 Nur das, was für den Kunden wertstiftend ist, wird von diesem honoriert

2. Schnittstellen reduzieren und definieren

An Schnittstellen zwischen zwei Funktionen/Mitarbeitenden, die nacheinander einen Vorgang bearbeiten sollen, lauern oftmals Fehlerquellen und Übergangszeiten. Um solche Auswirkungen zu vermeiden, gilt es, Schnittstellen in einem Prozess möglichst zu vermeiden, indem Aufgaben zusammengefasst und verschoben werden, ohne Engpässe zu schaffen. Legen Sie dabei genau fest, wer welche Informationen wann und in welcher Form und Qualität an wen zu liefern hat.

3. Rückfragen und Nacharbeiten minimieren

Rückfragen und Nacharbeitsschleifen sind Ausdruck von Qualitätsmängeln und Instabilitäten im Prozess. Fehlende, unvollständige oder falsche Informationen sind gleichzusetzen mit Fehl- oder Ausschussteilen in der Produktion. Bei der Beseitigung solcher Qualitätsmängel gilt es zunächst, die Ursache der aufgezeigten Rückfragen und Nacharbeitsschleifen zu finden. Folgende fünf Ursachen werden unterschieden:

- fehlende Informationen
- unklare, unspezifische Informationen
- unklare Kompetenz- und Aufgabenverteilung
- ständige Änderungen im Prozess
- mangelhafte Koordinierung

4. Engpässe beseitigen

Engpässe entstehen, wenn Aufgaben bzw. Arbeitsinhalte zwischen den Mitarbeitenden ungleichmäßig verteilt sind. Als Nadelöhr erschweren diese einen »fließenden« Prozess. Um die identifizierten Engpässe nachhaltig zu beseitigen, müssen im nächsten Schritt die eigentlichen Ursachen der Engpässe identifiziert werden. Engpässe in indirekten Unternehmensbereichen können zeitlicher, organisatorischer oder fachlicher Natur sein. Es ist wichtig, dass über eine ganzheitliche Betrachtung sichergestellt wird, dass die Engpässe nicht in andere Bereiche oder Prozesse verschoben werden. Je nach Auslöser des Engpasses im Prozess können verschiedene Ansätze zur Entlastung überlegt werden wie z. B. Unterstützung durch zusätzliche Mitarbeitende, organisatorische Regelungen, Schulungen oder Aufgabenverschiebungen.

5. Genehmigungsschleifen kürzen

Neben den zeitlichen Engpässen entpuppen sich Genehmigungs- und Freigabeschleifen häufig als größter Engpass in administrativen Prozessen. Die »Delegation nach oben« schafft oftmals Flaschenhälse bei den Vorgesetzten. Zudem wirken inhaltlich unbegründete, lange Genehmigungsschleifen auf die betroffenen Mitarbeitenden demotivierend. Schaffen Sie Klarheit und regeln Sie die Kompetenzen, um die Genehmigungsschleifen auf ein Minimum zu reduzieren.

6. Informationsbedarf bestimmen

In vielen Unternehmen werden Informationen nicht bedarfsgerecht bereitgestellt. Das Aussortieren der wichtigen von den unwichtigen Informationen sowie das Suchen nach benötigten Informationen sind wesentliche Störgrößen und große Zeitfresser in administrativen Leistungsprozessen.

Informationsüberproduktion und Informationslücken kosten Unternehmen täglich Zeit und Kapazitäten, die an anderen Stellen oftmals fehlen. Mithilfe der Wertstromanalyse und der Informationsstrukturanalyse können wichtige Erkenntnisse darüber gewonnen werden, wo Informationsbedarf und Informationslücken bestehen und wo Informationen erstellt werden, die niemand braucht. Folgende Hilfsmittel können eingesetzt werden, um die Qualität der Informationsversorgung zu erhöhen:

- Checklisten für eine systematische Datenerfassung und -weitergabe
- einheitliche Formulargestaltung erhöht die Transparenz und die Kontrolle
- elektronische Plausibilitätskontrollen, die eine erste Vorselektion und Qualitätskontrolle vornehmen
- Spezifizierung von Schnittstellen (wer, was, wie, wann, wo)
- Definition von Meilensteinen im Prozess mit Klärungs-/Detaillierungs-/Spezifizierungsgraden

7. Neuralgische Punkte im Ablauf identifizieren

Viele Geschäftsprozesse haben einen oder mehrere »neuralgische Punkte«, an denen grundlegend über den weiteren Verlauf eines Prozesses entschieden wird. Wichtig aus Sicht der Prozessanalyse ist es, diese neuralgischen Punkte in den Abläufen zunächst zu identifizieren:

- Wo liegen die neuralgischen Punkte im Prozess?
- Wann treten sie auf?
- Was ist Inhalt dieses neuralgischen Punktes?

Neuralgische Punkte lassen sich in der Regel selbst in optimierten Prozessen nicht gänzlich vermeiden, denn es handelt sich dabei meistens um Entscheidungssituationen, die wichtige Bestandteile des Prozesses sind. Wenn Ihr Prozess eine Entscheidungssituation umfasst, die grundlegend über das weitere Verfahren entscheidet, dann sollten Sie diese Entscheidung früh genug herbeiführen, um nicht wertvolle Kapazitäten zu verschwenden.

8. Parallele Bearbeitung ermöglichen

Die serielle Bearbeitung von Geschäftsvorfällen, Aufträgen oder Anfragen ist noch immer eine gängige Praxis in administrativen oder indirekten Bereichen, auch wenn die Arbeitsschritte nicht zwangsläufig nacheinander ausgeführt werden müssten. Diese serielle Bearbeitung stammt aus früheren Zeiten, als in Büros noch überwiegend papiergebunden gearbeitet wurde und Papierakten nicht parallel von mehreren Mitarbeitenden bearbeitet werden konnten. Doch die heutigen elektronischen Medien bieten diverse Möglichkeiten zeitgleich auf ein Dokument zuzugreifen. Die dadurch erzielten Einsparungen werden an der reduzierten Durchlaufzeit messbar.

9. Bedarfsgerechte Prozesse etablieren

Die Übergangszeit, die alle Warte-, Liege- und Transportzeiten umfasst, macht den wesentlichen Anteil der gesamten Durchlaufzeit aus. Ein Teil davon entsteht häufig, weil Mitarbeitende parallel in verschiedenen Prozessen eingebunden sind und ihre Aufgaben nur sequenziell erledigen können. Der weitaus größere Teil der Übergangszeit ist jedoch die Folge von Störungen im Ablauf, die sich beispielsweise in Form von Wartezeiten oder Arbeitsvorräten zeigen. Im Rahmen von Lean Administration werden bedarfsgesteuerte Prozesse (Pull-Steuerung) eingerichtet, um einige dieser Störungen zu vermeiden und die Übergangszeiten zu reduzieren.

Folgende Steuerungsinstrumente, über die sich bedarfsgesteuerte Prozesse nahezu selbstständig steuern können, werden angewendet:

- Mittels Büromaterial-KANBAN erfolgt die Beschaffung von Büromaterial bedarfsgesteuert. Der Kanban-Prozess ist im Kapitel Rhythmus- und Pull-Kaizen ausführlich beschrieben.
- FIFO (First in – First out). Die Bearbeitung von Briefen, Mails oder anderen Dokumenten erfolgt in der Reihenfolge, wie diese eingetroffen sind.
- Bedarfsgesteuerte Informationsbereitstellung kann über IT-Systeme, Intranet oder sonstige Informationsplattformen erfolgen, über welche die erforderlichen Informationen zum benötigten Zeitpunkt bereitgestellt werden (nur die erforderlichen Informationen, zum exakt richtigen Zeitpunkt für die betroffenen Mitarbeitenden).

10. Leistungserstellungsprozess glätten

Die Nachfrage nach Leistungserstellungsprozessen unterliegt oft starken Schwankungen. Diese erschweren die Kalkulation der benötigten Kapazitäten und stören stabile Prozesse. Die aus Sicht der Auftragsannahme tiefen Nachfrageschwankungen werden in nachfolgenden Prozessschritten viel deutlicher spürbar und setzen sich mit immer größeren Auswirkungen fort. Dies nennt man den Peitschenhieb-Effekt.

Folgende Maßnahmen helfen Systeme zu glätten und Nachfrageschwankungen abzufedern:
- realistische Kapazitätsbemessungen
- flexible Arbeitszeitmodelle
- angemessene Abschätzung von Bearbeitungszeiten/-fristen
- konsistente Vertreterregelungen
- Steuerung über bedarfsorientierte Ampelfunktionen

Wie sich die Nachfrage über einen Monat oder ein Jahr verhält, sollte über eine ABC-/YXZ-Analyse ermittelt werden, um diese entsprechend bei der Kapazitäts- und Auftragsplanung zu berücksichtigen.

Bild 14.28 Die Nachfrage nach Leistungserstellungsprozessen unterliegt oft starken Schwankungen

14.11 Zusammenfassung Lean Administration

Es geht bei Lean Administration um kundenorientierte, möglichst verschwendungsarme Prozesse. Die Ergebnisse der Arbeitsschritte sind selten physisch und deshalb sind die Potenziale nicht immer einfach ersichtlich. Bei der detaillierten Beobachtung und Analyse werden die oft sehr großen Potenziale transparent. Es werden drei Ebenden im Büro unterschieden: Prozess- und Schnittstellenebene, Bereichsebene und Arbeitsplatzebene. Auf allen drei Ebenen besteht hohes Verbesserungspotenzial. Das Niveau der Standardisierung ist leider häufig sehr tief. Jeder kann die Tätigkeiten so erledigen »wie es für ihn/sie am besten geht«. Damit sind Fehler und instabile Prozesse vorprogrammiert. Die Abweichungen der Ziele werden mittels Officefloor Management transparent gemacht und fokussiert verbessert. Die Regelkommunikation verbessert die Zusammenarbeit, erhöht die Entscheidungsgeschwindigkeit, fokussiert auf die Unternehmensziele, reduziert die Aufwände und fördert Kaizen aufgrund der hohen Transparenz. Das Officefloor Meeting dient zur Dokumentation der Abweichungen, Fortschritte und Maßnahmen. Es sind wenige Messgrößen, aber viele Verbesserungen empfehlenswert. Wenn die Prozesse stabil und störungsarm funktionieren, wird es Zeit, die Ziele zu erhöhen, damit weitere Verbesserungen notwendig werden. In den Schnittstellen liegen in der Regel massenhaft Verbesserungschancen. Abklärungen, Wartezeiten, Rückfragen und Medienbrüche erhöhen den Aufwand und reduzieren die Prozessqualität. Die Bedeutung der physischen Ordnung nimmt im Büro ab, weil immer mehr digital verarbeitet wird. Damit nimmt die Priorität in der digitalen Ordnung zu. Suchen von Dokumenten und Informationen beansprucht oft einen hohen Anteil der Arbeitszeit. Mit 5S im Office wird das Potenzial einfacher ersichtlich und das Niveau messbar. Auch nicht optimal organisierte und schlecht vorbereitete Meetings sind echte Zeitfresser. Hier lohnt es sich, das Besprechungsmanagement zu kultivieren und die Einladenden zu sensibilisieren. Auch die persönliche Arbeitstechnik lässt sich oft noch weiter verbessern. Mit einer Tätigkeitsstrukturanalyse werden diese Potenziale erkennbar. Wer welche

Informationen erstellt, benötigt, bekommt und nicht bekommt wird mit der Informationsstrukturanalyse ersichtlich. Mit der Anwendung dieser Analysemethode werden häufig auch Doppelarbeiten aufgedeckt. Mit der Wertstromanalyse werden komplexe Zusammenhänge ganzheitlich transparent visualisiert und mit dem 10-Punkte-Plan die größten Verbesserungschancen umgesetzt.

Darüber sollten Sie nachdenken:
- Wie schnell werden die häufig benötigten Dokumente gefunden? Besteht eine standardisierte, digitale Ordnerstruktur?
- Sind die Meetings immer top vorbereitet und besteht zu jeder Besprechung eine detaillierte Agenda?
- Auf welchem Niveau befindet sich die persönliche Arbeitstechnik und -organisation?
- Wer bekommt Informationen ohne Nutzen, wer vermisst Informationen? Welche Doppelarbeiten bestehen in der Informationserstellung?
- Welcher Wertstrom eignet sich am besten für einen ersten Leuchtturm?
- Wer sollte in den Workshops mitmachen?
- Wer schult die Teilnehmenden vorgängig und wer moderiert die Workshops?
- Wie oft wird dieser Prozess pro Jahr durchlaufen?
- Welches Verhältnis von Durchlaufzeit zu Prozesszeit ist derzeit vorhanden?
- In welcher Zeitspanne soll das Wertstromdesign realisiert werden?
- Wo und wie könnte ein ununterbrochener Fluss verwirklicht werden?
- Welche der Maßnahmen aus dem 10-Punkte-Plan sind sinnvoll und haben den größten Nutzen?
- Besteht ein Umsetzungsplan mit Meilensteinen und Prioritäten?

Das sollten Sie tun:

- Führen Sie ein 5S-Audit durch und legen Sie einen hohen Wert auf die digitale Ordnung.
- Überprüfen Sie kritisch die Effektivität und Effizienz von Ihren Besprechungen.
- Schulen und sensibilisieren Sie die betroffenen Mitarbeitenden.
- Analysieren Sie Ihre persönliche Arbeitstechnik und verbessern Sie diese. Lassen Sie andere an Ihren Erfahrungen teilhaben (best practice) und entwickeln Sie Standards.
- Führen Sie eine Informationsstrukturanalyse bei einem ausgewählten Prozess durch.
- Entscheiden Sie sich für einen wichtigen Wertstrom.
- Setzen Sie ein Team aus betroffenen Fach- und Führungskräften zusammen.
- Schulen Sie das Team in den Wertstrom-Methoden.
- Gehen Sie vor Ort und nehmen Sie im Team die Daten persönlich auf.
- Achten Sie auf Verschwendungen und Potenziale.
- Zeichnen Sie den Wertstrom auf.
- Klassifizieren Sie die identifizierten Potenziale in einem Aufwand-Nutzen-Diagramm.
- Präsentieren Sie die Ergebnisse der Wertstromanalyse den Stakeholdern und Führungskräften.
- Entwickeln Sie im Team das Wertstromdesign mithilfe des 10-Punkte-Plans.
- Erstellen Sie einen Umsetzungsplan.
- Präsentieren Sie das Wertstromdesign und den Umsetzungsplan den Stakeholdern und Führungskräften.
- Setzen Sie um und kommunizieren Sie die Fortschritte offen.
- Verbessern Sie den Wertstrom kontinuierlich.

15

Aufbau eines Wertschöpfungssystems

15 Aufbau eines Wertschöpfungssystems

Unter dem Begriff Lean Management haben viele Unternehmen Veränderungen umgesetzt. Jedoch wurden die Methoden oft einzeln und isoliert implementiert. Dabei mussten zahlreiche Firmen feststellen, dass die Transformation im Sande verläuft, wenn kein übergeordneter Zusammenhang besteht. Genau da setzt das Wertschöpfungssystem an. Die Beziehungen und Verknüpfungen der Methoden werden transparent gemacht und so die Grundlage für ein koordiniertes, ganzheitliches Vorgehen geschaffen. Das Wertschöpfungssystem beschreibt Tools, Methoden, Prozesse und wird meistens in einer Übersicht visualisiert. Damit entsteht ein greifbares Bild für alle Mitarbeitenden. Das Toyota-Produktionssystem wird in einem Haus mit Säulen dargestellt. Andere Unternehmen visualisieren es zum Beispiel mit Kreisen oder Zahnrädern. Es beinhaltet den Aufbau und die Zusammenhänge der Lean-Konzepte im eigenen Unternehmen. Die punktuellen Verbesserungen von den Unternehmensbereichen werden in das Wertschöpfungssystem aufgenommen und somit auf alle anderen Bereiche übertragen. Häufig sind darin auch die Vision und Ziele sowie Beeinflusser dargestellt. Der Fokus und die Herausforderungen sind in den Firmen unterschied-

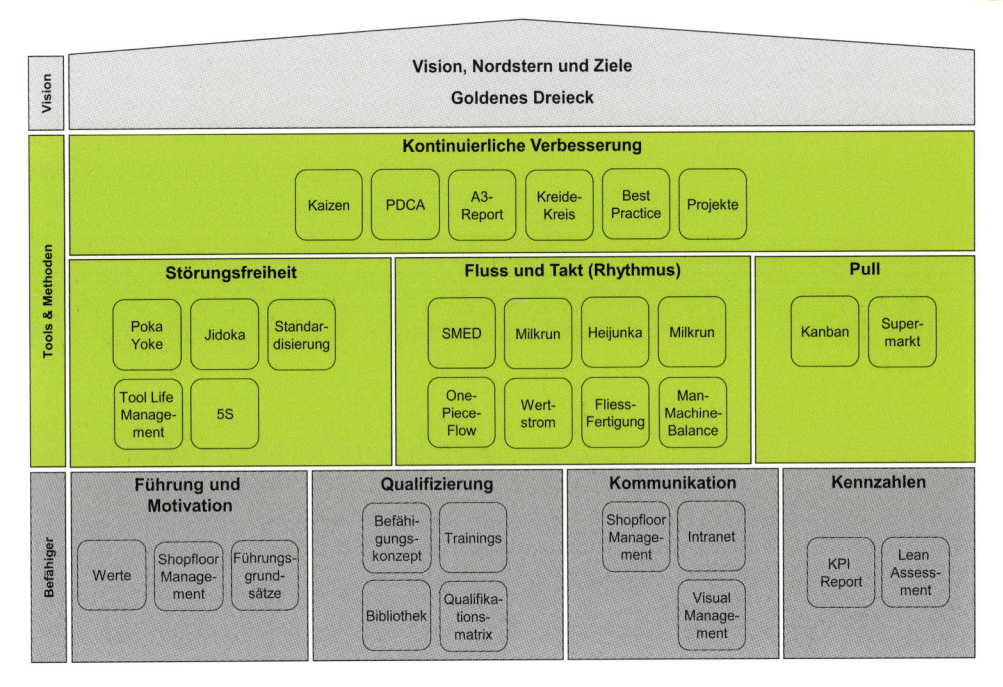

Bild 15.1 Beispiel Wertschöpfungssystem

lich, daher ist das Wertschöpfungssystem für den eigenen Betrieb, im Führungsteam, unternehmensspezifisch zu erarbeiten. Es bietet einen Überblick über die Themen, welche gelebt und ständig weiterentwickelt werden müssen. Idealerweise sind die Inhalte detailliert in untergeordneten Prozessen, Anleitungen, Standards sowie Schulungsunterlagen beschrieben und die Mitarbeitenden entsprechend geschult. Viele Unternehmen veröffentlichen die Übersicht und die verknüpfen Dokumente im Intranet.

15.1 Lean-Reifegrad

Das Lean Assessment gibt Ihnen ein Bild über den Lean-Reifegrad und macht die weiteren Schritte auf dem Weg zur »Lean Company« transparent. Es deckt vorhandene Lücken auf, damit Sie proaktiv Maßnahmen ergreifen können. Das Assessment erlaubt Ihnen, ambitionierte, aber durchaus erreichbare Ziele für Ihre Lean-Aktivitäten im Unternehmen festzulegen und gibt Ihnen die Möglichkeit zur Prüfung, ob Sie die richtigen Dinge richtig tun.

Hierfür ist es sinnvoll alle Bereiche des Unternehmens zu bewerten, wie zum Beispiel Leadership, Administration, Produktion, Logistik, Sales und Marketing, Beschaffung, Entwicklung etc. Der Reifegrad wird anhand von mehreren Kriterien in einer vorgegebenen Skala bewertet. Auch Themen wie Organisation, Mitarbeiterentwicklung, Prozessqualität, Kundenbeziehung und Verbesserungskultur können wichtig für die Bewertung sein.

Mit dem Auditplan startet man nach einer kurzen Abstimmung bezüglich Ziel und Agenda. Auch wenn es mehr Zeit in Anspruch nimmt, ist es ratsam vor Ort zu gehen und sich persönlich ein Bild der Realität zu machen. Suchen Sie nach Abweichungen, Maßnahmen und Potenzialen. Seien Sie hart und kritisch, denn die Situation zu beschönigen bringt niemanden weiter. Im Anschluss sollte die Bewertung, Konsolidierung und Dokumentation in einem Abschlussgespräch möglichst zeitnah erfolgen. Darin sind auch die notwendigen Maßnahmen definiert und terminiert. Es soll möglichst kurz, prägnant und kompakt zusammengefasst werden, jedoch muss es zu einem späteren Zeitpunkt ohne Erklärungen nachvollziehbar, im besten Fall sogar rückverfolgbar sein. Aber Achtung: Achten Sie nicht nur auf die negativen Dinge, sondern wertschätzen Sie die gemachten Fortschritte. Auch Arroganz oder Machtspiele haben beim Audit nichts verloren. Es geht darum, den aktuellen Reifegrad zu messen und Potenziale für die Weiterentwick-

	Kaizen (Kontinuierlicher Verbesserungsprozess)	Wertung	Kommentar
24	In sämtlichen Bereichen wird Kaizen gelebt. Es finden regelmässige Kaizen-Besprechungen statt. Infoboards visualisieren Massnahmen und Wirkung. Alle Mitarbeitenden bis zur untersten Stufe denken aktiv über die Verbesserung ihrer Arbeit nach und initiieren Verbesserungen. Ein Streben nach Verbesserung und Veränderung ist bei allen Mitarbeitenden und im Unternehmen deutlich spürbar.		
25	Es besteht ein fixer Verbesserungsrhythmus und es werden mindestens 10% der Arbeitszeit für die Umsetzung von Verbesserungen zur Verfügung gestellt.		
26	Die Ergebnisse aus Verbesserungen werden gemessen und regelmässig dem Kader präsentiert.		
27	Alle Mitarbeitenden sind im Problemlösungsprozess (z.B. PDCA) geschult und wenden diesen aktiv an. Strukturiertes Vorgehen und eine standardisierte, effiziente Dokumentation (z.B. A3-Report) sind der Normalfall.		
28	Die erfolgreich umgesetzten Verbesserungen werden zum Standard und im gesamten Unternehmen ausgerollt. Die Weiterentwicklung erfolgt koordiniert. Die Einhaltung der Standards wird regelmässig überprüft und ggf. geeignete Massnahmen umgehend umgesetzt.		

Bild 15.2 Auszug aus Lean Assessment als Beispiel

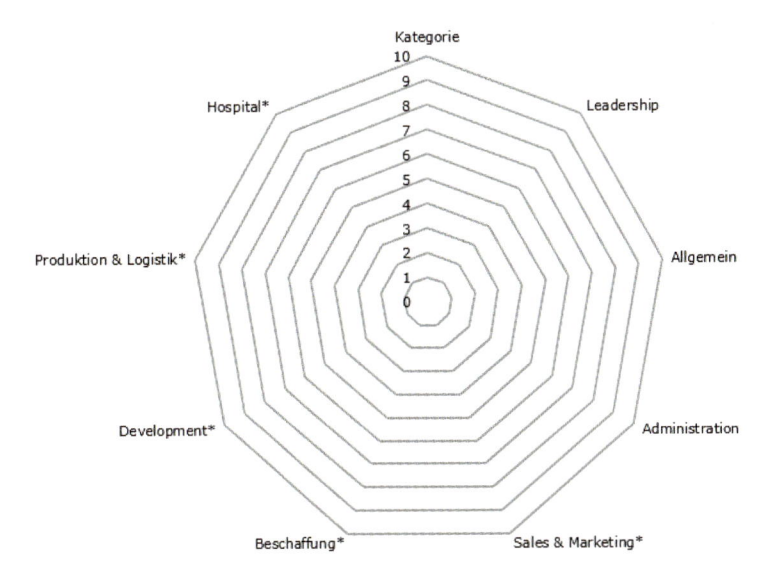

Bild 15.3 Beispiel Spinnendiagramm Lean Assessment

lung aufzudecken. Dies möglichst sachlich und neutral, Objektivität ist also gefragt.

Die Zusammenfassung wird in der Regel mittels Diagramm visualisiert.

⬇ Download: Vorlage Lean Assessment

Wiederholen Sie das Assessment mindestens jährlich, eventuell sogar pro Quartal und leiten Sie die notwendigen Maßnahmen ein. Auch das Audit soll sich weiterentwickeln, beachten Sie jedoch die Vergleichbarkeit, sodass der Fortschritt gemessen und verglichen werden kann.

> 💡 Auch das Assessment ist keine Einzelarbeit. Füllen Sie es gemeinsam mit den Führungskräften aus. Nutzen Sie die Chance die leitenden Personen zu sensibilisieren und den Handlungsbedarf gemeinsam aufzudecken. Ansonsten kann es leicht zu einer Situation der Anschuldigung und Rechtfertigung führen. Und dann stehen plötzlich nicht die Weiterentwicklung im Fokus, sondern politische Diskussionen. Damit wäre der Nutzen vom Assessment stark reduziert.

Geschäftspartnern und Zulieferern, indem Sie sie fordern und unterstützen, sich stetig zu verbessern. Es geht auf keinen Fall um die Ausnutzung der Ressourcen eines Partners. Helfen Sie Ihren Zulieferern, Partnern und Kunden bei der Umsetzung von Kaizen. Dabei entsteht eine Win-Win-Situation. Aber Achtung: Gehen Sie erst auf die Lieferanten und Partner zu, wenn Sie selber bereits einen hohen Reifegrad erreicht haben.

15.3 Zusammenfassung Wertschöpfungssystem

15.2 Transformation vervollständigen

Geben Sie acht darauf, dass Lean Management in allen Bereichen im Unternehmen gelebt wird. Entwickeln Sie das Wertschöpfungssystem kontinuierlich weiter und setzen Sie immer höhere Ziele. Respektieren Sie Ihr ausgedehntes Netz an

Ein Wertschöpfungssystem verbindet die einzelnen Methoden und schafft so die Grundlagen für eine ganzheitliche Implementierung von Lean Management. Es bietet einen Überblick über die Tools und deren Zusammenhänge, Vision, Ziele, Standards, Schulungen, Kennzahlen und verknüpften Dokumenten. Jedes Wertschöpfungssystem ist anders, daher sollte es unternehmensspezifisch erarbeitet und anschließend gepflegt werden. Das Lean Assessment hilft, den Lean-Reifegrad von einzelnen Bereichen bis hin zum gesamten Unternehmen zu bewerten. Daraus werden die Fortschritte und notwendigen Maßnahmen ersichtlich. Es entsteht ein interner Wettbewerb, welcher zu noch höheren Leistungen motivieren kann. Das Audit sollte nie alleine, sondern im Führungsteam durchgeführt und ausgewertet werden. Nicht nur das Ergebnis ist wichtig. Nutzen Sie das Assessment um die Sichtweise zu schärfen und ein gemeinsames Problemverständnis zu schaffen. Unterstützen Sie Ihre Lieferanten, Partner und Kunden in der Verbesserung. Lassen Sie sie von Ihren Erfahrungen profitieren.

Das sollten Sie tun:
- Entwickeln Sie im Führungsteam ein eigenes Wertschöpfungssystem.
- Machen Sie die Inhalte, Pläne, Ziele für alle Mitarbeitenden zugänglich.
- Definieren Sie die Verantwortlichkeiten für die Umsetzung und Aktualisierung.
- Erarbeiten Sie ein Lean Assessment für die Beurteilung des Lean-Reifegrads.
- Führen Sie Lean Assessments in allen Bereichen durch und erstellen Sie Maßnahmenpläne.
- Falls der Lean-Reifegrad bereits hoch ist, dann vervollständigen Sie die Lean Transformation indem Sie gemeinsame Verbesserungen mit den Zulieferern, Partnern und Kunden umsetzen, um so die gesamte Wertschöpfungskette weiterzuentwickeln.
- Aktualisieren Sie die Lean Roadmap im Kader mit den neuen Projekten und Maßnahmen.

TEIL IV

Resümee

16 Zusammenfassung und Ausblick

16.1 Der Weg zur Lean Company

Die vier Grundprinzipien von Just-in-time: Point-, Fluss-, Rhythmus-, Pull-Kaizen, bilden die Grundlage für die Entwicklung einer Verbesserungskultur. Es ist ratsam die Veränderungen mittels Leuchtturm-Projekten zu forcieren und erst danach auf die gesamte Firma auszurollen – auch in der Administration und Entwicklung, nicht nur in der Produktion und Logistik. Erfolgreich umgesetzte Verbesserungen sollen in unternehmensweite Standards überführt werden. Anzustreben sind hohe Prozessstabilität, Flexibilität, ununterbrochener Fluss, mit möglichst geringen Wellen, in einem ziehenden System. Die Verständlichkeit der Methoden lassen die Einführung von Lean Management vermeintlich einfach erscheinen. Aber die Tools sind lediglich Hilfsmittel, um methodisch, strukturiert und standardisiert vorzugehen, um schlussendlich die Wettbewerbsfähigkeit des Unternehmens zu erhöhen. Bei der Implementierung von Lean Management geht es vielmehr um die Einführung von einheitlichen Denk- und Handlungsmustern. Die Führungs- und Unternehmenskultur soll geprägt sein von Respekt gegenüber den Mitarbeitenden, Teamwork, dem Streben nach immer höheren Zielen und kontinuierlicher Verbesserung. Das Wertschöpfungssystem und Lean Assessment zeigen die Zusammenhänge und den Reifegrad auf.

16.2 Die Herausforderung

Es ist Ihnen inzwischen bewusst: Ihr Unternehmen muss sich verändern. Sie erkennen die Verschwendungen an allen Ecken und Enden. Das Niveau der Verbesserungskultur ist stark verbesserbar, es werden häufig Symptome anstatt die Ursachen bekämpft und die Führungskräfte sind noch nicht in der neuen Rolle angekommen. Einige der bisherigen Verbesserungen waren möglicherweise nicht nachhaltig und die Geschwindigkeit in der Umsetzung könnte wesentlich höher sein. Herzlich willkommen in der Realität! Mit der neuen Sichtweise werden Sie immer neue Potenziale finden, auch wenn Sie im Reifegrad wachsen. Lassen Sie sich dadurch nicht entmutigen, sondern erfreuen Sie sich daran. Feiern Sie die Fortschritte und packen Sie die nächste Stufe an. Bringen Sie die notwendige Geduld auf, um es richtig und nachhaltig zu machen.

16.3 Warum es sich lohnt

Viele Unternehmen aus unterschiedlichsten Branchen haben es bewiesen: Die Wettbewerbsfähigkeit wird signifikant erhöht. Die Kunden- und Mitarbeiterzufriedenheit, die Flexibilität sowie die Produktivität steigen und die Durchlaufzeiten sinken. Die Veränderungsfähigkeit wird täglich durch Kaizen trainiert, was unbestritten für die zukünftigen Herausforderungen überlebensnotwendig ist. Es entsteht eine Kultur der Unterstützung und kontinuierlichen Verbesserung. Die Führungskräfte werden zu Coaches und Sie unterstützen damit die Weiterentwicklung der Mitarbeiter. Die Kommunikation wird effektiver und effizienter, was wiederum mehr Raum für Wertschöpfung, kreative Tätigkeiten oder weitere Verbesserungen gibt. Wäre das alles nicht erstrebenswert? Der Weg zum Erfolg ist steinig und lang (genau genommen unendlich). Wenn Sie die Lean Transformation ernsthaft, ganzheitlich und mit Herzen anpacken, dann sind die Erfolgschancen sehr hoch. Welcher Schritt ist der wichtigste? Immer der nächste. Packen Sie es an!

16.4 Erfolgsfaktoren

Die Führungskräfte, begonnen beim Verwaltungsrat bis hin zum Gruppenleiter, sind für den nachhaltigen Erfolg essenziell. Begleiten Sie die

Führungskräfte in der Veränderung ihrer Rolle, geben Sie mehrere Chancen, aber verabschieden Sie sich auch von veränderungsresistenten, leitenden Mitarbeitern. Etablieren Sie eine Kaizen-Kultur und streben Sie immer höhere Ziele an. Achten Sie dabei darauf, dass die Ziele nicht durch Druck und erhöhtem Stress, sondern durch umgesetzte Verbesserungen erreicht werden. Starten Sie mit einfachen Verbesserungen und bauen Sie Leuchttürme. Rollen Sie diese anschließend im gesamten Unternehmen aus. Die strategische Entwicklung einer Lean Roadmap stützt Ihre Lean Transformation über mehrere Jahre ab und zeigt allen Mitarbeitenden den Weg auf. Berücksichtigen Sie dabei auch die Bürobereiche, denn sonst verschenken Sie wertvolle Potenziale und der Graben zwischen Produktion und Administration vergrößert sich weiter. Seien Sie in der Kommunikation möglichst transparent und zeigen Sie Erfolge, aber auch Misserfolge auf. Informieren Sie jeweils über das weitere Vorgehen. Schenken Sie den betroffenen Mitarbeitern hohe Anerkennung für die umgesetzten Verbesserungen und für ihre Veränderungsfähigkeit. Der Einsatz von Experten ist für den Erfolg essenziell. Damit ist nicht das theoretische Wissen, das man sich während einer Schulung aneignen kann, gemeint. Wenn (noch) keine erfahrenen Experten im eigenen Unternehmen vorhanden sind, ist die Begleitung durch externe Lean-Experten sinnvoll und empfehlenswert. Es geht um eine Veränderung der Menschen und der Unternehmenskultur. Dies erfordert jahrelange Erfahrung. Das Engagement eines Sensei, der das Unternehmen in den ersten Jahren begleitet, ist daher von hoher Bedeutung.

16.5 Top-down und Bottom-up

Schaffen Sie im Kader die Rahmenbedingungen für eine erfolgreiche Lean Transformation, indem Sie es vorleben und die Führungskräfte zu Lean-Experten entwickeln. Geben Sie Ziele und die Lean Roadmap als Orientierung vor (top-down). Schenken Sie den Mitarbeitenden vor Ort die Möglichkeit und Ressourcen für die Umsetzung der vorgeschlagenen Verbesserungen (bottom-up).

16.6 Den Erfolg messen

Sie müssen messen, was Sie erreichen möchten. Oder wie es Peter F. Drucker ausgedrückt hat: »Was Du nicht messen kannst, kannst Du nicht lenken.« Aber Vorsicht: Mit Kennzahlen können falsche Anreize geschaffen werden! Wenn Sie den Ausstoß messen, erhalten Sie Überproduktion. Werten Sie die Summe der Rüstzeiten aus, werden die Losgrößen erhöht. Wenn Sie im Verkauf die Anzahl Akquisetermine messen, erhalten Sie dadurch nicht zwingend einen höheren Umsatz. Werten Sie die Gewinne quartalsweise aus, dann wird im dritten Monat versucht, möglichst viel auszuliefern und zu fakturieren und gleichzeitig die Ausgaben tief zu halten, um die Zahlen gut aussehen zu lassen. Sie generieren damit aber sehr hohe und ineffiziente Wellen im Unternehmen. Der Schlüssel zum Erfolg liegt in der Ausgewogenheit der Messgrößen. Sehr typisch werden in Lean Companies die »Big Five«, also Qualität, Kosten, Liefererfüllung, Sicherheit und Arbeitsmoral, gemessen. Auch beliebt ist die Balanced Scorecard, wo versucht wird, die vier Dimensionen Finanzen, Kunden, Prozesse und Weiterentwicklung in einem Gleichgewicht zu halten. Wenn der Fokus bei einer dieser Kennzahlen höher liegt, dann werden sich die Manager vermehrt auf diese konzentrieren. Verstehen Sie die Ergebnisse als Indikatoren, die ein Problem bzw. eine Abweichung anzeigen. Anschließend gehen Sie persönlich an den Ort des Geschehens, um die Ursache herauszufinden und Gegenmaßnahmen umzusetzen. Wenn alles gut funktioniert und keine Probleme oder Abweichungen erkennbar sind, dann passen Sie die Zielgrößen solange an, bis diese zum Vorschein kommen.

16.7 Die nächsten Schritte

»Es ist nicht genug, zu wissen, man muss auch anwenden; es ist nicht genug, zu wollen, man muss auch tun.« Johann Wolfgang von Goethe

Die Lean Transformation ist keine One-Man-Show. Es ist auch keine technische Umsetzung oder Anwendung von Methoden. Es ist vielmehr eine Veränderung der Denk- und Verhaltensmuster, mit dem Ziel, dem Kunden einen höheren Mehrwert zu bieten und die Wettbewerbsfähigkeit zu erhöhen. Daher hat die Lean Transformation viel mit Change Management zu tun – unterschätzen Sie das nicht. Entwickeln Sie die Führungskräfte und die Mitarbeitenden, um eine nachhaltige Verbesserungskultur zu schaffen. Warten Sie nicht auf den richtigen Moment, denn dieser ist bereits da! Packen Sie die Veränderungen mit Bedacht an und setzen Sie die Entscheidungen schnell um. Haben Sie Mut zu experimentieren. Ich wünsche Ihnen viel Erfolg dabei und würde mich sehr freuen, von Ihrer persönlichen Erfolgsstory zu erfahren.

16.8 Schlusswort

Für dieses Buch hatte ich inhaltlich und bezüglich der Durchlaufzeit hohe Erwartungen an mich und die Beteiligten. Bei den Verlagen ist es scheinbar üblich, dass man auf einen vereinbarten Abgabetermin das gesamte Manuskript auf einmal einsendet. Nicht so bei diesem Buch. Zwar haben wir keinen One-Piece-Flow (ein Kapitel nach dem anderen) erreicht, aber wir haben uns auf vier Teillieferungen geeinigt. Während ich noch am Schreiben war, wurde der erste Teil des

Buchs von Kollegen gegengelesen und anschließend an den Verlag für das Lektorat gesendet. Dann der zweite Teil und so weiter. Auch die Künstler, welche die Comics zeichneten, arbeiteten parallel. Somit konnte die Gesamtdurchlaufzeit von geplanten zwölf auf neun Monate reduziert werden (vom Schreibstart bis Veröffentlichung). Dies sind zwar stolze 25 Prozent, aber es steckt noch viel Verbesserungspotenzial für das nächste Buch in diesem Prozess. Ich habe viele neue Dinge gelernt und der Abschluss des Buches erfüllt mich mit Freude und Stolz.

Sie haben nun viele wichtige Bereiche von Lean Management kennengelernt und gleichzeitig bleiben etliche Themen unbearbeitet. Ich hoffe, meine Auswahl der Themen ist hilfreich für Sie und dass ich mich dabei kurzweilig und präzise ausgedrückt habe.

Zwei besondere Wünsche von mir: Wenn Ihnen dieses Buch gefallen und ein Stück weitergeholfen hat, dann empfehlen Sie es doch bitte weiter. Lassen Sie mich wissen, wie es Ihnen gefallen hat und teilen Sie mir die Verbesserungsvorschläge aus Ihrer Sicht mit. Was hätten Sie sich ausführlicher gewünscht, was kompakter, was fehlt und auf was hätten Sie verzichten können? Mit Ihrem Feedback helfen Sie mir bei der kontinuierlichen Verbesserung und mit Ihrer Weiterempfehlung unterstützen Sie Ihre Kollegen, Lean Management ein bisschen besser zu verstehen.

> Hat Ihnen dieses Buch gefallen? Dann nehmen Sie sich doch bitte zwei Minuten Zeit, um es beim Buchhändler Ihrer Wahl (z. B. auf Amazon) zu bewerten. Rezensionen sind sehr wichtig für uns Autoren, damit auch andere Menschen dieses Buch kennenlernen können. Vielen Dank für Ihre Zeit und Ihre Unterstützung!

Ex Libris · Orell Füssli · Weltbild

Buchhaus · Amazon · Thalia

Stichwortverzeichnis

Symbole

1-Woche Kaizen-Workshop *88*
5S *140*
5S-Audit *149*
5S im Büro *344*
5W-Methode *316*
10-Punkte-Plan *360*
12-Wochen-Verbesserungsprojekte *77*

A

A3-Report *313*
ABC-Analyse *258*
Administration *320*
Analysemethoden *344*
Andler-Formel *170*
Arbeitsorganisation *39, 330*
Arbeitsprozesse *39, 330*
Arbeitsverdichtung *43*
Assessment *370*
Auslieferqualität *27*

Automatisierung *40*
Autonomation *178*

B

Befähigungskonzept *274*
Besprechungsmanagement *336*
Bestände *35, 327*
best point *144*
best practice *179*
Best Practice-Workshop *65*
Betriebsblind *14*
Bewegung *37, 328*
Büro *321*
Bus-Modell *242*

C

Cardboard-Engineering *82, 228*
Chaku-Chaku *219*
Change Management *92*
Classen, Hans-Jürgen *285*
Covid19-Pandemie *99*

D

Durchlaufzeit 27

E

Effizienzfaktoren 28
Erfolgsfaktoren 26
Erfolgsfaktoren in Veränderungsprojekten 102
Externes Rüsten 161

F

Fehler 42, 331
Fehlervermeidung 176
First-In-First-Out 196
Flächenbilanz 210
Fliessfertigung 205
Flusseffizienz 27 f.
Fluss-Kaizen 182
Ford, Henry 118, 308
Franklin, Benjamin 32
Frosch-Prinzip 14
Führungskräfte-Knigge 285
Funktionsorientierung 24
Furukawa-Caspary, Mari 281

G

Genchi Genbutsu 15
Goldenes Dreieck 26
Go&See 303

H

Hansei 118
Harvey Jones, John 280
Hasenjagd 217
Häufigste Fehler in der Transformation 106
Heijunka 48, 237
Herausforderung 15
Hockeystock-Effekt 77

I

Idealbild 81
Implementierungsreihenfolge 137
Informationsstrukturanalyse 352
Inselfertigung 205
Internes Rüsten 161
Ishikawa-Diagramm 317

J

Jidoka *178*
Jones, Daniel *11*
Just-in-time *136*

K

Kaikaku *77, 119*
Kaizen *15, 116, 119*
Kanban *255*
Kaskadierung *304*
kontinuierliche Verbesserung *117*
Kosten *27*
Kreidekreis *67*
Küche *206*
Kultur-Kaizen *272*
Kundentakt *212*
Kündigung *110*

L

Layout *216*
Lean Leadership *282*
Lean Management *13*

Lean Story *13, 24, 35, 37, 40, 42, 46, 49, 68, 95 f., 99, 104, 110, 124, 126, 128 f., 153, 167, 172, 194, 211, 223, 228, 239, 246, 254, 264, 279, 283, 298, 311, 333, 338, 349, 358*
Liker, Jeffrey *15 f.*
Linienfertigung *205*
Losgröße *156*
Losgrößenberechnung *170*

M

Man-Machine-Balance *214*
Materialflussanalyse *209*
May, Constantin *281*
Milkrun *241*
Model-Mix *237*
Montageinsel *227*
Muda *31 f.*
Multimomentaufnahmen *68*
Mura *31, 48*
Muri *31, 47*

N

Nordstern *59*
Nutzen-Aufwand-Diagramm *193*

O

Ohno-Kreis *67*
Ohno, Taiichi *11, 28, 67, 118, 255*
One-Piece-Flow *205, 225*
Ordnerstruktur *335*

P

Paper Excellence *82*
PDCA *312*
Point-Kaizen *138*
Point-of-use *221*
Poka-Yoke *176*
Potentialanalyse *65*
Problemverständnis *308*
Prozessfamilie *186*
Prozessorientierung *24*
Prozessqualität *27*
Pull *249*
Pull-Kaizen *234*
Push *249*

Q

Qualifikationsmatrix *275*
Qualität *27*

R

Realbild *81*
Rechtfertigungsfalle *14*
Regelkommunikation *290*
Reifegrad *370*
Respekt für Menschen *15*
Ressourceneffizienz *28*
Rhythmus *212, 234*
Roadmap *60*
Rüstmatrix *167*
Rüstzeiten *156*
Rüstzeitreduktion *156*

S

Schnittstellen *25*
Schnittstellenanalyse *71*
See der Bestände *44*
Shook, John *318*
Shopfloor-Management *290*
SMED *156*
Spaghetti-Diagramm *161*
Standardisierung *178*
Strategie *60*
Supermarkt *198, 250*
Swimlane-Methode *354*

T

Takeda, Hitoshi XX, 28, 256
Tal der Tränen 99
Tätigkeitsstrukturanalyse 350
Tätigkeitsstrukturanalyse nach EKUV 160
Taxis-Modell 242
Teamwork 15
Teamzusammensetzung 87
Toyoda, Eiji 11
Toyoda, Sakichi 178
Toyota 14 Prinzipien 16
Toyota, fünf Kernwerte 15
Toyota Weg 15
Transformationsplan 62
Transformationsprojekte 76
Transport 38, 329

U

Überlast 47
Überproduktion 32, 326
Unternehmenskultur 274

V

Value-Stream-Mapping 184
Veränderungsbedarf 93
Veränderungsbereitschaft 94
Veränderungsfähigkeit 94
Veränderungsprozess 22
Verbesserungskultur 121, 129, 276
Verbesserungsrhythmus 121
Verlustarten 30
Verschwendungsarten 32, 325
Vier Zimmer der Veränderung 97
Vision 56
von Goethe, Johann Wolfgang 380

W

Wartezeit 41, 331
Wertschöpfungssystem 368
Wertstromanalyse 184
Wertstromanalyse Administration 354
Wertstromdesign 184
Wertstromdesign Administration 354
Widerstände 101
Womack, James 11

X

XYZ-Analyse *257*

Y

Yokoten *127*

Z

Zellenfertigung *205*
Ziel-Workshop *72*
Zykluszeit, gewichtet *190*